PROCESSO
CIVIL
CONTEMPORÂNEO

O GEN | Grupo Editorial Nacional – maior plataforma editorial brasileira no segmento científico, técnico e profissional – publica conteúdos nas áreas de concursos, ciências jurídicas, humanas, exatas, da saúde e sociais aplicadas, além de prover serviços direcionados à educação continuada.

As editoras que integram o GEN, das mais respeitadas no mercado editorial, construíram catálogos inigualáveis, com obras decisivas para a formação acadêmica e o aperfeiçoamento de várias gerações de profissionais e estudantes, tendo se tornado sinônimo de qualidade e seriedade.

A missão do GEN e dos núcleos de conteúdo que o compõem é prover a melhor informação científica e distribuí-la de maneira flexível e conveniente, a preços justos, gerando benefícios e servindo a autores, docentes, livreiros, funcionários, colaboradores e acionistas.

Nosso comportamento ético incondicional e nossa responsabilidade social e ambiental são reforçados pela natureza educacional de nossa atividade e dão sustentabilidade ao crescimento contínuo e à rentabilidade do grupo.

LUIZ FUX

PROCESSO CIVIL CONTEMPORÂNEO

- A EDITORA FORENSE se responsabiliza pelos vícios do produto no que concerne à sua edição (impressão e apresentação a fim de possibilitar ao consumidor bem manuseá-lo e lê-lo). Nem a editora nem o autor assumem qualquer responsabilidade por eventuais danos ou perdas a pessoa ou bens, decorrentes do uso da presente obra.

- Nas obras em que há material suplementar *on-line*, o acesso a esse material será disponibilizado somente durante a vigência da respectiva edição. Não obstante, a editora poderá franquear o acesso a ele por mais uma edição.

- Todos os direitos reservados. Nos termos da Lei que resguarda os direitos autorais, é proibida a reprodução total ou parcial de qualquer forma ou por qualquer meio, eletrônico ou mecânico, inclusive através de processos xerográficos, fotocópia e gravação, sem permissão por escrito do autor e do editor.

Impresso no Brasil – *Printed in Brazil*

- Direitos exclusivos para o Brasil na língua portuguesa
Copyright © 2019 by
EDITORA FORENSE LTDA.
Uma editora integrante do GEN | Grupo Editorial Nacional
Travessa do Ouvidor, 11 – Térreo e 6º andar – 20040-040 – Rio de Janeiro – RJ
Tel.: (21) 3543-0770 – Fax: (21) 3543-0896
faleconosco@grupogen.com.br / www.grupogen.com.br

- O titular cuja obra seja fraudulentamente reproduzida, divulgada ou de qualquer forma utilizada poderá requerer a apreensão dos exemplares reproduzidos ou a suspensão da divulgação, sem prejuízo da indenização cabível (art. 102 da Lei n. 9.610, de 19.02.1998). Quem vender, expuser à venda, ocultar, adquirir, distribuir, tiver em depósito ou utilizar obra ou fonograma reproduzidos com fraude, com a finalidade de vender, obter ganho, vantagem, proveito, lucro direto ou indireto, para si ou para outrem, será solidariamente responsável com o contrafator, nos termos dos artigos precedentes, respondendo como contrafatores o importador e o distribuidor em caso de reprodução no exterior (art. 104 da Lei n. 9.610/98).

- Capa: Aurélio Corrêa

- Data de fechamento: 24.05.2019

- **CIP – BRASIL. CATALOGAÇÃO NA FONTE.**
SINDICATO NACIONAL DOS EDITORES DE LIVROS, RJ.

F996p
Fux, Luiz

Processo Civil Contemporâneo / Luiz Fux. – Rio de Janeiro: Forense, 2019.

Inclui bibliografia
ISBN 978-85-309-8553-0

1. Direito processual – Brasil. 2. Processo civil – Brasil. I. Título.

19-55144	CDU: 347.91/.95(81)

Meri Gleice Rodrigues de Souza – Bibliotecária CRB-7/6439

APRESENTAÇÃO

O atual Código de Processo Civil (Lei nº 13.105/2015), ao completar seus dois primeiros anos de vigência, começa a superar sua fase de experimentação. A ansiedade humana em relação ao *novo* parece se assentar, oportunizando amplo espaço para a discussão de suas novas disposições e dos avanços que o diploma normativo procurou implementar no processo civil brasileiro.

Como reflexo de uma norma de seu próprio tempo, o Novo CPC decorreu de um amplo e plural processo democrático, permeado pela realização de audiências públicas e pelas contribuições dos mais diversos setores da sociedade brasileira. A nova legislação, que decorreu de um Anteprojeto elaborado por uma Comissão de Juristas designada pelo Senado Federal (a qual tive a honra de presidir e integrada também por Teresa Arruda Alvim, Adroaldo Furtado Fabrício, Benedito Cerezzo Pereira Filho, Bruno Dantas, Elpídio Donizetti, Humberto Theodoro Junior, Jansen Fialho de Almeida, José Miguel Garcia Medina, José Roberto dos Santos Bedaque, Marcus Vinicius Furtado Coelho e Paulo Cezar Pinheiro Carneiro), guiou-se, entre tantos fatores abrangidos, por cinco objetivos principais, assim expressos em sua Exposição de Motivos: *(i)* estabelecer expressa e implicitamente uma sintonia fina com a Constituição Federal (formar, portanto, um *processo civil constitucionalizado*); *(ii)* criar condições para que o juiz possa proferir decisão de forma mais rente à realidade fática subjacente à causa; *(iii)* simplificar, resolvendo problemas e reduzindo a complexidade de subsistemas (como, por exemplo, o recursal); *(iv)* dar todo o rendimento possível a cada processo em si mesmo considerado; e *(v)* imprimir maior grau de organicidade ao sistema, dando-lhe, assim, mais coesão.

Dentro dessa perspectiva, destacam-se, sobremaneira, as pretensões da nova legislação em priorizar a necessidade de a resposta judicial advir em um prazo razoável (em concretização ao direito fundamental encartado no art. 5º, LXXVIII, da CRFB/1988) e a valorização da segurança jurídica. Tais preocupações procuram evidenciar o processo como um caminho necessário e possível à realização da Justiça, objetivo para cujo êxito a atuação processual dos diversos sujeitos que nele atuam é determinante.

O CPC/2015, como toda grande inovação, apresenta novas ideias que ainda precisam ser amadurecidas pela sociedade brasileira, bem como buriladas em direção a um processo civil mais célere, democrático e estável. Portanto, tanto para a sua formulação quanto para o seu entendimento e aperfeiçoamento, devemos sempre recorrer às clássicas lições de processo civil, tema em que se faz inexorável o magistério do saudoso Professor José Carlos Barbosa Moreira.

Em seu *O Novo Processo Civil Brasileiro*, publicado pela primeira vez em 1975 e que já chegou à sua 29ª edição, o Mestre Barbosa Moreira lança os principais fundamentos do processo civil, com um olhar prático, perspicaz e sistemático, com a declarada pretensão de atribuir um viés mais introdutório a esse ramo do Direito, conforme afirmado pelo próprio autor na apresentação de seu clássico livro.

Sem a pretensão de representar uma atualização da obra do Prof. Barbosa Moreira, este livro é estruturado a partir desses mesmos ideais. A denominação de seu título, a estruturação dos temas e alguns títulos dos tópicos abordados são – perceberá o leitor – também uma homenagem ao Professor, cujos clássicos ensinamentos persistem vívidos não apenas nos seus escritos eternizados, mas nas mentes daqueles que, como eu, puderam com ele aprender.

A ideia principal desta obra ora lançada, portanto, é estabelecer uma visão panorâmica de todo o *novíssimo processo civil brasileiro*, especialmente a partir da promulgação da Lei nº 13.105/2015, que instituiu o Novo CPC (NCPC). Serão analisados os elementos fundamentais do processo, a formação da relação jurídica processual, além das fases de saneamento, instrução, julgamento, recursos e satisfação.

Os principais temas serão analisados sob um viés introdutório sem recorrer a aprofundados adensamentos teóricos e doutrinários, mas resguardando a apurada técnica processualista, a partir de uma linguagem acessível ao público em geral. Quer-se, com isso, alcançar não apenas os estudiosos do processo civil, mas a sociedade brasileira que atua no campo jurisdicional, em cumprimento ao viés democrático que pautou a elaboração do Novo Código de Processo Civil.

Em suma, é uma homenagem de um dos integrantes da Escola Processual de "Copacabana", que tinha como sede o apartamento do meu querido e saudoso José Carlos.

Luiz Fux

SUMÁRIO

INTRODUÇÃO	1
I. O processo	1
II. Os procedimentos de cognição	2
III. As diversas etapas do procedimento	6
IV. Os procedimentos especiais	10
V. Procedimento perante os Tribunais	12
VI. Uma nova abordagem: a análise econômica do processo	15
Capítulo I – ELEMENTOS FUNDAMENTAIS DO PROCESSO	23
1.1 A jurisdição	23
1.2 O direito de ação	26
1.3 O pedido	30
1.4 A causa de pedir	35
1.5 As partes	37
1.5.1 Litisconsórcio	42
1.5.2 Intervenção de terceiros	50
1.5.3 A qualificação de terceiro	53
1.5.4 Espécies de intervenção	56
1.5.4.1 Assistência	58
1.5.4.2 Denunciação da lide	59
1.5.4.3 Chamamento ao processo	61
1.5.4.4 Incidente de desconsideração da personalidade jurídica	62
1.5.4.5 *Amicus curiae*	63
1.5.4.6 Intervenção por ordem do juízo (*iussu iudicis*)	64
1.6 Outros sujeitos processuais	66
1.6.1 Os auxiliares da justiça	66
1.6.2 O Ministério Público	71
1.6.3 A Advocacia Pública	72
1.6.4 A Defensoria Pública	73
1.7 Alteração dos elementos de identificação do processo	74

VIII | PROCESSO CIVIL CONTEMPORÂNEO – *Luiz Fux*

Capítulo II – A FORMAÇÃO DA RELAÇÃO JURÍDICA PROCESSUAL............... 79

2.1 A petição inicial 79

2.2 Tutela provisória.. 83

    2.2.1 Tutela de urgência... 85

        2.2.1.1 A tutela provisória antecipada antecedente...................... 86

        2.2.1.2 A tutela provisória cautelar antecedente........................... 89

    2.2.2 A tutela da evidência 90

2.3 O início da formação da relação jurídica processual 91

2.4 A improcedência liminar do pedido 93

2.5 A citação.. 94

    2.5.1 Impedimentos à citação.. 101

    2.5.2 Efeitos da citação 103

2.6 A defesa do réu.. 106

    2.6.1 Generalidades... 106

    2.6.2 Espécies de defesa 108

    2.6.3 A contestação 110

    2.6.4 A reconvenção.. 115

    2.6.5 A revelia 117

2.7 A audiência de conciliação ou de mediação.. 118

Capítulo III – AS PROVIDÊNCIAS PRELIMINARES E O SANEAMENTO........... 123

3.1 A fase de saneamento 123

    3.1.1 Aspectos gerais.. 123

    3.1.2 Providências preliminares 125

3.2 Julgamento conforme o estado do processo.. 126

    3.2.1 Da extinção do processo 126

    3.2.2 Do julgamento antecipado do mérito 128

3.3 Decisão de saneamento e organização do processo 130

Capítulo IV – A FASE DE INSTRUÇÃO... 135

4.1 Aspectos gerais... 135

4.2 Sujeitos da prova 145

4.3 Sistemas de avaliação da prova.. 150

4.4 Momento da prova... 153

4.5 Produção antecipada da prova 155

4.6 Espécies de prova 157

SUMÁRIO | IX

Capítulo V – A FASE DE JULGAMENTO 161

5.1 Audiência de instrução e julgamento.. 161

    5.1.1 Aspectos gerais.. 161

    5.1.2 Poderes do juiz.. 162

    5.1.3 A tentativa de conciliação... 163

    5.1.4 As etapas da audiência de instrução e julgamento................................... 164

5.2 Sentença e coisa julgada.. 167

    5.2.1 Aspectos gerais.. 167

    5.2.2 Espécies de sentença... 174

    5.2.3 Requisitos intrínsecos da sentença: congruência e certeza....................... 178

    5.2.4 Coisa julgada... 179

        5.2.4.1 Aspectos gerais.. 179

        5.2.4.2 Limites objetivos da coisa julgada 186

        5.2.4.3 Limites subjetivos da coisa julgada.. 190

        5.2.4.4 Relativização da coisa julgada 194

Capítulo VI – A FASE DE RECURSOS E OUTRAS IMPUGNAÇÕES 197

6.1 Teoria geral dos recursos 197

    6.1.1 Conceito... 197

    6.1.2 Fundamento dos recursos... 203

    6.1.3 A unicidade dos recursos e a fungibilidade recursal................................. 206

6.2 Admissibilidade e mérito dos recursos 211

    6.2.1 Requisitos de admissibilidade dos recursos 214

    6.2.2 Legitimidade do recorrente.. 214

    6.2.3 Interesse em recorrer.. 219

    6.2.4 Cabimento 224

    6.2.5 Inexistência de fato impeditivo do direito de recorrer 227

    6.2.6 Tempestividade 231

    6.2.7 Preparo.. 236

    6.2.8 Regularidade formal.. 237

6.3 Efeitos dos recursos 239

    6.3.1 Efeito devolutivo 241

    6.3.2 Efeito suspensivo... 246

6.4 Incidentes nos Tribunais... 249

    6.4.1 Incidente de assunção de competência.. 250

    6.4.2 Incidente de resolução de demandas repetitivas 251

6.5 Recursos em espécie 256

6.5.1 Apelação 256

6.5.2 Agravo de instrumento 262

6.5.3 Agravo interno 267

6.5.4 Embargos de declaração 268

6.5.5 Recuso ordinário constitucional 271

6.5.6 Recurso extraordinário e recurso especial 273

6.5.7 Agravo em recurso especial e em recurso extraordinário 282

6.5.8 Embargos de divergência 284

6.6 A reclamação 285

Capítulo VII – A FASE DE SATISFAÇÃO 289

7.1 Aspectos gerais 289

7.2 Técnicas executivas 292

7.3 O cumprimento de sentença 298

7.3.1 Generalidades 298

7.3.2 Espécies de cumprimento de sentença 307

7.3.3 Defesa do executado 313

7.4 O processo de execução 316

7.4.1 Generalidades 316

7.4.2 Espécies de execução por título extrajudicial 328

7.4.3 Defesa do executado 331

7.4.3.1 Embargos à execução 332

7.4.3.2 Outros meios de defesa do executado 337

REFERÊNCIAS 339

INTRODUÇÃO

I.   O PROCESSO

O exercício da jurisdição, poder estatal atribuído de forma típica ao Poder Judiciário, tem por objetivo principal a criação e a aplicação da norma jurídica ao caso concreto, até que se chegue à satisfação real do direito afirmado. E o processo é instrumento pelo qual se realizam esses objetivos: de início, de forma cognitiva (*processo de conhecimento*); depois, de forma satisfativa (*procedimentos de caráter executivo*).

Com efeito, o processo, como instrumento de realização de justiça, destina-se à realização de uma pretensão justa e resistida, passível de ser resolvida no âmbito da definição de direitos, bem como na hipótese de resistência à satisfação de um direito já definido, a merecer pronta realização prática. No primeiro caso, a definição judicial é exteriorizada por meio da tutela jurisdicional de cognição, que consiste basicamente no conhecimento dos fatos e na aplicação soberana da norma jurídica adequada ao caso concreto. Na segunda hipótese, o direito já se encontra definido e à espera de sua realização pelo obrigado, caso em que a forma de tutela não é mais de simples cognição, senão de "realização prática do direito" via órgãos judiciais. Assim, da mesma forma como o Estado-juiz define a situação litigiosa com ou sem a colaboração direta das partes, também satisfaz o direito, independentemente da cooperação ou do cumprimento voluntário do obrigado.

Deveras, deve-se buscar uma análise conjunta das etapas de cognição e de execução, mercê de suas intrínsecas influências normativas e teleológicas. Aliás, não foi por outra razão que a Lei nº 11.232/2005, ainda sob a égide do CPC/1973, encartou a execução como fase do mesmo processo de conhecimento, denominando-a cumprimento de sentença. Assim, a cognição por vezes prepara a execução,[1] como sói ocorrer no processo executivo judicial – ou hodiernamente cognominado *cumprimento da sentença* –, que tem como base uma sentença que reconheça a existência de uma obrigação. De outro modo, não houvesse o cumprimento para execução das

---

[1]   Chiovenda, *Instituições de Direito Processual Civil*

sentenças, o Judiciário correria o risco de proferir decisões meramente divagatórias, sem eficácia prática daquilo que afirmado. Por outro lado, há ainda alguns processos de conhecimento que apresentam acentuado grau de executividade intrínseca, de modo que, a um só momento, o juiz condena e satisfaz a obrigação, na própria relação processual de cognição.[2] Essa concepção sincrética do processo, que propugna por maiores celeridade e efetividade da tutela jurisdicional e que recomenda uma análise conciliatória destas etapas, restou fortalecida pelo Código de Processo Civil de 2015, que mais bem delimitou as fases de cumprimento de sentença, conforme a natureza da obrigação cuja exigibilidade se exerce.

Dessa forma, a partir do pedido formulado pela parte, procede-se ao processo de conhecimento, que em regra se encerra pelo seu acolhimento ou rejeição. Formulada, assim, pelo órgão de jurisdição a norma jurídica concreta aplicável à lide, profere-se uma sentença, pela qual se regulamenta a *jurisdictio* ao caso concreto submetido a apreciação. Ao final, quando a sentença de mérito *transita em julgado* – isto é, quando não mais se admita recurso –, tornam-se imutáveis os efeitos da decisão de mérito (ou seja, da própria norma jurídica concreta nela exprimida), chegando-se ao fim ordinário do processo de conhecimento.

Desde então, volta-se à fase executiva do processo, o cumprimento de sentença, cujo procedimento é definido a partir da própria obrigação que se deve cumprir (arts. 513 a 538 do CPC/2015). Por outro lado, a jurisdição satisfativa, de natureza executiva e destinada ao exercício em juízo da exigibilidade de uma obrigação, pode se dar ainda por processo de execução autônomo, que terá lugar próprio quando se estiver diante de título executivo extrajudicial.

II. OS PROCEDIMENTOS DE COGNIÇÃO

O processo de cognição, no Novo CPC, regulamenta a forma pela qual são praticados os atos processuais, para que se cumpram os objetivos anunciados, sendo diversos os *procedimentos* pelos quais se manifestam a jurisdição.

Dessa forma, diferenciam-se os procedimentos *comum* e *especiais*.

---

[2] É o que sucedia nas denominadas ações executivas *lato sensu*, em que a efetivação da decisão revela-se essencialmente sincrética, operando-se no mesmo processo de sentença, como ocorre nas ações de despejo, nas ações possessórias e nas ações reivindicatórias. As ações executivas *lato sensu* correspondiam a um grande anseio da comunidade processual, mercê de a concentração dos meios executivos apenas no processo de execução, com o abandono de toda e qualquer realização prática no processo de cognição, representava aspecto negativo para que a prestação jurisdicional e, *a fortiori*, o Judiciário angariassem um largo grau de desprestígio institucional, em razão da ineficiência das formas usuais de prestação de justiça. Nesse sentido: Federico Carpi, *In:* "Note in tema di techniche di attuazione dei Diritti", Rivista Trimestrale di Diritto e Procedura Civile, p. 110, 1988.

INTRODUÇÃO | 3

O primeiro é assim denominado por representar o rito padrão apontado pelo legislador brasileiro para o transcurso da relação jurídica processual. Define-se a partir de uma verificação subsidiária de ausência de previsão de algum *procedimento especial* (art. 318 do CPC/2015).[3-4]

Os *especiais* são os procedimentos que apresentam diferenciações ao menos em alguma das etapas de prática dos atos processuais, desviando-se, pontualmente e naquilo que houver previsão legal expressa, do modelo procedimental padrão. No que não houver previsão, retornam ao leito comum, mercê de as regras gerais do procedimento comum serem subsidiariamente aplicáveis aos demais, o que se dá tanto no âmbito do no *primeiro grau* de jurisdição, quanto junto aos Tribunais (arts. 318, parágrafo único,[5] e 1.049, parágrafo único, do CPC/2015).[6]

Como consabido, à luz do Novo Código não mais prevalece a distinção que estabelecia o CPC/1973 entre o procedimento *ordinário* (que em verdade correspondia ao atual *procedimento comum*) e o *sumário* (que, a rigor, tratava de modalidade especial). É verdade que ainda se fala sobre um procedimento *sumariíssimo*, em referência àquele previsto aos Juizados Especiais Cíveis (*v.g.*: Leis nº 9.099/1995 e nº 10.259/2001).[7] Não se trata, porém, de objeto de tratamento pelo Código de Processo Civil, apesar de haver algumas remissões específicas ao *iter* especial (arts. 1.062 a 1.066 do CPC/2015).

Nesse contexto, o exercício da jurisdição, instrumentalizado pelo processo e organizado sob a forma de procedimentos, submete-se à iniciativa das partes (*ne procedat iudex ex officio*), consagrando-se o *princípio dispositivo* (art. 2º do

---

[3] "**Art. 318.** Aplica-se a todas as causas o procedimento comum, salvo disposição em contrário deste Código ou de lei.
Parágrafo único. O procedimento comum aplica-se subsidiariamente aos demais procedimentos especiais e ao processo de execução."

[4] **Enunciado 119 da II Jornada de Direito Processual Civil do CJF:** "É admissível o ajuizamento de ação de exibição de documentos, de forma autônoma, inclusive pelo procedimento comum do CPC (art. 318 e seguintes)."

[5] **Enunciado 86 da I Jornada de Direito Processual Civil do CJF:** "As prestações vincendas até o efetivo cumprimento da obrigação incluem-se na execução de título executivo extrajudicial (arts. 323 e 318, parágrafo único, do CPC)."

[6] "**Art. 1.049.** Sempre que a lei remeter a procedimento previsto na lei processual sem especificá--lo, será observado o procedimento comum previsto neste Código.
Parágrafo único. Na hipótese de a lei remeter ao procedimento sumário, será observado o procedimento comum previsto neste Código, com as modificações previstas na própria lei especial, se houver."

[7] **Enunciado 2 da I Jornada de Direito Processual Civil do CJF:** As disposições do CPC aplicam-se supletiva e subsidiariamente às Leis ns. 9.099/1995, 10.259/2001 e 12.153/2009, desde que não sejam incompatíveis com as regras e princípios dessas Leis.

CPC/2015[8]).[9] Com efeito, a autonomia privada e o imperativo da imparcialidade constituem a *ratio essendi* do princípio dispositivo, ao impor ao Judiciário a impossibilidade de agir sem a devida provocação pelas partes ou fora dos limites dessa provocação.[10] Entretanto, à luz de um processo civil constitucionalizado e da necessidade de sua publicização, tem-se mitigado a incidência do princípio dispositivo em favorecimento à ideia de oficialidade.[11]

A partir da formulação do pedido e de seu endereçamento à autoridade judicial competente, segue-se a formação gradual da relação jurídica processual. Durante o desenrolar do processo, naturalmente, ter-se-á que submeter o pedido deduzido ao crivo do *contraditório e da ampla defesa*, a partir da atividade defensiva do réu, sem prejuízo das excepcionais hipóteses em que se admite a formulação de novos pedidos pelo réu (*v.g.:* art. 343 do CPC/2015).[12]

Para que sejam as pretensões apreciadas em juízo, há que se deduzi-las a partir de provas que enunciem a alegada situação fática que enseje a procedência ou a improcedência daquilo que se requer. Nesse interesse é que se desenvolve a fase de instrução, no afã de possibilitar o requerimento, a produção e a valoração das provas, essa última etapa atribuída ao magistrado mediante o seu livre exercício motivado (art. 93, IX, da

---

[8] "**Art. 2º** O processo começa por iniciativa da parte e se desenvolve por impulso oficial, salvo as exceções previstas em lei."

[9] Sobre o ponto, destaque que não se repetiu no Novo Código a regra excepcional do CPC/1973 (art. 989) em que se permitia que o juiz determinasse, de ofício, o início do inventário, nas situações em que nenhum dos legitimados o requerer no prazo legal.

[10] Informa a doutrina do tema que o princípio dispositivo gozou, em toda a história romana e do processo germânico, de prestígio singular (Robert Wyness Millar, *Los principios informativos del procedimiento civil*, p. 69-72). Entretanto, sua concepção moderna impõe a reapreciação de seu significado.

[11] No âmbito das tutelas de urgência, tem-se um forte exemplo de mitigação que o princípio dispositivo experimenta (Frederico Marques, "O princípio dispositivo", *Instituições*, vol. 2).

[12] "**Art. 343.** Na contestação, é lícito ao réu propor reconvenção para manifestar pretensão própria, conexa com a ação principal ou com o fundamento da defesa.

§ 1º Proposta a reconvenção, o autor será intimado, na pessoa de seu advogado, para apresentar resposta no prazo de 15 (quinze) dias.

§ 2º A desistência da ação ou a ocorrência de causa extintiva que impeça o exame de seu mérito não obsta ao prosseguimento do processo quanto à reconvenção.

§ 3º A reconvenção pode ser proposta contra o autor e terceiro.

§ 4º A reconvenção pode ser proposta pelo réu em litisconsórcio com terceiro.

§ 5º Se o autor for substituto processual, o reconvinte deverá afirmar ser titular de direito em face do substituído, e a reconvenção deverá ser proposta em face do autor, também na qualidade de substituto processual.

§ 6º O réu pode propor reconvenção independentemente de oferecer contestação."

CRFB/1988).[13] Os ônus da prova, as possibilidades de presunções e o tratamento de sua existência e suficiência são também objeto do regramento processual civil.

A partir das alegações das partes, das provas produzidas, da eventual oitiva de outros interessados, terceiros intervenientes ou mesmo do Ministério Público, encaminha-se para a fase de decisão do juiz, pela qual finalmente se chegará à definição do direito para o caso concreto apreciado. Julga-se, portanto, a causa. Sob a nova ótica do processo civil brasileiro, prima-se, sempre que possível, pela prolação de uma decisão de mérito (art. 487 do CPC/2015),[14] sem prejuízo das situações que ensejam a extinção do feito sem resolução de mérito (art. 485 do CPC/2015).[15-16]

---

[13] "**Art. 93.** Lei complementar, de iniciativa do Supremo Tribunal Federal, disporá sobre o Estatuto da Magistratura, observados os seguintes princípios:

[...]

IX todos os julgamentos dos órgãos do Poder Judiciário serão públicos, e fundamentadas todas as decisões, sob pena de nulidade, podendo a lei limitar a presença, em determinados atos, às próprias partes e a seus advogados, ou somente a estes, em casos nos quais a preservação do direito à intimidade do interessado no sigilo não prejudique o interesse público à informação; (Redação dada pela Emenda Constitucional nº 45, de 2004)."

[14] "**Art. 487.** Haverá resolução de mérito quando o juiz:

I – acolher ou rejeitar o pedido formulado na ação ou na reconvenção;

II – decidir, de ofício ou a requerimento, sobre a ocorrência de decadência ou prescrição;

III – homologar:

a) o reconhecimento da procedência do pedido formulado na ação ou na reconvenção;

b) a transação;

c) a renúncia à pretensão formulada na ação ou na reconvenção.

Parágrafo único. Ressalvada a hipótese do § 1º do art. 332, a prescrição e a decadência não serão reconhecidas sem que antes seja dada às partes oportunidade de manifestar-se."

[15] "**Art. 485.** O juiz não resolverá o mérito quando:

I – indeferir a petição inicial;

II – o processo ficar parado durante mais de 1 (um) ano por negligência das partes;

III – por não promover os atos e as diligências que lhe incumbir, o autor abandonar a causa por mais de 30 (trinta) dias;

IV – verificar a ausência de pressupostos de constituição e de desenvolvimento válido e regular do processo;

V – reconhecer a existência de perempção, de litispendência ou de coisa julgada;

VI – verificar ausência de legitimidade ou de interesse processual;

VII – acolher a alegação de existência de convenção de arbitragem ou quando o juízo arbitral reconhecer sua competência;

VIII – homologar a desistência da ação;

IX – em caso de morte da parte, a ação for considerada intransmissível por disposição legal; e

X – nos demais casos prescritos neste Código."

[16] **Enunciado 5 da I Jornada de Direito Processual Civil do CJF:** Ao proferir decisão parcial de mérito ou decisão parcial fundada no art. 485 do CPC, condenar-se-á proporcionalmente o vencido a pagar honorários ao advogado do vencedor, nos termos do art. 85 do CPC.

A partir de então, transcorrida a fase recursal e encerrado o processo de conhecimento, voltam-se as atenções à busca da satisfação do próprio direito afirmado. À luz de um processo sincrético, proceder-se-á ao cumprimento do título judicial sem solução de continuidade, no afã de se tornar mais efetivo e célere o efeito prático da tutela concedida na sentença (*vide* os arts. 497; 538, § 3º; 513; 523[17] e seguintes).

III. AS DIVERSAS ETAPAS DO PROCEDIMENTO

A análise sintética acima empreendida dos principais momentos do procedimento ordinário permite uma percepção das principais etapas de desenvolvimento da relação jurídica processual. Em síntese, sucedem-se as fases postulatória, saneadora, instrutória, decisória, recursal e executiva. Não que sejam momentos processuais estanques ou sempre muito bem definidos, mas sua classificação em diversas etapas permite uma melhor compreensão de seu desenrolar, conforme a atividade processual predominante em cada uma de suas ocorrências.

No procedimento comum, é evidente a manifestação da existência de uma etapa inicial *postulatória*, conforme a regência do Livro I, Título I, Capítulos I a VIII da Parte Especial. Nesse momento inicial, atuam autor e réu no manejo da demanda e da defesa, fixando a *res deducta* sobre a qual incidirá a solução judicial. Compõem-na, também, a eventual *replicatio*, malgrado inserida pelo Código na fase subsequente à resposta, das providências preliminares.

A fase seguinte, contando com a definição das pretensões das partes, dedica-se à aferição da utilidade do processo, sob o ângulo da inexistência de defeitos formais capazes de inviabilizar o julgamento de mérito, razão por que o ato chancelador desse estado negativo é o *saneamento*,[18] encetado via decisão interlocutória.[19] Trata-se, portanto, de ato do juiz com conteúdo de decisão, em que têm lugar as *providências*

---

[17] **Enunciado 89 da I Jornada de Direito Processual Civil do CJF:** Conta-se em dias úteis o prazo do *caput* do art. 523 do CPC.

Enunciado 92 da I Jornada de Direito Processual Civil do CJF: A intimação prevista no *caput* do art. 523 do CPC deve contemplar, expressamente, o prazo sucessivo para impugnar o cumprimento de sentença.

[18] **Enunciado 29 da I Jornada de Direito Processual Civil do CJF:** A estabilidade do saneamento não impede a produção de outras provas, cuja necessidade se origine de circunstâncias ou fatos apurados na instrução.

[19] Frise-se essa natureza do saneamento em razão da praxe histórica de considerar-se tal ato "despacho", categoria hoje inaceitável, como já o era diante da escorreita definição do art. 162 do Código de Processo Civil de 1973. A menção a esse requisito de caráter negativo ressuscita a questão da eficácia preclusiva do saneador após a admissibilidade da utilidade do processo pela presença dos pressupostos processuais e das condições da ação. A matéria ainda está longe de pacificação, conforme anota Theotonio Negrão no rodapé do art. 331 do *Código de Processo Civil e legislação processual em vigor*, 1994.

preliminares reguladas no Capítulo IX, e aquelas de que trata o art. 357.[20] Aqui, são fixados os pontos controvertidos, é distribuído o ônus da prova, resolvem-se eventuais questões processuais pendentes (art. 357 do CPC/2015),[21] pontos que podem ser realizados consensualmente pelas partes em audiência perante o juiz.[22]

Por seu turno, o saneamento prepara à seguinte fase *instrutória* cujos elementos de convicção escapem à oportunidade de produção antecedente, como a prova documental e eventual produção antecipada justificada.[23] De outro lado, se desnecessária

---

[20] **Enunciado 28 da I Jornada de Direito Processual Civil do CJF:** Os incisos do art. 357 do CPC não exaurem o conteúdo possível da decisão de saneamento e organização do processo.

[21] "**Art. 357.** Não ocorrendo nenhuma das hipóteses deste Capítulo, deverá o juiz, em decisão de saneamento e de organização do processo:

I – resolver as questões processuais pendentes, se houver;

II – delimitar as questões de fato sobre as quais recairá a atividade probatória, especificando os meios de prova admitidos;

III – definir a distribuição do ônus da prova, observado o art. 373;

IV – delimitar as questões de direito relevantes para a decisão do mérito;

V – designar, se necessário, audiência de instrução e julgamento.

§ 1º Realizado o saneamento, as partes têm o direito de pedir esclarecimentos ou solicitar ajustes, no prazo comum de 5 (cinco) dias, findo o qual a decisão se torna estável.

§ 2º As partes podem apresentar ao juiz, para homologação, delimitação consensual das questões de fato e de direito a que se referem os incisos II e IV, a qual, se homologada, vincula as partes e o juiz.

§ 3º Se a causa apresentar complexidade em matéria de fato ou de direito, deverá o juiz designar audiência para que o saneamento seja feito em cooperação com as partes, oportunidade em que o juiz, se for o caso, convidará as partes a integrar ou esclarecer suas alegações.

§ 4º Caso tenha sido determinada a produção de prova testemunhal, o juiz fixará prazo comum não superior a 15 (quinze) dias para que as partes apresentem rol de testemunhas.

§ 5º Na hipótese do § 3º, as partes devem levar, para a audiência prevista, o respectivo rol de testemunhas.

§ 6º O número de testemunhas arroladas não pode ser superior a 10 (dez), sendo 3 (três), no máximo, para a prova de cada fato.

§ 7º O juiz poderá limitar o número de testemunhas levando em conta a complexidade da causa e dos fatos individualmente considerados.

§ 8º Caso tenha sido determinada a produção de prova pericial, o juiz deve observar o disposto no art. 465 e, se possível, estabelecer, desde logo, calendário para sua realização.

§ 9º As pautas deverão ser preparadas com intervalo mínimo de 1 (uma) hora entre as audiências."

[22] **Enunciado 127 da II Jornada de Direito Processual Civil do CJF:** O juiz pode homologar parcialmente a delimitação consensual das questões de fato e de direito, após consulta às partes, na forma do art. 10 do CPC.

Enunciado 128 da II Jornada de Direito Processual Civil do CJF: Exceto quando reconhecida sua nulidade, a convenção das partes sobre o ônus da prova afasta a redistribuição por parte do juiz.

[23] Como afirmava Carnelutti, trata-se nessa fase "di raccogliere le ragioni e le prove" (*Istituzioni*, vol. 2, p. 15)

a produção de novas provas ou em alguns casos de revelia, permite-se a passagem direta ao julgamento antecipado do mérito (art. 355 do CPC/2015).[24-25]

A fase seguinte é o próprio *julgamento, causa finalis* do processo de conhecimento. Esse julgamento pode ser submetido às fases recursais, razão pela qual não é só com a sentença que se extingue o processo, sendo possível alongar a relação a eventual interposição de recurso,[26] ideia que se coaduna com a novel conceituação desse ato decisório do juiz (art. 203, § 1º, do CPC/2015).[27]

Há, ainda, a possibilidade de desdobramentos ou supressões de algumas dessas fases, além da possibilidade de criação de novos incidentes ou fases decisórias. Vejam-se os exemplos da realização de audiência de conciliação ou de mediação (art. 334 do CPC/2015),[28-29] as hipóteses de tutela de urgência (arts. 300 a 310) ou da evidência

---

[24] "**Art. 355.** O juiz julgará antecipadamente o pedido, proferindo sentença com resolução de mérito, quando:

I – não houver necessidade de produção de outras provas;

II – o réu for revel, ocorrer o efeito previsto no art. 344 e não houver requerimento de prova, na forma do art. 349."

[25] **Enunciado 27 da I Jornada de Direito Processual Civil do CJF:** Não é necessário o anúncio prévio do julgamento do pedido nas situações do art. 355 do CPC.

[26] Correto estava Carnelutti ao referir-se a uma "rinnovazione del procedimento" (*Istituzioni*, vol. 2, p. 127).

[27] "**Art. 203,** § 1º Ressalvadas as disposições expressas dos procedimentos especiais, sentença é o pronunciamento por meio do qual o juiz, com fundamento nos arts. 485 e 487, põe fim à fase cognitiva do procedimento comum, bem como extingue a execução."

[28] "**Art. 334.** Se a petição inicial preencher os requisitos essenciais e não for o caso de improcedência liminar do pedido, o juiz designará audiência de conciliação ou de mediação com antecedência mínima de 30 (trinta) dias, devendo ser citado o réu com pelo menos 20 (vinte) dias de antecedência.

§ 1º O conciliador ou mediador, onde houver, atuará necessariamente na audiência de conciliação ou de mediação, observando o disposto neste Código, bem como as disposições da lei de organização judiciária.

§ 2º Poderá haver mais de uma sessão destinada à conciliação e à mediação, não podendo exceder a 2 (dois) meses da data de realização da primeira sessão, desde que necessárias à composição das partes.

§ 3º A intimação do autor para a audiência será feita na pessoa de seu advogado.

§ 4º A audiência não será realizada:

I – se ambas as partes manifestarem, expressamente, desinteresse na composição consensual;

II – quando não se admitir a autocomposição.

§ 5º O autor deverá indicar, na petição inicial, seu desinteresse na autocomposição, e o réu deverá fazê-lo, por petição, apresentada com 10 (dez) dias de antecedência, contados da data da audiência.

§ 6º Havendo litisconsórcio, o desinteresse na realização da audiência deve ser manifestado por todos os litisconsortes.

§ 7º A audiência de conciliação ou de mediação pode realizar-se por meio eletrônico, nos termos da lei.

(art. 311).[30] A antecipação, cuja possibilidade se exclui "quando houver perigo de irreversibilidade" (art. 300 § 3º), *não* encerra a marcha do feito, que prossegue até final julgamento, na hipótese de concessão ou de denegação da tutela provisória.

Esse modo comum do desenvolver processual pode sofrer mutações decorrentes de atos anormais indicados na própria lei, que acarretam uma extinção prematura da relação, sem a definição do litígio ou uma paralisação temporária da marcha dos atos processuais. Essa crise do procedimento, respectivamente, tem sua diagnose na extinção sem resolução do mérito do processo e na suspensão do processo, ambos

---

§ 8º O não comparecimento injustificado do autor ou do réu à audiência de conciliação é considerado ato atentatório à dignidade da justiça e será sancionado com multa de até dois por cento da vantagem econômica pretendida ou do valor da causa, revertida em favor da União ou do Estado.

§ 9º As partes devem estar acompanhadas por seus advogados ou defensores públicos.

§ 10. A parte poderá constituir representante, por meio de procuração específica, com poderes para negociar e transigir.

§ 11. A autocomposição obtida será reduzida a termo e homologada por sentença.

§ 12. A pauta das audiências de conciliação ou de mediação será organizada de modo a respeitar o intervalo mínimo de 20 (vinte) minutos entre o início de uma e o início da seguinte."

[29] **Enunciado 23 da I Jornada de Direito Processual Civil do CJF:** Na ausência de auxiliares da justiça, o juiz poderá realizar a audiência inaugural do art. 334 do CPC, especialmente se a hipótese for de conciliação.

Enunciado 24 da I Jornada de Direito Processual Civil do CJF: Havendo a Fazenda Pública publicizado ampla e previamente as hipóteses em que está autorizada a transigir, pode o juiz dispensar a realização da audiência de mediação e conciliação, com base no art. 334, § 4º, II, do CPC, quando o direito discutido na ação não se enquadrar em tais situações.

Enunciado 25 da I Jornada de Direito Processual Civil do CJF: As audiências de conciliação ou mediação, inclusive dos juizados especiais, poderão ser realizadas por videoconferência, áudio, sistemas de troca de mensagens, conversa *on-line*, conversa escrita, eletrônica, telefônica e telemática ou outros mecanismos que estejam à disposição dos profissionais da autocomposição para estabelecer a comunicação entre as partes.

Enunciado 26 da I Jornada de Direito Processual Civil do CJF: A multa do § 8º do art. 334 do CPC não incide no caso de não comparecimento do réu intimado por edital.

Enunciado 67 da I Jornada de Direito Processual Civil do CJF: Há interesse recursal no pleito da parte para impugnar a multa do art. 334, § 8º, do CPC por meio de apelação, embora tenha sido vitoriosa na demanda.

Enunciado 121 da II Jornada de Direito Processual Civil do CJF: Não cabe aplicar multa a quem, comparecendo à audiência do art. 334 do CPC, apenas manifesta desinteresse na realização de acordo, salvo se a sessão foi designada unicamente por requerimento seu e não houver justificativa para a alteração de posição.

[30] **Enunciado 48 da I Jornada de Direito Processual Civil do CJF:** É admissível a tutela provisória da evidência, prevista no art. 311, II, do CPC, também em casos de tese firmada em repercussão geral ou em súmulas dos tribunais superiores.

Enunciado 49 da I Jornada de Direito Processual Civil do CJF: A tutela da evidência pode ser concedida em mandado de segurança.

fatos anômalos na medida em que o processo de conhecimento solene e formal persiste conquanto meio de composição da lide pela definição e aplicação da norma abstrata ao caso concreto e, por outro lado, porque o seu objetivo, quer na sua razão de ser, quer pela sua etimologia, pressupõe movimento constante, cuja estagnação suspensiva denuncia anormalidade.[31]

IV. OS PROCEDIMENTOS ESPECIAIS

No sistema do Código de Processo Civil, distinguem-se, entre os procedimentos especiais, os de jurisdição contenciosa (Livro I, Título III, Capítulos I a XIV), e os da chamada jurisdição voluntária (Capítulo XV, Seções I a XII), conforme organização a que procedeu o novel diploma. Trata-se de demandas singulares, em que o legislador objetivou adaptar o processo às necessidades do Direito material objeto do litígio. Há uma antiga parêmia segundo a qual *a todo direito corresponde uma ação que o assegura*. Na modernidade, deve-se compreender que o procedimento não pode ser igual para todas as situações jurídicas que apresentam suas próprias vicissitudes. Assim, *v. g.*, é diferente a defesa da propriedade em juízo daquela emprestada a quem necessita de alimentos imediatos e *necessarium vitae*.

Os procedimentos especiais de jurisdição contenciosa expressamente abordados sob a égide do CPC/2015 são:

a) ação de consignação em pagamento (arts. 539-549);

b) ação de exigir contas (arts. 550-553);

c) ações possessórias (arts. 554-568);

d) ações de divisão e demarcação de terras particulares (arts. 569-598);

e) ação de dissolução parcial de sociedade (arts. 599-609);

f) inventário e da partilha (arts. 610-673);[32]

g) embargos de terceiro (arts. 674-681);[33]

---

[31] A esses fenômenos a doutrina clássica cognominou com expressões sugestivas como "crisi del procedimento" – Carnelutti –, "vicende anormali del processo" – Liebman – e "crises da instância" – Alberto dos Reis.

[32] **Enunciado 52 da I Jornada de Direito Processual Civil do CJF:** Na organização do esboço da partilha tratada pelo art. 651 do CPC, deve-se incluir a meação do companheiro.
Enunciado 131 da II Jornada de Direito Processual Civil do CJF: A remissão ao art. 672, feita no art. 664, § 4º, do CPC, consiste em erro material decorrente da renumeração de artigos durante a tramitação legislativa. A referência deve ser compreendida como sendo ao art. 662, norma que possui conteúdo integrativo adequado ao comando expresso e finalístico do art. 664, § 4º.

[33] **Enunciado 53 da I Jornada de Direito Processual Civil do CJF:** Para o reconhecimento definitivo do domínio ou da posse do terceiro embargante (art. 681 do CPC), é necessária a

INTRODUÇÃO | **11**

h) oposição (arts. 682-686, que agora não mais constitui uma modalidade de intervenção de terceiros);

i) habilitação (arts. 687-692);[34]

j) ações de família (arts. 693-699);

k) ação monitória (arts. 700-702);[35]

l) homologação do penhor legal (arts. 703-706);

m) regulação de avaria grossa (arts. 707-711);

n) restauração de autos (arts. 712-718).

De outro lado, no âmbito da jurisdição voluntária, além das disposições gerais (arts. 719-725),[36] são enunciados os seguintes procedimentos especiais:

a) notificação e interpelação (arts. 726 a 729);

b) alienações judiciais (art. 730);

c) divórcio, separação judicial consensual, extinção consensual de união estável e alteração do regime de bens do matrimônio (arts. 731 a 734);[37]

---

presença, no polo passivo dos embargos, do réu ou do executado a quem se impute a titularidade desse domínio ou dessa posse no processo principal.

Enunciado 102 da I Jornada de Direito Processual Civil do CJF: A falta de oposição dos embargos de terceiro preventivos no prazo do art. 792, § 4º, do CPC não impede a propositura dos embargos de terceiro repressivos no prazo do art. 675 do mesmo Código.

Enunciado 132 da II Jornada de Direito Processual Civil do CJF: O prazo para apresentação de embargos de terceiro tem natureza processual e deve ser contado em dias úteis.

Enunciado 133 da II Jornada de Direito Processual Civil do CJF: É admissível a formulação de reconvenção em resposta aos embargos de terceiro, inclusive para o propósito de veicular pedido típico de ação pauliana, nas hipóteses de fraude contra credores.

[34] **Enunciado 54 da I Jornada de Direito Processual Civil do CJF:** Estando o processo em grau de recurso, o requerimento de habilitação far-se-á de acordo com o Regimento Interno do respectivo tribunal (art. 687 do CPC).

Enunciado 55 da I Jornada de Direito Processual Civil do CJF: É cabível apelação contra sentença proferida no procedimento especial de habilitação (arts. 687 a 692 do CPC).

[35] **Enunciado 101 da I Jornada de Direito Processual Civil do CJF:** É admissível ação monitória, ainda que o autor detenha título executivo extrajudicial.

Enunciado 134 da II Jornada de Direito Processual Civil do CJF: A apelação contra a sentença que julga improcedentes os embargos ao mandado monitório não é dotada de efeito suspensivo automático (art. 702, § 4º, e 1.012, § 1º, V, CPC).

[36] **Enunciado 56 da I Jornada de Direito Processual Civil do CJF:** A legitimidade conferida à Defensoria Pública pelo art. 720 do CPC compreende as hipóteses de jurisdição voluntária previstas na legislação extravagante, notadamente no Estatuto da Criança e do Adolescente.

[37] **Enunciado 108 da II Jornada de Direito Processual Civil do CJF:** A competência prevista nas alíneas do art. 53, I, do CPC não é de foros concorrentes, mas de foros subsidiários.

12 | PROCESSO CIVIL CONTEMPORÂNEO – *Luiz Fux*

d) execução de testamentos e codicilos (arts. 735 a 737);[38]

e) arrecadação da herança jacente (arts. 738 a 743);

f) arrecadação de bens de ausentes (arts. 744 e 745);

g) arrecadação de coisas vagas (arts. 746);

h) interdição (arts. 747 a 758);

i) tutela e curatela (arts. 759 a 763);[39]

j) organização e fiscalização das fundações (arts. 764 a 765); e

k) ratificação dos protestos marítimos e dos processos testemunháveis formados a bordo (arts. 766 a 770).

Mercê de todos esses procedimentos especiais típicos e das regras gerais supletivas, há ainda outros meios extrajudiciais de solução das controvérsias, como o são a conciliação, a mediação, a arbitragem (meios alternativos de solução dos litígios que ganharam destaque no Novo Código). Ademais, em alguns pontos, é possível notar uma sucessão de atos legislativos que facultam a possibilidade de consecução de alguns procedimentos na via extrajudicial, especialmente perante os notários e registradores públicos (*v.g.*: divórcio extrajudicial, inventário e partilha extrajudiciais, usucapião extrajudicial etc.).

A realização extrajudicial desses procedimentos não afasta a necessidade de assistência por advogado constituído ou por defensor público (arts. 610, § 2º,[40] e 733, § 2º,[41] do CPC/2015) e revelam-se como alternativas que se oferecem aos jurisdicionados, como faculdades que o ordenamento jurídico lhes proporciona. (arts. 610, § 2º, e 733), desde que atendidos os requisitos legalmente estabelecidos para tanto.

V. PROCEDIMENTO PERANTE OS TRIBUNAIS

O CPC disciplina, ainda, o procedimento a ser aplicável aos processos que tramitam perante os Tribunais, tanto aqueles de sua competência originária, como aqueles

---

[38] **Enunciado 51 da I Jornada de Direito Processual Civil do CJF:** Havendo registro judicial ou autorização expressa do juízo sucessório competente, nos autos do procedimento de abertura, registro e cumprimento de testamento, sendo todos os interessados capazes e concordes, poderão ser feitos o inventário e a partilha por escritura pública.

[39] **Enunciado 57 da I Jornada de Direito Processual Civil do CJF:** Todos os legitimados a promover a curatela, cujo rol deve incluir o próprio sujeito a ser curatelado, também o são para realizar o pedido do seu levantamento.

[40] "**Art. 610,** § 2º O tabelião somente lavrará a escritura pública se todas as partes interessadas estiverem assistidas por advogado ou por defensor público, cuja qualificação e assinatura constarão do ato notarial."

[41] "**Art. 733,** § 2º O tabelião somente lavrará a escritura se os interessados estiverem assistidos por advogado ou por defensor público, cuja qualificação e assinatura constarão do ato notarial."

INTRODUÇÃO | **13**

que se encontram em fase de recurso. Nesse sentido é que há previsão expressa de um capítulo específico para a *ordem dos processos no Tribunal* (art. 929),[42] inserido no Livro que trata *dos processos nos Tribunais e dos meios de impugnação das decisões judiciais*.

O NCPC prevê também formas não voluntárias de se levar um feito à cognição de um Tribunal, como ocorre nas hipóteses de remessa necessária, mantidas e revitalizadas pelo Novo Código (art. 496).[43] Apesar de seu caráter não recursal, trata-se de verdadeira condição à eficácia da sentença, segundo a qual se remete, independentemente do oferecimento voluntário de recurso, a matéria ao segundo grau de jurisdição. Prolonga-se, também assim, a fase cognitiva do processo, até que se alcance o trânsito em julgado, seja pela própria continuidade nos mesmos autos, seja pela fragmentação temporária do *procedimento* (como no caso dos agravos de instrumentos): "o processo, que permanece uno, penderá simultaneamente no primeiro e no segundo graus de jurisdição."[44]

---

[42] "**Art. 929.** Os autos serão registrados no protocolo do tribunal no dia de sua entrada, cabendo à secretaria ordená-los, com imediata distribuição.

Parágrafo único. A critério do tribunal, os serviços de protocolo poderão ser descentralizados, mediante delegação a ofícios de justiça de primeiro grau."

[43] "**Art. 496.** Está sujeita ao duplo grau de jurisdição, não produzindo efeito senão depois de confirmada pelo tribunal, a sentença:

I – proferida contra a União, os Estados, o Distrito Federal, os Municípios e suas respectivas autarquias e fundações de direito público;

II – que julgar procedentes, no todo ou em parte, os embargos à execução fiscal.

§ 1º Nos casos previstos neste artigo, não interposta a apelação no prazo legal, o juiz ordenará a remessa dos autos ao tribunal, e, se não o fizer, o presidente do respectivo tribunal avocá-los-á.

§ 2º Em qualquer dos casos referidos no § 1º, o tribunal julgará a remessa necessária.

§ 3º Não se aplica o disposto neste artigo quando a condenação ou o proveito econômico obtido na causa for de valor certo e líquido inferior a:

I – 1.000 (mil) salários mínimos para a União e as respectivas autarquias e fundações de direito público;

II – 500 (quinhentos) salários mínimos para os Estados, o Distrito Federal, as respectivas autarquias e fundações de direito público e os Municípios que constituam capitais dos Estados;

III – 100 (cem) salários mínimos para todos os demais Municípios e respectivas autarquias e fundações de direito público.

§ 4º Também não se aplica o disposto neste artigo quando a sentença estiver fundada em:

I – súmula de tribunal superior;

II – acórdão proferido pelo Supremo Tribunal Federal ou pelo Superior Tribunal de Justiça em julgamento de recursos repetitivos;

III – entendimento firmado em incidente de resolução de demandas repetitivas ou de assunção de competência;

IV – entendimento coincidente com orientação vinculante firmada no âmbito administrativo do próprio ente público, consolidada em manifestação, parecer ou súmula administrativa."

[44] Barbosa Moreira, *O Novo Processo Civil Brasileiro*, p. 9.

PROCESSO CIVIL CONTEMPORÂNEO – *Luiz Fux*

Nesses novos momentos processuais, há também disposições procedimentais específicas, que procuram adaptar as disposições gerais à realidade de um Tribunal (que se compõe por órgãos colegiados, que apresenta a figura do relator etc.), bem como às especificidades da própria ação, incidente ou recurso no qual se dará o exercício da atividade judicial. Sob esse último aspecto é que se tem, por exemplo, requisitos e disposições procedimentais específicos para cada um dos recursos previstos pelo ordenamento jurídico processual, a depender do momento processual em que ocorrem, do tipo de processo, da parte recorrente etc.

Sobre o ponto, é importante destacar o art. 932 do Novo Código,[45] dispositivo sem correspondente no CPC/1973, que congrega em um mesmo dispositivo os poderes do relator, quais sejam:

> *I – dirigir e ordenar o processo no tribunal, inclusive em relação à produção de prova, bem como, quando for o caso, homologar autocomposição das partes;*
>
> *II – apreciar o pedido de tutela provisória nos recursos e nos processos de competência originária do tribunal;*
>
> *III – não conhecer de recurso inadmissível, prejudicado ou que não tenha impugnado especificamente os fundamentos da decisão recorrida;*
>
> *IV – negar provimento a recurso que for contrário a:*
>
> *a) súmula do Supremo Tribunal Federal, do Superior Tribunal de Justiça ou do próprio tribunal;*
>
> *b) acórdão proferido pelo Supremo Tribunal Federal ou pelo Superior Tribunal de Justiça em julgamento de recursos repetitivos;*
>
> *c) entendimento firmado em incidente de resolução de demandas repetitivas ou de assunção de competência;*
>
> *V – depois de facultada a apresentação de contrarrazões, dar provimento ao recurso se a decisão recorrida for contrária a:*
>
> *a) súmula do Supremo Tribunal Federal, do Superior Tribunal de Justiça ou do próprio tribunal;*
>
> *b) acórdão proferido pelo Supremo Tribunal Federal ou pelo Superior Tribunal de Justiça em julgamento de recursos repetitivos;*
>
> *c) entendimento firmado em incidente de resolução de demandas repetitivas ou de assunção de competência;*

---

[45] **Enunciado 66 da I Jornada de Direito Processual Civil do CJF:** Admite-se a correção da falta de comprovação do feriado local ou da suspensão do expediente forense, posteriormente à interposição do recurso, com fundamento no art. 932, parágrafo único, do CPC. **Enunciado 73 da I Jornada de Direito Processual Civil do CJF:** Para efeito de não conhecimento do agravo de instrumento por força da regra prevista no § 3º do art. 1.018 do CPC, deve o juiz, previamente, atender ao art. 932, parágrafo único, e art. 1.017, § 3º, do CPC, intimando o agravante para sanar o vício ou complementar a documentação exigível.

INTRODUÇÃO | **15**

VI – decidir o incidente de desconsideração da personalidade jurídica, quando este for instaurado originariamente perante o tribunal;

VII – determinar a intimação do Ministério Público, quando for o caso;

VIII – exercer outras atribuições estabelecidas no regimento interno do tribunal.

VI. UMA NOVA ABORDAGEM: A ANÁLISE ECONÔMICA DO PROCESSO

Para além de suas categorias gerais e seus elementos fundamentais, propõe-se uma nova abordagem da relação jurídica processual, não como caminho único de seu estudo, mas como instrumental relevante a complementar sua percepção e potencializar seus resultados: a *análise econômica do processo*.

Em linhas gerais, o estudo da conhecida *Análise Econômica do Direito* pode ser metodologicamente subdividido em duas vertentes principais: a análise *descritiva* e a análise *normativa*.

A primeira vertente verifica como as normas em vigor influenciam a atuação dos agentes econômicos, buscando quantificar e qualificar os incentivos e os desincentivos que os institutos jurídicos geram a esses *players*. No âmbito do processo civil, sob o prisma de uma investigação descritiva, pode-se imaginar como exemplos: qual o percentual de aumento do número de acordos judiciais em decorrência do CPC/2015, que inaugurou a obrigatoriedade da audiência de conciliação? O escalonamento dos honorários advocatícios devidos pela Fazenda Pública reduz ou aumenta a litigiosidade? O sistema de justiça gratuita favorece o ajuizamento de demandas frívolas?

A segunda vertente, por sua vez, parte de pressupostos mais empíricos, no afã de propor o modelo mais eficiente dos institutos jurídicos, de modo a alcançar resultados ideais que sejam mais aptos à maximização do bem-estar social. Aqui, também no âmbito do processo civil, podem ser formulados os seguintes exemplos de investigações normativas: qual modelo de conciliação incentivaria o Sistema de Justiça a alcançar 60% de acordos? Qual o valor máximo de renda que as partes devem possuir para se beneficiar da justiça gratuita? Qual a quantidade ótima de recursos de um sistema processual, de modo a permitir a correção de erros judiciários em ponderação com a duração razoável do procedimento?

Nesse sentido, ainda que a Análise *Econômica* do Direito (AED) também envolva uma percepção multidisciplinar do fenômeno jurídico, há alguns traços distintivos que a diferencia de outras perspectivas multidisciplinares (como Análise *Política* do Direito; Análise *Sociológica* do Direito etc.).[46]

---

[46] SHAVELL, Steven. Foundations of Economic Analysis of Law. Cambridge: Harvard University Press, 2004. p. 387-470.

PROCESSO CIVIL CONTEMPORÂNEO – *Luiz Fux*

Primeiro, a Análise *Econômica* do Direito adota modelos matemáticos, estatísticos e empíricos, o que nem sempre se percebe naquelas outras abordagens. Trata-se, assim, de um ramo construído sobre bases empíricas, a partir das quais desenvolve suas premissas e busca conclusões fundadas em indicadores numéricos extraídos da realidade social mediante um método científico estrito, afastando-se de justificativas puramente *morais* ou *principiológicas*. Deveras, não raro, a AED apresenta evidências de que determinados institutos jurídicos produzem (des)incentivos distintos dos esperados para sua existência, contribuindo para a formulação das políticas públicas na busca pela melhora da estrutura e do desenho das instituições respectivas.

Ainda como traço distintivo, assevera-se que essa abordagem econômica parte de uma investigação (não definitiva) supondo que os agentes atuam de forma racional e estratégica, buscando maximizar a sua utilidade diante das consequências possíveis de suas escolhas (*pragmatismo* e *consequencialismo*). O modelo de escolha racional, entretanto, não deve ser confundido com uma inocente visão do ser humano como perfeitamente inteligente e estrategista. A escolha racional apenas supõe que o indivíduo possui uma ordem lógica, coerente e transitiva de preferências, bem como que se comportará de modo a satisfazê-las da melhor forma possível diante das limitações possuídas. Contudo, mesmo no modelo da escolha racional, nem sempre os comportamentos dos indivíduos conduzirão, em equilíbrio, a um cenário de eficiência perfeita, seja porque os incentivos a que submetidos são defeituosos, seja porque outras limitações conduzem ao resultado indesejado, como a assimetria de informações. A análise desses problemas também pode ser realizada em um contexto de interação entre diversos sujeitos, que devem estrategicamente definir como se comportar tendo em vista o comportamento dos demais. Esse é o objeto de investigação da teoria dos jogos, no bojo da qual se compreende que os *players* não apenas *reagem* a essas condutas, mas também se *adaptam*, ao longo do tempo, ao comportamento dos demais agentes, a partir de *incentivos*, *desincentivos* e *reforços*, em uma interação dinâmica cujas balizas continuamente se modificam e se influenciam reciprocamente.

Um terceiro ponto de distinção reside no fato de que a análise econômica apregoa que os institutos jurídicos devem ser desenhados e direcionados à maximização do *bem-estar social*, deles extraindo a maior eficiência e potencialidade possíveis. Trata-se de conceito específico desse ramo de estudo. Ao contrário do Direito, a Economia possui um ferramental bem definido para avaliar se políticas públicas são boas ou ruins, a partir das suas consequências para a sociedade. Esse *bem-estar-social*, apesar de inicialmente se revelar como um conceito de contornos indeterminados, relaciona-se à satisfação das necessidades dos agentes sociais, mediante uma distribuição adequada, eficiente e racional das utilidades dos recursos escassos disponíveis ao homem nos *trade-offs* que inevitavelmente se apresentam, ante a escassez de recursos e infinidade de necessidades.

Outras contribuições também são extraídas da relação entre a *economia comportamental* e a *Justiça Civil*, mediante a investigação da percepção de *justiça* pelas

INTRODUÇÃO | **17**

partes no diálogo entre *Psicologia* e *Economia*. Ao adotar o método científico, a literatura de Psicologia se concentrou em formar um excepcional corpo de estudos empíricos sobre o comportamento do homem, os quais são utilizados para testar as teorias econômicas como a da utilidade esperada. Quando o resultado dos experimentos e pesquisas empíricas não é o esperado, há várias possíveis conclusões: *(i)* houve algum tipo de erro de metodologia na pesquisa empírica; *(ii)* o resultado pode ser explicado mediante qualificações à teoria original; ou *(iii)* a observação conduz à necessidade de reformular completamente a teoria sob avaliação. Uma corrente que ganhou força, a partir dessas investigações empíricas, aponta que indivíduos frequentemente adotam comportamentos ineficientes em razão de predisposições biológicas, consistentes em vieses cognitivos que impediriam a consecução do resultado que maximiza o bem-estar. Teóricos como Amos Tversky, Herbert Simon[47] e Kahneman[48-49] ajudaram a fundar a *Economia Comportamental (Behavioral Eco-*

---

[47] SIMON, Herbert. A Behavioral Model of Rational Choice. Herbert A. Simon. In: The Quarterly Journal of Economics, vol. 69, n. 1. (Feb., 1955), p. 99-118. Nesse texto, Herbert Simon apresenta o conceito de *racionalidade limitada*, que desafiou todo o estado da arte da ciência econômica à época. Para ele, o conceito de *homo economicus* necessitava ser revisado, já que a *racionalidade global* pressuposta por esse modelo precisava ser substituída por um tipo mais realista de comportamento racional, em compatibilidade com as limitações do acesso à informação e da capacidade computacional. Dessa forma, Herbert Simon comprovou que os indivíduos realizam escolhas com conhecimento e habilidade *limitados*, por meio de simplificações simbólicas do mundo real, as quais geravam inconsistências entre o modelo tradicional da ciência econômica e a realidade.

[48] KAHNEMAN, Daniel. Judgment under Uncertainty: Heuristics and Biases. Nesta obra, conclusões de Herbert Simon são aprofundadas, a partir do que são apresentados resultados de estudos empíricos no sentido de que, ao tomar decisões, as pessoas agem sob considerável grau de incerteza. Assim, para responder a essa circunstância, o processo de tomada de decisões é simplificado pelo homem por meio de categorias que os autores denominam de *heurísticas* e *vieses*. De um lado, *heurísticas* e *vieses* parecem reduzir a complexidade dos problemas aos quais as pessoas estão expostas, o que seria de grande utilidade para a solução de casos práticos. Entretanto, por outro lado, também podem conduzir os tomadores de decisão a erros graves e sistemáticos, na medida em que funcionam como ilusões cognitivas que interferem no grau de racionalidade da conduta humana. Exemplificativamente, há estudos que comprovam que, quanto mais alto o valor indicado na petição inicial como valor de dano moral requerido pela parte autora, mais alta a probabilidade de, caso o pedido seja julgado procedente, o juiz condenar a parte ré ao pagamento de um valor igualmente elevado. Afinal, o alto montante inicial requerido pela parte autora funciona como uma ilusão cognitiva (âncora) que interfere na quantificação mental que o juiz realiza sobre o dano alegado.

[49] SUNSTEIN, Cass; KAHNEMAN, Daniel; SCHKADE, David; RITOV, Ilana. "Predictably Incoherent Judgments." In: Stanford Law Review, Vol. 54, Issue 6 (June 2002), p. 1.153-1.216. Nesse *paper*, os autores afirmam que as instituições e as normas jurídicas podem ser desenhadas de modo a criar incentivos que diminuam os efeitos das ilusões cognitivas, ali denominadas de *fontes de incoerência e de arbitrariedade dos julgamentos morais*. Para tanto, o direito e as políticas públicas devem assumir uma perspectiva não meramente *principiológica* (no sentido

nomics), a partir da incorporação, pela economia, de desenvolvimentos teóricos e descobertas empíricas obtidas pela *Psicologia* e pela *Neurociência*.

Deveras, em contraposição àquela visão tradicional, a *Economia Comportamental* preconiza que o processo decisório humano assume uma realidade diferente: as decisões são tomadas a partir dos *hábitos*, das *experiências pessoais* e das *regras práticas simplificadas*. Assim é que, nesse processo, as pessoas usualmente aceitam soluções apenas satisfatórias, buscam celeridade no processo decisório, assumem dificuldades em balancear os interesses de curto e de longo prazo e são fortemente influenciadas por fatores emocionais, bem como pelos comportamentos das demais pessoas.

Nesse sentido, busca-se compreender e modelar as decisões individuais a partir de uma visão alternativa. Dessa forma, as influências *psicológicas* e *emocionais*, que se manifestam não apenas de forma *consciente*, mas também *inconsciente*, são consideradas como fatores que afetam o ser humano em suas escolhas, de modo que passam a ser também incorporadas aos modelos tradicionais da análise econômica do Direito.

Em suma, a *Economia Comportamental* procura entender e modelar as decisões dos agentes de forma mais realista. Assim, confere-se maior valor ao método experimental, que configura a ferramenta mais utilizada pelos economistas comportamentais em sua investigação empírica sobre esses desvios em relação à ação racional.

No campo jurídico, essa abordagem oferece importantes reflexões aos juristas. Com efeito, o processo de resolução de conflitos envolve uma série de decisões por parte de todos os seus personagens – autores, réus, juízes, auxiliares, serventuários etc. Dessarte, a partir da constatação de que todos esses agentes processuais se encontram submetidos a influxos sociais e psicológicos que interferem na racionalidade de suas decisões, o Estado, ao instituir as normas de processo civil, precisa desenvolver institutos que possibilitem, de forma mais realista, o intercâmbio de informações entre os indivíduos e a realidade. Assim, por meio de corretos incentivos para o agir racional, busca-se maximizar a eficiência do Sistema de Justiça, bem como o bem-estar social.

A partir desses instrumentais e de tais premissas teóricas, aqui apenas brevemente introduzidas, é possível conceber uma *análise econômica do processo civil*. Por meio desse paradigma, é possível analisar diversas manifestações do processo, considerando os incentivos e desincentivos que o ordenamento jurídico e suas normas processuais oferecem aos atores do processo.

---

kantiano), mas também de ordem *pragmática-consequencialista*. Essa tarefa envolve a criação de desenhos institucionais que asseguram um padrão de julgamentos mais racional, cujo procedimento incentiva os tomadores de decisão a compreenderem suas próprias ilusões cognitivas, oferecendo os instrumentos necessários para diminuir seus efeitos.

INTRODUÇÃO | 19

Com efeito, tomando as partes, o processo e o procedimento como integrantes de um modelo básico de litigância civil, uma análise econômica de tais manifestações sugere a subdivisão do *litígio* em diversas fases principais, as quais podem ser estudadas também mediante um cotejo entre os institutos do Código de Processo Civil e o instrumental teórico da AED. Exemplificativamente, essas fases podem ser a decisão sobre a *propositura* da ação; a decisão sobre a *conciliação* do litígio; ou a ausência de solução consensual e o próprio *julgamento* da demanda.

Em relação à primeira fase mencionada (a decisão sobre a propositura da demanda), importantes contribuições econômicas advêm do instrumental econômico, que ajudam a entender algumas das diretrizes no Novo Código de Processo Civil.

De início, a propositura de uma ação necessariamente envolve custos, de ordem *material* e *imaterial* (honorários advocatícios contratuais e sucumbenciais, custas, multas, tempo de duração etc.). Nesse ponto, a adoção do instrumental oferecido pela análise econômica do direito estabelece como premissa básica que o *autor* – considerado um agente racional, ainda que diante de informações limitadas – apenas proporá a demanda *se os custos totais do processo forem inferiores aos benefícios dele decorrentes*. Iniciar uma relação jurídica processual, sob esse prisma, deve revelar um resultado positivo na análise do *custo* e do *benefício* dessa investida.

Nesse ponto, o professor Steven Shavell[50] preconiza a distinção entre dois conceitos essenciais: *custo privado* e *custo social* da demanda. Inicialmente, o *custo privado* relaciona-se com os dispêndios individuais do autor da ação (*v.g.*: os honorários contratuais do advogado, as custas processuais iniciais, o custo na obtenção de documentos a serem juntados à sua petição etc.), ao passo que o *custo social* envolve, além do custo privado do autor, os custos abarcados também pela parte ré, pelo Estado e por terceiros. Este custo social, portanto, extrapola o âmbito privado de cada ator processual e representa a soma aritmética de todos os custos suportados pelos diversos agentes sociais e instituições que se relacionam com o desenvolvimento do processo instaurado.

Essa distinção apresenta hipótese essencial para se entender o modelo básico de litigância civil: *os incentivos privados divergem dos incentivos sociais para o ajuizamento da ação*, o que influencia de forma direta no comportamento das partes processuais e na maior ou menor quantidade de litígios que alcançam o Poder Judiciário.

A título de exemplo, no caso brasileiro, o *custo individual (privado)* do processo é baixo para os demandantes. Em geral, os serviços advocatícios não são altos, em face do excesso de oferta. Por seu turno, as custas judiciais cobradas pelos Tribunais (taxas e emolumentos) também não são elevadas, como resultado de uma decisão política do Estado de favorecer o acesso à justiça aos brasileiros. Por outro lado, os

---

[50] SHAVELL, Steven. Economic Analysis of Law, 2004. p. 80-96.

custos sociais do processo são elevadíssimos, na medida em que o funcionamento do aparelho judiciário (pagamento da remuneração dos servidores, dos juízes e dos demais auxiliares da justiça, manutenção da estrutura física etc.) sofreu substancioso crescimento nos últimos anos.

Essa disparidade excessiva entre o *baixo custo privado* e o *alto custo social* do processo judicial gerou duas consequências drásticas para o modelo brasileiro, facilmente perceptíveis: *(i)* excesso de incentivos para o *demandismo individual* (explosão de litigiosidade); e *(ii)* dificuldade do Estado em otimizar o aparelho judiciário, com vistas a fazer frente ao crescimento do número de demandas.

Segundo Shavell, cada sistema judiciário deve buscar seu *ponto socialmente ótimo de litigância,* decorrente da aproximação, tanto quanto possível, entre os *custos sociais* e os *custos privados* da propositura da ação. Nesse sentido, quanto maior a disparidade entre os custos sociais e os custos privados do processo, maiores também os incentivos para que os demandantes proponham novas ações, sem maiores análises quanto à conveniência *econômica* de seu ajuizamento, constatação que pode repercutir negativamente para o bem-estar social e para a utilidade do aparelho judiciário. Por outro lado, se os custos privados e os custos sociais têm valores relativamente próximos ou tendem a uma simetria, criam-se desincentivos para a propositura exagerada de novas ações (especialmente demandas frívolas), alcançando-se um ambiente de litigância saudável.

Outro exemplo de aplicação deste instrumental diz respeito à conciliação e outros meios alternativos de solução de disputas.[51] A análise das expectativas de *ganho* e de *perda* de cada uma das partes do processo consiste em tarefa essencial para se calcular a possibilidade de acordo em uma determinada causa. Nesse ponto, dois indicadores se destacam: *(i)* o *montante mínimo aceitável pelo autor*, que indica a expectativa de montante a ser ganho em juízo, em caso de julgamento procedente dos pedidos, subtraídos os custos individuais da demanda; *(ii)* o *montante máximo pagável pelo réu*, que representa a expectativa do réu de perda em juízo, em caso de julgamento procedente dos pedidos do autor, somados com os custos individuais da demanda. A partir desses elementos, ainda segundo Shavell, somente é possível um acordo em demandas judiciais quando o *montante mínimo aceitável pelo autor* é menor que o *montante máximo pagável pelo réu*.

---

[51] Em comparação, toma-se como exemplo os indicadores dos órgãos judiciários federais norte-americanos, em que mais de 95% dos casos cíveis não alcançam a fase de julgamento por um magistrado. Essa estatística evidencia a proeminência da autocomposição como método de resolução de conflitos no Sistema de Justiça americano. Afinal, ainda que não se possa afirmar que a totalidade desses casos não julgados tenha sido findada pela conciliação (uma vez que existem algumas outras possibilidades de extinção prematura do processo judicial), sabe-se que essa estatística é alcançada, majoritariamente, em virtude do alto número de acordos firmados pelas partes no curso das demandas.

Em geral, as partes possuem convicções e expectativas próprias (distintas ou não) acerca do resultado de eventual julgamento (heterocomposição) da demanda em curso, seja pela procedência, seja pela improcedência do pedido. Ainda que essa expectativa cognitiva seja formulada a partir de informações limitadas, é possível fazer análises prévias de suas chances de êxito ou de perda, e em que termos essas alternativas podem se dar, caso o feito chegue à fase de julgamento.

Nesse cenário, ponderadas as expectativas de custos e de benefícios, deduz-se, por exemplo, serem maiores as probabilidades de acordo quanto mais se aproximem as expectativas das diversas partes acerca do resultado de eventual julgamento. Inversamente, quanto maior a diferença entre o valor de ganho esperado pelo autor e o valor de perda previsto pelo réu, em caso de eventual êxito da demanda, menor a possibilidade de acordo. De outro lado, quanto maiores os *custos individuais da demanda*, maior a probabilidade de autocomposição, já que nessas situações a formulação de acordo pode representar um menor custo, frente às expectativas que se possa ter do julgamento da lide.

Mesmo assim, entretanto, a alta probabilidade *econômica* de acordo não implica necessariamente a sua concretização. Há diversas outras variáveis a serem analisadas, como, *verbi gratia*, o fato de uma das partes desejar firmar um precedente sobre o tema e, nesse caso, recusar o acordo, por mais que seja economicamente vantajoso, com o intuito de chegar ao julgamento de mérito. Por sua vez, a aversão ao risco é outro ponto de interferência, uma vez que levar uma demanda a julgamento pelo magistrado representa a assunção de um risco, cujas consequências, ainda que possam ser estimadas, são desconhecidas, não apenas pelo conteúdo da decisão que será proferida, mas também pela repercussão que poderão advir às partes e a terceiros, em termos de custos indiretos e externalidades (positivas ou negativas). Nesse sentido, quanto maior a aversão ao risco, maior a probabilidade de conciliação, ainda que matematicamente o acordo não seja tão vantajoso.

Em suma, a aplicação do instrumental econômico a esse aspecto processual revela dois requisitos essenciais para o alcance da autocomposição. O primeiro requisito, de *natureza objetivo-racional*, consiste na simetria de informações entre autor e réu acerca do conteúdo da demanda ajuizada e os aspectos que lhe são relevantes. Quanto mais elementos empíricos e evidências são compartilhados (especialmente na fase pré-processual), menor é a assimetria de informação entre os sujeitos processuais, o que aproxima as respectivas convicções acerca das possibilidades reais de êxito do pedido e favorece uma maior probabilidade de acordo.

O segundo requisito, de *natureza subjetivo-psicológica*, indica o otimismo *parcial* que autor e réu tendem a demonstrar acerca do resultado do processo, mesmo diante de indicadores empíricos objetivos que racionalmente revelem situação desfavorável. Aqui se fazem ainda mais relevantes os aspectos supraelencados quanto ao estudo da Análise Econômica Comportamental. Dessa forma, o excesso subjetivo de otimismo, ainda que contrário aos elementos objetivos, pode ser bastante prejudicial para a autocomposição, mas os institutos e regras processuais podem ser desenhados para promover incentivos estratégicos para que os litigantes alcancem uma visão mais realista da demanda, invertendo as probabilidades. Nesse sentido é que, por exemplo, o CPC/2015 buscou reformular e reforçar o instituto da conciliação, como tentativa de imprimir esse incentivo às partes litigantes, como uma forma mais adequada de solucionar as controvérsias.

Enfim, o que com este tópico se quis introduzir é que a Análise Econômica do Direito, quando aplicada ao processo civil, permite enxergar novos paradigmas ao estudo do fenômeno processual, contribuindo para o seu desenho normativo e o aprimoramento de seus institutos. Essa análise é conveniente em diversos momentos da relação jurídica processual: a decisão sobre a propositura ou não de uma ação, a definição das custas judiciais, a fixação dos honorários advocatícios e sua majoração ao longo do processo, a fixação do montante da indenização, a imposição de multas processuais por condutas indignas ou recursos protelatórios, mecanismos de indução e coerção indireta para o cumprimento de decisões judiciais etc.

Sob essa ótica complementar aos tradicionais e imprescindíveis estudos do processo civil, a formulação das políticas judiciárias e das normas processuais devem também ser consideradas como mecanismos de incentivos, desincentivos e reforços aos comportamentos dos sujeitos processuais. Dessa forma, permite-se o ajuste dessas normas e dos institutos processuais fundamentais, conforme o modelo de processo civil que se queira desenvolver.

Capítulo I
ELEMENTOS FUNDAMENTAIS DO PROCESSO

1.1 A JURISDIÇÃO

O Estado, como garantidor da paz social, avocou como uma de suas funções típicas a solução monopolizada dos conflitos intersubjetivos pela transgressão à ordem jurídica, limitando o âmbito da autotutela.[1] Consectariamente, dotou um de seus três Poderes (o Judiciário) da atribuição de solucionar os referidos conflitos mediante a aplicação do Direito objetivo, abstratamente concebido, ao caso concreto.[2] A supremacia dessa solução revelou-se pelo fato incontestável de ela provir da autoridade estatal, cuja palavra, além de coativa, torna-se a última manifestação do Estado soberano acerca da controvérsia, de tal sorte que os jurisdicionados devem-na respeito absoluto, porque haurida de um trabalho de reconstituição dos antecedentes do litígio, com a participação dos interessados, cercados isonomicamente de diversas garantias.[3] Essa função denomina-se jurisdicional, distinguindo-se das demais soluções do Estado pela sua imodificabilidade por qualquer outro poder, por adquirir o que se denomina em sede anglo-saxônica de *"final enforcing power"*, consubstanciado no que denominamos "coisa julgada."[4]

---

[1] A regra ressoa absoluta quanto aos particulares que não têm, por força mesmo da isonomia constitucional, poderes sobre seus concidadãos. No que pertine aos entes públicos há uma tênue mitigação em face da presunção de legitimidade dos atos da administração acoplada ao *ius imperii* necessário à gestão da coisa pública. Entretanto, mesmo com esse *privilège du preable* o controle posterior dos atos administrativos garante aos indivíduos a chancela judicial nesses conflitos. Destarte, nas atividades *no self executing*, o estado se socorre da jurisdição assim como os particulares.

[2] A atividade jurisdicional de particularização do direito ao caso concreto conduziu a doutrina de **Chiovenda** à dicotomia entre a vontade abstrata e a vontade concreta da lei, concluindo o mestre que "a jurisdição consiste na atuação da lei mediante a substituição da atividade de órgãos públicos à atividade de outros, seja no afirmar a existência de uma vontade da lei, seja em determinar ulteriormente que ela produza seus efeitos (*Principii di Diritto Processuale Civile*, 1928, p. 301).

[3] **Couture** atribuía a solução obtida por *"acto de la autoridad"* à principal característica da jurisdição, em *Fundamentos de Derecho Procesal Civil*, 1951, p. 4

[4] O caráter dúplice – tutelar da jurisdição – foi decantado por toda a doutrina processual com supremacia para a "defesa da ordem jurídica." Assim, **Liebman**, para quem a jurisdição tinha

24 | PROCESSO CIVIL CONTEMPORÂNEO – *Luiz Fux*

Alerte-se, contudo, que não é possível realizar uma distinção perfeita entre as funções de jurisdição, administração e legislativa. Há sobreposições naturais de características entre elas. Por exemplo, a imutabilidade característica da coisa julgada também pode existir em âmbito administrativo, pois em certos casos o administrador não poderá rever os seus atos. Também a inércia da jurisdição é, em certos casos, relativizada, como sói ocorrer com o *habeas corpus* de ofício, ao passo que certas funções administrativas também dependem de requerimento do interessado, como o registro público.

Quando provocado pelo interessado que exerce a ação, o Estado exerce a jurisdição como um método de composição do litígio com a participação dos reais destinatários da decisão reguladora da situação litigiosa, dispondo sobre os momentos em que cada um pode fazer valer as suas alegações, com o fim de alcançar um resultado corporificado em tudo quanto o Judiciário "sentiu" das provas e do direito aplicável retratado na "sentença." *Jurisdição*, *ação* e *processo* são, assim, os monômios básicos da estrutura do fenômeno judicial, seus elementos fundamentais.[5]

Apesar de a jurisdição como forma de heterocomposição ter surgido em substituição a condutas barbáricas outrora adotadas como instrumentos de autotutela, o acesso à jurisdição deve ser excepcional, haja vista que, em uma sociedade harmônica, o ideal é que as próprias partes alcancem a solução de seu litígio pela autocomposição, mercê do cumprimento espontâneo do direito e em otimização do relacionamento social. Esta é, sem dúvida, a razão pela qual os diplomas processuais modernos inserem a *fase de conciliação* como obrigatória nos processos judiciais, preocupação que levou o legislador constitucional brasileiro a contemplá-la na Carta Maior[6] e a cristalizá-la como ato processual a ser praticado no início do procedimento comum, como incluído pelo Novo CPC. A jurisdição encerra, em suma, a restauração da legalidade e da justiça como instrumento eficaz ensejador da paz social e da preservação da garantia dos direitos do homem.[7]

---

como escopo "tornar efetiva a ordem jurídica e impor através do Judiciário a regra jurídica concreta que, por força do direito vigente, deve regular determinada situação jurídica" (*Corso di Diritto Processuale Civile*, 1952, p. 13). Por isso que se considera a jurisdição a *longa manus* do legislador.

[5] **Ramiro Podetti** denominou-o trilogia básica, em "Trilogia Estructural de la Ciencia del Proceso Civil", *Revista de Derecho Procesal*, 1944, p. 113.

[6] **Niceto Alcalá-Zamora y Castillo**, na insuperável e clássica obra *Proceso, Autocomposición y Autodefensa*, cit., 1947, p. 13, já advertira que a solução do litígio poderia ser "egoísta" ou de "autodefesa" ou "altruísta" ou de "autocomposição", razão por que sustentava que "*proceso, autocomposición y autodefensa se nos presentan, pues, como las tres posibles desembocaduras del litigio.*"

[7] Sob essa ótica o clássico **Calamandrei**, "Processo e Giustizia", *Rivista di Diritto Processuale Civile*, 1950, p. 278.

Capítulo I · ELEMENTOS FUNDAMENTAIS DO PROCESSO | 25

Entretanto, a jurisdição não se limita unicamente à operação de subsunção do conflito à regra abstrata de direito material. Anota-se, em sede doutrinário-histórica, que a jurisdição compreendia cinco elementos, a saber: *notio, vocatio, coertitio, judicium* e *executio*. Dessa constatação apreende-se o que pretendeu Carnelutti ao afirmar: "*Juiz não é só o que julga, mas também aquele que ordena: é aquele, em suma, cuja decisão tem eficácia de uma ordem.*"[8] Variam as modalidades de tutela conforme a natureza do conflito levado ao Judiciário. Há lides de "pretensão resistida" e lides de "pretensão insatisfeita"; isto é, há casos em que o Estado-juiz define direitos e outros em que a definição é um *prius* antecedente à "realização" do direito reconhecido em sentença ou no documento com eficácia equivalente (títulos executivos extrajudiciais).[9]

Outrossim, constatada a inexistência de um sistema ideal no qual a jurisdição é prestada tão logo apresentado o pedido em juízo, revelou-se mister garantir "condições para a realização da justiça", uma vez que o objeto do julgado pode sofrer alterações substanciais que influam na solução justa da lide, quer pelo agravamento das condições de fato, quer pela criação de um estado de periclitação do direito da parte, dos bens ou das provas que servirão de elementos de convicção.

Concluiu-se, dessarte, pela necessidade de dotar a jurisdição de um *tertium genus* capaz de "assegurar a utilidade prática" das demais formas de tutela e, em "defesa da jurisdição." Previu-se, assim, a "tutela preventiva" ou "cautelar" pela sua finalidade de conjurar o perigo resultante da demora "natural" do processo, agora reorganizadas no Novo Código sob a categoria das tutelas provisórias.

Decorre, do exposto, que a tutela jurisdicional apresenta-se sob três modalidades básicas: i) *a tutela jurisdicional de cognição ou conhecimento*; ii) *a tutela jurisdicional de execução*; e iii) *a tutela jurisdicional provisória, satisfativa ou cautelar*. Essas três formas de tutela guardam fidelidade com a característica substitutiva da jurisdição, intermediadora de conflitos e mantenedora da paz e da ordem.

Soma-se, ainda, a hipótese de atuação subjetivamente judiciária e materialmente administrativa da Justiça no domínio das relações privadas, que escapa a essa ótica substitutiva da jurisdição. Apesar de a lei a denominar de *jurisdição voluntária*, revelam, em verdade, um fenômeno peculiar de acesso obrigatório à justiça em casos de situações jurídicas *inter volentes*, nas quais a chancela do Judiciário é entrevista pelo legislador como requisito necessário de validade.[10]

---

[8]   *Istituzioni di Diritto Processuale Civile*, 1961, vol. 1, p. 31.

[9]   A isto correspondem as atividades de "formulação da regra jurídica concreta que deve regular o caso ou a prática de atos materiais que realizem a coincidência entre a regra e os fatos" (**Liebman**, *Corso*, cit., p. 79-80).

[10]   Contrariando **Carnelutti**, que aduzia um "processo voluntário", **Alcalá-Zamora y Castillo**, sob o argumento de que na jurisdição voluntária não havia processo e sim "procedimento" (*Proceso, Autocomposición y Autodefensa*, cit., p. 136).

26 | PROCESSO CIVIL CONTEMPORÂNEO – *Luiz Fux*

Quanto ao *processo*, trata-se de noção teleológica, cuja classificação obedece aos fins jurisdicionais que se pretendem alcançar através da sucessão de atos. Assim, o processo tem a mesma natureza da espécie de jurisdição que se colima. Em consequência, como já desde a introdução adiantado, *à tutela de cognição corresponde o processo de conhecimento, à de execução o processo de execução ou cumprimento de sentença e à de assecuração os processos antecedentes de tutela cautelar ou antecipada.*

Sendo o processo um conjunto de atos, os tipos processuais distinguem-se pela preponderância de atividades de cada um e pela sua *causa finalis* que informa uma dessas relações jurídico-processuais. É que os processos não são absolutamente puros, no sentido de que no processo de conhecimento só se praticam atos intelectivos e no processo de execução abole-se qualquer cognição. Há uma preponderância não exclusiva de atividades jurisdicionais típicas.[11]

1.2 O DIREITO DE AÇÃO

As noções de jurisdição e processo induzem à de ação. Isso porque o Estado, substituindo a solução privada, resolve os conflitos intersubjetivos, exercendo a jurisdição. Por seu turno, a jurisdição é prestada por meio do processo, que não é senão aquele conjunto de atos necessários praticados com o objetivo de obter a resposta judicial.

Destarte, como o Judiciário deve ser provocado para exercer sua função de dizer o Direito, o meio pelo qual a parte o concita a definir o litígio e dar razão a quem a tem é o exercício da ação. Promovida a ação, surge, para o Estado, o dever de prestar a jurisdição. Por essa razão, diz-se majoritariamente que a ação é um direito público subjetivo a que corresponde o dever de o Estado prestar jurisdição.[12] Por força do princípio dispositivo (art. 2º do CPC/2015),[13] o exercício do direito de ação é necessário para que se realize a jurisdição.

Entretanto, são diversas as acepções que se empresta ao conceito de ação. No âmbito do direito processual civil, fala-se, modernamente, em *ação de direito material e ação de direito processual.*[14]

---

[11] Repise-se, até em homenagem ao marco histórico que representa, que a percepção do processo como relação processual, entrevista por **Büllow**, em 1868, é tida como a certidão de nascimento da evolução científica do processo.

[12] **Piero Calamandrei**, *in Instituciones de Derecho Procesal Civil*, 1943, p. 143, afirmou com a sua genialidade de sempre: "Depois de examinar-se na 'jurisdição' o fenômeno do Estado que 'administra a justiça' é necessário que se examine o do cidadão que 'pede justiça', o que se faz através do estudo da ação."

[13] "**Art. 2º** O processo começa por iniciativa da parte e se desenvolve por impulso oficial, salvo as exceções previstas em lei."

[14] Magnífica exposição do tema encontra-se em **Ovídio A. Baptista da Silva**, *Curso de Processo Civil*, 1991, vol. I, p. 59-76, onde o autor, dentre tantas outras conclusões, afirma: "a ação de

A *ação de direito material* é aquela que "violado o direito, nasce para o titular a pretensão, a qual se extingue, pela prescrição, nos prazos a que aludem os arts. 205 e 206",[15] isto é, havendo direito subjetivo, que é o poder de exigir, em abstrato, uma conduta alheia nos limites da lei, e, tornando-se exigível esse direito pela ocorrência do fato previsto na norma, transpondo o direito subjetivo ao estágio avançado de pretensão, e inocorrendo o cumprimento espontâneo, exsurge para o titular o direito de agir, de se satisfazer "praticamente", como previsto na lei, e independentemente da colaboração do obrigado.

Esse agir é que se denomina *ação de direito material*. Em essência, é a autotutela que, conforme vimos, resta vedada na maioria dos sistemas jurídicos como epílogo de uma luta histórica secular, através da qual o Estado absorveu a prática da vingança privada substituindo-a pelo meio civilizado do monopólio da jurisdição.

Modernamente, esse atuar do sujeito da pretensão não se dirige mais à realização pelas suas próprias mãos daquilo que a ordem jurídica lhe confere, senão a exigir que o Estado, através da jurisdição, reconheça o dever jurídico violado e recomponha a sua situação tal como prevista na lei, realizando-o sob o prisma prático, tal como o faria o particular, não fosse vedada a autodefesa. Diz-se, então, que a ação de direito material passa para as mãos do Estado-juiz como meio de controle social, o que se faz por meio do processo.

No âmbito *processual*, a *ação* corresponde ao *agir no sentido de obter a tutela dos tribunais* e pressupõe um direito anterior de provocar o exercício da jurisdição, que é o *direito de acesso à justiça* (art. 5º, XXXV, da CRFB/1988),[16] o qual, uma vez exigível, se transmuda, também, em *pretensão de tutela jurídica*.[17]

Essa *pretensão de tutela jurídica exercida* exige que o Estado, para que dela se desincumba, exerça duas atividades: (1) a de *reconhecimento ou não do direito afirmado* (e para isso basta o exercício da ação processual); e (2) o de *satisfação da pretensão* (que pressupõe o acolhimento do pedido).

O *direito de agir*, (esse de provocar a prestação da tutela jurisdicional) é conferido a toda pessoa física ou jurídica diante da lesão ou ameaça de lesão a direito

---

direito material, longe de desaparecer ou ser substituída pela 'ação processual', simplesmente, verificado o monopólio da jurisdição, passou a ser exercida pelos órgãos estatais."

[15] *Vide* art. 189 do Código Civil.

[16] "**Art. 5º** Todos são iguais perante a lei, sem distinção de qualquer natureza, garantindo-se aos brasileiros e aos estrangeiros residentes no País a inviolabilidade do direito à vida, à liberdade, à igualdade, à segurança e à propriedade, nos termos seguintes: [...] XXXV – a lei não excluirá da apreciação do Poder Judiciário lesão ou ameaça a direito."

[17] Essa posição enciclopédica do tema "ação" foi denominada por **Victor Fairén Guillén**, como "uma encruzilhada primordial do campo do direito por onde passam conceitos de direito constitucional, direito processual, direito penal, direito civil, e até mesmo direito administrativo" (*in Estudios de Derecho Procesal*, 1955, p. 64).

individual ou coletivo e tem sua sede originária, conforme anteriormente visto, na própria Magna Carta.[18]

A partir desta projeção personalizada, caracteriza-se o direito de ação como *direito subjetivo público*. A *subjetividade* decorre de sua titularidade recair na pessoa natural ou jurídica.[19] A *natureza pública* do direito de agir decorre de sua regulação pelo Direito Público, bem como do fato de encerrar uma relação travada entre uma pessoa natural ou jurídica e o Estado como protótipo de pessoa de Direito Público. Destarte, pública é a atividade jurisdicional que o direito de ação suscita.

Há um embate doutrinário entre aqueles que consideram ser a ação um direito concreto e aqueloutros que a vislumbram como direito abstrato. Para a corrente *concretista*, o direito de ação é diretamente derivado da lesão ou ameaça a direito. Por isso, nos casos em que a sentença final é de improcedência, não reconhecendo a existência de uma violação a direito do autor, dever-se-ia concluir que o direito de ação também não existente. Em contrapartida, a corrente *abstrata* defende que todos podem exercer o direito de ação, inclusive aqueles que ao final do processo verifica-se que não tinham a razão invocada. O manejo do direito de ação não reclamaria, de antemão, comprovar-se o direito alegado, porque a isso equivaleria inverter a ordem lógica das coisas. Exatamente porque às partes é vedado fazer justiça com as próprias mãos, é pelo processo que se vai definir quem tem razão. Entretanto, a partir do monopólio da jurisdição, até para ver rejeitada sua pretensão é preciso ingressar em juízo, de modo que o fato de o autor ter exercido o direito de ação não significa que, pela sua iniciativa, ele tenha razão. Deveras, o mero poder de iniciativa não encerra em si uma vitória antecipada pelo simples fato da propositura da ação. Essa possibilidade de ingressar em juízo independentemente do resultado que se vai obter é que caracteriza o direito de agir como *abstrato*.[20]

---

[18] A constitucionalização do direito de agir fê-lo ser considerado "emanação do *status civitatis*" na percuciente visão de **Frederico Marques**, *in Ensaio sobre a Jurisdição Voluntária*, 1959, p. 63-65. A novel Constituição o contempla no Título "Dos Direitos e Garantias Fundamentais", Capítulo "Dos Direitos e Deveres Individuais e Coletivos", art. 5º, inciso XXXV, *verbis*: "A lei não excluirá da apreciação do Poder Judiciário lesão ou ameaça a direito." A magnitude dessa faculdade jurídica é revelada na sua inserção na Declaração Universal dos Direitos do Homem, elaborada pelas Nações Unidas no art. 8º, que assim dispõe: "Everyone has the right to an effective remedy by the competent national tribunals for acts violating the fundamental rights garanted him by the Constitution or by the law."

[19] A ação é um direito abstrato, de natureza pública, que pertence ao indivíduo, *uti civis*, e ao próprio Estado, enquanto Administração (**Marco Tullio Zanzucchi**, *Diritto Processuale Civile*, 1946, vol. I, p. 49).

[20] A abstração do direito de agir é "o reflexo do princípio do monopólio da justiça pelo Estado" no dizer de **Luigi Monacciani**, *in Azione e Legitimazione*, 1951, p. 87. Para **Crisanto Mandrioli** a abstração do direito de agir significa desnecessidade, para que ele exista, de que o direito subjetivo seja reconhecido como existente (*in L'Azione Esecutiva*, 1955, p. 239).

Capítulo I · ELEMENTOS FUNDAMENTAIS DO PROCESSO | **29**

Tanto a teoria concreta quanto a teoria abstrata da ação têm suas falhas. A corrente concreta falha em explicar que fenômeno jurídico ocorre nos casos em que a sentença é de procedência, bem como naqueles em que o autor ajuíza uma demanda declaratória negativa, ou seja, para que se reconheça precisamente a inexistência de um direito. Por outro lado, a corrente abstrata expande desmesuradamente o conceito da ação, atribuindo àqueles que desejam se valer do sistema de justiça para fins impróprios o direito de fazê-lo.

Para ambas as correntes, contudo, o direito de ação é *autônomo* em relação ao direito subjetivo material e à pretensão. O descortinar dessa característica da autonomia do direito de agir é responsável pelo surgimento dos estudos mais profícuos acerca dos institutos do processo, tão importantes em significação quanto a constatação da natureza jurídica do processo como relação processual, atribuída a Büllow nos idos de 1868, repisando ideias pretéritas de Bentham-Holweg.

A *ação* é, assim, o instrumento de que se vale o titular do direito subjetivo material para ver julgada a sua pretensão, sendo certo que o conteúdo do julgamento refoge ao seu âmbito, visto revelar-se num *direito ao meio e não ao fim em si mesmo*.[21]

Alerte-se, porém, que o termo "ação" é utilizado com muitas outras concepções, seja no meio forense, seja na própria lei. Assim, é comum a referência à ação como *demanda* e não como um direito público subjetivo à prestação jurisdicional. Nessa acepção é que a doutrina discute a *identificação das ações*.[22] Para que se identifiquem no plano concreto os contornos do exercício efetivo do direito de ação, categorizam-se como *elementos de identificação das ações* (como demandas): (i) o *pedido*; (ii) a *causa de pedir*; e (iii) os *sujeitos*.

O *pedido*, com as suas especificações, serve à fixação da competência do juízo, à escolha do procedimento etc. A *causa de pedir* revela o interesse[23] na busca da solução judicial e indica, juntamente com o *pedido*, o laço que impõe o julgamento simultâneo entre duas ou mais ações, em razão do risco de decisões contraditórias (*conexão*). Já a partir da definição dos *sujeitos*, que são as partes, depreendem-se os fenômenos do concurso subjetivo de ações, o litisconsórcio, a legitimidade das partes etc.

O regime jurídico peculiar de cada um desses elementos tem suas características próprias e cumpre, aqui, analisá-los.

---

[21] **Enrico Tullio Liebman** "L'Azione nella Teoria del Processo Civile", *Rivista Trimestrale di Diritto e Procedura Civile*, 1950, p. 47-71.

[22] Ao problema da individualização das ações, no dizer de Zanzucchi, se prendem questões como a coisa julgada, a litispendência e tudo quanto diga respeito à identificação das ações e seus consectários (*in Diritto processuale civile*, 1946, vol. I, p. 190).

[23] Liebman afirmava que "a *causa petendi* era composta do fato constitutivo da relação de direito de onde o autor deduz a sua pretensão, juntamente com o fato que dá lugar ao interesse de agir", in *Corso di Diritto processuale civile*, 1952, p. 64.

1.3 O PEDIDO

O pedido corresponde à parte objetiva da relação jurídica processual. Com efeito, o conflito intersubjetivo que se coloca à apreciação judicial tem como móvel *um bem da vida*, corpóreo ou incorpóreo. Ao demandar, o que o autor pretende é que esse lhe seja atribuído pela palavra oficial do Estado-juiz, o que evidencia o próprio *pedido*, do qual se destacam o "bem da vida pretendido" e a "providência jurisdicional" requerida.

O *pedido* que se formula em juízo engloba um *objeto* denominado *mediato* (exatamente esse bem da vida que se pretende) e um *objeto imediato* (a providência jurisdicional em si, que tanto pode ser uma condenação, uma sentença, uma declaração, com a autoridade e a imutabilidade constitutiva, que só a palavra oficial do Judiciário ostenta). Diz-se, então, que o *pedido* é composto de um *objeto mediato* e outro *imediato*,[24] reunidos em uma declaração de vontade processual por meio da qual o autor deduz em juízo a sua pretensão.

É a partir desse elemento objetivo do processo que se qualifica a própria ação que o veicula, conferindo-lhe a mesma natureza jurídica. Assim, *v.g.*, se o pedido encerrar uma pretensão de declaração, a *ação* será *declaratória;* se visar à criação de um estado jurídico novo, a ação será *constitutiva;* será *condenatória*, se o objetivo for o reconhecimento de uma obrigação passível de execução forçada[25] contra o vencido.

Ademais, a comprovar sua tamanha importância, o *pedido* tem como característica singular servir de parâmetro à atividade do juiz, adstringindo-lhe aos seus limites, e à atividade defensiva do réu, circunscrevendo a defesa. Deveras, é este o objeto central do processo, sob o ângulo dos princípios dispositivo e do contraditório. Ambos os princípios gravitam em torno do *pedido*, e a ação e a sentença têm-no como "denominador comum."[26]

Diante dessa notável repercussão, para que seja passível de apreciação judicial, o *pedido* deve apresentar alguns *requisitos indispensáveis*,[27] a saber: deve ser formulado de forma *congruente* ou *coerente*, isto é, de modo que da narrativa dos

---

[24] Calamandrei já afirmava que era da "coordenação e combinação entre os objetos mediato e imediato que nascia a exata identidade do *petitum*", in *Instituciones de Derecho procesal civil segundo el nuevo Código*, 1943, p. 212.

[25] Leo Rosenberg, *Derecho procesal civil*, 1955, vol. III, p. 5.

[26] Frederico Marques, *Instituições*, vol. III, p. 49.

[27] Afirmava-se que o pedido devia ser juridicamente possível, isto é, não vetado pela lei. Assim, *v.g.*, não se pode pretender, em juízo, formular um pedido quando em curso uma ação possessória (art. 557 do CPC/2015). Entretanto, a *possibilidade jurídica do pedido* já não é mais prevista pelo Novo Código expressamente como uma condição da ação (art. 485, VI), confundindo-se sua análise, por vezes, com o próprio juízo de procedência ou improcedência do que se pretende.

Capítulo I · ELEMENTOS FUNDAMENTAIS DO PROCESSO | **31**

fatos decorra, logicamente, a pretensão que se deduz.[28] Outrossim, o *pedido deve ser certo e determinado*, no sentido de que o autor não pode deixar qualquer margem de dúvidas sobre o que pretende. *Certo* é o *pedido* quanto ao *bem da vida* pretendido e à providência escolhida. *Determinado* é o *pedido* no que pertine à sua extensão. Em suma, o autor deve explicitar *o que pretende e em que quantidade.*

Em regra, não se admitem os pedidos *implícitos*, mas a própria lei dispõe que se considera incluída no pedido principal a condenação do vencido ao pagamento das custas, honorários e juros legais (arts. 322, § 1º, 323[29] e 82, § 2º, e 85, § 17,[30] do CPC).[31] Dessa forma, mantém-se a afirmação de que o direito brasileiro inadmite

---

[28] Assim, *v.g.*, se a parte autora narra na petição inicial uma situação jurídico-material reveladora de vícios que causam a anulação do negócio jurídico, manifesta-se incoerente que, no final, peça a condenação do réu ao pagamento de parcela oriunda do referido vínculo. A incongruência acarreta a extinção do processo no nascedouro por indeferimento da petição inicial (art. 330, § 1º, inciso III, do CPC/2015).

[29] **Enunciado 86 da I Jornada de Direito Processual Civil do CJF:** As prestações vincendas até o efetivo cumprimento da obrigação incluem-se na execução de título executivo extrajudicial (arts. 323 e 318, parágrafo único, do CPC).

[30] **Enunciado 5 da I Jornada de Direito Processual Civil do CJF:** Ao proferir decisão parcial de mérito ou decisão parcial fundada no art. 485 do CPC, condenar-se-á proporcionalmente o vencido a pagar honorários ao advogado do vencedor, nos termos do art. 85 do CPC.

Enunciado 6 da I Jornada de Direito Processual Civil do CJF: A fixação dos honorários de sucumbência por apreciação equitativa só é cabível nas hipóteses previstas no § 8º do art. 85 do CPC.

Enunciado 7 da I Jornada de Direito Processual Civil do CJF: A ausência de resposta ao recurso pela parte contrária, por si só, não tem o condão de afastar a aplicação do disposto no art. 85, § 11, do CPC.

Enunciado 8 da I Jornada de Direito Processual Civil do CJF: Não cabe majoração de honorários advocatícios em agravo de instrumento, salvo se interposto contra decisão interlocutória que tenha fixado honorários na origem, respeitados os limites estabelecidos no art. 85, §§ 2º, 3º e 8º, do CPC.

Enunciado 9 da I Jornada de Direito Processual Civil do CJF: Aplica-se o art. 90, § 4º, do CPC ao reconhecimento da procedência do pedido feito pela Fazenda Pública nas ações relativas às prestações de fazer e de não fazer.

Enunciado 10 da I Jornada de Direito Processual Civil do CJF: O benefício do § 4º do art. 90 do CPC aplica-se apenas à fase de conhecimento.

[31] "**Art. 322**, § 1º Compreendem-se no principal os juros legais, a correção monetária e as verbas de sucumbência, inclusive os honorários advocatícios."

"**Art. 323**. Na ação que tiver por objeto cumprimento de obrigação em prestações sucessivas, essas serão consideradas incluídas no pedido, independentemente de declaração expressa do autor, e serão incluídas na condenação, enquanto durar a obrigação, se o devedor, no curso do processo, deixar de pagá-las ou de consigná-las."

"**Art. 82**, § 2º A sentença condenará o vencido a pagar ao vencedor as despesas que antecipou."

"**Art. 85**, § 17. Os honorários serão devidos quando o advogado atuar em causa própria."

"condenação implícita" porque situação diversa daquela ora retratada, não se permitindo executar aquilo que não for contemplado na sentença sob a invocação de que o executável restou implicitamente consagrado.

De outro lado, não obstante a necessidade de formular *pedido certo e determinado*, há casos em que essa exigência se torna impossível para o autor no momento da propositura, de tal sorte que o próprio Código admite algumas exceções para sua formulação genérica (art. 324[32] do CPC/2015).[33] Em todo caso, sua interpretação deve se dar de maneira sistemática com o conjunto da postulação deduzida pela parte, à luz da boa-fé[34] e da cooperação processual.

O pedido pode representar, ainda, uma cumulação de pretensões, comportando as seguintes *espécies*: (I) *pedido alternativo*; (II) *pedido subsidiário*; (III) *pedido sucessivo*; (IV) *pedido de prestação indivisível*; e (V) *pedido cominatório*.

Pedido alternativo é aquele no qual se pleiteia em juízo um entre dois ou mais bens da vida (uma coisa *ou* outra) e, portanto, prestações "disjuntivas",[35] e deriva da natureza da obrigação na qual figura como *objeto mediato* da pretensão a uma "ordem" de acolhimento de vários *pedidos* para a hipótese de impossibilidade de atendimento da postulação principal. O *pedido* também se diz *alternativo* quando a própria obrigação assumida pelo demandado no plano extrajudicial é alternativa, em que o devedor pode satisfazê-la mediante o cumprimento de uma entre duas ou mais prestações assumidas.[36] Nesse caso, havendo inadimplemento, é lícito ao autor pleitear a condenação do réu ao pagamento de uma das duas prestações, hipótese

---

[32] "**Art. 324.** O pedido deve ser determinado.

§ 1º É lícito, porém, formular pedido genérico:

I – nas ações universais, se o autor não puder individuar os bens demandados;

II – quando não for possível determinar, desde logo, as consequências do ato ou do fato;

III – quando a determinação do objeto ou do valor da condenação depender de ato que deva ser praticado pelo réu.

§ 2º O disposto neste artigo aplica-se à reconvenção."

[33] Como bem preleciona José Alberto dos Reis, "[...] o pedido genérico implica numa cisão de fases processuais sucessivas: a primeira destinada à apreciação genérica da responsabilidade (*an debeatur*) a segunda à liquidação da indenização. Quer dizer, o pedido genérico implica a necessidade de duas ações ou dois processos sucessivos: no primeiro decide-se se o réu deve, no segundo apura-se quanto deve" (*Comentários ao Código de Processo Civil*, 1946, vol. 3, p. 171).

[34] **Enunciado 1 da I Jornada de Direito Processual Civil do CJF:** A verificação da violação à boa-fé objetiva dispensa a comprovação do animus do sujeito processual.

[35] A expressão é de José Alberto dos Reis.

[36] Consoante a lição sempre atual de Eduardo Espínola, "na obrigação alternativa todos os objetos que nela se incluem são devidos, embora o pagamento de um só extinga a relação jurídica *duae res sunt in obligatione, sed una tantum in solutione*."

em que será possível que a sentença condenatória veicule *condenação alternativa*, que se individualizará no momento da execução (arts. 325[37] e 497[38] do CPC/2015).[39]

O *pedido* diz-se *eventual* quando o autor o formula de forma subsidiária, na hipótese de impossibilidade de atendimento daquele deduzido como principal.[40] É nesse sentido que a lei admite que o autor formule mais de um pedido, *em ordem sucessiva*, para que o juiz conheça o posterior, caso seja impossível o acolhimento do anterior (art. 326 do CPC).[41]

O desígnio do autor nesse caso é diferente do que ocorre na hipótese anterior e, por essa razão, há uma *"ordem de apresentação"* dos pedidos. E dizer: não se trata de uma mera alternativa,[42] sendo certo que ao demandante é preferente o atendimento do pedido principal, formulado o outro, o denominado "subsidiário", apenas para o caso de não ser possível a realização do primeiro.[43] Consequentemente, ignorada a ordem de apresentação dos pedidos pela decisão judicial, há *error in procedendo*. Abre-se, assim, interesse recursal ao autor, uma vez que o acolhimento do pedido posterior pressupõe a impossibilidade *prática* e material do anterior.

---

[37] **"Art. 325.** O pedido será alternativo quando, pela natureza da obrigação, o devedor puder cumprir a prestação de mais de um modo.

Parágrafo único. Quando, pela lei ou pelo contrato, a escolha couber ao devedor, o juiz lhe assegurará o direito de cumprir a prestação de um ou de outro modo, ainda que o autor não tenha formulado pedido alternativo."

[38] **"Art. 497.** Na ação que tenha por objeto a prestação de fazer ou de não fazer, o juiz, se procedente o pedido, concederá a tutela específica ou determinará providências que assegurem a obtenção de tutela pelo resultado prático equivalente.

Parágrafo único. Para a concessão da tutela específica destinada a inibir a prática, a reiteração ou a continuação de um ilícito, ou a sua remoção, é irrelevante a demonstração da ocorrência de dano ou da existência de culpa ou dolo."

[39] **Enunciado 109 da II Jornada de Direito Processual Civil do CJF:** Na hipótese de cumulação alternativa, acolhido integralmente um dos pedidos, a sucumbência deve ser suportada pelo réu.

[40] Impõe-se esclarecer que o pedido alternativo ou eventual não infirma a regra de que este deve ser certo e determinado, porque ele o é quanto aos objetos mediatos de ambas as pretensões deduzidas, mercê de determinável no momento da *solutio* judicial.

[41] **"Art. 326.** É lícito formular mais de um pedido em ordem subsidiária, a fim de que o juiz conheça do posterior, quando não acolher o anterior.

Parágrafo único. É lícito formular mais de um pedido, alternativamente, para que o juiz acolha um deles."

[42] José Alberto dos Reis afirma que essa alternatividade implica existir um "pedido subsidiário" para ser tomado em consideração somente no caso de não proceder o pedido anterior, como no exemplo abaixo da rescisão ou multa (*Comentários ao Código de Processo Civil*, 1946, vol. 3, p. 126). *Idem* Chiovenda, *Principii di Diritto processuale civile*, 1928, p. 1.131. É a denominada "cumulação eventual" de pedidos a que se refere Barbosa Moreira, *o novo processo civil brasileiro*, 1994.

[43] Calmon de Passos, *Comentários*, 1975, vol. III.

PROCESSO CIVIL CONTEMPORÂNEO – Luiz Fux

É assente que, não obstante o fato de o pedido alternativo, em suas modalidades ora expostas, implicar o atendimento de apenas "um deles", a formulação das pretensões submete-se às regras da *cumulação de pedidos*, posto que, em essência, no plano ideal, há pluralidade de bens em jogo. Por essa razão, o procedimento e a competência do juízo devem ser observados em relação a ambos os pedidos; não assim a compatibilidade, uma vez que a pretensão final dirige-se apenas a um deles (art. 327 e parágrafos do CPC),[44] sendo mesmo inconciliável pretender os dois pedidos.

Pedido sucessivo é aquele para cujo atendimento pressupõe-se o acolhimento do anterior por lhe ser condicionante. Essa modalidade enseja uma *cumulação sucessiva* de pedidos, deduzidos em ordem de prejudicialidade: acolhido o anterior, nem sempre será acolhido o posterior; entretanto, se desacolhido o primeiro, automaticamente estará desacolhido o posterior.[45] A possibilidade de formulação de pedidos sucessivos fundamenta-se, até mesmo, na *economia processual*, uma vez que, do contrário, ter-se-ia de aguardar a procedência quanto ao pedido pressuposto para depois promover-se a demanda em relação ao pedido sucessivo. Denomina-se também "pedido sucessivo" a hipótese em que, entre os pedidos, há relação de acessoriedade.[46]

---

[44] **"Art. 327**. É lícita a cumulação, em um único processo, contra o mesmo réu, de vários pedidos, ainda que entre eles não haja conexão.

§ 1º São requisitos de admissibilidade da cumulação que:

I – os pedidos sejam compatíveis entre si;

II – seja competente para conhecer deles o mesmo juízo;

III – seja adequado para todos os pedidos o tipo de procedimento.

§ 2º Quando, para cada pedido, corresponder tipo diverso de procedimento será admitida a cumulação se o autor empregar o procedimento comum, sem prejuízo do emprego das técnicas processuais diferenciadas previstas nos procedimentos especiais a que se sujeitam um ou mais pedidos cumulados, que não forem incompatíveis com as disposições sobre o procedimento comum.

§ 3º O inciso I do § 1º não se aplica às cumulações de pedidos de que trata o art. 326."

[45] Exemplos clássicos de pedidos sucessivos são os da ação de investigação de paternidade cumulada com petição de herança e o de rescisão da escritura de aquisição de imóvel com pedido de reintegração de posse. Em ambos os casos os pedidos posteriores dependem do acolhimento dos anteriores, os quais, se negados, geram a improcedência dos segundos. A hipótese é de improcedência e não de carência, como supunha José Frederico Marques, *Instituições*, vol. 2, p. 57. No mesmo equívoco incidia Pontes de Miranda, *in Comentários ao Código de Processo Civil*, 1948, vol. III, t. I, p. 9.

[46] Assim, *v.g.*, o pedido de juros é acessório e, portanto, sucessivo ao pedido de acolhimento principal. A diferença é que a pretensão acessória não tem vida própria em relação à pretensão principal, ao passo que o pedido sucessivo puro sobrevive independentemente daquele que lhe é pressuposto. Assim, *v.g.*, a pretensão à reintegração de posse subsiste independentemente do pedido de rescisão de escritura porque pode ter *causa petendi* outra, ao passo que não pode haver juros sem que haja uma obrigação principal.

Destarte, o *pedido sucessivo* difere do *pedido subsidiário* porque, no primeiro, o acolhimento do pedido posterior depende do acolhimento do anterior, ao passo que, quanto ao pedido *subsidiário*, a sua apreciação depende exatamente do desacolhimento do que lhe antecede, daí sua subsidiariedade na ordem estabelecida pelo autor.

Por fim, além das já abordadas, dentre outras relevantes consequências processuais que decorrem diretamente do pedido está também a própria definição do valor da causa (arts. 291 a 293).

1.4 A CAUSA DE PEDIR

A causa de pedir veicula o elemento causal da relação jurídica processual. E consiste nos fatos e nos fundamentos jurídicos do pedido (*teoria da substanciação*).[47] Tal *causa petendi* pode ser composta de apenas um fato ou de vários fatos; porquanto um só fato pode dar ensejo a *vários pedidos* e *vários* fatos podem dar ensejo a uma mesma ação. Tratando-se de diversos fatos que dão origem, por exemplo, a um pedido de anulação, consistentes na alegação de dolo, erro e simulação, as ações serão tantas quantos sejam os fatos que lhes dão origem. Trata-se de pluralidade de *causa petendi*.[48]

A *causa petendi*, por seu turno, não é integrada pela *qualificação jurídica* que o autor confere ao fato em que baseia a sua pretensão.[49] Assim, *v.g.*, se o autor promove uma ação visando à anulação de uma escritura, alegando erro, e não obtém êxito, não pode posteriormente propor a mesma ação com base nos mesmos fatos, sob a invocação de que o que houve foi dolo. Nessa hipótese, o autor estaria apenas alterando a qualificação jurídica do fato e não a sua consequência jurídica, que é o desfazimento do vínculo, mercê de repetir a mesma base fática, incidindo na vedação da repetição das ações à luz da *teoria da substanciação*.

Este elemento da ação ostenta, ainda, a função de limitar a atividade de cognição pelo juiz, que não pode acolher o pedido por *motivo diverso* daquele que foi articulado. Vale dizer: o juiz, ao sentenciar, não pode fundamentar o *decisum* em causa não articulada pelo demandante, ainda que por ela seja possível acolher o *pedido* do

---

[47] A *causa petendi* é elemento constante, não assistindo razão aos que afirmam que o binômio *causa próxima/causa remota* somente se verifique nas ações pessoais, uma vez que, nas demandas reais, a *causa de pedir* está sempre "confinada na relação jurídica" na qual se funda o *pedido*. A alegação do direito real pode até ser constante nas denominadas ações "reais", mas tornar-se-á necessário indicar a violação a esse direito absoluto como requisito não só da motivação da demanda como também da revelação do *interesse de agir*

[48] A doutrina que agrupava os vícios geradores da anulação do negócio jurídico está afastada do cenário doutrinário nacional e alienígena. Nesse sentido, Chiovenda, *Instituições*, vol. I, p. 502.

[49] Nesse sentido José Carlos Barbosa Moreira, *O novo processo civil brasileiro*, 1995, p. 20-21.

autor. Trata-se de decorrência da norma de que "o juiz decidirá o mérito nos limites propostos pelas partes, sendo-lhe vedado conhecer de questões não suscitadas a cujo respeito a lei exige iniciativa da parte" (art. 141 do CPC/2015).

Outrossim, a vedação aplica-se não só ao autor, mas também ao réu (às *partes*, portanto), de sorte que o juiz não pode conhecer matérias que seriam favoráveis ao demandado, mas que dependem da sua iniciativa. Assim, *v.g.*, não é lícito ao juiz reconhecer *ex officio* uma exceção material em prol do réu, como a exceção de usucapião ou a *exceptio non adimpleti contractus*. A proibição, como evidente, não se estende às matérias conhecíveis de ofício, como as questões formais (preliminares) ou as questões materiais apreciáveis, independentemente de iniciativa da parte, como a "decadência" do direito, a "nulidade" dos atos jurídicos e as "objeções" em geral (art. 342, II, do CPC).[50]

Situação jurídica diversa é aquela que permite ao Tribunal, quando da apreciação do recurso, conhecer e acolher uma *causa de pedir* que "foi articulada", porém, não apreciada pelo juiz na sentença. É que o art. 1.013, e seus §§ 1º e 2º, do CPC/2015[51] autorizam essa investigação pelo órgão *ad quem* por força da amplitude do efeito devolutivo do recurso de apelação (*Tantum devolutum quantum apellatum*), hoje dilargada pelos § 3º, I, e art. 938, §§ 1º e 2º, do mesmo diploma processual civil. Nesse mesmo sentido deve ser interpretado o disposto no art. 493 do CPC/2015,[52]

---

[50] "**Art. 342.** Depois da contestação, só é lícito ao réu deduzir novas alegações quando:

I – relativas a direito ou a fato superveniente;

II – competir ao juiz conhecer delas de ofício;

III – por expressa autorização legal, puderem ser formuladas em qualquer tempo e grau de jurisdição."

[51] "**Art. 1.013.** A apelação devolverá ao tribunal o conhecimento da matéria impugnada.

§ 1º Serão, porém, objeto de apreciação e julgamento pelo tribunal todas as questões suscitadas e discutidas no processo, ainda que não tenham sido solucionadas, desde que relativas ao capítulo impugnado.

§ 2º Quando o pedido ou a defesa tiver mais de um fundamento e o juiz acolher apenas um deles, a apelação devolverá ao tribunal o conhecimento dos demais.

§ 3º Se o processo estiver em condições de imediato julgamento, o tribunal deve decidir desde logo o mérito quando:

I – reformar sentença fundada no art. 485; [...]"

"**Art. 938, § 1º.** Constatada a ocorrência de vício sanável, inclusive aquele que possa ser conhecido de ofício, o relator determinará a realização ou a renovação do ato processual, no próprio tribunal ou em primeiro grau de jurisdição, intimadas as partes.

§ 2º Cumprida a diligência de que trata o § 1º, o relator, sempre que possível, prosseguirá no julgamento do recurso."

[52] "**Art. 493.** Se, depois da propositura da ação, algum fato constitutivo, modificativo ou extintivo do direito influir no julgamento do mérito, caberá ao juiz tomá-lo em consideração, de ofício ou a requerimento da parte, no momento de proferir a decisão.

Capítulo I · ELEMENTOS FUNDAMENTAIS DO PROCESSO | 37

que, em verdade, não autoriza a mudança da causa de pedir, mas antes impõe que o juiz leve em consideração, por ocasião da sentença, a causa alegada inicialmente mas apenas verificada supervenientemente no curso do processo.[53]

Destaque-se, por fim, que a causa de pedir indica, com frequência, na prática judiciária, o fenômeno da conexão de ações, assim como ocorre com o pedido (art. 55 do CPC/2015).[54] Assim, *v.g.*, se um contratante com base numa mesma infração contratual pleiteia, em ações diversas, a rescisão do vínculo e a condenação da parte adversa em perdas e danos, as referidas demandas serão conexas pela identidade da *causa petendi*.

1.5 AS PARTES

As partes constituem o elemento subjetivo da relação jurídica processual e, aqui, a operação de identificação das ações encontra um de seus componentes de mais simples verificação. É que toda ação implica a existência de sujeitos em conflito.

O processo, como instrumento pelo qual a parte exerce o seu direito de agir, é relação jurídica, e esta não pode subsistir sem que haja *sujeitos*. Daí se afirmar que *Judicium est actus ad minus trium personarum*.[55]

Sob o ângulo da identificação das ações, são considerados *sujeitos da ação*, em primeiro lugar, "os sujeitos da lide." Isso porque, se, efetivamente, a finalidade da decomposição das ações é evitar a reproposição, deve-se levar em conta o que

---

Parágrafo único. Se constatar de ofício o fato novo, o juiz ouvirá as partes sobre ele antes de decidir."

[53] "Na teoria germânica da substanciação – *Substantiierungstheorie* – a *causa petendi* é identificada pelo fato constitutivo do direito, ao passo que para a corrente da individualização – *Individualisierungstheorie*, a relação de direito afirmada é o bastante para individualizar a ação sob o prisma causal", in Ernesto Heinitz, *I limiti oggetivi della cosa giudicata*, 1937, p. 146. Essa ótica influi na concepção da litispendência e da coisa julgada.

[54] "**Art. 55.** Reputam-se conexas 2 (duas) ou mais ações quando lhes for comum o pedido ou a causa de pedir.

§ 1º Os processos de ações conexas serão reunidos para decisão conjunta, salvo se um deles já houver sido sentenciado.

§ 2º Aplica-se o disposto no *caput*:

I – à execução de título extrajudicial e à ação de conhecimento relativa ao mesmo ato jurídico;

II – às execuções fundadas no mesmo título executivo.

§ 3º Serão reunidos para julgamento conjunto os processos que possam gerar risco de prolação de decisões conflitantes ou contraditórias caso decididos separadamente, mesmo sem conexão entre eles."

[55] Tal definição é tributada ao jurista medieval Búlgaro, Frederico Marques, *Instituições*, vol. 1, p. 34.

dispõe a primeira parte do art. 505 do CPC/2015,[56] segundo a qual: "nenhum juiz decidirá novamente as questões decididas, relativas *à mesma lide*." Ora, se assim o é, importa, em primeiro plano, identificar os *sujeitos* da relação litigiosa para que eles não retornem a juízo repetindo pedido anteriormente julgado, ainda que não coincidam com as partes em sentido processual.

Em regra, depreendem-se os sujeitos da lide à luz da relação jurídico-material conexa com a ação. Assim, se a ação é de cobrança, os sujeitos da lide são o credor e o devedor; se a ação é possessória, o titular da posse e o eventual esbulhador assim também são considerados.

Entretanto, há casos em que figuram no processo pessoas que não são os sujeitos da lide, mas que a lei admite atuem na relação processual *em nome próprio*, muito embora postulem direito alheio. Isso significa que nem sempre há uma coincidência entre os sujeitos da lide e os sujeitos do processo, o que representa um fenômeno "extraordinário", a partir de autorização específica do ordenamento jurídico (art. 18 do CPC/2015),[57] posto ser comum aquela correlação.

Assim, aquele que figura na relação processual e dela *participa* denomina-se *parte*, quer pela atuação, quer pela titularidade de parcela do todo litigioso. A *parte autora*,[58] em sua atuação na relação litigiosa, pede a jurisdição perante alguém, dirigindo-se primariamente ao Estado, pretendendo, com isso, produzir uma consequência jurídica na esfera de outrem, considerada *parte passiva*.[59]

Dessa constatação deriva o conceito de *parte* para os fins que pretendemos, devendo considerar-se não só a pretensão de direito material, mas também a ação de direito processual.[60] Assim, *parte* é aquele que pede em juízo em nome próprio e

---

[56] **"Art. 505.** Nenhum juiz decidirá novamente as questões já decididas relativas à mesma lide, salvo:
I – se, tratando-se de relação jurídica de trato continuado, sobreveio modificação no estado de fato ou de direito, caso em que poderá a parte pedir a revisão do que foi estatuído na sentença;
II – nos demais casos prescritos em lei."

[57] **"Art. 18.** Ninguém poderá pleitear direito alheio em nome próprio, salvo quando autorizado pelo ordenamento jurídico.
Parágrafo único. Havendo substituição processual, o substituído poderá intervir como assistente litisconsorcial."

[58] **Enunciado 4 da I Jornada de Direito Processual Civil do CJF:** A entrada em vigor de acordo ou tratado internacional que estabeleça dispensa da caução prevista no art. 83, § 1º, inciso I, do CPC, implica a liberação da caução previamente imposta.

[59] "Parte no processo civil são aquelas pessoas que solicitam e contra as quais se solicita, em nome próprio, a tutela estatal, em particular a sentença e a execução forçada." No sentido do texto, Rosenberg, *Tratado*, 5ª ed., vols. I e 39, I, 1.

[60] É de sabença que esses conceitos formais e materiais sempre conviveram. Assim é que Chiovenda optava pela conceituação meramente formal, admitindo a outra, ao passo que

também aquele diante de quem se pede sejam produzidas as consequências jurídicas da demanda. Contudo, consideram-se também *parte* os *sujeitos da lide*, porquanto ambos se submetem à *coisa julgada*. Os primeiros, pela participação mesmo no processo, o que os faz alcançar, sem dificuldades, o preceito de que a "coisa julgada atinge as partes." Os segundos, porque "o juiz não pode voltar a julgar de novo a lide", e esta, como fenômeno extrajudicial, tem também os seus sujeitos.

Consectariamente, na operação de *identificação das ações* (na acepção de demanda) tem-se que *duas ou mais ações são idênticas se elas têm as mesmas partes ou os mesmos sujeitos da lide*. Sob esse ângulo, mister assentar que o importante para a identificação é a qualidade de *parte* com que o *sujeito* atua numa determinada ação e não a sua "identidade física", tanto mais que uma pessoa pode figurar num determinado processo como *parte* e em outro como representante da *parte*.[61] Assim, *v.g.*, Paulo pode estar numa ação na qualidade de credor e em outra, com o mesmo pedido e causa de pedir, como representante de seu irmão, Alberto, posto ser ele curatelado. Verifica-se que, não obstante a identidade física do sujeito, há "diversidade jurídica" quanto à qualidade com que Paulo atua nos dois processos, inexistindo a repetição de ações quanto ao elemento subjetivo.

Destarte, pode haver identidade de *parte*, mercê da diversidade de identidade física, no sentido formal; isto é, apesar de pessoas diferentes, pode-se entrever identidade de ações. É o que ocorre com os sucessores universais ou singulares (arts. 109 e 110 do CPC/2015).[62] Os sucessores da parte falecida sucedem-na, também, na coisa julgada, aplicando-se idêntico raciocínio quanto ao sucessor particular,

---

Carnelutti, a partir de sua ideia central do processo em torno da lide, considerava sujeitos da ação os sujeitos da lide, numa adoção estrita ao conceito material, in Carnelutti, *Sistema di Diritto processuale civile*, 1936, vol. I, p. 343. Chiovenda, *Instituições*, vol. I, p. 234.

[61] Consoante antiquíssima lição de Chiovenda, "entende-se que a identidade da pessoa física nem sempre produz identidade subjetiva de ações: a mesma pessoa pode ter diversas qualidades, e duas ações só são subjetivamente idênticas quando as partes se apresentam na mesma qualidade. Vice-versa, a mudança da pessoa física como sujeito de uma ação não tem como consequência que o direito trate a ação como diversa: pode haver sucessão na ação, assim a título universal como particular", in *Instituições*, 1942, vol. I, p. 492.

[62] "**Art. 109.** A alienação da coisa ou do direito litigioso por ato entre vivos, a título particular, não altera a legitimidade das partes.

§ 1º O adquirente ou cessionário não poderá ingressar em juízo, sucedendo o alienante ou cedente, sem que o consinta a parte contrária.

§ 2º O adquirente ou cessionário poderá intervir no processo como assistente litisconsorcial do alienante ou cedente.

§ 3º Estendem-se os efeitos da sentença proferida entre as partes originárias ao adquirente ou cessionário.

Art. 110. Ocorrendo a morte de qualquer das partes, dar-se-á a sucessão pelo seu espólio ou pelos seus sucessores, observado o disposto no art. 313, §§ 1º e 2º."

quer intervenha ou não na causa em que está em jogo o objeto litigioso que lhe foi transferido (§ 3º do art. 109 do CPC/2015).

Esse fenômeno é o da *"sucessão processual"*, completamente distinto da denominada *"substituição processual"* decorrente de *"legitimação extraordinária"*, segundo a qual é lícito excepcionalmente postular "em nome próprio, por um direito alheio" (art. 18 do CPC/2015).[63] Na sucessão processual, há um fenômeno dinâmico de "mudança das partes", de *"intromissão"* e *"extromissão"*, saindo o sucedido e ingressando o sucessor na relação processual, o que não se confunde com as situações em que o ordenamento possibilita a defesa de direito alheio em nome próprio.

Deveras importante, por seu turno, é a gradação da qualidade de *parte* que a lei empresta aos sujeitos intervenientes na relação processual.

Em princípio, aquele que, a partir de uma legitimação ordinária, pede em nome próprio direito próprio é a *parte*, considerada "principal", em contraposição à *parte* "acessória", categoria a que pertencem certos sujeitos que intervêm no processo para discutir "direito alheio." Assim, por exemplo, o sublocatário, quando ingressa na ação de despejo movida contra seu sublocador, que é inquilino originário do contrato, o faz para lutar pela vitória do locatário, ciente de que, extinta a locação para ele, automaticamente estará rescindida também a sublocação. Entretanto, o seu ingresso dá-se para discutir direito alheio, do qual o seu é apenas dependente e não compõe a *res in judiciam deducta*, até porque diante dele nada foi pedido. A lei admite a sua intervenção por força de seu direito dependente daquele que está sendo discutido, deferindo-lhe um *status* de *parte* diferente daquele conferido à *parte principal*, sob o ângulo da "atuação procedimental." Por um lado, ampliam-se os prazos pela sua atuação, como, *v.g.*, dispõe o art. 229 do CPC/2015,[64] bem como submete-se-lhe a um regime de subsidiariedade e acessoriedade, como decorrência de não discutir direito próprio, fazendo cessar a sua atuação se assim o desejar a *parte principal*. Por essa razão, a sua condição jurídica é de *parte acessória*, porque a sua legitimação não é para "agir", mas somente para "intervir." Parcela da doutrina considera a *parte acessória* apenas "terceiro", olvidando que um dos efeitos da intervenção no processo é exatamente a aquisição da qualidade jurídica de *parte*, seja *principal* ou *secundária*.[65]

---

[63] **"Art. 18.** Ninguém poderá pleitear direito alheio em nome próprio, salvo quando autorizado pelo ordenamento jurídico.

Parágrafo único. Havendo substituição processual, o substituído poderá intervir como assistente litisconsorcial."

[64] **"Art. 229.** Os litisconsortes que tiverem diferentes procuradores, de escritórios de advocacia distintos, terão prazos contados em dobro para todas as suas manifestações, em qualquer juízo ou tribunal, independentemente de requerimento."

[65] A esse respeito consulte-se o nosso *Intervenção de terceiros*, São Paulo, Saraiva, 1992.

Capítulo I · ELEMENTOS FUNDAMENTAIS DO PROCESSO | 41

Analiticamente, é possível assentar que *parte* é aquele que postula em nome próprio, excluindo-se desse conceito, consequentemente, o "representante" daquele que pede (estes *não são partes*, mas *representantes da parte*). Dessa forma, o sujeito parcial do processo aqui é o "representado"; é ele que pede, em nome próprio, por meio da integração de sua capacidade pelo representante. Em suma, na representação, qualquer que seja o seu motivo, *a parte é o representado e não o representante*.

Destarte, quem postula em nome próprio o faz, em regra, por "direito próprio." Entretanto, há os casos de legitimação extraordinária, em que o ordenamento admite que o sujeito pleiteie *em nome próprio um direito alheio*. Esse fenômeno excepcional denomina-se *substituição processual* (art. 18 do CPC/2015).[66] Nesses casos, a *parte* é o "substituto" e o *sujeito da lide*, o "substituído." Sob o ângulo da identificação das ações, ambos se sujeitam à coisa julgada e uma eventual ação reproposta por qualquer deles (substituto ou substituído) esbarrará no veto da repetição das ações (coisa julgada).

Outrossim, autorização do ordenamento para que alguém postule em juízo, em nome próprio por direito alheio, prende-se, primacialmente, ao fato de que, no plano do direito material, substituto e substituído vinculam-se por força de alguma relação jurídica. Assim, *v.g.*, a lei do condomínio permite que qualquer condômino, diante da inércia do síndico, pleiteie em juízo a cobrança de cotas devidas por condômino faltoso porque, do contrário, as demais unidades, inclusive a do demandante, será onerada pelo déficit causado pelo inadimplente. Observe-se, a partir desse exemplo, que o condômino atuante "age em prol do condomínio" e não em benefício exclusivamente próprio.

Ademais, com a contemplação legal da *tutela dos interesses difusos, coletivos e individuais* homogêneos, as denominadas ações supraindividuais consagram a "substituição processual", atribuindo legitimação para agir a órgãos intermediários entre os jurisdicionados, cotitulares desses interesses, e o Estado, tais como as associações de classe, os partidos políticos e o Ministério Público, como sói ocorrer na *ação civil pública*, na *ação popular*, no *mandado de segurança coletivo* etc.

Nesse sentido, a lei denomina *autor* a *parte* que pede originariamente a tutela jurisdicional e *réu* aquele diante de quem se pede, sendo certo que o demandado, implicitamente, na sua defesa, "postula" a rejeição da demanda. Ademais, há hipóteses em que se autoriza ao réu a formulação de pedido próprio como se fora o autor, ora no bojo da contestação, como ocorre nas ações dúplices, ora por meio de reconvenção.

---

[66] **"Art. 18.** Ninguém poderá pleitear direito alheio em nome próprio, salvo quando autorizado pelo ordenamento jurídico.

Parágrafo único. Havendo substituição processual, o substituído poderá intervir como assistente litisconsorcial."

A *parte*, por seu turno, pode ser uma *única pessoa* ou uma *pluralidade delas*. Nesse último caso, há *pluralidade de partes*, ensejando o fenômeno do *litisconsórcio*. Como evidente, essa pluralidade pode verificar-se no polo ativo, gerando o *litisconsórcio ativo*, no polo passivo da relação processual, ensejando o *litisconsórcio passivo*, ou ainda em ambos os polos do processo, fazendo exsurgir o *litisconsórcio misto* ou *recíproco*.

1.5.1 Litisconsórcio

Litisconsórcio é o fenômeno jurídico consistente na pluralidade de partes em um mesmo polo da relação processual. Em consequência, como já indicado, o litisconsórcio admite a classificação de *ativo* quando há vários autores; *passivo* quando há vários réus e *misto* quando a pluralidade verifica-se em ambos os polos da relação processual.[67] Os protagonistas do fenômeno denominam-se *litisconsortes*.

O litisconsórcio é informado, primeiramente, pelo princípio da *economia processual*, que visa a conferir às partes do processo um máximo de resultado com um mínimo de esforço, por isso que, enfeixando várias relações no seu bojo, a sentença proferida num processo em que há a formação de litisconsórcio dispõe em *unum et idem judex* acerca de várias pretensões.[68] Outrossim, o fenômeno encerra, também, uma cumulação de ações pela só variação do elemento subjetivo. O *cúmulo subjetivo*, engendrado pelo litisconsórcio, pode gerar outro: o *cúmulo objetivo*, como ocorre no litisconsórcio por afinidade de questões, hipótese em que cada um dos litisconsortes deduz sua própria pretensão.

O instituto tem a justificá-lo a necessidade de harmonia dos julgados, razão pela qual podem se *litisconsorciar* as partes que exercem em juízo ações conexas pela identidade de pedido ou da causa de pedir, como ocorre, *v.g.*, quando vários condôminos, em juízos diversos, pleiteiam a anulação da mesma assembleia condominial. É que nesse caso, se essas ações tramitassem separadamente, poderiam resultar em decisões diferentes e antagônicas, acarretando uma crise de credibilidade em relação ao Poder Judiciário. Por essa razão, o litisconsórcio decorrente da conexão de causas e ainda que superveniente não se pode desmembrar.

Destarte, o litisconsórcio rompe o esquema tradicional do processo como *actus trium personarum*; por isso, a sua formação decorre da lei. Somente no sentido de que a norma pode autorizar a formação do litisconsórcio em face da alteração procedimental que acarreta, por vezes tão enérgica, que se admite possa o juiz separar as ações cumuladas, quando este comprometer a rápida solução do litígio ou

---

[67] Nesse sentido, **James Goldschmidt**, *Derecho Procesal Civil*, p. 437.

[68] **Carnelutti** afirmava com a sua precisão costumeira que: "O processo com litisconsórcio é, portanto, não só um processo com pluralidade de lides, como ainda processo com pluralidade de partes" (*in Istituzioni del Nuovo Processo Civile Italiano*, 1951, vol. I, p. 257).

dificultar a defesa ou o cumprimento da sentença, seja na fase de conhecimento, na liquidação de sentença ou na execução (art. 113, § 1º, do NCPC).[69]

Ademais, a tendência moderna é substituir o fenômeno do litisconsórcio, quando se trata de interesses pertencentes a uma multiplicidade de pessoas, pela legitimação de órgãos formais que cumprem finalidades institucionais em prol dessa coletividade de sujeitos de direito. É por essa *ratio* que hodiernamente legitima-se a Ordem dos Advogados do Brasil para pleitear em juízo acerca dos interesses da classe dos advogados, a Curadoria de Defesa do Consumidor em prol de um determinado segmento de consumidores ou "ainda e sempre" o Ministério Público, todos considerados órgãos intermediários entre o Estado e o cidadão, experiência haurida no sistema anglo-americano das *class actions*.

De início, o princípio básico informativo do litisconsórcio é o da *facultatividade*; vale dizer: o litisconsórcio forma-se segundo a vontade dos litisconsortes, obedecidas as hipóteses legais. Essa facultatividade implica em que o juízo seja competente para as causas de todos os litisconsortes, porquanto nos demais casos do art. 113 do NCPC,[70] o que prorroga a competência do juízo é a conexão[71] entre as causas. Não se trata, porém, de regra aplicável a todos os tipos de litisconsórcio.

Com efeito, a facultatividade sofre exceção nos casos em que se impõe a *indispensabilidade* do litisconsórcio. Nessas hipóteses, somente uma pluralidade de pessoas é legitimada a agir em juízo, fenômeno que se apresenta como excepcional e assim deve ser interpretado. Essa modalidade de litisconsórcio denomina-se *compulsório, obrigatório ou necessário*, razão pela qual não pode ser desmembrado.

A sentença no litisconsórcio necessário deve ser formalmente uma e materialmente dúplice, dispondo o juiz, em *simultaneus processus*, sobre a situação jurídica de todas as partes litisconsorciadas.[72] Assim, *v.g.*, na ação de anulação de ato jurídico, todos os partícipes devem figurar como litisconsortes no processo, sob pena

---

[69] "**Art. 113**, § 1º O juiz poderá limitar o litisconsórcio facultativo quanto ao número de litigantes na fase de conhecimento, na liquidação de sentença ou na execução, quando este comprometer a rápida solução do litígio ou dificultar a defesa ou o cumprimento da sentença."

[70] "**Art. 113.** Duas ou mais pessoas podem litigar, no mesmo processo, em conjunto, ativa ou passivamente, quando:

I – entre elas houver comunhão de direitos ou de obrigações relativamente à lide;

II – entre as causas houver conexão pelo pedido ou pela causa de pedir;

III – ocorrer afinidade de questões por ponto comum de fato ou de direito."

[71] A doutrina do tema sugere que a conexão que autoriza o litisconsórcio é diferente daquela definida no art. 55 do CPC. Assim, Barbosa Moreira, in "Da Conexão como Pressuposto da Reconvenção", tese de concurso para professor titular da UERJ.

[72] Acaso seja necessário o litisconsórcio ativo, se o colegitimado, citado para a ação, se recusa a ingressar no feito, o processo não se extingue, por impossibilidade jurídica de um pronunciamento sem que estejam presentes na ação todos os interessados. A citação supre a ausência.

44 | PROCESSO CIVIL CONTEMPORÂNEO – *Luiz Fux*

de tornar-se viciada a sentença. Este vício pode conduzir à *nulidade* da sentença, se a decisão deveria ser uniforme em relação a todos que deveriam ter integrado o processo (isto é, se o litisconsórcio for também *unitário*); ou à *ineficácia*, nos outros casos, apenas para os litisconsortes que não tenham sido citados. Essa é a distinção que promove o art. 115 do Novo Código.[73]

A repercussão da decisão na esfera dos litisconsortes – assim como o dever de o juiz velar pela regularidade do processo – é a causa legal de o magistrado poder convocar as partes faltantes, quer sejam autores[74] ou réus.[75] É que o litisconsórcio necessário repercute na validade ou eficácia da sentença, conforme evidenciado. Pela mesma razão, tratando-se de litisconsórcio necessário, ainda que o litisconsorte pleiteie a sua exclusão do feito, o juiz poderá denegar o pedido, posto influir na eficácia da própria relação processual, cuja natureza de direito público a torna indisponível pelas partes.

A formação do litisconsórcio no processo não retira a individualidade de cada uma das ações relativas aos litisconsortes. Assim, se *Caio* e *Tício* litisconsorciam-se para litigar em juízo acerca de um prejuízo que lhes foi causado por *Sérvio*, este consórcio no processo, em princípio, não implica em que um só promova o andamento do feito e produza provas comuns. Ao revés, cada um tem o dever de atuar em seu próprio benefício porquanto considerados, em face do réu, litigantes distintos (arts. 117 e 118 do NCPC).[76]

Deveras, há situações de direito material que implicam a *indivisibilidade do objeto litigioso*, de tal sorte que o juiz, ao decidir a causa, deve dar o mesmo destino a todos os litisconsortes. A decisão, sob o prisma lógico-jurídico, não pode ser cindida; por isso, a procedência ou improcedência do pedido deve atingir a todos os

---

[73] "**Art. 115.** A sentença de mérito, quando proferida sem a integração do contraditório, será:
I – nula, se a decisão deveria ser uniforme em relação a todos que deveriam ter integrado o processo;
II – ineficaz, nos outros casos, apenas para os que não foram citados.
Parágrafo único. Nos casos de litisconsórcio passivo necessário, o juiz determinará ao autor que requeira a citação de todos que devam ser litisconsortes, dentro do prazo que assinar, sob pena de extinção do processo."

[74] **Frederico Marques** afirmava: "Se o caso for de litisconsórcio ativo necessário, cabível é também a medida ou providência inquisitiva" (*in Instituições*, 1971, vol. II, p. 185).

[75] "**Art. 115, Parágrafo único.** Nos casos de litisconsórcio passivo necessário, o juiz determinará ao autor que requeira a citação de todos que devam ser litisconsortes, dentro do prazo que assinar, sob pena de extinção do processo."

[76] "**Art. 117.** Os litisconsortes serão considerados, em suas relações com a parte adversa, como litigantes distintos, exceto no litisconsórcio unitário, caso em que os atos e as omissões de um não prejudicarão os outros, mas os poderão beneficiar."
"**Art. 118.** Cada litisconsorte tem o direito de promover o andamento do processo, e todos devem ser intimados dos respectivos atos."

litisconsortes. Assim, *v.g.*, não poderia o juiz anular o ato jurídico para um autor e não o fazer para o outro; a decisão deve ser, necessariamente, materialmente igual para ambos, implicando a homogeneidade da decisão que caracteriza o denominado *litisconsórcio unitário*.

Mercê da autorização legal, é mister que os litisconsortes sejam legitimados ativa e passivamente para a causa, sendo certo que a *ilegitimatio ad causam* de qualquer dos litisconsortes não acarreta a extinção de todo o processo, senão a exclusão do sujeito não habilitado para aquela causa *in concreto*.

O litisconsórcio, por seu turno, forma-se usualmente no início do processo e, excepcionalmente, supervenientemente, em razão do princípio da estabilização dos elementos da demanda. Assim, *v.g.*, a intervenção dos herdeiros da parte falecida ou o ingresso de terceiro interveniente exemplificam hipóteses de litisconsórcio ulterior autorizado por lei.

O *litisconsórcio facultativo* é admitido toda vez que, entre as causas, há um grau de aproximação previsto na própria lei, o qual, numa ordem decrescente, de inter-relação, transita da conexão à mera afinidade de causas. Forçoso concluir que, inexistindo esse grau de aproximação entre os litisconsortes, impõe-se ao juízo, em nome da economia processual, desmembrar o processo, aplicando por analogia o art. 113, § 1º, do CPC/2015, evitando extingui-lo integralmente. É o que ocorre, *v.g.*, inadequadamente, quando se forma o litisconsórcio passivo entre vários condôminos devedores de suas próprias cotas no rateio condominial, na ação movida pelo condomínio, como também a pretensão do locador de despejar vários inquilinos no mesmo processo.

Destarte, duas pessoas podem litigar no mesmo processo, em conjunto, ativa e passivamente, quando:

> I – *entre elas houver comunhão de direitos ou de obrigações relativamente à lide*: como, *v.g.*, nas hipóteses de solidariedade passiva ou ativa ou na cotitularidade de relações jurídicas em geral, como a compose ou a copropriedade; ou quando o mesmo contrato ou a mesma lei confere aos vários litisconsortes direitos ou deveres persequíveis em juízo, ou quando vários acionistas pretendem anular a mesma assembleia da sociedade da qual são acionistas;
>
> II – *entre as causas houver conexão pelo pedido ou pela causa de pedir*: como, *v.g.*, quando vários candidatos pleiteiam a anulação de concurso público, cada um sustentando um vício do evento, como a falta de divulgação do edital ou a violação do sigilo da prova;
>
> III – *ocorrer afinidade de questões por ponto comum de fato ou de direito*: revela--se, nesta hipótese, um laço mais tênue do que a conexão consistente na mera aproximação entre as causas, que pode ser probatória ou legal. Assim, *v.g.*, quando vários acidentados num mesmo acidente promovem as suas indenizações narrando os próprios direitos decorrentes de fatos personalíssimos, porém ocorrentes na

mesma oportunidade; ou, ainda, na demanda de vários consumidores atingidos pelo defeito semelhante do mesmo produto.[77]

A possibilidade de decisões contraditórias nas causas dos vários litisconsortes torna-o, a princípio, irrecusável. Diversamente, se as decisões em relação aos diversos litisconsortes não se tornam passíveis de contradição pode haver o desmembramento (art. 113, § 1º, do CPC/2015)[78] por ato do juízo ou por provocação da defesa sob a invocação de prejuízo, quando caracterizado o que se tem denominado de *litisconsórcio multitudinário*, situação em que o número de litigantes na fase de conhecimento, na liquidação de sentença ou na execução compromete a rápida solução do litígio ou dificulta a defesa ou o cumprimento da sentença.

Outrossim, nas mesmas hipóteses autorizadas em lei, se a eficácia da sentença depender da presença de todos os litisconsortes no processo, ela será compulsória, para que a decisão judicial não seja proferida sem que se alcancem seus limites subjetivos. Isto porque a decisão judicial proferida sem a presença de todos os interessados considera-se *inutiliter data*, observadas as distinções conforme o litisconsórcio *necessário* seja *simples* ou *unitário* (arts. 114 e 115[79] do NCPC).[80] À luz da relação de direito material e da imperatividade da lei é que se afere a indispensabilidade do litisconsórcio e, nesses casos, restringe-se o poder de desmembramento. É o que ocorre, *v.g.*, na ação de usucapião; nas ações constitutivas quando a pretensão pertença a vários sujeitos ou a vários se refira, como na ação de nulidade de casamento

---

[77] A expressão é de **Machado Guimarães**, *in* "As Três Figuras do Litisconsórcio", *Estudos*, Rio de Janeiro, Forense.

[78] "**Art. 113**, § 1º O juiz poderá limitar o litisconsórcio facultativo quanto ao número de litigantes na fase de conhecimento, na liquidação de sentença ou na execução, quando este comprometer a rápida solução do litígio ou dificultar a defesa ou o cumprimento da sentença."

[79] "**Art. 114.** O litisconsórcio será necessário por disposição de lei ou quando, pela natureza da relação jurídica controvertida, a eficácia da sentença depender da citação de todos que devam ser litisconsortes.

Art. 115. A sentença de mérito, quando proferida sem a integração do contraditório, será:

I – nula, se a decisão deveria ser uniforme em relação a todos que deveriam ter integrado o processo;

II – ineficaz, nos outros casos, apenas para os que não foram citados.

Parágrafo único. Nos casos de litisconsórcio passivo necessário, o juiz determinará ao autor que requeira a citação de todos que devam ser litisconsortes, dentro do prazo que assinar, sob pena de extinção do processo."

[80] Não é uníssona essa posição quanto à ineficácia absoluta da sentença preconizada por **Chiovenda** *in* **Saggi**, "Sul Litisconsórcio Necesario." **Redenti** defendia a manutenção do julgado até que "rescindível pelos litisconsortes não convocados para a demanda com a utilização da *oposizione di terzo ordinaria*" (*in Il Giudizio Civile con Pluralità di Parte*, p. 267). Recentemente revivam-se essas posições antagônicas como se observa *in* **Proto Pisani**, *Opposizione Ordinária de Terzo*, Nápoles, 1965, §§ 28-30.

Capítulo I · ELEMENTOS FUNDAMENTAIS DO PROCESSO | **47**

proposta pelo Ministério Público contra ambos os cônjuges; na ação pauliana contra comprador e vendedor fraudadores; na ação de divisão; na dissolução de sociedade entre vários sócios; nas ações em que se disputam posse e propriedade com base em títulos diversos, hipótese em que os detentores dos mesmos são litisconsortes necessários etc. Nesses casos, diversamente do que ocorre com o litisconsórcio simples, em que o juiz tem o poder de desmembramento, revela-se justamente o contrário. O juiz detém o poder de integração para determinar a presença de litisconsortes passivos necessários, sob pena de extinção do processo sem resolução do mérito[81] (art. 115, parágrafo único, do NCPC).

Deveras, não se tratando de hipótese de litisconsórcio, impõe-se o desmembramento das lides, devendo o autor indicar qual dos sujeitos deverá permanecer no processo distribuído àquele juízo. Reversamente, tratando-se de litisconsórcio necessário, a integração do litisconsorte é imperiosa, e pode engendrar-se até o momento da prolação da sentença, por ordem do juiz ou por comparecimento espontâneo. A ausência da formação do litisconsórcio necessário unitário pode gerar a anulação do processo a qualquer tempo e em qualquer grau de jurisdição, em ação autônoma ou em impugnação ao cumprimento da sentença, conforme previsão do art. 525, § 1º, inciso I, do NCPC,[82-83] por exemplo.

A unidade de processo, conforme assentamos alhures, não retira a individualidade de cada uma das causas; por isso, a lei considera os litisconsortes em face do adversário como litigantes distintos (art. 117 do NCPC).[84] Assim, *v.g.*, a nulidade da citação em relação a um dos litisconsortes facultativos não se estende aos demais, e a citação válida efetivada quanto a um dos réus produz todos os efeitos do art. 240 do NCPC, muito embora os mesmos não se produzam quanto ao litisconsorte invalidamente citado.

De outro lado, como destacado, há casos em que a *res in iudicium deducta* é indivisível, de forma que a decisão deve ser homogênea para todas as partes litisconsorciadas. A homogeneidade da decisão implica a classificação do litisconsórcio em *unitário*, cujo regime jurídico apresenta algumas nuances, exatamente por força dessa necessidade de decisão uniforme para os litisconsortes (art. 116 do NCPC).

---

[81] Alguns defendem a possibilidade de o juiz convocar autores faltantes, o que levou **Frederico Marques** a afirmar que nesse particular o "princípio dispositivo" sofre a sua mais acentuada derrogação, *in Instituições*, 1971, vol. II, p. 182.

[82] "**Art. 525**, § 1º Na impugnação, o executado poderá alegar:

I – falta ou nulidade da citação se, na fase de conhecimento, o processo correu à revelia."

[83] **Enunciado 90 da I Jornada de Direito Processual Civil do CJF:** Conta-se em dobro o prazo do art. 525 do CPC nos casos em que o devedor é assistido pela Defensoria Pública.

[84] "**Art. 117.** Os litisconsortes serão considerados, em suas relações com a parte adversa, como litigantes distintos, exceto no litisconsórcio unitário, caso em que os atos e as omissões de um não prejudicarão os outros, mas os poderão beneficiar."

Observe-se que, sob a égide do CPC/1973, não obstante conceitos distintos os de *unitariedade* e de *indispensabilidade*, o litisconsórcio necessário e o unitário vinham previstos no mesmo dispositivo (art. 47 daquele diploma),[85] pela sólida razão de que, na grande maioria dos casos, o litisconsórcio compulsório reclama decisão homogênea. Em posição tecnicamente mais acertada, os conceitos são agora tratados pelo Novo Código em dispositivos distintos; vale dizer: arts. 114 e 116 do NCPC).[86]

O litisconsórcio diz-se, ainda, *simples* nas hipóteses em que a decisão pode, em tese, ser diferente para os litisconsortes. Contrapõe-se, assim, ao litisconsórcio unitário, em que os litisconsortes não são considerados como partes distintas em face do *adversus*, porque há necessidade de decisão igual por uma exigência prática. Alerte-se, contudo, que a distinção entre litisconsórcio simples e unitário no caso concreto é bastante problemática, tendo em vista que, em tese, é sempre possível que uma decisão seja incoerente e trate litisconsortes de maneira diversa quando a situação jurídica de ambos é idêntica.

Estendem-se a todos os atos benéficos praticados por um dos litisconsortes, sendo inextensíveis os atos de disponibilidade processual, bem como os atos que acarretam prejuízo à comunhão. Assim, a revelia de um dos litisconsortes na modalidade *unitário* não implica a incidência da presunção de veracidade para os demais, se impugnado o pedido por um dos litisconsortes. Outrossim, o recurso interposto por um dos litisconsortes a todos aproveita (artigos 345, I,[87] e 1.005[88] do NCPC), conforme comentários que oportunamente serão feitos, em análise dos efeitos decorrentes do litisconsórcio nesses temas.

Esse regime de extensão dos atos benéficos no litisconsórcio unitário recebe a denominação de *interdependência entre os litisconsortes* em confronto com o regime

---

[85] **Art. 47 do CPC/1973.** "Há litisconsórcio necessário, quando, por disposição de lei ou pela natureza da relação jurídica, o juiz tiver de decidir a lide de modo uniforme para todas as partes; caso em que a eficácia da sentença dependerá da citação de todos os litisconsortes no processo."

[86] "**Art. 114.** O litisconsórcio será necessário por disposição de lei ou quando, pela natureza da relação jurídica controvertida, a eficácia da sentença depender da citação de todos que devam ser litisconsortes."
"**Art. 116.** O litisconsórcio será unitário quando, pela natureza da relação jurídica, o juiz tiver de decidir o mérito de modo uniforme para todos os litisconsortes."

[87] "**Art. 345.** A revelia não produz o efeito mencionado no art. 344 se:
I – havendo pluralidade de réus, algum deles contestar a ação;"

[88] "**Art. 1.005.** O recurso interposto por um dos litisconsortes a todos aproveita, salvo se distintos ou opostos os seus interesses.
Parágrafo único. Havendo solidariedade passiva, o recurso interposto por um devedor aproveitará aos outros quando as defesas opostas ao credor lhes forem comuns."

da autonomia pura previsto na dicção dos arts. 117 e 118 do Código de Processo Civil de 2015,[89] aplicável ao litisconsórcio *simples* ou *não unitário*.

Consoante se pode concluir, o litisconsórcio necessário deriva de fator diverso do litisconsórcio unitário, muito embora a prática judiciária indique um expressivo número de hipóteses em que a necessariedade arrasta a unitariedade. Entretanto, não se podem vincular indefectivelmente esses aspectos do fenômeno litisconsorcial; por isso, o litisconsórcio pode ser *necessário simples* ou *necessário unitário*, admitindo uma dicotomização inicialmente não enxergada pelo legislador do Código de 1973 (art. 47,[90] *caput*, do CPC/1973),[91] mas agora reconhecida pelo Novo Código de 2015 (arts. 114 e 116).

Cumpre, ainda, registrar a existência da figura da *assistência litisconsorcial*, tratada pelo Novo Código no âmbito da intervenção de terceiros, através da qual o terceiro assistente que ingressa no processo para auxiliar uma das partes adquire o *status* de litisconsorte, porquanto, além de pretender ajudar a que a parte assistida obtenha um resultado favorável, intervém para discutir a relação jurídica que também lhe pertence e da qual é titular, a qual está submetida à apreciação do Judiciário por outro cotitular em momento cronologicamente anterior (arts. 119 e 124 do NCPC).[92] Nessa hipótese, o assistente é legitimado a intervir e agir assim como a parte assistida, aplicando-se-lhe o regime da *interdependência* peculiar ao litisconsórcio unitário. É o que ocorre, *v.g.*, com o coproprietário que adere à ação reivindicatória proposta por outro condômino.

Saliente-se, por fim, que os litisconsortes, mesmo quando sejam de fato partes distintas em face do adversário, podem ter pontos coincidentes nas suas atuações, como, por exemplo, fatos comuns que restam por auxiliar a comunidade

---

[89] Assim, *v.g.*, se alguns litisconsortes não contestaram a ação e a defesa de todos não é idêntica, é cabível o reconhecimento de revelia dos que se omitiram.

[90] "**Art. 47.** Há litisconsórcio necessário, quando, por disposição de lei ou pela natureza da relação jurídica, o juiz tiver de decidir a lide de modo uniforme para todas as partes; caso em que a eficácia da sentença dependerá da citação de todos os litisconsortes no processo. Parágrafo único. O juiz ordenará ao autor que promova a citação de todos os litisconsortes necessários, dentro do prazo que assinar, sob pena de declarar extinto o processo."

[91] Nesse mesmo sentido, de há muito, **Adolfo Schonke**, *in Derecho Procesal Civil*, 1950, p. 96, quanto ao dispositivo legal germânico no qual se baseou o Código Buzaid, suscitando as mesmas controvérsias geradas no nosso matiz quanto ao alcance dessa regra da necessariedade vinculada à unitariedade.

[92] "**Art. 119.** Pendendo causa entre 2 (duas) ou mais pessoas, o terceiro juridicamente interessado em que a sentença seja favorável a uma delas poderá intervir no processo para assisti-la. Parágrafo único. A assistência será admitida em qualquer procedimento e em todos os graus de jurisdição, recebendo o assistente o processo no estado em que se encontre."
"**Art. 124.** Considera-se litisconsorte da parte principal o assistente sempre que a sentença influir na relação jurídica entre ele e o adversário do assistido."

dos litisconsortes, ainda que não unitária, razão pela qual, no litisconsórcio não há, em princípio, atuação contrastante. Entretanto, a lei cuida de uma hipótese *sui generis* ao considerar litisconsortes o denunciante e o denunciado, malgrado sejam adversários entre si na ação regressiva que a denunciação encerra (art. 128, II, do NCPC).[93] A singularidade mais expressiva é que, *na relação entre denunciante em face do denunciado*, para evitar que aquele prejudique este, aplica-se o regime da *interdependência* entre esses litisconsortes especiais e, na *relação denunciado versus denunciante*, o regime da *autonomia*, porque, se o denunciado confessar ou praticar atos de disponibilidade, o denunciante estará com seu direito regressivo assegurado.

Na mesma linha de singularidade dessa espécie, enquadravam-se, ao tempo do CPC/1973, os opostos em face do opoente e os credores no concurso singular de credores na execução de bem comum, quando a matéria era regulamentada como espécie de intervenção de terceiros. Sob a égide do Novo Código, entretanto, a oposição é tratada como espécie de procedimento especial, nos termos de seus arts. 682 e seguintes.

1.5.2 Intervenção de terceiros

Ainda relativamente ao *elemento subjetivo da ação*, cumpre destacar, por oportuno, alguns aspectos gerais sobre a intervenção de terceiros e suas espécies.

Tradicionalmente, afirmava-se o princípio de que a sentença faz coisa julgada entre as partes do processo, não beneficiando nem prejudicando terceiros.[94] O Novo Código faz ligeira modificação nessa tradicional regra, ao afirmar que "a sentença faz coisa julgada às partes entre as quais é dada, *não prejudicando* terceiros" (art. 506).[95] Dessa forma, o legislador, ao estabelecer os limites subjetivos da coisa julgada, visou a deixar claro que o sujeito que não participara do processo não podia ser atingido negativamente pelos efeitos da decisão. Em contrapartida, é possível ao terceiro que não participou do processo invocar a coisa julgada em seu favor, na medida em que se entende que nesses casos não houve prejuízo pela inobservância do contraditório.

---

[93] "**Art. 128.** Feita a denunciação pelo réu:

I – se o denunciado contestar o pedido formulado pelo autor, o processo prosseguirá tendo, na ação principal, em litisconsórcio, denunciante e denunciado;

II – se o denunciado for revel, o denunciante pode deixar de prosseguir com sua defesa, eventualmente oferecida, e abster-se de recorrer, restringindo sua atuação à ação regressiva;"

[94] Esse princípio, assentado desde as Ordenações do Reino, é eficazmente combatido por **Liebman**, ao assentar que a máxima *res judicata aliis non nocet* não exaure o tema acerca dos limites subjetivos da coisa julgada (*Eficácia e Autoridade da Sentença e outros Estudos sobre a Coisa Julgada*, Rio de Janeiro, Forense, 1981).

[95] **Enunciado 36 da I Jornada de Direito Processual Civil do CJF:** O disposto no art. 506 do CPC não permite que se incluam, dentre os beneficiados pela coisa julgada, litigantes de outras demandas em que se discuta a mesma tese jurídica.

O Direito Processual brasileiro tem como regra que ninguém pode ver alterada a sua situação jurídica, por força de uma decisão judicial de cujo processo de produção sequer participou. Contudo, as relações jurídicas não subsistem isoladas e estanques entre os seus protagonistas. Inúmeras vezes, há uma interdependência de relações, de sorte que a decisão proferida quanto a uma delas, irremediavelmente, atinge a outra, em alguma parte, ou no seu todo.[96]

As decisões judiciais, entretanto, não obstante proferidas entre as partes originárias, restam por invadir a órbita jurídica alheia, direta ou indiretamente, como se observam em certos exemplos clássicos: decisão proferida na ação de despejo travada entre locador e locatário produz efeitos que repercutem na esfera jurídica do sublocatário; porquanto, a relação deste é dependente da do locatário por força de preceito material, por isso que, extinta a locação, automaticamente restará extinta a sublocação. Em consequência, a sentença de procedência do despejo atinge o sublocatário, desalijando-o. Não há que se reconhecer violação à ampla defesa nessas situações, já que o sublocatário deve ser intimado para participar do processo, o que é suficiente para resguardar o contraditório.[97] Esse exemplo é suficiente para demonstrar não ter caráter absoluto a regra do art. 506[98-99] do Código vigente.[100]

De outro lado, tome-se também como exemplo o fato de que a pendência da lide não torna, em regra, inalienável o objeto mediato do pedido que consubstancia o bem da vida em disputa (art. 109 do NCPC).[101] A alienação da coisa ou do direito litigioso é algo que se situa na esfera de conveniência e de assunção dos riscos do adquirente, não havendo, entretanto nada que impeça a parte ré de alienar o imóvel a outrem, não obstante pendente ação de reivindicação, uma vez que a decisão proferida entre as partes originárias valerá para o novo adquirente, ainda que ele não figure no processo (art. 109, § 3º).[102] Demonstra-se, assim, mais uma vez, não ser absoluto o preceito de que a coisa julgada não atinge terceiros que não participem do processo.

---

[96] São os chamados efeitos "reflexos", atribuídos a **Ihering**, segundo **Liebman**, na obra antes citada (pp. 83-84).

[97] A propósito, o art. 59, § 2º, da Lei nº 8.245/1991, ao tratar da ação de despejo, dispõe: "Qualquer que seja o fundamento da ação dar-se-á ciência do pedido aos sublocatários, que poderão intervir no processo como assistentes."

[98] "Art. 506. A sentença faz coisa julgada às partes entre as quais é dada, não prejudicando terceiros."

[99] **Enunciado 36 da I Jornada de Direito Processual Civil do CJF:** O disposto no art. 506 do CPC não permite que se incluam, dentre os beneficiados pela coisa julgada, litigantes de outras demandas em que se discuta a mesma tese jurídica.

[100] Veja-se, a respeito, **Francesco Paolo Luiso**, *Principio del Contradittorio ed Efficacia della Sentenza Verso Terzi*, Milano, Giuffrè, 1983.

[101] "Art. 109. A alienação da coisa ou do direito litigioso por ato entre vivos, a título particular, não altera a legitimidade das partes."

[102] "Art. 109, § 3º Estendem-se os efeitos da sentença proferida entre as partes originárias ao adquirente ou cessionário."

Essas exceções, dentre outras, recomendam que os sujeitos suscetíveis de serem atingidos pelas decisões judiciais e que, originariamente, não figuravam como partes do processo, possam integrá-lo. O ordenamento possibilita-lhes o ingresso, até porque a coisa julgada, antes da sua formação, deve ser antecedida por uma inafastável obediência ao contraditório. Encerraria um rompimento abominável deste cânone constitucional atingir terceiros através de decisões judiciais produzidas em processo sem a possibilidade de participação dos mesmos.

Acresça-se a isso que, em determinadas hipóteses, a decisão judicial, em si, não esgota todos os litígios acerca da mesma pretensão ou das que lhe são conexas. Por vezes, o vencedor de uma demanda necessita promover outras ações, no afã de ver consagrado o seu direito de forma integral. Destarte, ainda, pode ocorrer que determinadas decisões judiciais façam exsurgir para o potencial vencido um direito de regresso por força da derrota, contra quem, indiretamente, contribuiu para a sucumbência de outrem.

Essas circunstâncias, de extremo relevo jurídico, sugerem, também, que, em processo simultâneo, sejam analisadas as pretensões envolvendo os sujeitos originários, bem como outras, conexas e que dizem respeito a outrem, habilitando-os a ingressar na relação processual pendente. Antevendo que a decisão do processo nem sempre se limita a incidir sobre as partes originárias e que outras pessoas podem ser atingidas, porquanto mantêm uma relação jurídica conexa com a que está sendo deduzida em juízo, ou dependente dela, o legislador permite a esses sujeitos o ingresso no processo das partes, através do instituto da *intervenção de terceiros*, que os envolve na esfera da eficácia da sentença.

O instituto da *terceria*, inspirado na necessidade de complementar-se a regra dos limites subjetivos da coisa julgada e no princípio da economia processual, autoriza as pessoas *interessadas*, no sentido lato do vocábulo, participarem ou serem chamadas a participar do processo das partes originárias, a partir das espécies de intervenção legalmente previstos. Com efeito, os processos onde os terceiros ingressam, em regra, podem ter naturezas diversas, havendo óbice a algumas modalidades de intervenção conforme a especificidade do processo em questão. Deveras, sob essa perspectiva, os terceiros mantêm essa qualidade até que intervenham, quando, então, assumem a condição jurídica de parte, secundária ou principal, auxiliar de parte ou auxiliar do juízo, conforme o caso.[103]

Os terceiros que *participem ou sejam chamados a participar* podem ingressar no processo *sponte propria* ou convocados através do ato formal da *citação*. Nessa última hipótese, em contraposição ao ingresso voluntário, aduz-se à *intervenção forçada ou*

---

[103] Esse o critério cronológico admitido por **Ramiro Podetti** (*Tratado de la Tercería*) que mereceu as críticas lançadas por **Vicente Greco Filho** (*Intervenção de Terceiros no Processo Civil*, São Paulo, Saraiva, 1973, Cap. 3).

coacta do terceiro,[104] porquanto a intromissão formal perfaz-se, até mesmo, contra a sua vontade. Não obstante, é conferida ao terceiro a oportunidade de manifestar-se no processo, haja vista que a decisão judicial poderá atingi-lo. Isto porque a parte originária é aquela que pede em seu próprio nome ou em cujo nome é pedida a atuação da vontade da lei,[105] e terceiros são aqueles que, sendo pessoas estranhas à relação de direito material deduzida em juízo e à relação processual já constituída, mas que àquela se ligam intimamente, intervêm no processo sobre o mesmo objeto, a fim de defender interesses próprios.[106-107]

1.5.3 A qualificação de terceiro

Questão de extrema singularidade é a qualificação jurídica do *terceiro*.

Na visão de alguns, terceiro é todo aquele que pode vir a sofrer os efeitos diretos ou reflexos da decisão judicial, malgrado esteja fora do processo, e, por isso, legitimado a intervir no feito. A sua qualificação como terceiro decorreria do fato de ingressar cronologicamente após as partes. Esse critério, que considera apenas o ingresso após a instauração da relação processual, é insuficiente não só para explicar várias figuras da *terceria*, senão também para diferenciá-la de outras que guardam com o instituto a mesma afinidade sob o aspecto cronológico, como sói ocorrer com o ingresso dos sucessores do *de cujus* no processo após a morte do mesmo, bem como o ingresso do revel no estado em que o processo se encontra (artigos 110[108] e 346, parágrafo único,[109] do NCPC). Em ambas as hipóteses, há ingresso superveniente sem que haja *terceria* propriamente dita. Consoante essa doutrina, o terceiro, ao ingressar nos autos, adquire a qualidade de *parte* e deixa de ser *terceiro*, atributo que mantinha conquanto fora da relação processual.

O critério de cunho *científico* qualifica o terceiro segundo a sua qualidade de agir em juízo. Na visão dessa corrente, terceiro é o que está fora do processo, mas é

---

[104] A expressão "intromissão" melhor explicita o fenômeno da intervenção coacta, até porque o efetivo ingresso é sempre voluntário. O terceiro é livre para intervir ou não; a provocação que é por vezes necessária. Nesse sentido, **Humberto Theodoro Júnior**, *Processo de Conhecimento*, Rio de Janeiro, Forense, 1984, p. 182.

[105] Esse conceito, de **Chiovenda** (*Instituições de Direito Processual Civil*, cit., vol. 2º, p. 234), foi repetido por **Schonke** (*Derecho Procesal Civil*, p. 85) e é de precisão inatacável.

[106] **Moacyr Amaral Santos, Primeiras Linhas de Direito Processual Civil**, vol. 2º.

[107] **Frederico Marques**, *Instituições de Direito Processual Civil*, p. 190.

[108] "**Art. 110.** Ocorrendo a morte de qualquer das partes, dar-se-á a sucessão pelo seu espólio ou pelos seus sucessores, observado o disposto no art. 313, §§ 1º e 2º."

[109] "**Art. 346.** Os prazos contra o revel que não tenha patrono nos autos fluirão da data de publicação do ato decisório no órgão oficial.

Parágrafo único. O revel poderá intervir no processo em qualquer fase, recebendo-o no estado em que se encontrar."

titular de relação jurídica passível de sofrer os efeitos jurídicos diretos ou reflexos de uma decisão judicial e, em função disso, é lícito ao mesmo intervir para discutir a relação controvertida, atuando ao lado de uma das partes originárias com a mesma amplitude de atuação ou com atuação restrita aos limites do seu interesse em jogo. Assim é que, nas hipóteses em que a decisão influi diretamente na relação jurídica do terceiro, porque ela é objeto do processo, o interveniente assume a qualidade jurídica de parte principal e está legitimado a *agir e intervir*. Diversamente, nos casos em que a sua intervenção é admitida pelo fato de a sentença atingi-lo reflexamente, o seu ingresso habilita-o apenas a *intervir, coadjuvar*, atuando como auxiliar de uma das partes, sem que lhe seja conferida a faculdade de agir em contraste com a parte cognominada principal. Nessas hipóteses, o terceiro legitimado apenas a *intervir* assume a qualidade de *parte acessória*, exatamente porque não discute direito próprio, limitando-se a atuar em prol de interesse alheio do qual o seu é dependente.

Fundindo-se as duas acepções, forçoso concluir que *terceiro* é aquele que, estando fora do processo, pode intervir na relação pendente para fazer valer direito próprio ou alheio em razão de a decisão proferida poder, potencialmente, dispor com eficácia na sua esfera jurídica.

O terceiro, ao intervir, despoja-se da sua qualidade e passa a figurar como *parte principal ou acessória*, conforme pleiteie direito próprio ou alheio. Não obstante, o terceiro, malgrado adquira a qualidade de parte, submete-se a um regime jurídico diverso pelo fato de originar-se da *terceria*. Assim, *v.g.*, o art. 76 do NCPC[110] dispõe que o terceiro que não sana a sua incapacidade processual deve ser considerado revel ou excluído do processo. Ora, só pode ser submetido à exclusão quem já está integrado no feito e como tal considerado *parte do processo*.

Por outro lado, em alguns aspectos, há singularidades que levam à conclusão de que, mesmo assumindo a qualidade de parte do processo, o terceiro mantém essa qualificação ainda que integrado à relação processual; vale dizer: *continua terceiro por não ser parte da demanda*. Por exemplo: o terceiro, além dos demais requisitos

---

[110] "**Art. 76.** Verificada a incapacidade processual ou a irregularidade da representação da parte, o juiz suspenderá o processo e designará prazo razoável para que seja sanado o vício.

§ 1º Descumprida a determinação, caso o processo esteja na instância originária:

I – o processo será extinto, se a providência couber ao autor;

II – o réu será considerado revel, se a providência lhe couber;

III – o terceiro será considerado revel ou excluído do processo, dependendo do polo em que se encontre.

§ 2º Descumprida a determinação em fase recursal perante tribunal de justiça, tribunal regional federal ou tribunal superior, o relator:

I – não conhecerá do recurso, se a providência couber ao recorrente;

II – determinará o desentranhamento das contrarrazões, se a providência couber ao recorrido."

Capítulo I · ELEMENTOS FUNDAMENTAIS DO PROCESSO | **55**

de admissibilidade dos recursos, em algumas situações, deve, também, demonstrar o nexo entre o seu prejuízo e a decisão judicial (art. 996, parágrafo único, do NCPC).[111]

Destarte a *terceria*, assim como o litisconsórcio, implica uma dilatação do procedimento pelo ingresso de mais um protagonista na relação processual, rompendo o esquema básico do *actus trium personarum*. Essa é a razão pela qual a fonte da intervenção é a *ordem jurídica*, cabendo a ela definir quando se está diante dessa intervenção para os fins de se aplicar o regime jurídico que o instituto suscita.

O ingresso do terceiro no processo pode dar-se por sua *iniciativa própria*, ou por *provocação* de uma das partes originárias, razão pela qual, quando o terceiro ingressa por sua livre iniciativa, diz-se que a intervenção é *voluntária*; nas hipóteses em que integra a relação processual forçadamente através da citação, denomina-se *intervenção forçada ou coacta*. Assim, *v.g.*, o sublocatário, que auxilia o locatário a obter êxito na ação de despejo, intervém voluntariamente. Por seu turno, os outros codevedores solidários na ação de cobrança dirigida contra um só deles, em regra, intervêm forçadamente, convocados pelo originário réu.

A *intervenção voluntária* admite como espécies as seguintes figuras: assistência, recursos do terceiro prejudicado e a intervenção do *amicus curiae*.[112] A *intervenção forçada*, como gênero, comporta as seguintes espécies: denunciação da lide, chamamento ao processo e incidente de desconsideração da personalidade jurídica. Cada uma dessas modalidades de intervenção apresenta requisitos próprios, cujas especificidades refogem ao viés introdutório deste livro.

Entretanto, uma regra comum aplicável à *intervenção coacta* decorre do fato de o terceiro poder ser introduzido compulsoriamente no processo: é que a compulsoriedade não o impede de ingressar voluntariamente. Assim, o preposto da pessoa jurídica, muito embora possa sofrer denunciação da lide, também está legitimado a intervir como assistente daquela.

A intervenção, conforme a motivação que a propulsione, pode dar-se com escopo de *auxiliar* uma das partes na contenda com a outra, ou, simplesmente, *excluir* a pretensão de ambas. No primeiro caso, aduz-se à *intervenção ad coadjuvandum*, no segundo, de *intervenção ad excludendum*.

---

[111] "**Art. 996.** O recurso pode ser interposto pela parte vencida, pelo terceiro prejudicado e pelo Ministério Público, como parte ou como fiscal da ordem jurídica.

Parágrafo único. Cumpre ao terceiro demonstrar a possibilidade de a decisão sobre a relação jurídica submetida à apreciação judicial atingir direito de que se afirme titular ou que possa discutir em juízo como substituto processual."

[112] **Enunciado 82 da I Jornada de Direito Processual Civil do CJF:** Quando houver pluralidade de pedidos de admissão de amicus curiae, o relator deve observar, como critério para definição daqueles que serão admitidos, o equilíbrio na representatividade dos diversos interesses jurídicos contrapostos no litígio, velando, assim, pelo respeito à amplitude do contraditório, paridade de tratamento e isonomia entre todos os potencialmente atingidos pela decisão.

PROCESSO CIVIL CONTEMPORÂNEO – *Luiz Fux*

As próprias expressões latinas utilizadas demostram que, na primeira hipótese o terceiro assume a condição coadjuvante, auxiliando um dos sujeitos, como, *v.g.*, o sublocatário, ao locatário. A assistência é, portanto, exemplo clássico da intervenção *ad coadjuvandum*.[113]

Por outro lado, quando o terceiro intervém para discutir a sua relação jurídica, quer ingresse voluntária ou forçadamente, assume a posição jurídica de *parte principal adversa* a um ou a ambos os sujeitos principais do processo como, *v.g.*, o chamado, o denunciado e, nos casos de ingresso voluntário, o assistente litisconsorcial.

O primeiro efeito da intervenção, assim, é a assunção, pelo terceiro, da qualidade de parte, secundando ou opondo-se às partes originárias. O segundo efeito da intervenção do terceiro é interferir na competência do juízo. Isto porque a intromissão do terceiro, por vezes, prorroga ou desloca a competência do órgão judicial. É que as causas propostas perante outros juízos, se a União nelas intervier como assistente ou opoente, passarão à competência do juiz federal respectivo, porquanto a competência *ratione personae* é fixada, *a posteriori*, por força da intervenção.[114]

Há, ainda, a *eficácia preclusiva da intervenção*, de maior relevância para a assistência simples e que revela grandes consequências relativamente ao alcance da decisão proferida para o interveniente. O tema é objeto do art. 123 do NCPC,[115] o qual assevera que após o trânsito em julgado da sentença no processo em que interveio o assistente, este não poderá discutir a justiça da decisão em outro processo posterior. Essa regra comporta exceções, quando provado que: pelo estado em que recebeu o processo ou pelas declarações e pelos atos do assistido, foi impedido de produzir provas suscetíveis de influir na sentença; ou se desconhecia a existência de alegações ou de provas das quais o assistido, por dolo ou culpa, não se valeu.

1.5.4 Espécies de intervenção

Quanto às suas espécies, o Novo Código trouxe significativas modificações quanto ao tema da intervenção de terceiros. Como já aludido, a abordagem das

---

[113] **Chiovenda** a denomina "Intervenção adesiva ou acessória" (*Instituições de Direito Processual Civil*, cit., vol. 2, p. 238).

[114] O CPC/1973 havia disposição expressa que enunciava o preceito de que "o juiz da causa principal é também competente para as ações que digam respeito ao terceiro interveniente" (art. 109) que, uma vez integrado, fica vinculado ao foro e ao juízo da demanda proposta. Não há norma semelhante no CPC/2015.

[115] "**Art. 123.** Transitada em julgado a sentença no processo em que interveio o assistente, este não poderá, em processo posterior, discutir a justiça da decisão, salvo se alegar e provar que:
I – pelo estado em que recebeu o processo ou pelas declarações e pelos atos do assistido, foi impedido de produzir provas suscetíveis de influir na sentença;
II – desconhecia a existência de alegações ou de provas das quais o assistido, por dolo ou culpa, não se valeu."

peculiaridades de suas espécies escapa do intuito mais geral e introdutório deste livro, mas cumpre destacar algumas normas relativas ao tema.

Dentro do Título destinado à intervenção de terceiros, o Novo Código trata, de forma típica, de cinco espécies: assistência, denunciação da lide, chamamento ao processo, incidente de desconsideração da personalidade jurídica e intervenção do *amicus curiae*.[116] Desde aqui já se notam algumas novidades: essas duas últimas espécies são inovações do Novo Código, que não encontravam disposição correspondente no CPC/1973. Ainda que já houvesse tratamento normativo anterior relativamente à figura do *amicus curiae*, não se tratava de uma espécie autônoma e típica de intervenção de terceiros.

Ademais, em comparação ao Código anterior, deixam de aparecer a *oposição* e a *nomeação à autoria*. A primeira, como já adiantado, passa a ser considerada como uma espécie de procedimento especial (arts. 682 a 686 do NCPC).[117] Será, portanto, sempre um processo autônomo, e não um incidente processual. A segunda deixa de existir como forma de intervenção e passa a encontrar tratamento correspondente nos arts. 338 e 339[118] do NCPC, relativamente às condutas processuais possíveis frente à alegação, em contestação, de ser o réu parte ilegítima.[119]

---

[116] **Enunciado 82 da I Jornada de Direito Processual Civil do CJF:** Quando houver pluralidade de pedidos de admissão de amicus curiae, o relator deve observar, como critério para definição daqueles que serão admitidos, o equilíbrio na representatividade dos diversos interesses jurídicos contrapostos no litígio, velando, assim, pelo respeito à amplitude do contraditório, paridade de tratamento e isonomia entre todos os potencialmente atingidos pela decisão.

[117] "**Art. 682.** Quem pretender, no todo ou em parte, a coisa ou o direito sobre que controvertem autor e réu poderá, até ser proferida a sentença, oferecer oposição contra ambos.

Art. 683. O opoente deduzirá o pedido em observação aos requisitos exigidos para propositura da ação.

Parágrafo único. Distribuída a oposição por dependência, serão os opostos citados, na pessoa de seus respectivos advogados, para contestar o pedido no prazo comum de 15 (quinze) dias.

Art. 684. Se um dos opostos reconhecer a procedência do pedido, contra o outro prosseguirá o opoente.

Art. 685. Admitido o processamento, a oposição será apensada aos autos e tramitará simultaneamente à ação originária, sendo ambas julgadas pela mesma sentença.

Parágrafo único. Se a oposição for proposta após o início da audiência de instrução, o juiz suspenderá o curso do processo ao fim da produção das provas, salvo se concluir que a unidade da instrução atende melhor ao princípio da duração razoável do processo.

Art. 686. Cabendo ao juiz decidir simultaneamente a ação originária e a oposição, desta conhecerá em primeiro lugar."

[118] **Enunciado 123 da II Jornada de Direito Processual Civil do CJF:** Aplica-se o art. 339 do CPC à autoridade coatora indicada na inicial do mandado de segurança e à pessoa jurídica que compõe o polo passivo.

[119] "**Art. 338.** Alegando o réu, na contestação, ser parte ilegítima ou não ser o responsável pelo prejuízo invocado, o juiz facultará ao autor, em 15 (quinze) dias, a alteração da petição inicial para substituição do réu.

1.5.4.1   Assistência

Quanto às suas espécies propriamente ditas, a *assistência* não suscita qualquer dúvida, aqui e alhures, sobre ser figura típica de intervenção voluntária de terceiros;[120] aliás, antiquíssima. Trata-se de modalidade *espontânea*, ou *voluntária*, de intervenção de terceiro e agora contemplada como o primeiro capítulo do Título próprio das intervenções de terceiros, não mais ao lado do litisconsórcio, como fazia o CPC/1973.

A assistência, na sua dinâmica, comporta as figuras do *terceiro assistente* e da *parte assistida*, sendo o sujeito originário do processo em cujo proveito intervém o primeiro.

A intervenção do assistente é *ad adjuvandum*, vale dizer: o assistente ingressa no processo para assistir, auxiliar uma das partes, litigando ao lado desta e pugnando pela sua vitória. Assim, *v.g.*, o sublocatário auxilia o locatário no processo porque a relação de sublocação é acessória da principal *ex locato* e depende desta para sua sobrevivência.

O assistente pugna pela vitória do assistido porque a sua relação jurídica é vinculada àquele ou porque a *res in iudicium deducta* também lhe pertence. De toda sorte, além desses fatores, o assistente intervém porque a decisão proferida na causa entre o assistido e a parte contrária interferirá na sua esfera jurídica. Destarte, o fato de a relação jurídica do assistente ser dependente da relação do assistido, ou também pertencer-lhe, implica a classificação da assistência, exigindo-se, para sua configuração, a comprovação de *interesse jurídico* relevante a justificar a intervenção.

A assistência diz-se *simples ou adesiva* quando o assistente intervém para discutir a relação jurídica do assistido, mas o faz porque a sua situação jurídica é *dependente e conexa* com aquela deduzida em juízo, de tal sorte que a decisão final refletirá em sua posição jurídica. Exemplo de assistente simples é o subempreiteiro que ingressa na ação em que o empreiteiro discute a validade da empreitada.

Parágrafo único. Realizada a substituição, o autor reembolsará as despesas e pagará os honorários ao procurador do réu excluído, que serão fixados entre três e cinco por cento do valor da causa ou, sendo este irrisório, nos termos do art. 85, § 8º.

Art. 339. Quando alegar sua ilegitimidade, incumbe ao réu indicar o sujeito passivo da relação jurídica discutida sempre que tiver conhecimento, sob pena de arcar com as despesas processuais e de indenizar o autor pelos prejuízos decorrentes da falta de indicação.

§ 1º O autor, ao aceitar a indicação, procederá, no prazo de 15 (quinze) dias, à alteração da petição inicial para a substituição do réu, observando-se, ainda, o parágrafo único do art. 338.

§ 2º No prazo de 15 (quinze) dias, o autor pode optar por alterar a petição inicial para incluir, como litisconsorte passivo, o sujeito indicado pelo réu."

[120] O CPC/1973 promovia a inserção da assistência no capítulo do litisconsórcio e fora daquele destinado ao terceiro, o que decorria do fato de que a assistência admite uma submodalidade denominada *litisconsorcial*, à qual se aplica o regime do litisconsórcio unitário; por isso havia essa colocação topográfica dessa figura no capítulo do cúmulo subjetivo de ações. Além disso, também decorria da adoção, pelo legislador, da corrente que considera o assistente parte acessória ou adesiva, não obstante não seja sujeito da lide. Assim **Carnelutti**, *in Sistema di Diritto Processuale Civile*, vol. I, p. 393. Sob a égide no Novo Código, porém, a assistência recebe tratamento dentro do Título relativo à intervenção de terceiros (arts. 119 e seguintes do NCPC).

Capítulo I · ELEMENTOS FUNDAMENTAIS DO PROCESSO | **59**

A assistência diz-se *litisconsorcial* quando o assistente intervém para discutir a relação jurídica deduzida nos autos e que também lhe pertence. Trata-se de relação subjetivamente plúrima, que integra o complexo de relações do assistente, não obstante tenha o assistido dado início à ação. O assistente, nessas hipóteses, acopla-se ao processo, para defender direito próprio, diversamente do que faz o assistente simples, como, *v.g.*, o sócio que adere à pretensão de outro na dissolução da sociedade; o acionista que ingressa na ação em que um grupo pede a anulação da assembleia geral ordinária; o condômino que intervém em prol do outro condômino da coisa na ação possessória; o adquirente da coisa litigiosa que atua ao lado do alienante na ação em que outrem se afirma dono da coisa. Todos esses casos são de assistência litisconsorcial.

A participação do assistente na relação jurídica discutida em juízo, com amplitude ou restrições, condiciona a sua atuação processual. Isto porque, se o assistente ingressa no processo para fazer valer um *jus* próprio, deferem-se a ele os mesmos direitos e faculdades das partes. Entretanto, se o faz para sustentar as razões de uma das partes, a sua atuação, como evidente, restringe-se a secundar a atuação da parte assistida, como ocorre com o assistente simples que ostenta legitimação extraordinária, posto, declaradamente, debate direito alheio.

O assistente litisconsorcial, por seu turno, forma, junto com o assistido, um *litisconsórcio unitário*, uma vez que, pertencendo a relação deduzida ao assistente e assistido, não pode o juiz decidir diferentemente em relação a cada uma das partes, devendo a sentença de mérito ser uniforme para todos. Nesses casos, por ser parte, o assistente submete-se, inclusive, aos efeitos da coisa julgada resultante da decisão proferida na relação jurídica processual que passa a integrar.

1.5.4.2 Denunciação da lide

Quanto à *denunciação da lide* (arts. 125 a 129 do NCPC),[121] o Novo Código deixa de considerá-la como obrigatória, como fazia o art. 70 do CPC/1973.[122] Com efeito, sob a égide do novo ordenamento processual, a denunciação da lide é sempre

---

[121] **"Art. 125.** É admissível a denunciação da lide, promovida por qualquer das partes:

I – ao alienante imediato, no processo relativo à coisa cujo domínio foi transferido ao denunciante, a fim de que possa exercer os direitos que da evicção lhe resultam;

II – àquele que estiver obrigado, por lei ou pelo contrato, a indenizar, em ação regressiva, o prejuízo de quem for vencido no processo.

§ 1º O direito regressivo será exercido por ação autônoma quando a denunciação da lide for indeferida, deixar de ser promovida ou não for permitida.

§ 2º Admite-se uma única denunciação sucessiva, promovida pelo denunciado, contra seu antecessor imediato na cadeia dominial ou quem seja responsável por indenizá-lo, não podendo o denunciado sucessivo promover nova denunciação, hipótese em que eventual direito de regresso será exercido por ação autônoma."

[122] **"Art. 70.** A denunciação da lide é obrigatória:

I – ao alienante, na ação em que terceiro reivindica a coisa, cujo domínio foi transferido à parte, a fim de que esta possa exercer o direito que da evicção lhe resulta;

PROCESSO CIVIL CONTEMPORÂNEO – *Luiz Fux*

uma faculdade, nada impedindo que o denunciante exerça, em ação autônoma, e, posteriormente, o seu direito de regresso.[123] As hipóteses de sua ocorrência são agora agrupadas em duas: em relação ao alienante imediato, no processo relativo à coisa cujo domínio foi transferido ao denunciante, a fim de que possa exercer os direitos que da evicção lhe resultam; ou àquele que estiver obrigado, por lei ou pelo contrato, a indenizar, em ação regressiva, o prejuízo de quem for vencido no processo.

Trata-se de modalidade de intervenção *forçada*, vinculada à ideia de garantia da evicção e existência de direito regressivo. A parte que provoca a denunciação da lide, o denunciante, ou tem um direito que deve ser garantido pelo denunciante-transmitente, ou é titular de eventual ação regressiva em face do terceiro, posto figurar na demanda em virtude de ato deste.

A razão de ser do instituto, calcada nos motivos citados, justificada a denominação que lhe emprestava o Direito brasileiro de 1939, e os sistemas alienígenas, cognominando-o *chamamento à autoria*, que, na sua essência, significava *garantia*, ou melhor, *convocação do garante*. O Direito francês e o italiano, fundados na origem germânica do instituto, preferiram o vocábulo *garantia*, daí corresponder, nesses sistemas, a nossa atual *denunciação da lide*, a *exception de garantie* e a *chiamata in garanzia*, esta última com as modalidades formal e simples, sendo certo que só o segundo modelo, efetivamente, corresponde e obedece aos mesmos princípios de denunciação da lide do sistema processual brasileiro.

O Novo Código é expresso ao permitir apenas uma denunciação sucessiva, promovida pelo denunciado em face de seu antecessor imediato na cadeia dominial ou quem seja responsável por indenizá-lo (veda-se, portanto, a denunciação *per saltum*) não podendo o denunciado sucessivo promover nova denunciação. Resguarda-se, porém, a possibilidade de exercício de novo direito de regresso por ação autônoma posterior.

Quando promovida pelo autor (hipótese mais incomum), a citação do denunciado será requerida já na petição inicial. Nesse caso, o denunciado poderá assumir a posição de litisconsorte do denunciante, sendo possível o acréscimo de novos argumentos à petição inicial, procedendo-se em seguida à citação do réu (arts. 126 e 127 do NCPC).[124]

II – ao proprietário ou ao possuidor indireto quando, por força de obrigação ou direito, em casos como o do usufrutuário, do credor pignoratício, do locatário, o réu, citado em nome próprio, exerça a posse direta da coisa demandada;

III – àquele que estiver obrigado, pela lei ou pelo contrato, a indenizar, em ação regressiva, o prejuízo do que perder a demanda."

[123] Nesse sentido é o § 1º do art. 125 do NCPC, ao asseverar que "o direito regressivo será exercido por ação autônoma quando a denunciação da lide for indeferida, deixar de ser promovida ou não for permitida."

[124] **"Art. 126.** A citação do denunciado será requerida na petição inicial, se o denunciante for autor, ou na contestação, se o denunciante for réu, devendo ser realizada na forma e nos prazos previstos no art. 131.

Quando promovida pelo réu (maioria dos casos), tal requerimento deve ser feito na contestação. Nesse caso, o denunciado poderá contestar o pedido formulado pelo autor, prosseguindo o processo com a formação de um litisconsórcio passivo entre denunciante e denunciado. Por outro lado, sendo revel o denunciado, o denunciante poderá restringir sua atuação à ação regressiva, deixando de prosseguir com sua defesa ou deixando de recorrer na ação principal. Ainda, caso o denunciado confesse os fatos alegados pelo autor na ação principal, o denunciante poderá prosseguir com sua defesa ou aderir a tal reconhecimento e limitar-se a pedir a procedência da ação de regresso (art. 128 do NCPC).[125] Sendo procedente o pedido da ação principal, é possível que o autor requeira o cumprimento da sentença também contra o denunciado, nos limites da condenação deste na ação regressiva.

O julgamento da denunciação da lide em si apenas será realizado quando o denunciante seja vencido na ação principal. Com efeito, sendo vencedor o denunciante, a ação de denunciação não terá o seu pedido examinado, cabendo sua condenação ao pagamento das verbas de sucumbência em favor do denunciado (art. 129 do NCPC).[126]

1.5.4.3 *Chamamento ao processo*

Em relação ao *chamamento ao processo*, cuida-se de modalidade de intervenção *forçada* do terceiro, a ser manejada unicamente pelo réu. Inspirado no Direito lusitano, onde o instituto é conhecido como *chamamento à demanda*, tem como *ratio essendi* o vínculo da solidariedade passiva e sua dinâmica no que concerne à

Art. 127. Feita a denunciação pelo autor, o denunciado poderá assumir a posição de litisconsorte do denunciante e acrescentar novos argumentos à petição inicial, procedendo-se em seguida à citação do réu."

[125] "**Art. 128.** Feita a denunciação pelo réu:

I – se o denunciado contestar o pedido formulado pelo autor, o processo prosseguirá tendo, na ação principal, em litisconsórcio, denunciante e denunciado;

II – se o denunciado for revel, o denunciante pode deixar de prosseguir com sua defesa, eventualmente oferecida, e abster-se de recorrer, restringindo sua atuação à ação regressiva;

III – se o denunciado confessar os fatos alegados pelo autor na ação principal, o denunciante poderá prosseguir com sua defesa ou, aderindo a tal reconhecimento, pedir apenas a procedência da ação de regresso.

Parágrafo único. Procedente o pedido da ação principal, pode o autor, se for o caso, requerer o cumprimento da sentença também contra o denunciado, nos limites da condenação deste na ação regressiva."

[126] "**Art. 129.** Se o denunciante for vencido na ação principal, o juiz passará ao julgamento da denunciação da lide.

Parágrafo único. Se o denunciante for vencedor, a ação de denunciação não terá o seu pedido examinado, sem prejuízo da condenação do denunciante ao pagamento das verbas de sucumbência em favor do denunciado."

62 | PROCESSO CIVIL CONTEMPORÂNEO – *Luiz Fux*

exigibilidade da responsabilidade. Observando esse aspecto, o legislador processual estabeleceu a possibilidade de o devedor demandado convocar ao processo os demais coobrigados, com o fim de estender-lhes os efeitos da sentença, e autorizar àquele que, por fim, satisfizer a dívida, recobrar, de cada um, a sua cota-parte.

O Novo Código contempla como hipóteses de chamamento a convocação *(i)* do afiançado, na ação em que o fiador for réu; *(ii)* dos demais fiadores, na ação proposta contra um ou alguns deles; ou *(iii)* dos demais devedores solidários, quando o credor exigir de um ou de alguns o pagamento da dívida comum (art. 130 do NCPC).[127] Esses *terceiros* serão convocados ao processo por meio de citação, requerida pelo réu na contestação e promovida no prazo de 30 (trinta) dias, sob pena de ficar sem efeito o chamamento (art. 131 do NCPC).[128] Esse prazo será de 2 (dois) meses caso o chamado resida em outra comarca, seção ou subseção judiciárias, ou em lugar incerto.

Em caso de procedência, a sentença já valerá como título executivo em favor do réu que satisfizer a dívida, a fim de que possa exigi-la, por inteiro, do devedor principal, ou, de cada um dos codevedores, a sua quota, na proporção que lhes tocar (art. 132 do NCPC).[129]

1.5.4.4   Incidente de Desconsideração da Personalidade Jurídica

O *incidente de desconsideração da personalidade jurídica* é criação do Novo Código, com o intuito principal de regulamentar de forma mais segura e uniforme a aplicação da teoria da desconsideração da personalidade jurídica, que hoje possui aplicação ampla em áreas como o Direito Civil, Direito do Consumidor, Direito Ambiental, Direito Empresarial, Direito Administrativo etc.

Sua instauração pode se dar por pedido da parte ou do Ministério Público, quando lhe couber intervir no processo, e deverá observar, quanto ao conteúdo material, os pressupostos previstos em lei, já que são diversos conforme o caso sob

---

[127] **"Art. 130.** É admissível o chamamento ao processo, requerido pelo réu:

I – do afiançado, na ação em que o fiador for réu;

II – dos demais fiadores, na ação proposta contra um ou alguns deles;

III – dos demais devedores solidários, quando o credor exigir de um ou de alguns o pagamento da dívida comum."

[128] **"Art. 131.** A citação daqueles que devam figurar em litisconsórcio passivo será requerida pelo réu na contestação e deve ser promovida no prazo de 30 (trinta) dias, sob pena de ficar sem efeito o chamamento.

Parágrafo único. Se o chamado residir em outra comarca, seção ou subseção judiciárias, ou em lugar incerto, o prazo será de 2 (dois) meses."

[129] **"Art. 132.** A sentença de procedência valerá como título executivo em favor do réu que satisfizer a dívida, a fim de que possa exigi-la, por inteiro, do devedor principal, ou, de cada um dos codevedores, a sua quota, na proporção que lhes tocar."

Capítulo I · ELEMENTOS FUNDAMENTAIS DO PROCESSO | **63**

apreciação. O mesmo procedimento desse incidente é também aplicável aos casos de *desconsideração inversa da personalidade jurídica* (art. 133 do NCPC).[130-131]

O incidente pode ser instaurado em todas as fases do processo de conhecimento, no cumprimento de sentença e na execução fundada em título executivo extrajudicial (art. 134 do NCPC),[132-133] devendo ser comunicada ao distribuidor para as anotações devidas.

Quando requerida já desde a petição inicial, é desnecessária a instauração do incidente, já que nessa hipótese a pessoa física ou jurídica (conforme se trate de desconsideração inversa ou não) será *parte* da relação jurídica processual, devendo-se proceder à citação do sócio ou a pessoa jurídica. Entretanto, nos casos em que for necessária a instauração do incidente, o processo será suspenso (art. 134, § 3º, do NCPC).

1.5.4.5 Amicus curiae

Por fim, a figura do *amicus curiae* ganha, agora, previsão genérica dentro das espécies de intervenção de terceiros, ampliando as previsões que anteriormente havia de forma esparsa, como nos processos do controle concentrado de constitucionalidade (Leis nº 9.868/1999 e 9.882/1999), recursos extraordinários com repercussão

---

[130] "**Art. 133.** O incidente de desconsideração da personalidade jurídica será instaurado a pedido da parte ou do Ministério Público, quando lhe couber intervir no processo.
§ 1º O pedido de desconsideração da personalidade jurídica observará os pressupostos previstos em lei.
§ 2º Aplica-se o disposto neste Capítulo à hipótese de desconsideração inversa da personalidade jurídica."

[131] **Enunciado 11 da I Jornada de Direito Processual Civil do CJF:** Aplica-se o disposto nos arts. 133 a 137 do CPC às hipóteses de desconsideração indireta e expansiva da personalidade jurídica.

[132] "**Art. 134.** O incidente de desconsideração é cabível em todas as fases do processo de conhecimento, no cumprimento de sentença e na execução fundada em título executivo extrajudicial.
§ 1º A instauração do incidente será imediatamente comunicada ao distribuidor para as anotações devidas.
§ 2º Dispensa-se a instauração do incidente se a desconsideração da personalidade jurídica for requerida na petição inicial, hipótese em que será citado o sócio ou a pessoa jurídica.
§ 3º A instauração do incidente suspenderá o processo, salvo na hipótese do § 2º.
§ 4º O requerimento deve demonstrar o preenchimento dos pressupostos legais específicos para desconsideração da personalidade jurídica."

[133] **Enunciado 110 da II Jornada de Direito Processual Civil do CJF:** A instauração do incidente de desconsideração da personalidade jurídica não suspenderá a tramitação do processo de execução e do cumprimento de sentença em face dos executados originários.
Enunciado 111 da II Jornada de Direito Processual Civil do CJF: O incidente de desconsideração da personalidade jurídica pode ser aplicado ao processo falimentar.

geral (art. 543-A, § 6º, do CPC/1973),[134] recursos especiais repetitivos (art. 543-C, § 4º, do CPC/1973),[135] dentre outras previsões. Conforme disposição do art. 138 do NCPC,[136] "o juiz ou o relator, considerando a relevância da matéria, a especificidade do tema objeto da demanda ou a repercussão social da controvérsia, poderá, por decisão irrecorrível, de ofício ou a requerimento das partes ou de quem pretenda manifestar-se, solicitar ou admitir a participação de pessoa natural ou jurídica, órgão ou entidade especializada, com representatividade adequada, no prazo de 15 (quinze) dias de sua intimação."[137]

O § 1º do dispositivo delimita outras regras dessa forma de intervenção ao prever a não alteração de competência e a impossibilidade de interposição de recursos (ressalvadas a oposição de embargos de declaração e o recurso de decisão que julgar o incidente de resolução de demandas repetitivas). Ao juiz ou relator da causa caberá a definição dos poderes do *amicus* interveniente, já desde a decisão que solicitar ou admitir a intervenção (§ 2º).

1.5.4.6 *Intervenção por ordem do juízo (iussu iudicis)*

Alguns autores sustentam ser modalidade de intervenção forçada a situação de litisconsórcio necessário nos casos em que o litisconsorte, não convocado e que deveria sê-lo desde o início da formação da relação processual, o é por ordem do juízo (*iussu iudicis*). Isso porque, nesta espécie de litisconsórcio, o processo, donde vai emergir a sentença, depende, para sua validade, que seja promovido por todos os autores ou que sejam convocados todos os réus atingidos pela decisão (*necessário*).

Com efeito, a formação do processo e a prática dos atos processuais são informados pelo *interesse de agir*, o qual, numa de suas faces, é representado pela *utilidade* da atividade processual expendida. Havendo litisconsórcio necessário, é *inútil* o processo em que não figuram todos os litisconsortes, principalmente porque

---

[134] "**Art. 543-A,** § 6º O Relator poderá admitir, na análise da repercussão geral, a manifestação de terceiros, subscrita por procurador habilitado, nos termos do Regimento Interno do Supremo Tribunal Federal."

[135] "**Art. 543-C,** § 4º O relator, conforme dispuser o regimento interno do Superior Tribunal de Justiça e considerando a relevância da matéria, poderá admitir manifestação de pessoas, órgãos ou entidades com interesse na controvérsia. (Incluído pela Lei nº 11.672, de 2008)."

[136] **Enunciado 12 da I Jornada de Direito Processual Civil do CJF:** É cabível a intervenção de *amicus curiae* (art. 138 do CPC) no procedimento do Mandado de Injunção (Lei n. 13.300/2016).

[137] **Enunciado 82 da I Jornada de Direito Processual Civil do CJF:** Quando houver pluralidade de pedidos de admissão de amicus curiae, o relator deve observar, como critério para definição daqueles que serão admitidos, o equilíbrio na representatividade dos diversos interesses jurídicos contrapostos no litígio, velando, assim, pelo respeito à amplitude do contraditório, paridade de tratamento e isonomia entre todos os potencialmente atingidos pela decisão.

Capítulo I · ELEMENTOS FUNDAMENTAIS DO PROCESSO | **65**

a sentença, segundo o Código, para ter eficácia, depende "da citação de todos que devam ser litisconsortes" (art. 114 do NCPC).[138]

Ocorre, assim, essa modalidade de intervenção forçada com o fito de tornar eficaz e válida a relação processual, objetivo não só das partes, mas também do Estado-juiz, porquanto de nada valeria a jurisdição se a função fosse prestada em processo írrito, passível de ser anulado. Essa consequência permite ao próprio juízo determinar o ingresso ulterior do litisconsorte necessário, motivo pelo qual alguns utilizam a denominação *iussu iudicis* para essa modalidade de intervenção coacta. Afirma-se que, nesses casos, a regularidade da relação processual sobrepuja o princípio dispositivo que, em regra, defere ao autor a escolha dos seus demandados.

Com efeito, há autorização legal para que, nas situações de litisconsórcio passivo necessário, o juiz determine "ao autor que requeira a citação de todos que devam ser litisconsortes, dentro do prazo que assinar, sob pena de extinção do processo" (art. 115, parágrafo único, do NCPC).[139] Deveras, se a relação processual só se considera válida e regular com a presença de todos os litisconsortes, outra providência não restará ao juiz senão resolver o processo sem resolução do mérito, porquanto eventual decisão sobre o pedido representará inutilidade processual, não só para os que não participaram do processo como também para os que tiverem atuação, considerando-se a sentença o ato decisório *inutiliter datur*.

A lei refere-se apenas ao litisconsórcio necessário passivo, que é de maior incidência do que o ativo, o qual também é possível, em caráter excepcional, porquanto disponível o direito de agir em conjunto. Consectariamente, são raras as hipóteses em que o legislador impõe que as pessoas litiguem em conjunto, porquanto, do contrário, essa obrigatoriedade, ante a recusa de alguns litisconsortes, poderia gerar a perda do direito material comum em jogo. Por isso, no litisconsórcio ativo unitário, discute-se qual a melhor solução para preservar tanto o direito do autor de acesso à justiça quanto o direito de não litigar dos demais cotitulares da relação jurídica deduzida. Parte da doutrina e jurisprudência entende que os demais envolvidos devem ser intimados para, querendo, ingressar nos autos, seja como litisconsortes do autor ou mesmo no polo passivo. Seguindo-se essa solução, ainda que os intimados não

---

[138] **"Art. 114.** O litisconsórcio será necessário por disposição de lei ou quando, pela natureza da relação jurídica controvertida, a eficácia da sentença depender da citação de todos que devam ser litisconsortes."

[139] **"Art. 115.** A sentença de mérito, quando proferida sem a integração do contraditório, será:
I – nula, se a decisão deveria ser uniforme em relação a todos que deveriam ter integrado o processo;
II – ineficaz, nos outros casos, apenas para os que não foram citados.
Parágrafo único. Nos casos de litisconsórcio passivo necessário, o juiz determinará ao autor que requeira a citação de todos que devam ser litisconsortes, dentro do prazo que assinar, sob pena de extinção do processo."

ingressem no feito, estarão submetidos à coisa julgada *pro et contra*. Outra solução vislumbrada é a de dispensar a intimação dos cotitulares da relação jurídica, mas garantir, quanto a eles, que a coisa julgada será *secundum eventum litis*, ou seja, não poderão ser prejudicados pela decisão final.

Caracteriza-se, ainda, a intervenção *iussu iudicis* por ser modalidade de intervenção de terceiro estimulada *ex officio*, ao contrário das outras, que dependem de provocação de uma das partes, ou do próprio *extraneus*.

1.6 OUTROS SUJEITOS PROCESSUAIS

Além das partes e do juiz, sobre os quais muito já se disse e muito ainda se discorrerá, há outros sujeitos processuais de relevo, cuja atuação no processo é essencial ao atingimento de sua decisão final. Nesse sentido, destacam-se os auxiliares da justiça, o Ministério Público, a Defensoria Pública e os Advogados (públicos e privados), sobre os quais o Novo Código reserva normas específicas.

1.6.1 Os auxiliares da justiça

Ao longo da lide, há diversos profissionais técnicos que podem ser chamados a atuar na relação jurídica processual, praticando atos para os quais possuem maior expertise ou para os quais possuem atribuições específicas, auxiliando a atuação do juízo e da Justiça. Nos termos do art. 149 do CPC/2015, são auxiliares da Justiça o escrivão, o chefe de secretaria, o oficial de justiça, o perito, o depositário, o administrador, o intérprete, o tradutor, o mediador, o conciliador judicial, o partidor, o distribuidor, o contabilista e o regulador de avarias, além de outros cujas atribuições sejam determinadas pelas normas de organização judiciária respectivas.

Ao *escrivão ou chefe de secretaria*[140] cabe a coordenação da atuação do cartório de cada uma das varas judiciais, praticando e supervisionando atos que confiram continuidade e prosseguimento ao processo, incumbindo-lhe (art. 152 do CPC/2015):

> I – *redigir, na forma legal, os ofícios, os mandados, as cartas precatórias e os demais atos que pertençam ao seu ofício;*
>
> II – *efetivar as ordens judiciais, realizar citações e intimações, bem como praticar todos os demais atos que lhe forem atribuídos pelas normas de organização judiciária;*
>
> III – *comparecer às audiências ou, não podendo fazê-lo, designar servidor para substituí-lo;*
>
> IV – *manter sob sua guarda e responsabilidade os autos, não permitindo que saiam do cartório, exceto:*

---

[140] **Enunciado 14 da I Jornada de Direito Processual Civil do CJF:** A ordem cronológica do art. 153 do CPC não será renovada quando houver equívoco atribuível ao Poder Judiciário no cumprimento de despacho ou decisão.

Capítulo I · ELEMENTOS FUNDAMENTAIS DO PROCESSO | **67**

a) quando tenham de seguir à conclusão do juiz;

b) com vista a procurador, à Defensoria Pública, ao Ministério Público ou à Fazenda Pública;

c) quando devam ser remetidos ao contabilista ou ao partidor;

d) quando forem remetidos a outro juízo em razão da modificação da competência;

V – fornecer certidão de qualquer ato ou termo do processo, independentemente de despacho, observadas as disposições referentes ao segredo de justiça;

VI – praticar, de ofício, os atos meramente ordinatórios.

O *oficial de justiça*, por sua vez, é o auxiliar da justiça a quem compete, em linhas gerais, cumprir e fazer cumprir as ordens do juízo, agente ao qual se atribui fé pública, incumbindo-lhe (art. 154 do CPC/2015):

I – fazer pessoalmente citações, prisões, penhoras, arrestos e demais diligências próprias do seu ofício, sempre que possível na presença de 2 (duas) testemunhas, certificando no mandado o ocorrido, com menção ao lugar, ao dia e à hora;

II – executar as ordens do juiz a que estiver subordinado;

III – entregar o mandado em cartório após seu cumprimento;

IV – auxiliar o juiz na manutenção da ordem;

V – efetuar avaliações, quando for o caso;

VI – certificar, em mandado, proposta de autocomposição apresentada por qualquer das partes, na ocasião de realização de ato de comunicação que lhe couber.

Ratificando a norma geral de preferência para as soluções consensuais das controvérsias, o Novo Código dispõe nesse último inciso a possibilidade de que o oficial de justiça aponte, no mandado cujo cumprimento lhe foi designado, eventual proposta de autocomposição apresentada por qualquer das partes. Nesse caso, conforme disposição do parágrafo único desse dispositivo, o juiz determinará a intimação da parte contrária para que se manifeste sobre a proposta no prazo de 5 (cinco) dias. Em caso de silêncio, entender-se-á ter havido recusa da proposta, prosseguindo o curso regular do processo.

Já o *perito* é o auxiliar da justiça que será chamado a atuar quando haja no feito fato relevante ou controverso cuja prova dependa de conhecimento técnico ou científico (art. 156 do CPC/2015).[141] Sua nomeação, portanto, que poderá se

---

[141] "**Art. 156.** O juiz será assistido por perito quando a prova do fato depender de conhecimento técnico ou científico.

§ 1º Os peritos serão nomeados entre os profissionais legalmente habilitados e os órgãos técnicos ou científicos devidamente inscritos em cadastro mantido pelo tribunal ao qual o juiz está vinculado.

PROCESSO CIVIL CONTEMPORÂNEO – *Luiz Fux*

dar de forma consensual entre as partes (art. 471 do CPC/2015),[142] deve ser dentre profissionais legalmente habilitados a atuar naquela área e órgãos técnicos ou científicos devidamente inscritos em cadastro mantido pelo tribunal ao qual o juiz está vinculado. Como inovação do Novo Código, portanto, criou-se a necessidade de organização dos peritos em um cadastro, constituído após a realização de consulta pública, divulgada na rede mundial de computadores ou em jornais de grande circulação, além de consulta direta a universidades, a conselhos de classe, ao Ministério Público, à Defensoria Pública e à Ordem dos Advogados do Brasil, para a indicação de profissionais ou de órgãos técnicos interessados. A ideia da novidade é conferir maior impessoalidade, isonomia e imparcialidade à nomeação deste auxiliar da justiça.

Ao *depositário* ou ao *administrador*, serão incumbidas a guarda e a conservação de bens penhorados, arrestados, sequestrados ou arrecadados, caso a lei não disponha de modo específico e diverso (art. 159 do CPC/2015).[143] Em razão de sua atuação, o depositário e o administrador farão jus a uma remuneração fixada pelo

---

§ 2º Para formação do cadastro, os tribunais devem realizar consulta pública, por meio de divulgação na rede mundial de computadores ou em jornais de grande circulação, além de consulta direta a universidades, a conselhos de classe, ao Ministério Público, à Defensoria Pública e à Ordem dos Advogados do Brasil, para a indicação de profissionais ou de órgãos técnicos interessados.

§ 3º Os tribunais realizarão avaliações e reavaliações periódicas para manutenção do cadastro, considerando a formação profissional, a atualização do conhecimento e a experiência dos peritos interessados.

§ 4º Para verificação de eventual impedimento ou motivo de suspeição, nos termos dos arts. 148 e 467, o órgão técnico ou científico nomeado para realização da perícia informará ao juiz os nomes e os dados de qualificação dos profissionais que participarão da atividade.

§ 5º Na localidade onde não houver inscrito no cadastro disponibilizado pelo tribunal, a nomeação do perito é de livre escolha pelo juiz e deverá recair sobre profissional ou órgão técnico ou científico comprovadamente detentor do conhecimento necessário à realização da perícia."

[142] "**Art. 471.** As partes podem, de comum acordo, escolher o perito, indicando-o mediante requerimento, desde que:

I – sejam plenamente capazes;

II – a causa possa ser resolvida por autocomposição.

§ 1º As partes, ao escolher o perito, já devem indicar os respectivos assistentes técnicos para acompanhar a realização da perícia, que se realizará em data e local previamente anunciados.

§ 2º O perito e os assistentes técnicos devem entregar, respectivamente, laudo e pareceres em prazo fixado pelo juiz.

§ 3º A perícia consensual substitui, para todos os efeitos, a que seria realizada por perito nomeado pelo juiz."

[143] "**Art. 159.** A guarda e a conservação de bens penhorados, arrestados, sequestrados ou arrecadados serão confiadas a depositário ou a administrador, não dispondo a lei de outro modo."

juiz (art. 160 do CPC/2015),[144] bem como estarão sujeitos à responsabilidade pelos prejuízos que dolosa ou culposamente causarem às partes (art. 161 do CPC/2015).[145]

O *intérprete* e o *tradutor* são auxiliares que podem ser nomeados pelo juiz nas situações do art. 162 do CPC/2015, para:

> *I – traduzir documento redigido em língua estrangeira;*
>
> *II – verter para o português as declarações das partes e das testemunhas que não conhecerem o idioma nacional;*
>
> *III – realizar a interpretação simultânea dos depoimentos das partes e testemunhas com deficiência auditiva que se comuniquem por meio da Língua Brasileira de Sinais, ou equivalente, quando assim for solicitado.*

Além disso, os *conciliadores* e os *mediadores* assumem sob a nova sistemática processual uma função especialmente relevante, atuando mediante a criação de centros judiciários de solução consensual de conflitos, aos quais caberá a realização de sessões e audiências de conciliação e mediação e pelo desenvolvimento de programas destinados a auxiliar, orientar e estimular a autocomposição entre as partes (art. 165 do CPC/2015). As figuras são individualizadas pelo Código, refletindo as diferenças que de fato existem entre *conciliação* e *mediação*. Segundo o Novo Código, o conciliador atuará preferencialmente nos casos em que não houver vínculo anterior entre as partes, podendo sugerir soluções para o litígio, mas vendando-se a utilização de qualquer tipo de constrangimento ou intimidação para que as partes conciliem. O mediador, por outro lado, atuará preferencialmente nos casos em que houver vínculo anterior entre as partes, auxiliando os interessados a compreender as questões e os interesses em conflito, no afã de que eles próprios possam, uma vez restabelecida a comunicação, identificar as soluções consensuais que gerem benefícios mútuos.

O Novo Código especifica alguns princípios próprios que deverão reger a realização da conciliação ou da mediação, no intuito de atribuir-lhes maiores eficácia e êxito. Nesse sentido, devem ser observados os princípios da independência, da

---

[144] "**Art. 160.** Por seu trabalho o depositário ou o administrador perceberá remuneração que o juiz fixará levando em conta a situação dos bens, ao tempo do serviço e às dificuldades de sua execução.

Parágrafo único. O juiz poderá nomear um ou mais prepostos por indicação do depositário ou do administrador."

[145] "**Art. 161.** O depositário ou o administrador responde pelos prejuízos que, por dolo ou culpa, causar à parte, perdendo a remuneração que lhe foi arbitrada, mas tem o direito a haver o que legitimamente despendeu no exercício do encargo.

Parágrafo único. O depositário infiel responde civilmente pelos prejuízos causados, sem prejuízo de sua responsabilidade penal e da imposição de sanção por ato atentatório à dignidade da justiça."

70 PROCESSO CIVIL CONTEMPORÂNEO – Luiz Fux

imparcialidade, da autonomia da vontade, da confidencialidade, da oralidade, da informalidade e da decisão informada (art. 166 do CPC/2015).[146]

Também os conciliadores e os mediadores, bem como eventuais câmaras privadas que integrem, deverão ser organizados em cadastro nacional e em cadastro perante o Tribunal de Justiça ou Tribunal Regional Federal perante o qual atuam, que manterá registro de profissionais habilitados, com indicação de sua área profissional (art. 167 do CPC/2015).[147] Essa necessidade de constituição do cadastro

---

[146] "**Art. 166.** A conciliação e a mediação são informadas pelos princípios da independência, da imparcialidade, da autonomia da vontade, da confidencialidade, da oralidade, da informalidade e da decisão informada.

§ 1º A confidencialidade estende-se a todas as informações produzidas no curso do procedimento, cujo teor não poderá ser utilizado para fim diverso daquele previsto por expressa deliberação das partes.

§ 2º Em razão do dever de sigilo, inerente às suas funções, o conciliador e o mediador, assim como os membros de suas equipes, não poderão divulgar ou depor acerca de fatos ou elementos oriundos da conciliação ou da mediação.

§ 3º Admite-se a aplicação de técnicas negociais, com o objetivo de proporcionar ambiente favorável à autocomposição.

§ 4º A mediação e a conciliação serão regidas conforme a livre autonomia dos interessados, inclusive no que diz respeito à definição das regras procedimentais."

[147] "**Art. 167.** Os conciliadores, os mediadores e as câmaras privadas de conciliação e mediação serão inscritos em cadastro nacional e em cadastro de tribunal de justiça ou de tribunal regional federal, que manterá registro de profissionais habilitados, com indicação de sua área profissional.

§ 1º Preenchendo o requisito da capacitação mínima, por meio de curso realizado por entidade credenciada, conforme parâmetro curricular definido pelo Conselho Nacional de Justiça em conjunto com o Ministério da Justiça, o conciliador ou o mediador, com o respectivo certificado, poderá requerer sua inscrição no cadastro nacional e no cadastro de tribunal de justiça ou de tribunal regional federal.

§ 2º Efetivado o registro, que poderá ser precedido de concurso público, o tribunal remeterá ao diretor do foro da comarca, seção ou subseção judiciária onde atuará o conciliador ou o mediador os dados necessários para que seu nome passe a constar da respectiva lista, a ser observada na distribuição alternada e aleatória, respeitado o princípio da igualdade dentro da mesma área de atuação profissional.

§ 3º Do credenciamento das câmaras e do cadastro de conciliadores e mediadores constarão todos os dados relevantes para a sua atuação, tais como o número de processos de que participou, o sucesso ou insucesso da atividade, a matéria sobre a qual versou a controvérsia, bem como outros dados que o tribunal julgar relevantes.

§ 4º Os dados colhidos na forma do § 3º serão classificados sistematicamente pelo tribunal, que os publicará, ao menos anualmente, para conhecimento da população e para fins estatísticos e de avaliação da conciliação, da mediação, das câmaras privadas de conciliação e de mediação, dos conciliadores e dos mediadores.

§ 5º Os conciliadores e mediadores judiciais cadastrados na forma do *caput*, se advogados, estarão impedidos de exercer a advocacia nos juízos em que desempenhem suas funções."

Capítulo I · ELEMENTOS FUNDAMENTAIS DO PROCESSO | **71**

não prejudica a possibilidade de que o conciliador, o mediador ou a câmara privada que eventualmente integrem sejam escolhidos consensualmente pelas partes (art. 168 do CPC/2015).[148]

1.6.2 O Ministério Público

O Ministério Público possui seu delineamento constitucional específico nos artigos 127 e seguintes da CRFB/1988, que o define como instituição permanente, essencial à função jurisdicional do Estado, e ao qual incumbe a defesa da ordem jurídica, do regime democrático e dos interesses sociais e individuais indisponíveis. Para que se possibilite essa sua atuação, o texto constitucional assegura ao Ministério Público os princípios essenciais da unidade, da indivisibilidade e da independência funcional.

No âmbito do Novo Código, a instituição recebe tratamento normativo específico nos artigos 176 e 181, que, na linha do texto constitucional, dispõem que o Ministério Público atuará na defesa da ordem jurídica, do regime democrático e dos interesses e direitos sociais e individuais indisponíveis (art. 176),[149-150] exercendo o direito de ação em conformidade com suas atribuições constitucionais (art. 177).[151-152]

No processo civil, em diversas ocasiões, o Ministério Público pode oficiar não apenas como parte, mas assume a relevante função de fiscal da ordem jurídica (*custos juris*), em expressão que se revela mais atual e acertada quando em comparação à

---

§ 6º O tribunal poderá optar pela criação de quadro próprio de conciliadores e mediadores, a ser preenchido por concurso público de provas e títulos, observadas as disposições deste Capítulo."

[148] "**Art. 168**. As partes podem escolher, de comum acordo, o conciliador, o mediador ou a câmara privada de conciliação e de mediação.

§ 1º O conciliador ou mediador escolhido pelas partes poderá ou não estar cadastrado no tribunal.

§ 2º Inexistindo acordo quanto à escolha do mediador ou conciliador, haverá distribuição entre aqueles cadastrados no registro do tribunal, observada a respectiva formação.

§ 3º Sempre que recomendável, haverá a designação de mais de um mediador ou conciliador."

[149] "**Art. 176**. O Ministério Público atuará na defesa da ordem jurídica, do regime democrático e dos interesses e direitos sociais e individuais indisponíveis."

[150] **Enunciado 112 da II Jornada de Direito Processual Civil do CJF:** A intervenção do Ministério Público como fiscal da ordem jurídica não inviabiliza a celebração de negócios processuais.

[151] "**Art. 177**. O Ministério Público exercerá o direito de ação em conformidade com suas atribuições constitucionais."

[152] Súmula 601 do STJ: O Ministério Público tem legitimidade ativa para atuar na defesa de direitos difusos, coletivos e individuais homogêneos dos consumidores, ainda que decorrentes da prestação de serviço público.

72 | PROCESSO CIVIL CONTEMPORÂNEO – *Luiz Fux*

anterior designação de fiscal da lei (*custos legis*). Sua atuação sob esse título se dará nas hipóteses previstas em lei, na Constituição Federal e nos processos que envolvam interesse público ou social; interesse de incapaz; ou litígios coletivos pela posse de terra rural ou urbana (art. 178);[153] não se legitimando a atuação do *parquet* pela mera presença da Fazenda Pública na relação jurídica processual. Nos casos em que se justificar sua intervenção, o Ministério Público será intimado para atuar no prazo de 30 (trinta) dias, assegurando-lhe a possibilidade de vista dos autos depois das partes, sendo intimado de todos os atos do processo, e de produzir provas, requerer as medidas processuais pertinentes e recorrer (art. 179).[154]

Ademais, assegura-se ao Ministério Público a prerrogativa de prazo em dobro para manifestar-se nos autos, cujo início apenas se dará após sua intimação pessoal (art. 180).[155] Entretanto, se esgotado o prazo para sua manifestação sem a apresentação de parecer, o juiz requisitará os autos e dará andamento ao processo, dispositivo que consagra exemplo de preocupação com a razoável duração dos processos. Quando a lei estabeleça prazo próprio para o Ministério Público de forma específica, não será aplicável o benefício da contagem em dobro.

Por fim, assim como ocorre com os magistrados, *o membro do Ministério Público será civil e regressivamente responsável quando agir com dolo ou fraude no exercício de suas funções* (art. 181).

1.6.3 A Advocacia Pública

Conforme determinação constitucional (artigos 131 e 132 da CRFB/1988), a representação judicial e extrajudicial das entidades e órgãos públicos deve se dar

---

[153] **"Art. 178.** O Ministério Público será intimado para, no prazo de 30 (trinta) dias, intervir como fiscal da ordem jurídica nas hipóteses previstas em lei ou na Constituição Federal e nos processos que envolvam:

I – interesse público ou social;

II – interesse de incapaz;

III – litígios coletivos pela posse de terra rural ou urbana.

Parágrafo único. A participação da Fazenda Pública não configura, por si só, hipótese de intervenção do Ministério Público."

[154] **"Art. 179.** Nos casos de intervenção como fiscal da ordem jurídica, o Ministério Público:

I – terá vista dos autos depois das partes, sendo intimado de todos os atos do processo;

II – poderá produzir provas, requerer as medidas processuais pertinentes e recorrer."

[155] **"Art. 180.** O Ministério Público gozará de prazo em dobro para manifestar-se nos autos, que terá início a partir de sua intimação pessoal, nos termos do art. 183, § 1º.

§ 1º Findo o prazo para manifestação do Ministério Público sem o oferecimento de parecer, o juiz requisitará os autos e dará andamento ao processo.

§ 2º Não se aplica o benefício da contagem em dobro quando a lei estabelecer, de forma expressa, prazo próprio para o Ministério Público."

mediante a estruturação de carreiras próprias, cujos membros ingressem mediante a realização de concursos públicos de provas e títulos. A tais carreiras caberão também as atividades de consultoria e assessoramento jurídico do Poder Executivo.

No Novo Código, há dispositivos específicos que versam sobre a advocacia pública, incumbindo-lhe, na forma da lei, a defesa e a promoção dos *interesses públicos da União, dos Estados, do Distrito Federal e dos Municípios, por meio da representação judicial, em todos os âmbitos federativos, das pessoas jurídicas de direito público que integram a administração direta e indireta* (art. 182).

Assim como estabelecido para o Ministério Público, também se assegura prazo em dobro para todas as manifestações processuais da União, dos Estados, do Distrito Federal, dos Municípios e de suas respectivas autarquias e fundações de direito público, benefício que não se aplicará quando a lei estabeleça, de forma expressa, prazo próprio para o ente público atuar. Em todo caso, a contagem desses prazos apenas se dará após a intimação pessoal de seus membros, que se fará por carga, remessa ou meio eletrônico (art. 183).

De forma inovadora, o Novo Código trouxe regra que permite aos Estados e ao Distrito Federal entabular compromissos recíprocos para a prática de ato processual por seus procuradores em favor de outro ente federado, mediante convênio firmado pelas respectivas procuradorias (art. 75, § 4º, do CPC/2015).

Por fim, também para o membro da Advocacia Pública, o Novo Código prevê a possibilidade de responsabilização civil e regressiva quando agir com dolo ou fraude no exercício de suas funções (art. 184).

1.6.4 A Defensoria Pública

Como meio de concretização efetiva e material do acesso à justiça, a Constituição de 1988 dedicou artigos específicos à organização da Defensoria Pública (artigos 134 e 135). Também definida instituição permanente e essencial à função jurisdicional do Estado, incumbe à Defensoria a orientação jurídica, a promoção dos direitos humanos e a defesa, em todos os graus, judicial e extrajudicial, dos direitos individuais e coletivos, de forma integral e gratuita, aos necessitados, como expressão e instrumento do regime democrático, em concretização ao direito fundamental estabelecido no inciso LXXIV do art. 5º da Constituição de 1988 (*"o Estado prestará assistência jurídica integral e gratuita aos que comprovarem insuficiência de recursos"*).

Em desdobramento das disposições constitucionais, o Código de 2015 prevê que *a Defensoria Pública exercerá a orientação jurídica, a promoção dos direitos humanos e a defesa dos direitos individuais e coletivos dos necessitados, em todos os graus, de forma integral e gratuita* (art. 185). Também se assegura a essa instituição o benefício do prazo em dobro para suas manifestações processuais, a partir de sua intimação pessoal, prerrogativa que não se aplica às situações em que a lei preveja

PROCESSO CIVIL CONTEMPORÂNEO – *Luiz Fux*

prazo específico e determinado para a prática de determinado ato (art. 186).[156-157] Esse benefício processual, segundo previsão expressa do Código, é extensível aos escritórios e núcleos de prática jurídica das faculdades de Direito reconhecidas na forma da lei e às entidades que prestam assistência jurídica gratuita em razão de convênios firmados com a Defensoria Pública.

Por fim, também o membro da Defensoria Pública será civil e regressivamente responsável quando agir com dolo ou fraude no exercício de suas funções (art. 187).

1.7 ALTERAÇÃO DOS ELEMENTOS DE IDENTIFICAÇÃO DO PROCESSO

Identificados os principais elementos que dão identificação à demanda (pedido, causa de pedir e partes), cabe analisar as situações em que se permite a sua modificação supervenientemente à tramitação do feito.

O exercício do direito de ação induz à análise das razões que levaram o autor a pleitear a tutela da justiça, tarefa para a qual tanto o Estado quanto o demandado devem se preparar. Com efeito, o Estado tem, a seu cargo, o dever de responder ao pedido do autor, e o réu, o ônus de praticar sua atividade defensiva.

A propositura da ação desencadeia, assim, uma série de atividades que são exercidas de acordo com o que foi deduzido pelo autor, porquanto revela um demandante que pede; um "bem da vida"; e uma razão de ser daquela manifestação. É quanto a isso que se devem manifestar o Estado e o réu.

Essa lógica traçada pelo processo implica em concluir, de imediato, que o autor não poderia, por si só, alterar os *elementos identificadores* de sua demanda, uma vez que desnortearia o Estado (que se prepara para julgar o litígio) e o réu (que se defende de pretensão especificamente deduzida). A permissão de tal modificação

---

[156] **"Art. 186**. A Defensoria Pública gozará de prazo em dobro para todas as suas manifestações processuais.

§ 1º O prazo tem início com a intimação pessoal do defensor público, nos termos do art. 183, § 1º.

§ 2º A requerimento da Defensoria Pública, o juiz determinará a intimação pessoal da parte patrocinada quando o ato processual depender de providência ou informação que somente por ela possa ser realizada ou prestada.

§ 3º O disposto no *caput* aplica-se aos escritórios de prática jurídica das faculdades de Direito reconhecidas na forma da lei e às entidades que prestam assistência jurídica gratuita em razão de convênios firmados com a Defensoria Pública.

§ 4º Não se aplica o benefício da contagem em dobro quando a lei estabelecer, de forma expressa, prazo próprio para a Defensoria Pública."

[157] **Enunciado 15 da I Jornada de Direito Processual Civil do CJF:** Aplicam-se às entidades referidas no § 3º do art. 186 do CPC as regras sobre intimação pessoal das partes e suas testemunhas (art. 186, § 2º; art. 455, § 4º, IV; art. 513, § 2º, II e art. 876, § 1º, II, todos do CPC).

Capítulo I · ELEMENTOS FUNDAMENTAIS DO PROCESSO | 75

poderia gerar malícia e desequilíbrio na relação jurídica processual, aspectos que devem ser afastados do processo pelas partes, pelo juiz e pelo legislador em um sistema ético de jurisdição.

É evidente que, até determinado momento, essa alteração interessa mais à parte do que ao Estado. O réu, por exemplo, depois de apresentada sua defesa, pode eventualmente concordar com uma modificação, desde que se lhe conceda novo prazo para se manifestar acerca da nova ação. Entretanto, não se revela lícito modificar os elementos da ação estando os autos prontos para julgamento pelo juiz, tampouco depois de apreciada a causa em primeira instância, ainda que inapreciada em grau de recurso.

Essas razões conduziram o legislador brasileiro à adoção do *Princípio da Estabilidade da Demanda*, impondo como regra a manutenção dos *elementos de identificação das ações*, tanto em seu sentido objetivo, como em seu aspecto subjetivo. Isso quer dizer que, proposta a ação, em princípio devem permanecer na relação processual as mesmas partes, e inalterados o pedido e a causa de pedir.[158]

À luz desses fundamentos, dispõe o art. 329, I, do CPC/2015[159-160] que, feita a citação, é defeso ao autor modificar o pedido ou a causa de pedir sem o consentimento do réu, mantendo-se as mesmas partes (exceto as hipóteses legalmente previstas de intervenção de terceiros e correção do polo passivo da demanda, *ex vi* dos artigos 338 e 339 do CPC/2015). Não obstante, o art. 329, II, dispõe que a alteração do pedido e da causa de pedir em nenhuma hipótese será permitida após o saneamento do processo, momento que representa o limite para as modificações pretendidas e cristaliza a efetiva estabilidade da demanda a ser decidida.

Ao estipular esse regramento, observa-se que o legislador protegeu a um só tempo o interesse da defesa do réu e o interesse público do Estado de não ser instado

---

[158] No Direito português, José Alberto dos Reis denominou "Princípio da estabilidade da instância", *Comentários*, 1946, vol. III, p. 66.

[159] "**Art. 329.** O autor poderá:

I – até a citação, aditar ou alterar o pedido ou a causa de pedir, independentemente de consentimento do réu;

II – até o saneamento do processo, aditar ou alterar o pedido e a causa de pedir, com consentimento do réu, assegurado o contraditório mediante a possibilidade de manifestação deste no prazo mínimo de 15 (quinze) dias, facultado o requerimento de prova suplementar.

Parágrafo único. Aplica-se o disposto neste artigo à reconvenção e à respectiva causa de pedir."

[160] **Enunciado 35 da I Jornada de Direito Processual Civil do CJF:** Considerando os princípios do acesso à justiça e da segurança jurídica, persiste o interesse de agir na propositura de ação declaratória a respeito da questão prejudicial incidental, a ser distribuída por dependência da ação preexistente, inexistindo litispendência entre ambas as demandas (arts. 329 e 503, § 1º, do CPC).

a decidir uma causa alterada quando já se encontre em estágio avançado e iminente de decisão. A *ratio* do dispositivo não se dirige, como evidente, a interditar a emenda da inicial com correção de erros materiais desinfluentes, mas antes não surpreender; intento este que foi fortalecido pelo Novo Código ao reforçar a primazia da decisão de mérito e a instrumentalidade das formas, que não representam finalidades em si mesmas.[161]

Dessa forma, em uma interpretação *a contrário senso* do dispositivo supradestacado, "antes da citação" o autor pode engendrar modificações nos *elementos da ação*, via petição ao juízo. Realizada a citação, independentemente de juntada da prova desse ato de convocação nos autos, é vedada a alteração unilateral desses elementos pelo autor,[162] porquanto o demandado, integrado à relação processual pela citação, inicia o preparo da sua defesa. Todavia, pode ocorrer que o réu consinta quanto à modificação, razão pela qual se deve proceder à sua oitiva, conferindo-lhe novo prazo de resposta quanto a essa modificação. A exegese do dispositivo torna indiferente a manifestação explícita do demandado, bastando dar-lhe oportunidade de se opor à alteração. Nesse sentido, considera-se consentida a modificação se o réu se omitir ou se em peça posterior enfrentar a argumentação trazida com a alteração de um dos elementos da ação, encerrando anuência tácita a partir de seu comportamento.

Resulta claro do citado dispositivo que a aceitação do demandado não tem o condão de autorizar qualquer alteração se ultrapassada a "fase de saneamento", porquanto o processo se encontra maduro para o julgamento e permanentemente estável. É que a alteração implicaria num retrocesso obstativo à rápida solução do litígio, haja vista o estágio em que se encontra o processo, conspirando contra a economia processual autorizar esse retroceder. E a celeridade processual, como se sabe, é um valor constitucional.

Impende considerar que, havendo *"pluralidade de réus"* e sendo "único o pedido" dirigido contra todos, a realização de uma só citação é suficiente para impedir a alteração unilateral pelo autor. Diversamente, se o litisconsórcio que se forma é apenas por afinidade e o autor formula *pedidos contra vários réus*, a vedação à alteração deve ser observada em relação a cada demandado, como se relações autônomas fossem.[163]

Advirta-se, por oportuno, que não se enquadra na vedação do art. 329 do CPC/2015 a possibilidade de o juiz, no momento da sentença, considerar existentes

---

[161] Como veremos, em regra, essa ideia é aplicável até mesmo nas instâncias recursais, nos casos em que se impeça que o recorrente formule pedido não deduzido em primeiro grau de jurisdição.

[162] Como bem afirma Chiovenda, esse é o termo *ad quem* para o autor arrepender-se dos termos em que deduziu a sua pretensão (*Instituições de Direito processual civil*, 1943, vol. II, p. 400).

[163] Essa é a posição de Egas Moniz de Aragão ao comentar o art. 264 do CPC/1973, in *Comentários ao Código de Processo Civil*, Rio de Janeiro, Forense, 1975.

Capítulo I · ELEMENTOS FUNDAMENTAIS DO PROCESSO | **77**

fatos já afirmados anteriormente, como previsto no art. 493 desse mesmo Código.[164] Tampouco esbarra na proibição a denominada *fungibilidade* de algumas ações; *v.g.*, nas ações possessórias, em que o juiz pode deferir uma providência diversa daquela que foi pedida por força de autorização legal inspirada no princípio de que o importante é remover a moléstia à posse, verificada nos autos, ainda que não se trate daquela mencionada pelo autor (art. 554 do CPC/2015).[165]

Considerada a *ratio essendi* da limitação à alteração, qual a de não desequilibrar as partes nem desvirtuar a atuação jurisdicional, o dispositivo não impede que os sujeitos manifestem atos de disponibilidade processual, como a renúncia, o reconhecimento da procedência do pedido, a transação ou a desistência da ação, porque nesses casos cessam a atividade de defesa e a função especulativa do juízo. Salvante a desistência da ação, que é ato meramente formal, as demais manifestações de vontade extinguem a própria pretensão material, consolidando uma decisão de mérito, cujo conteúdo é ditado pela vontade das partes, com força de coisa julgada material (arts. 487 e 503 do CPC).[166]

Nesses casos, como lembra Barbosa Moreira,[167] é possível ter-se, até mesmo, uma alteração do pedido para reduzi-lo, quando haja desistência parcial da ação, renúncia parcial ao direito postulado; transação parcial, na pendência do processo; convenção de arbitragem relativa a parte do objeto do litígio, na pendência do processo; ou mesmo a interposição, pelo autor, de recurso parcial contra a sentença de mérito que lhe tenha sido desfavorável.

---

[164] "**Art. 493.** Se, depois da propositura da ação, algum fato constitutivo, modificativo ou extintivo do direito influir no julgamento do mérito, caberá ao juiz tomá-lo em consideração, de ofício ou a requerimento da parte, no momento de proferir a decisão.

Parágrafo único. Se constatar de ofício o fato novo, o juiz ouvirá as partes sobre ele antes de decidir."

[165] "**Art. 554.** A propositura de uma ação possessória em vez de outra não obstará a que o juiz conheça do pedido e outorgue a proteção legal correspondente àquela cujos pressupostos estejam provados."

[166] "**Art. 487.** Haverá resolução de mérito quando o juiz:

I – acolher ou rejeitar o pedido formulado na ação ou na reconvenção;

II – decidir, de ofício ou a requerimento, sobre a ocorrência de decadência ou prescrição;

III – homologar:

a) o reconhecimento da procedência do pedido formulado na ação ou na reconvenção;

b) a transação;

c) a renúncia à pretensão formulada na ação ou na reconvenção."

"**Art. 503.** A decisão que julgar total ou parcialmente o mérito tem força de lei nos limites da questão principal expressamente decidida."

[167] Barbosa Moreira, *O Novo Processo Civil Brasileiro*, p. 14.

A *desistência*, por seu turno, atinge apenas a ação processual e, para consumá-la, o autor precisa tão somente do consentimento do réu se este já tiver oferecido contestação (art. 485, § 4º).[168] Dessa forma, se o réu se manteve inerte e, portanto, revel, a desistência, porque lhe é benéfica, dispensa nova convocação do demandado.

Havendo *vários réus*, sendo possível a desistência em relação a algum deles ainda não citado, ela não se opera imediatamente com relação aos já convocados, até porque isso poderia gerar uma revelia "de surpresa." Essa razão pela qual a lei (art. 335, § 2º, do CPC/2015)[169-170] dispõe que os litisconsortes passivos devem ser avisados da desistência para que se inicie, em relação a eles, o prazo da resposta, que em princípio somente iniciar-se-ia com a citação do último dos demandados.

Finalmente, a "alteração subjetiva da ação" também não é permitida ilimitadamente, de sorte que o autor, uma vez iniciada a demanda, não pode modificar os sujeitos do processo, salvo as substituições relativas à sucessão universal ou singular reguladas nos artigos 108 e 109 do CPC/2015,[171] ou das situações que legitimam a intervenção de terceiros, em que é possível haver a ampliação subjetiva da lide.

O réu, por seu turno, também não pode exonerar-se da demanda colocando outro sujeito em seu lugar, uma vez que referida conduta frustraria os desígnios do autor sob o ângulo prático da satisfação dos interesses reconhecidos, bem como sob a ótica dos limites subjetivos da coisa julgada. A razão de ser da proibição de mutação dos elementos subjetivos da ação, como evidente, não impede a integração de litisconsorte necessário superveniente, o que ampliaria o polo passivo da demanda.

---

[168] "**Art. 485, § 4º** Oferecida a contestação, o autor não poderá, sem o consentimento do réu, desistir da ação."

[169] "**Art. 335, § 2º.** Quando ocorrer a hipótese do art. 334, § 4º, inciso II, havendo litisconsórcio passivo e o autor desistir da ação em relação a réu ainda não citado, o prazo para resposta correrá da data de intimação da decisão que homologar a desistência."

[170] **Enunciado 122 da II Jornada de Direito Processual Civil do CJF:** O prazo de contestação é contado a partir do primeiro dia útil seguinte à realização da audiência de conciliação ou mediação, ou da última sessão de conciliação ou mediação, na hipótese de incidência do art. 335, inciso I, do CPC.

[171] "**Art. 108.** No curso do processo, somente é lícita a sucessão voluntária das partes nos casos expressos em lei.

Art. 109. A alienação da coisa ou do direito litigioso por ato entre vivos, a título particular, não altera a legitimidade das partes.

§ 1º O adquirente ou cessionário não poderá ingressar em juízo, sucedendo o alienante ou cedente, sem que o consinta a parte contrária.

§ 2º O adquirente ou cessionário poderá intervir no processo como assistente litisconsorcial do alienante ou cedente.

§ 3º Estendem-se os efeitos da sentença proferida entre as partes originárias ao adquirente ou cessionário."

Capítulo II
A FORMAÇÃO DA RELAÇÃO JURÍDICA PROCESSUAL

2.1 A PETIÇÃO INICIAL

Todos esses elementos devem estar já reunidos e evidenciados pelo autor quando da apresentação de sua *petição inicial*, peça que, à luz do princípio dispositivo, propulsiona a relação jurídica processual. Seus requisitos são aqueles previstos no art. 319 do CPC/2015,[1] devendo indicar:

> *I – o juízo a que é dirigida*: isto é, o próprio órgão jurisdicional competente ao qual se endereça a demanda;
>
> *II – os nomes, os prenomes, o estado civil, a existência de união estável, a profissão, o número de inscrição no Cadastro de Pessoas Físicas ou no Cadastro Nacional da Pessoa Jurídica, o endereço eletrônico, o domicílio e a residência do autor e do réu*: a qualificação das partes, ou seja, do elemento subjetivo da ação proposta, permitindo a própria identificação daqueles envolvidos no litígio. Nesse caso, se

---

[1] "**Art. 319.** A petição inicial indicará:

I – o juízo a que é dirigida;

II – os nomes, os prenomes, o estado civil, a existência de união estável, a profissão, o número de inscrição no Cadastro de Pessoas Físicas ou no Cadastro Nacional da Pessoa Jurídica, o endereço eletrônico, o domicílio e a residência do autor e do réu;

III – o fato e os fundamentos jurídicos do pedido;

IV – o pedido com as suas especificações;

V – o valor da causa;

VI – as provas com que o autor pretende demonstrar a verdade dos fatos alegados;

VII – a opção do autor pela realização ou não de audiência de conciliação ou de mediação.

§ 1º Caso não disponha das informações previstas no inciso II, poderá o autor, na petição inicial, requerer ao juiz diligências necessárias a sua obtenção.

§ 2º A petição inicial não será indeferida se, a despeito da falta de informações a que se refere o inciso II, for possível a citação do réu.

§ 3º A petição inicial não será indeferida pelo não atendimento ao disposto no inciso II deste artigo se a obtenção de tais informações tornar impossível ou excessivamente oneroso o acesso à justiça."

não dispuser de todas as informações requeridas pelo inciso, poderá requerer, na própria petição inicial, as diligências necessárias à sua obtenção.

III – o fato e os fundamentos jurídicos do pedido: como já adiantado, aqui se formaliza a adoção, para a causa de pedir, da *teoria da substanciação* pelo sistema processual civil brasileiro, como já o era sob a vigência do CPC/1973. Exige-se, portanto, do autor a demonstração não apenas dos fundamentos jurídicos aduzidos, mas também dos fatos constitutivos do direito alegado, diferentemente do que postula a teoria da *individualização*, não adotada no Brasil. De outro lado, não se exige como requisito indispensável a indicação específica da *norma jurídica* que embasa a postulação (*iura novit curia*).

IV – o pedido com as suas especificações: como já destacado, em regra, o pedido deve ser certo e determinado, tanto quanto possível.

V – o valor da causa: a toda causa deve ser atribuído um valor certo, providência a ser cumprida já no momento de propositura da petição inicial, mesmo quando não tenha conteúdo econômico diretamente mensurável (art. 291 do CPC/2015).[2] Igual providência deve ser tomada no oferecimento de reconvenção. O valor da causa é elemento importante cujos reflexos imediatos se vinculam ao cálculo do valor das custas judiciais e, por vezes, no cálculo dos honorários advocatícios sucumbenciais, por exemplo. O Código dispõe, em seu art. 292,[3] a forma de cálculo do valor da causa, conforme a natureza da obrigação discutida, sem prejuízo

---

[2] **"Art. 291.** A toda causa será atribuído valor certo, ainda que não tenha conteúdo econômico imediatamente aferível."

[3] **"Art. 292.** O valor da causa constará da petição inicial ou da reconvenção e será:

I – na ação de cobrança de dívida, a soma monetariamente corrigida do principal, dos juros de mora vencidos e de outras penalidades, se houver, até a data de propositura da ação;

II – na ação que tiver por objeto a existência, a validade, o cumprimento, a modificação, a resolução, a resilição ou a rescisão de ato jurídico, o valor do ato ou o de sua parte controvertida;

III – na ação de alimentos, a soma de 12 (doze) prestações mensais pedidas pelo autor;

IV – na ação de divisão, de demarcação e de reivindicação, o valor de avaliação da área ou do bem objeto do pedido;

V – na ação indenizatória, inclusive a fundada em dano moral, o valor pretendido;

VI – na ação em que há cumulação de pedidos, a quantia correspondente à soma dos valores de todos eles;

VII – na ação em que os pedidos são alternativos, o de maior valor;

VIII – na ação em que houver pedido subsidiário, o valor do pedido principal.

§ 1º Quando se pedirem prestações vencidas e vincendas, considerar-se-á o valor de umas e outras.

§ 2º O valor das prestações vincendas será igual a uma prestação anual, se a obrigação for por tempo indeterminado ou por tempo superior a 1 (um) ano, e, se por tempo inferior, será igual à soma das prestações.

§ 3º O juiz corrigirá, de ofício e por arbitramento, o valor da causa quando verificar que não corresponde ao conteúdo patrimonial em discussão ou ao proveito econômico perseguido pelo autor, caso em que se procederá ao recolhimento das custas correspondentes."

Capítulo II · A FORMAÇÃO DA RELAÇÃO JURÍDICA PROCESSUAL | **81**

de outras previsões em leis especiais (*v.g.*: art. 58, III, da Lei nº 8.245/1991).[4] Ademais, o valor indicado pelo autor não é absoluto, cabendo, por exemplo, sua impugnação pelo réu, o que poderá ser feito sob a forma de preliminar na própria peça de contestação, sem necessidade de instauração de um incidente próprio (como ocorria ao tempo do CPC/1973).

VI – as provas com que o autor pretende demonstrar a verdade dos fatos alegados: nesse momento processual, basta a indicação dos meios de prova que o autor pretende se utilizar ao longo da lide (art. 434 do CPC/2015).[5] Faculta-lhe trazer, desde logo, elementos de convicção que já tenha consigo, como eventuais provas documentais. Entretanto, haverá durante o transcurso processual um momento específico de instrução processual, no qual as provas admitidas serão produzidas em juízo e sob o crivo do contraditório. Além disso, devem ser apresentados os documentos que, ainda que não tenham conteúdo probatório, são indispensáveis à propositura da ação (art. 320).[6]

VII – a opção do autor pela realização ou não de audiência de conciliação ou de mediação: trata-se de regra introduzida pelo Novo CPC/2015, a partir da audiência inicial de conciliação ou de mediação como etapa procedimental, em relação à qual se estabelece um regime de obrigatoriedade mitigada, já que pode ser afastada pelas partes.

Além desses incisos expressamente estabelecidos pelo Novo Código, há outras providências que devem ser tomadas pelo autor já no momento em que oferece a inicial, como o pagamento das custas, eventual depósito necessário (como no caso das ações rescisórias) e a declaração do endereço em que o advogado, ou a parte, quando postular em causa própria, receberá intimação (art. 106, I e II).[7] De outro lado, abrem-se como possibilidades outras atuações processuais ao autor, como o requerimento de concessão de tutela provisória (de urgência ou de evidência).

---

[4] "**Art. 58.** Ressalvados os casos previstos no parágrafo único do art. 1º, nas ações de despejo, consignação em pagamento de aluguel e acessório da locação, revisionais de aluguel e renovatórias de locação, observar – se – á o seguinte:
[...]
III – o valor da causa corresponderá a doze meses de aluguel, ou, na hipótese do inciso II do art. 47, a três salários vigentes por ocasião do ajuizamento;"

[5] "**Art. 434.** Incumbe à parte instruir a petição inicial ou a contestação com os documentos destinados a provar suas alegações.
Parágrafo único. Quando o documento consistir em reprodução cinematográfica ou fonográfica, a parte deverá trazê-lo nos termos do *caput*, mas sua exposição será realizada em audiência, intimando-se previamente as partes."

[6] "**Art. 320.** A petição inicial será instruída com os documentos indispensáveis à propositura da ação."

[7] "**Art. 106.** Quando postular em causa própria, incumbe ao advogado:
I – declarar, na petição inicial ou na contestação, o endereço, seu número de inscrição na Ordem dos Advogados do Brasil e o nome da sociedade de advogados da qual participa, para o recebimento de intimações;
II – comunicar ao juízo qualquer mudança de endereço."

No caso em que o juiz entenda que a petição inicial apresentada não atende a todos os requisitos legais ou que contenha defeitos corrigíveis, deverá determinar que o autor emende a peça apresentada, indicando o vício ou erro a ser corrigido pelo autor no prazo de 15 (quinze) dias (art. 321).[8-9] Se descumprida essa determinação, será o caso de indeferimento da petição inicial.

O juiz também indeferirá a inicial nos casos do art. 330:[10] quando esta for inepta; indicar parte manifestamente ilegítima; inexistir ao autor interesse processual; ou restarem desatendidas as prescrições dos arts. 106[11] e 321.[12]

---

[8] **"Art. 321.** O juiz, ao verificar que a petição inicial não preenche os requisitos dos arts. 319 e 320 ou que apresenta defeitos e irregularidades capazes de dificultar o julgamento de mérito, determinará que o autor, no prazo de 15 (quinze) dias, a emende ou a complete, indicando com precisão o que deve ser corrigido ou completado.

Parágrafo único. Se o autor não cumprir a diligência, o juiz indeferirá a petição inicial."

[9] **Enunciado 120 da II Jornada de Direito Processual Civil do CJF:** Deve o juiz determinar a emenda também na reconvenção, possibilitando ao reconvinte, a fim de evitar a sua rejeição prematura, corrigir defeitos e/ou irregularidades.

[10] **"Art. 330.** A petição inicial será indeferida quando:

I – for inepta;

II – a parte for manifestamente ilegítima;

III – o autor carecer de interesse processual;

IV – não atendidas as prescrições dos arts. 106 e 321.

§ 1º Considera-se inepta a petição inicial quando:

I – lhe faltar pedido ou causa de pedir;

II – o pedido for indeterminado, ressalvadas as hipóteses legais em que se permite o pedido genérico;

III – da narração dos fatos não decorrer logicamente a conclusão;

IV – contiver pedidos incompatíveis entre si.

§ 2º Nas ações que tenham por objeto a revisão de obrigação decorrente de empréstimo, de financiamento ou de alienação de bens, o autor terá de, sob pena de inépcia, discriminar na petição inicial, dentre as obrigações contratuais, aquelas que pretende controverter, além de quantificar o valor incontroverso do débito.

§ 3º Na hipótese do § 2º, o valor incontroverso deverá continuar a ser pago no tempo e modo contratados."

[11] **"Art. 106.** Quando postular em causa própria, incumbe ao advogado:

I – declarar, na petição inicial ou na contestação, o endereço, seu número de inscrição na Ordem dos Advogados do Brasil e o nome da sociedade de advogados da qual participa, para o recebimento de intimações;

II – comunicar ao juízo qualquer mudança de endereço.

§ 1º Se o advogado descumprir o disposto no inciso I, o juiz ordenará que se supra a omissão, no prazo de 5 (cinco) dias, antes de determinar a citação do réu, sob pena de indeferimento da petição.

§ 2º Se o advogado infringir o previsto no inciso II, serão consideradas válidas as intimações enviadas por carta registrada ou meio eletrônico ao endereço constante dos autos."

[12] **"Art. 321.** O juiz, ao verificar que a petição inicial não preenche os requisitos dos arts. 319 e 320 ou que apresenta defeitos e irregularidades capazes de dificultar o julgamento de mérito,

2.2 TUTELA PROVISÓRIA

Uma das grandes inovações promovidas pelo Novo Código foi a sistematização, em livro próprio, da tutela provisória.[13] Paralelamente, foram suprimidas as disposições específicas de um processo cautelar especial, que antes constavam do CPC/1973. Não há mais no Código qualquer procedimento cautelar típico, salvo a produção antecipada de prova (art. 381).

A tutela provisória corresponde ao provimento jurisdicional não definitivo, que é proferido quando presentes razões legalmente previstas que justifiquem a antecipação ou garantia de determinado direito, antes que se decida definitivamente a lide. Em linhas gerais, como define o próprio art. 294 do CPC/2015,[14] a tutela provisória pode ser de *urgência* ou de *evidência*, conforme o fundamento que justifique o seu cabimento. A primeira envolve situações de risco iminente de lesão ao direito, enquanto as segundas dizem respeito a casos legalmente definidos em que haja uma razão clara e inequívoca do direito pleiteado.

Ademais, a tutela de urgência pode se dar de forma *cautelar* (quando se destine a garantir a utilidade futura do direito discutido) ou *antecipada* (quando represente a antecipação de conteúdo da decisão final do processo). Dessa forma, a título *cautelar*, é possível que a atuação judicial urgente se dê para resguardar o resultado prático da ulterior decisão de mérito sem que haja uma decisão efetiva quanto ao objeto estrito da ação. De outro lado, a *tutela antecipada* é aquela que diz respeito ao mérito ou parte dele. O autor, demonstrando que não poderá aguardar o desenvolvimento completo do procedimento comum, pede a antecipação do objeto da lide ou de parte dele. Esta antecipação, por sua vez, pode ocorrer no momento da propositura da ação ou no curso do processo, de acordo com o advento da urgência da intervenção judicial demonstrada nos autos do processo.

Ainda, conforme o momento em que se dê, a tutela provisória de urgência pode se dar de forma *antecedente* (quando se dá de forma anterior ao início de um processo, que futuramente existirá)[15] ou *incidental* (quando se dá no curso de um processo já em curso). Tanto a tutela de urgência cautelar, como a tutela de urgência antecipada

---

determinará que o autor, no prazo de 15 (quinze) dias, a emende ou a complete, indicando com precisão o que deve ser corrigido ou completado.

Parágrafo único. Se o autor não cumprir a diligência, o juiz indeferirá a petição inicial."

[13] **Enunciado 45 da I Jornada de Direito Processual Civil do CJF:** Aplica-se às tutelas provisórias o princípio da fungibilidade, devendo o juiz esclarecer as partes sobre o regime processual a ser observado.

[14] "**Art. 294**. A tutela provisória pode fundamentar-se em urgência ou evidência.

Parágrafo único. A tutela provisória de urgência, cautelar ou antecipada, pode ser concedida em caráter antecedente ou incidental."

[15] **Enunciado 130 da II Jornada de Direito Processual Civil do CJF:** É possível a estabilização de tutela antecipada antecedente em face da Fazenda Pública.

84 | PROCESSO CIVIL CONTEMPORÂNEO – *Luiz Fux*

podem se dar de forma antecedente ou incidental, caso este em que independerá de pagamento de custas (art. 295 do CPC/2015), visto que já há um feito em trâmite.

Qualquer que seja a espécie da tutela provisória, a decisão que lhe definir conservará sua eficácia ao longo do processo, até que se decida de modo diverso, eis que poderá ser revogada ou modificada a qualquer tempo (art. 296).[16] Nessa linha, a menos que se decida em contrário, a tutela provisória preservará seus efeitos mesmo durante eventuais períodos de suspensão do processo.[17]

Como forma de implementação da eficácia do que decidido, assegura-se ao juízo concessor da tutela provisória a possibilidade de determinar medidas adequadas ao cumprimento de sua decisão (art. 297).[18-19] Nesses casos, inclusive, o Código de 2015 determina sejam observadas analogicamente as normas que cuidam do cumprimento provisório de sentença, guardadas as devidas diferenciações.

O pedido de tutela provisória, como qualquer outro, deve ser dirigido ao órgão judicial competente, o que já se terá definido de forma mais evidente quando se tratar de tutela requerida incidentalmente. Caso se trate de tutela antecedente, o pedido deverá ser dirigido ao juízo competente para conhecer do pedido principal (art. 299).[20]

Quanto ao recurso cabível, dependerá da natureza da decisão que dispuser sobre a tutela provisória. É possível a concessão, revogação ou confirmação de tutela provisória na sentença, caso em que inegavelmente caberá apelação (art. 1.009). Dispõe o art. 1.015, I, do CPC/2015 ser cabível agravo de instrumento contra as decisões interlocutórias que versarem sobre tutelas provisórias. Ocorre que o Superior

---

[16] "**Art. 296.** A tutela provisória conserva sua eficácia na pendência do processo, mas pode, a qualquer tempo, ser revogada ou modificada.

Parágrafo único. Salvo decisão judicial em contrário, a tutela provisória conservará a eficácia durante o período de suspensão do processo."

[17] **Enunciado 144 da II Jornada de Direito Processual Civil do CJF:** No caso de apelação, o deferimento de tutela provisória em sentença retira-lhe o efeito suspensivo referente ao capítulo atingido pela tutela.

[18] "**Art. 297.** O juiz poderá determinar as medidas que considerar adequadas para efetivação da tutela provisória.

Parágrafo único. A efetivação da tutela provisória observará as normas referentes ao cumprimento provisório da sentença, no que couber."

[19] **Enunciado 38 da I Jornada de Direito Processual Civil do CJF:** As medidas adequadas para efetivação da tutela provisória independem do trânsito em julgado, inclusive contra o Poder Público (art. 297 do CPC).

[20] "**Art. 299.** A tutela provisória será requerida ao juízo da causa e, quando antecedente, ao juízo competente para conhecer do pedido principal.

Parágrafo único. Ressalvada disposição especial, na ação de competência originária de tribunal e nos recursos a tutela provisória será requerida ao órgão jurisdicional competente para apreciar o mérito."

Capítulo II · A FORMAÇÃO DA RELAÇÃO JURÍDICA PROCESSUAL | **85**

Tribunal de Justiça tem interpretado restritivamente o dispositivo, de modo a excluir o cabimento de agravo de instrumento contra a decisão que versar sobre aspectos secundários da tutela provisória, que com ela não se relacionam de forma indissociável, pois tratam da sua executoriedade, operacionalização ou implementação fática. Por isso, de acordo com a Terceira Turma da Corte, não seria cabível o agravo de instrumento em face da decisão que trata das despesas com o bem depositado por força de tutela provisória.[21]

2.2.1 Tutela de urgência

A tutela de urgência (art. 300)[22-23] é a espécie de tutela provisória concedida nas situações em que estejam presentes circunstâncias que demonstrem a probabilidade de acolhimento do direito alegado (*fumus boni iuris*), bem como a existência de o perigo de dano ou o risco ao resultado útil do processo (*periculum in mora*). Sua concessão poderá estar vinculada ou não ao oferecimento de contracautela pelo beneficiário (caução real ou fidejussória), bem como pode se dar liminarmente ou após justificação prévia (§ 2º), conforme determinação do juiz da causa.

Nos casos em que for exigida a caução, sua prestação se destinará ao ressarcimento de eventuais danos que a outra parte venha a sofrer (§ 1º). Com efeito, o Código demonstra preocupação com a promoção de medidas que reparem os danos que podem decorrer da tutela provisória, especificando em seu art. 302 que a parte

---

[21] STJ, REsp 1.752.049/PR, 3ª Turma, Rel. Min. Nancy Andrighi, j. 12.03.2019.

[22] "**Art. 300.** A tutela de urgência será concedida quando houver elementos que evidenciem a probabilidade do direito e o perigo de dano ou o risco ao resultado útil do processo.

§ 1º Para a concessão da tutela de urgência, o juiz pode, conforme o caso, exigir caução real ou fidejussória idônea para ressarcir os danos que a outra parte possa vir a sofrer, podendo a caução ser dispensada se a parte economicamente hipossuficiente não puder oferecê-la.

§ 2º A tutela de urgência pode ser concedida liminarmente ou após justificação prévia.

§ 3º A tutela de urgência de natureza antecipada não será concedida quando houver perigo de irreversibilidade dos efeitos da decisão."

[23] **Enunciado 39 da I Jornada de Direito Processual Civil do CJF:** Cassada ou modificada a tutela de urgência na sentença, a parte poderá, além de interpor recurso, pleitear o respectivo restabelecimento na instância superior, na petição de recurso ou em via autônoma.

Enunciado 40 da I Jornada de Direito Processual Civil do CJF: A irreversibilidade dos efeitos da tutela de urgência não impede sua concessão, em se tratando de direito provável, cuja lesão seja irreversível.

Enunciado 41 da I Jornada de Direito Processual Civil do CJF: Nos processos sobrestados por força do regime repetitivo, é possível a apreciação e a efetivação de tutela provisória de urgência, cuja competência será do órgão jurisdicional onde estiverem os autos.

Enunciado 42 da I Jornada de Direito Processual Civil do CJF: É cabível a concessão de tutela provisória de urgência em incidente de desconsideração da personalidade jurídica.

86 | PROCESSO CIVIL CONTEMPORÂNEO – *Luiz Fux*

beneficiada pela decisão responde pelo prejuízo que a efetivação da tutela de urgência causar à parte adversa, sem prejuízo da reparação por dano processual, quando:

> *I – a sentença lhe for desfavorável;*
>
> *II – obtida liminarmente a tutela em caráter antecedente, não fornecer os meios necessários para a citação do requerido no prazo de 5 (cinco) dias;*
>
> *III – ocorrer a cessação da eficácia da medida em qualquer hipótese legal;*
>
> *IV – o juiz acolher a alegação de decadência ou prescrição da pretensão do autor.*

Nessas situações, inclusive, a liquidação do dano a ser indenizado será realizada nos mesmos autos em que a medida tiver sido concedida, sempre que possível. Trata-se de previsão que visa a facilitar a recomposição dos danos que a concessão da tutela de urgência possa ocasionar.

Como destacado, a tutela de urgência pode ser de natureza cautelar ou antecipada, conforme a finalidade que visam a atingir. Quando seja antecipada, o Código dispõe de forma expressa que sua concessão não poderá representar a irreversibilidade dos efeitos da decisão, sob pena de esvaziar a futura decisão definitiva a ser proferida no processo (art. 300, § 3º).

2.2.1.1 A tutela provisória antecipada antecedente

De outro lado, conforme o momento em que seja requerida, a tutela provisória de urgência poderá ser antecedente, quando requerida antes do início da relação jurídica processual principal.[24] Nesses casos, o Novo Código traz regramentos separados, conforme se trate de tutela cautelar ou antecipada.

Quando se trate de tutela provisória de urgência antecipada requerida em caráter antecedente, demonstrando-se a existência de urgência contemporânea à propositura da ação, *a petição inicial pode limitar-se ao requerimento da tutela antecipada e à indicação do pedido de tutela final, com a exposição da lide, do direito que se busca realizar e do perigo de dano ou do risco ao resultado útil do processo* (art. 303).[25]

---

[24] **Enunciado 43 da I Jornada de Direito Processual Civil do CJF:** Não ocorre a estabilização da tutela antecipada requerida em caráter antecedente, quando deferida em ação rescisória.

[25] **"Art. 303.** Nos casos em que a urgência for contemporânea à propositura da ação, a petição inicial pode limitar-se ao requerimento da tutela antecipada e à indicação do pedido de tutela final, com a exposição da lide, do direito que se busca realizar e do perigo de dano ou do risco ao resultado útil do processo.

§ 1º Concedida a tutela antecipada a que se refere o *caput* deste artigo:

I – o autor deverá aditar a petição inicial, com a complementação de sua argumentação, a juntada de novos documentos e a confirmação do pedido de tutela final, em 15 (quinze) dias ou em outro prazo maior que o juiz fixar;

Capítulo II • A FORMAÇÃO DA RELAÇÃO JURÍDICA PROCESSUAL | **87**

Se deferido esse pedido inicial, o autor beneficiário deverá, no prazo de 15 (quinze) dias (se o juiz não fixar outro maior), aditar a petição inicial, complementando sua argumentação prefacialmente apresentada, podendo juntar novos documentos, bem como ratificar o pedido final que quer ver deferido.

Este aditamento deve ser realizado nos mesmos autos, sem incidência de novas custas processuais, e sua não realização implica a extinção do processo sem resolução do mérito. Uma vez realizado, promover-se-á a citação do réu para a audiência de conciliação ou de mediação (art. 334 do CPC/2015),[26] prosseguindo-se o procedimento respectivo.

II – o réu será citado e intimado para a audiência de conciliação ou de mediação na forma do art. 334;

III – não havendo autocomposição, o prazo para contestação será contado na forma do art. 335.

§ 2º Não realizado o aditamento a que se refere o inciso I do § 1º deste artigo, o processo será extinto sem resolução do mérito.

§ 3º O aditamento a que se refere o inciso I do § 1º deste artigo dar-se-á nos mesmos autos, sem incidência de novas custas processuais.

§ 4º Na petição inicial a que se refere o *caput* deste artigo, o autor terá de indicar o valor da causa, que deve levar em consideração o pedido de tutela final.

§ 5º O autor indicará na petição inicial, ainda, que pretende valer-se do benefício previsto no *caput* deste artigo.

§ 6º Caso entenda que não há elementos para a concessão de tutela antecipada, o órgão jurisdicional determinará a emenda da petição inicial em até 5 (cinco) dias, sob pena de ser indeferida e de o processo ser extinto sem resolução de mérito."

[26] **Enunciado 23 da I Jornada de Direito Processual Civil do CJF:** Na ausência de auxiliares da justiça, o juiz poderá realizar a audiência inaugural do art. 334 do CPC, especialmente se a hipótese for de conciliação.

Enunciado 24 da I Jornada de Direito Processual Civil do CJF: Havendo a Fazenda Pública publicizado ampla e previamente as hipóteses em que está autorizada a transigir, pode o juiz dispensar a realização da audiência de mediação e conciliação, com base no art. 334, § 4º, II, do CPC, quando o direito discutido na ação não se enquadrar em tais situações.

Enunciado 25 da I Jornada de Direito Processual Civil do CJF: As audiências de conciliação ou mediação, inclusive dos juizados especiais, poderão ser realizadas por videoconferência, áudio, sistemas de troca de mensagens, conversa on-line, conversa escrita, eletrônica, telefônica e telemática ou outros mecanismos que estejam à disposição dos profissionais da autocomposição para estabelecer a comunicação entre as partes.

Enunciado 26 da I Jornada de Direito Processual Civil do CJF: A multa do § 8º do art. 334 do CPC não incide no caso de não comparecimento do réu intimado por edital.

Enunciado 67 da I Jornada de Direito Processual Civil do CJF: Há interesse recursal no pleito da parte para impugnar a multa do art. 334, § 8º, do CPC por meio de apelação, embora tenha sido vitoriosa na demanda.

Enunciado 121 da II Jornada de Direito Processual Civil do CJF: Não cabe aplicar multa a quem, comparecendo à audiência do art. 334 do CPC, apenas manifesta desinteresse na

Por sua vez, se indeferido o pedido de tutela provisória de urgência antecipada requerida em caráter antecedente, o juiz determinará a emenda da petição apresentada no prazo de 5 (cinco) dias, para que seja adaptada aos requisitos de uma petição inicial propriamente dita. Se desatendida a determinação, o processo também será extinto sem resolução do mérito.

Como inovação de grande destaque, o Novo Código prevê a possibilidade da estabilização dos efeitos da decisão que concede tutela provisória de urgência antecipada em caráter antecedente, quando contra ela não se interponha recurso (art. 304),[27] situação em que o processo será extinto, sem prejuízo de que qualquer das partes demande a outra no afã de rever, reformar ou invalidar a tutela antecipada estabilizada. Já entendeu o Superior Tribunal de Justiça que qualquer tipo de resistência processual pelo requerido, como a contestação, é capaz de afastar a estabilização dos efeitos da tutela antecipada.[28]

Essa estabilização de efeitos não se confunde com a coisa julgada (como expressamente consigna o § 6º do art. 304), pois a decisão poderá ser revista, reformada ou invalidada em ação ajuizada por qualquer das partes. Não obstante, seus efeitos serão

---

realização de acordo, salvo se a sessão foi designada unicamente por requerimento seu e não houver justificativa para a alteração de posição.

[27] "**Art. 304.** A tutela antecipada, concedida nos termos do art. 303, torna-se estável se da decisão que a conceder não for interposto o respectivo recurso.

§ 1º No caso previsto no *caput*, o processo será extinto.

§ 2º Qualquer das partes poderá demandar a outra com o intuito de rever, reformar ou invalidar a tutela antecipada estabilizada nos termos do *caput*.

§ 3º A tutela antecipada conservará seus efeitos enquanto não revista, reformada ou invalidada por decisão de mérito proferida na ação de que trata o § 2º.

§ 4º Qualquer das partes poderá requerer o desarquivamento dos autos em que foi concedida a medida, para instruir a petição inicial da ação a que se refere o § 2º, prevento o juízo em que a tutela antecipada foi concedida.

§ 5º O direito de rever, reformar ou invalidar a tutela antecipada, previsto no § 2º deste artigo, extingue-se após 2 (dois) anos, contados da ciência da decisão que extinguiu o processo, nos termos do § 1º.

§ 6º A decisão que concede a tutela não fará coisa julgada, mas a estabilidade dos respectivos efeitos só será afastada por decisão que a revir, reformar ou invalidar, proferida em ação ajuizada por uma das partes, nos termos do § 2º deste artigo."

[28] "Embora o *caput* do art. 304 do CPC/2015 determine que 'a tutela antecipada, concedida nos termos do art. 303, torna-se estável se da decisão que a conceder não for interposto o respectivo recurso', a leitura que deve ser feita do dispositivo legal, tomando como base uma interpretação sistemática e teleológica do instituto, é que a estabilização somente ocorrerá se não houver qualquer tipo de impugnação pela parte contrária, sob pena de se estimular a interposição de agravos de instrumento, sobrecarregando desnecessariamente os Tribunais, além do ajuizamento da ação autônoma, prevista no art. 304, § 2º, do CPC/2015, a fim de rever, reformar ou invalidar a tutela antecipada estabilizada" (STJ, REsp 1.760.966/SP, 3ª Turma, Rel. Min. Marco Aurélio Bellizze, j. 04.12.2018).

Capítulo II · A FORMAÇÃO DA RELAÇÃO JURÍDICA PROCESSUAL | 89

mantidos enquanto não seja revista, reformada ou invalidada por nova decisão. Em linha semelhante à ação rescisória, sem que com ela se confunda, essa possibilidade de revisão, reforma ou invalidação da tutela deverá ser exercida no prazo de 2 (dois) anos, contados a partir da ciência da decisão que inicialmente extinguiu o processo. Em todo caso, porém, qualquer das partes poderá requerer o desarquivamento dos autos em que foi proferida a decisão concessiva da tutela, para que instrua corretamente a petição inicial, de forma que prossiga a ação perante o juízo prevento que concedeu a tutela antecipada.

2.2.1.2 A tutela provisória cautelar antecedente

Quando se trate de tutela provisória cautelar requerida em caráter antecedente,[29] preceitua o art. 305 do CPC/2015 que *a petição inicial da ação que visa à prestação de tutela cautelar em caráter antecedente indicará a lide e seu fundamento, a exposição sumária do direito que se objetiva assegurar e o perigo de dano ou o risco ao resultado útil do processo.* Entretanto, se ao receber o pedido o juiz entenda que este em verdade revela pretensão de natureza antecipada e não cautelar, poderá reconhecer a fungibilidade, determinando a aplicação do procedimento descrito na seção anterior.

Se deferida a tutela cautelar, o autor deverá deduzir o pedido principal nos mesmos autos no prazo de 30 (trinta) dias, independentemente de novas custas (art. 308),[30] sob pena de cessação da eficácia da tutela cautelar concedida em caráter antecedente. Com efeito, disciplina o art. 309 do CPC/2015 hipóteses em que a tutela perde eficácia, tratando-se de situações em que a parte não poderá renovar o pedido senão por outro fundamento, se:

I – o autor não deduzir o pedido principal no prazo legal;

II – não for efetivada dentro de 30 (trinta) dias;

III – o juiz julgar improcedente o pedido principal formulado pelo autor ou extinguir o processo sem resolução de mérito.

---

[29] **Enunciado 44 da I Jornada de Direito Processual Civil do CJF:** É requisito da petição inicial da tutela cautelar requerida em caráter antecedente a indicação do valor da causa.
Enunciado 46 da I Jornada de Direito Processual Civil do CJF: A cessação da eficácia da tutela cautelar, antecedente ou incidental, pela não efetivação no prazo de 30 dias, só ocorre se caracterizada omissão do requerente.

[30] "**Art. 308.** Efetivada a tutela cautelar, o pedido principal terá de ser formulado pelo autor no prazo de 30 (trinta) dias, caso em que será apresentado nos mesmos autos em que deduzido o pedido de tutela cautelar, não dependendo do adiantamento de novas custas processuais.
§ 1º O pedido principal pode ser formulado conjuntamente com o pedido de tutela cautelar.
§ 2º A causa de pedir poderá ser aditada no momento de formulação do pedido principal.
§ 3º Apresentado o pedido principal, as partes serão intimadas para a audiência de conciliação ou de mediação, na forma do art. 334, por seus advogados ou pessoalmente, sem necessidade de nova citação do réu.
§ 4º Não havendo autocomposição, o prazo para contestação será contado na forma do art. 335."

90 | PROCESSO CIVIL CONTEMPORÂNEO – *Luiz Fux*

De outro lado, o indeferimento do pedido antecedente não impede que a parte deduza seu pedido principal, que não será influenciado pela decisão inicial de indeferimento, a menos que se tenha reconhecido a existência de decadência ou prescrição. Nessas situações, com efeito, já se atingirá a própria impossibilidade do pedido principal diante do fundamento da decisão de indeferimento (art. 310).[31]

2.2.2 A tutela da evidência

A outra espécie de tutela provisória é a tutela de evidência, solidificada e regulamentada de forma expressa pelo CPC de 2015. Seu principal traço distintivo em comparação com a tutela cautelar é que seu deferimento independe da demonstração de *periculum in mora*, bastando a demonstração de algumas das situações previstas em lei.

Deveras, em dispositivo único que versa sobre o tema, o art. 311 do CPC/2015[32] dispõe que a tutela da evidência será concedida, independentemente da demonstração de perigo de dano ou de risco ao resultado útil do processo, quando:

> *I – ficar caracterizado o abuso do direito de defesa ou o manifesto propósito protelatório da parte;*
>
> *II – as alegações de fato puderem ser comprovadas apenas documentalmente e houver tese firmada em julgamento de casos repetitivos ou em súmula vinculante;*
>
> *III – se tratar de pedido reipersecutório fundado em prova documental adequada do contrato de depósito, caso em que será decretada a ordem de entrega do objeto custodiado, sob cominação de multa;*
>
> *IV – a petição inicial for instruída com prova documental suficiente dos fatos constitutivos do direito do autor, a que o réu não oponha prova capaz de gerar dúvida razoável.*

---

[31] "**Art. 310.** O indeferimento da tutela cautelar não obsta a que a parte formule o pedido principal, nem influi no julgamento desse, salvo se o motivo do indeferimento for o reconhecimento de decadência ou de prescrição."

[32] **Enunciado 47 da I Jornada de Direito Processual Civil do CJF:** A probabilidade do direito constitui requisito para concessão da tutela da evidência fundada em abuso do direito de defesa ou em manifesto propósito protelatório da parte contrária.

Enunciado 48 da I Jornada de Direito Processual Civil do CJF: É admissível a tutela provisória da evidência, prevista no art. 311, II, do CPC, também em casos de tese firmada em repercussão geral ou em súmulas dos tribunais superiores.

Enunciado 135 da II Jornada de Direito Processual Civil do CJF: É admissível a concessão de tutela da evidência fundada em tese firmada em incidente de assunção de competência.

Capítulo II · A FORMAÇÃO DA RELAÇÃO JURÍDICA PROCESSUAL | 91

Destaca-se, por fim, a possibilidade de deferimento da tutela da evidência liminarmente nas situações descritas pelos incisos II e III *supra*. Nas outras situações, o deferimento liminar não será possível, uma vez que a própria configuração da hipótese legal que enseja a possibilidade da tutela da evidência depende de atos praticados pelo réu.

2.3 O INÍCIO DA FORMAÇÃO DA RELAÇÃO JURÍDICA PROCESSUAL

A partir da apresentação da petição inicial, a formação do processo passa por etapas graduais que correspondem à constituição paulatina da relação processual.[33] Antes disso, não se pode aduzir à existência de *processo*, sem que se instaure a via jurisdicional. É dizer: tudo quanto antes possa existir ainda não retrata o processo.

A petição inicial, dessa forma, representa a provocação originária do autor ao Estado-juiz para que preste a tutela jurisdicional em relação ao pedido formulado em face do demandado.[34] A "demanda" é, assim, o modo pelo qual a parte formula esse pedido de tutela jurisdicional. A lei denomina esse momento como o da "propositura da ação." No plano ideológico, considera-se proposta a ação quando a parte se dirige ao Judiciário formulando o pedido de sua intervenção. Entretanto, esse pedido não é endereçado livremente, senão obedecendo-se aos critérios de divisão de trabalho. Advirta-se que a parte tem direito ao juízo e não a um juiz determinado. Ademais,

---

[33] **Liebman**, que tantos estudos realizou quanto aos institutos processuais brasileiros, afirmava nas notas lançadas às *Instituições* de **Chiovenda**, vol. II, p. 411 e 412, que no Direito brasileiro a propositura demandava "atividade complexa" consistente no ajuizamento, despacho liminar e citação oficial. A lição do fundador da escola processual brasileira se encaixava à égide do Código de Processo Civil de 1939, posto que, pelo atual, se considera proposta a ação quando a petição inicial for protocolada, todavia, a propositura da ação só produz quanto ao réu os efeitos mencionados no art. 240 depois que for validamente citado. Entretanto, se o juiz indefere a petição inicial antes de convocar o réu, a relação processual formou-se em parte e é extinta no nascedouro. A citação compõe a segunda fase da "formação do processo" concebido como relação trilateral.

[34] É conhecida a controvérsia lavrada na doutrina clássica sobre o exato momento da constituição da relação processual. Para alguns este se engendraria com a citação válida, ao passo que para outros a "instância" se iniciava pela proposição da ação. Nesse sentido, consulte-se **José Alberto dos Reis**, *Comentários ao Código de Processo Civil*, 1946, vol. 3, p. 30-31; **Hugo Alsina**, *Tratado Teórico e Prático de Derecho Procesal Civil y Comercial*, 1941, vol. I, p. 250. A realidade é que a propositura da ação por si só gera efeitos para o autor e para o órgão jurisdicional. Entretanto, em relação ao réu esses efeitos somente se produzem após a citação válida, por isso que a posição hodierna do Código de Processo Civil explicita com clareza essa formação gradual da relação processual, concebendo-a num primeiro momento pela iniciativa do autor e completando a angularidade reclamada pelo contraditório com a citação do réu. O ajuizamento marca a propositura e a citação a estabilização da relação processual, que se torna definitiva pela fase de saneamento.

a paridade no trabalho entre os diversos órgãos cumpre o postulado da melhor eficiência no desempenho da tarefa jurisdicional.

Assim é que todos os processos deverão ser registrados, "devendo ser distribuídos onde houver mais de um juiz" (art. 284 do CPC/2015).[35] Nesse sentido, afirma-se que a primeira etapa, de "formação do processo", é a "propositura da ação" pelo seu protocolo (art. 312),[36] ao que se segue o seu registro e, quando for o caso, sua distribuição. Iniciada a formação do processo, a relação jurídica apenas se completa com a convocação do demandado, que representa uma segunda etapa na constituição válida e regular da relação processual.

A fim de que se instrumentalize a garantia do juiz natural, o Novo Código assenta a necessidade de que a distribuição seja alternada e aleatória entre os órgãos julgadores competentes, à luz de uma rigorosa igualdade (art. 285).[37] Faculta-se a possibilidade da distribuição eletrônica e impõe-se a necessidade de publicação da lista de distribuição, bem como de sua fiscalização pelas partes, seus procuradores, pelo Ministério Público e pela Defensoria Pública (art. 289).[38]

São disciplinadas, ainda, as situações de cancelamento da distribuição (quando a parte, intimada na pessoa de seu advogado, não realize o pagamento das custas e despesas de ingresso no prazo de quinze dias – art. 290)[39] e de distribuição por dependência (art. 286).[40] Nesse caso, em razão de vínculo com demanda já anteriormente ajuizada, a distribuição não será aleatória, mas destinada ao juízo prevento

---

[35] "**Art. 284.** Todos os processos estão sujeitos a registro, devendo ser distribuídos onde houver mais de um juiz."

[36] "**Art. 312.** Considera-se proposta a ação quando a petição inicial for protocolada, todavia, a propositura da ação só produz quanto ao réu os efeitos mencionados no art. 240 depois que for validamente citado."

[37] "**Art. 285.** A distribuição, que poderá ser eletrônica, será alternada e aleatória, obedecendo-se rigorosa igualdade.
Parágrafo único. A lista de distribuição deverá ser publicada no Diário de Justiça."

[38] "**Art. 289.** A distribuição poderá ser fiscalizada pela parte, por seu procurador, pelo Ministério Público e pela Defensoria Pública."

[39] "**Art. 290.** Será cancelada a distribuição do feito se a parte, intimada na pessoa de seu advogado, não realizar o pagamento das custas e despesas de ingresso em 15 (quinze) dias."

[40] "**Art. 286.** Serão distribuídas por dependência as causas de qualquer natureza:
I – quando se relacionarem, por conexão ou continência, com outra já ajuizada;
II – quando, tendo sido extinto o processo sem resolução de mérito, for reiterado o pedido, ainda que em litisconsórcio com outros autores ou que sejam parcialmente alterados os réus da demanda;
III – quando houver ajuizamento de ações nos termos do art. 55, § 3º, ao juízo prevento.
Parágrafo único. Havendo intervenção de terceiro, reconvenção ou outra hipótese de ampliação objetiva do processo, o juiz, de ofício, mandará proceder à respectiva anotação pelo distribuidor."

Capítulo II · A FORMAÇÃO DA RELAÇÃO JURÍDICA PROCESSUAL

para sua apreciação, a partir da *ratio* de evitação de decisões contraditórias sobre relações jurídicas idênticas ou próximas.

2.4   A IMPROCEDÊNCIA LIMINAR DO PEDIDO

Distribuída a ação, não sendo o caso de sua emenda (art. 321) ou de seu indeferimento (art. 330), é possível a rejeição liminar do pedido deduzido, antes que se proceda à citação do réu. É o tema do qual trata o art. 332 do CPC/2015.

Ao tempo do CPC/1973, o art. 285-A prescrevia a possibilidade de que, quando se tratasse de ações repetidas, se no juízo já houvesse sido proferida sentença de total improcedência em outros casos idênticos, o magistrado desacolhesse *in limine* o pedido, a partir de sentença com resolução de mérito. Dessa forma, a previsão de situações que autorizam a rejeição meritória do pedido antes mesmo da citação do réu não é novidade, visto que já prevista no Código anterior a partir da Lei nº 11.277/2006. Entretanto, as hipóteses em que tal providência é possível foram substancialmente alteradas.

O art. 332 do CPC/2015 prevê que quando se tratar de demanda que dispense a fase instrutória,[41] o magistrado está autorizado, antes mesmo da citação do réu, a julgar liminarmente improcedente o pedido que seja formulado em oposição a: *I – enunciado de súmula do Supremo Tribunal Federal ou do Superior Tribunal de Justiça; II – acórdão proferido pelo Supremo Tribunal Federal ou pelo Superior Tribunal de Justiça em julgamento de recursos repetitivos; III – entendimento firmado em incidente de resolução de demandas repetitivas ou de assunção de competência; ou IV – enunciado de súmula de tribunal de justiça sobre direito local*. Esse julgamento de improcedência liminar é também possível quando for verificada, já ao início da relação jurídica processual, a ocorrência de prescrição ou decadência (§1º).

Trata-se, como se percebe, de novidade que privilegia o espírito adotado pelo Novo Código no sentido de fortalecimento dos precedentes[42] e dos meios verticais de vinculação das decisões. Assim é que as hipóteses de rejeição inicial do pedido deixam de se vincular com anteriores sentenças de improcedência prolatadas pelo mesmo juízo, passando a se relacionar com julgamentos vinculantes ou enunciados sumulares editados por Tribunais.

---

[41]   **Enunciado 22 da I Jornada de Direito Processual Civil do CJF:** Em causas que dispensem a fase instrutória, é possível o julgamento de improcedência liminar do pedido que contrariar decisão do Supremo Tribunal Federal em controle concentrado de constitucionalidade ou enunciado de súmula vinculante.

[42]   **Enunciado 59 da I Jornada de Direito Processual Civil do CJF:** Não é exigível identidade absoluta entre casos para a aplicação de um precedente, seja ele vinculante ou não, bastando que ambos possam compartilhar os mesmos fundamentos determinantes.

94 | PROCESSO CIVIL CONTEMPORÂNEO – *Luiz Fux*

Como se trata de providência anterior à citação, o réu deverá ser intimado do trânsito em julgado da sentença, incumbindo ao escrivão ou ao chefe de secretaria comunicar-lhe o resultado do julgamento. Se não se chegar ao trânsito em julgado em razão da interposição de apelação pelo autor, abre-se ao juiz de primeiro grau a possibilidade de retratação no prazo de 5 (cinco) dias. Eis uma das hipóteses em que a apelação admitirá o *efeito regressivo, diferido ou iterativo.*

Se houver a retratação, o processo terá sequência com a citação do réu. Se mantida a decisão, o réu será também citado (já que ainda não tem o conhecimento formal da lide), para que possa apresentar contrarrazões à apelação autoral.

2.5 A CITAÇÃO

A citação é o ato pelo qual "são convocados o réu, o executado ou o interessado para integrar a relação processual" (art. 238).[43] Trata-se de ato processual cuja *ratio essendi* é comunicar a existência da lide ao demandado, para que este, tomando conhecimento, integre o feito – perfectibilizando a formação da relação jurídica processual – e exerça sua atividade defensiva perante o juiz.

Com efeito, sob uma ótica constitucional, o processo deve ser necessaria-mente informado pelo princípio do contraditório, segundo o qual seu resultado é fruto do trabalho de cooperação das partes, ainda que em algumas situações excepcionais se admita a intervenção judicial *inaudita altera pars.* Nesse segui-mento, todos os interessados devem ser ouvidos acerca das postulações de seu *ex adversus* e, para isso, devem ser convocados a integrar o processo. A convocação das partes ou de auxiliares do juízo para a prática de atos processuais compõe o tema "comunicação dos atos processuais", sendo a citação uma espécie de comu-nicação, ato que é praticado com a finalidade de convocar o réu ou o interessado a fim de se defender. A *intimação* é outro tipo de ato de comunicação, desta vez endereçada a um dos interessados que, em regra, já integra a relação processual ou não virá a integrá-la, para que tome conhecimento da prática de determinado ato processual. A *notificação*, por seu turno, visa a comunicar um fazer ou um não fazer, que se realize determinada atividade processualmente relevante, sob pena de consequências jurídicas várias.

A realização de citação válida configura requisito de validade de qualquer processo (art. 239),[44] tanto no âmbito de conhecimento, como nos feitos de natureza executiva, ou mesmo na tutela provisória requerida em caráter antecedente. As

---

[43]   "**Art. 238**. Citação é o ato pelo qual são convocados o réu, o executado ou o interessado para integrar a relação processual."

[44]   "**Art. 239.** Para a validade do processo é indispensável a citação do réu ou do executado, ressalvadas as hipóteses de indeferimento da petição inicial ou de improcedência liminar do pedido.

exceções se relacionam a expressa dispensa legal, como nas hipóteses de indeferimento da petição inicial ou de improcedência liminar do pedido, situações em que, ainda assim, deve-se proceder à citação do réu após a decisão do juiz: seja para cientificá-lo do trânsito em julgado, seja para que apresente contrarrazões em eventual apelação. Ademais, há situações em que a falta de citação é suprida pelo próprio comparecimento espontâneo do demandado, que toma conhecimento formal da relação jurídica processual (art. 239, § 1º). Entretanto, se não há a citação ou seu suprimento, a relação jurídica processual desenvolvida será nula desde quando deveria ter sido praticado tal ato. O vício é tão grave que enseja a possibilidade de rompimento da coisa julgada, pela via da ação rescisória ou mesmo em vias transrescisórias.

Em regra, a citação deverá ser feita pessoalmente. Admite-se, porém, que procurador constituído com poderes específicos receba a citação.

Quanto às suas modalidades de realização, a citação pode se dar pessoalmente ou não. Será pessoal quando se der diretamente ao citado ou seu representante legal. Será não pessoal quando se der por interposta pessoa (como nos casos em que feita a procurador ao qual se tenha atribuído poderes especiais para tanto) ou quando se dá de forma ficta, isto é, a própria lei indica situações em que, ocorridos os fatos ali estipulados, considerar-se-á realizada a citação, ainda que não direcionada ao réu ou a representante/procurador seu. Ocorre essa última modalidade em situações como as de citação por hora certa, citação por edital, além de outras formas previstas pelo CPC/2015 (*v.g.*: mandado de citação entregue a funcionário da portaria responsável pelo recebimento de correspondência, em condomínios edilícios ou loteamentos com controle de acesso – conforme previsão do art. 248, § 4º).[45]

Já quanto às suas formas possíveis, o ato processual de citação pode se dar pelo correio; por oficial de justiça; pelo escrivão ou chefe de secretaria, se o citando comparecer em cartório; por edital; ou por meio eletrônico, conforme disposição do

---

§ 1º O comparecimento espontâneo do réu ou do executado supre a falta ou a nulidade da citação, fluindo a partir desta data o prazo para apresentação de contestação ou de embargos à execução.

§ 2º Rejeitada a alegação de nulidade, tratando-se de processo de:

I – conhecimento, o réu será considerado revel;

II – execução, o feito terá seguimento."

[45] **"Art. 248**, § 4º Nos condomínios edilícios ou nos loteamentos com controle de acesso, será válida a entrega do mandado a funcionário da portaria responsável pelo recebimento de correspondência, que, entretanto, poderá recusar o recebimento, se declarar, por escrito, sob as penas da lei, que o destinatário da correspondência está ausente."

art. 246 do CPC/2015.[46] Diferentemente das intimações, não há a citação por Diário da Justiça ou diretamente por advogado (art. 231 do CPC/2015).[47-48]

---

[46] **"Art. 246.** A citação será feita:

I – pelo correio;

II – por oficial de justiça;

III – pelo escrivão ou chefe de secretaria, se o citando comparecer em cartório;

IV – por edital;

V – por meio eletrônico, conforme regulado em lei.

§ 1º Com exceção das microempresas e das empresas de pequeno porte, as empresas públicas e privadas são obrigadas a manter cadastro nos sistemas de processo em autos eletrônicos, para efeito de recebimento de citações e intimações, as quais serão efetuadas preferencialmente por esse meio.

§ 2º O disposto no § 1º aplica-se à União, aos Estados, ao Distrito Federal, aos Municípios e às entidades da administração indireta.

§ 3º Na ação de usucapião de imóvel, os confinantes serão citados pessoalmente, exceto quando tiver por objeto unidade autônoma de prédio em condomínio, caso em que tal citação é dispensada."

[47] **"Art. 231.** Salvo disposição em sentido diverso, considera-se dia do começo do prazo:

I – a data de juntada aos autos do aviso de recebimento, quando a citação ou a intimação for pelo correio;

II – a data de juntada aos autos do mandado cumprido, quando a citação ou a intimação for por oficial de justiça;

III – a data de ocorrência da citação ou da intimação, quando ela se der por ato do escrivão ou do chefe de secretaria;

IV – o dia útil seguinte ao fim da dilação assinada pelo juiz, quando a citação ou a intimação for por edital;

V – o dia útil seguinte à consulta ao teor da citação ou da intimação ou ao término do prazo para que a consulta se dê, quando a citação ou a intimação for eletrônica;

VI – a data de juntada do comunicado de que trata o art. 232 ou, não havendo esse, a data de juntada da carta aos autos de origem devidamente cumprida, quando a citação ou a intimação se realizar em cumprimento de carta;

VII – a data de publicação, quando a intimação se der pelo Diário da Justiça impresso ou eletrônico;

VIII – o dia da carga, quando a intimação se der por meio da retirada dos autos, em carga, do cartório ou da secretaria.

§ 1º Quando houver mais de um réu, o dia do começo do prazo para contestar corresponderá à última das datas a que se referem os incisos I a VI do *caput*.

§ 2º Havendo mais de um intimado, o prazo para cada um é contado individualmente.

§ 3º Quando o ato tiver de ser praticado diretamente pela parte ou por quem, de qualquer forma, participe do processo, sem a intermediação de representante judicial, o dia do começo do prazo para cumprimento da determinação judicial corresponderá à data em que se der a comunicação.

§ 4º Aplica-se o disposto no inciso II do *caput* à citação com hora certa."

I – Citação por correio: também chamada de citação postal, é a forma preferencialmente adotada pelo CPC/2015, que se dará mediante o envio de correspondência a qualquer comarca do país, exceto (art. 247):[49] (i) nas ações de estado, em que se deverá observar a disposição própria do procedimento especial das ações de família, que exige a realização de citação na pessoal do réu (art. 695, § 3º);[50] (ii) em caso de incapacidade do citando; (iii) quando o citando for pessoa de direito público; (iv) quando o citando residir em local não atendido pelo serviço de entrega domiciliar de correspondência; (v) quando o autor requerer de outra forma, desde que indique os motivos para tanto.

Nessas situações, o escrivão ou o chefe de secretaria deverá remeter ao citando as cópias da petição inicial, bem como do despacho citatório proferido pelo juiz, comunicando ao interessado o prazo para resposta, o endereço do juízo e o respectivo cartório em que iniciado o processo. A carta deverá ser registrada, cabendo ao carteiro, ao fazer a entrega, exigir assinatura de recibo pelo citando. Caso se trate de pessoa jurídica, admite-se a entrega a pessoa com poderes de gerência geral ou de administração ou mesmo funcionário responsável pelo recebimento de correspondências.

II – Citação por oficial de justiça: quando não admitida por meio postal ou esta reste frustrada, proceder-se-á à citação por meio de oficial de justiça. Nesses casos, a prática de tal ato se dará mediante mandado expedido pela autoridade judicial, que deverá conter (art. 250): (i) os nomes das partes, seus respectivos domicílios ou residências; (ii) a finalidade da citação, com as especificações da petição inicial e a menção ao prazo para resposta, sob pena de revelia; (iii) a aplicação de sanção para o caso de descumprimento da ordem, se houver; (iv) a intimação do citando, se for o caso, para comparecer à audiência de conciliação ou de mediação acompanhado de seu defensor técnico, especificando-se o dia, a hora e o lugar de sua realização; (v) cópia da petição inicial, do despacho citatório ou de eventual decisão que deferir tutela provisória; (vi) a assinatura do escrivão ou chefe de secretaria, que o fará por ordem do juiz.

---

[48] **Enunciado 246 da II Jornada de Direito Processual Civil do CJF:** O prazo de 3 (três) dias previsto pelo art. 528 do CPC conta-se em dias úteis e na forma dos incisos do art. 231 do CPC, não se aplicando seu § 3º.

[49] **"Art. 247.** A citação será feita pelo correio para qualquer comarca do país, exceto:

I – nas ações de estado, observado o disposto no art. 695, § 3º;

II – quando o citando for incapaz;

III – quando o citando for pessoa de direito público;

IV – quando o citando residir em local não atendido pela entrega domiciliar de correspondência;

V – quando o autor, justificadamente, a requerer de outra forma."

[50] **"Art. 695,** § 3º A citação será feita na pessoa do réu."

Expedido o mandado, será encaminhado ao oficial de justiça competente, para que procure o citando e realize a citação onde este for encontrado (art. 251).[51] Em tal ocasião, incumbe a tal auxiliar do juízo ler o mandado ao citando, entregar-lhe a contrafé; informar o recebimento ou a recusa à contrafé; obter nota de ciente ou certificar que o citando não a apôs no mandado.

Nos casos em que o oficial de justiça se dirija duas vezes à procura do citando em seu domicílio e, não o encontrando, motivadamente suspeite que este esteja se ocultando, abre-se a possibilidade de *citação por hora certa*. O oficial deverá intimar qualquer pessoa da família ou vizinho, informando que, no dia útil imediato, voltará a fim de efetuar a citação, na hora que designar (art. 252).[52] Essa intimação inicial, inclusive, pode ser feita também a funcionário da portaria responsável pelo recebimento de correspondência, em condomínios edilícios ou nos loteamentos com controle de acesso.

Ao tempo do CPC/1973, diferentemente, exigia-se a procura por três vezes. Como alertava Barbosa Moreira,[53] não basta a dúplice procura sem êxito do citando, é necessário que haja a suspeita fundada de ocultação, de atuação do réu furtando-se da concretização da citação.

Realizada tal intimação, o oficial de justiça comparecerá ao domicílio ou à residência do citando no dia e na hora indicados, independentemente de nova manifestação do juiz, no afã de realizar a diligência.

Se estiver presente, o oficial proceder-se-á à sua citação na forma do art. 251.

Se estiver ausente, o oficial procurará informar-se dos motivos, considerando--se realizada a citação, ainda que o citando se tenha ocultado em outra comarca, seção ou subseção judiciárias. Nessa situação, a citação poderá ser efetivada mesmo que a pessoa da família ou o vizinho que houver sido inicialmente intimado esteja também ausente, ou, se presente, se recuse a receber o mandado. O oficial deverá lavrar certidão do ocorrido, deixar contrafé com qualquer pessoa da família ou vi-

---

[51] "**Art. 251.** Incumbe ao oficial de justiça procurar o citando e, onde o encontrar, citá-lo:
I – lendo-lhe o mandado e entregando-lhe a contrafé;
II – portando por fé se recebeu ou recusou a contrafé;
III – obtendo a nota de ciente ou certificando que o citando não a apôs no mandado."

[52] "**Art. 252.** Quando, por 2 (duas) vezes, o oficial de justiça houver procurado o citando em seu domicílio ou residência sem o encontrar, deverá, havendo suspeita de ocultação, intimar qualquer pessoa da família ou, em sua falta, qualquer vizinho de que, no dia útil imediato, voltará a fim de efetuar a citação, na hora que designar.
Parágrafo único. Nos condomínios edilícios ou nos loteamentos com controle de acesso, será válida a intimação a que se refere o *caput* feita a funcionário da portaria responsável pelo recebimento de correspondência."

[53] *O novo processo civil brasileiro*, 1995, p. 30.

Capítulo II · A FORMAÇÃO DA RELAÇÃO JURÍDICA PROCESSUAL | 99

zinho, declarando-lhe o nome, e consignar no mandado a advertência de que será nomeado curador especial se houver revelia.

Por fim, feita a citação por essa modalidade, o escrivão ou chefe de secretaria deve enviar ao citado carta, telegrama ou correspondência eletrônica, dando-lhe de tudo ciência, no prazo de dez dias, contado da data da juntada do mandado aos autos.

III – Citação pelo escrivão ou chefe de secretaria: essa forma ocorrerá quando o citando comparece em cartório antes mesmo dos procedimentos citatórios, tomando ciência da relação jurídica processual iniciada, a partir de diligência promovida pelo próprio escrivão ou chefe de secretaria.

IV – Citação por edital: trata-se de modalidade de citação ficta que terá lugar nas situações previstas no art. 256,[54] além de outras previsões legais esparsas: quando desconhecido ou incerto o citando ou quando ignorado, incerto ou inacessível o lugar em que se encontrar. Nesses últimos casos, além da expedição do edital, exige-se que a notícia de citação seja veiculada também por outros meios, como em emissora de radiodifusão existente na comarca (§ 2º).

Para os fins citatórios, considera-se como lugar inacessível o país que recusar cumprimento a carta rogatória expedida pelo Brasil (§ 1º). Ademais, também será considerada incerta ou ignorada a localização do citando quando restarem infrutíferas as tentativas de sua localização, depois de adotadas medidas como a requisição pelo juízo de informações sobre seu endereço nos cadastros de órgãos públicos ou de concessionárias de serviços públicos (§ 3º).

Por se tratar de meio ficto de citação, em que não se tem certeza de que a notícia da ação de fato chegou a conhecimento do réu, as normas processuais civis preveem regramentos específicos a esta modalidade de integração da relação processual. Nesses casos, assim como nas situações em que houver citação por hora certa, deve-se

---

[54] **"Art. 256.** A citação por edital será feita:

I – quando desconhecido ou incerto o citando;

II – quando ignorado, incerto ou inacessível o lugar em que se encontrar o citando;

III – nos casos expressos em lei.

§ 1º Considera-se inacessível, para efeito de citação por edital, o país que recusar o cumprimento de carta rogatória.

§ 2º No caso de ser inacessível o lugar em que se encontrar o réu, a notícia de sua citação será divulgada também pelo rádio, se na comarca houver emissora de radiodifusão.

§ 3º O réu será considerado em local ignorado ou incerto se infrutíferas as tentativas de sua localização, inclusive mediante requisição pelo juízo de informações sobre seu endereço nos cadastros de órgãos públicos ou de concessionárias de serviços públicos."

nomear curador especial ao réu citado por edital, quando revel (art. 72, I),[55] *múnus* que deverá ser exercido pela Defensoria Pública.

Ademais, em razão de sua excepcionalidade e das consequências que podem advir dessa forma de citação (*v.g.*: o transcurso de processo judicial sem o conhecimento da parte ré), o CPC/2015 prevê uma penalidade à parte que dolosamente arguir a existência das circunstâncias autorizadoras da citação por edital. A sanção consiste em multa de 5 (cinco) vezes o salário mínimo, que será revertida em benefício do citando.

Quanto aos seus aspectos procedimentais, o art. 257 exige alguns requisitos diferenciados para que se proceda à sua realização:

> I – a afirmação do autor ou a certidão do oficial informando a presença dessas circunstâncias autorizadoras;
>
> II – a publicação do edital na rede mundial de computadores, em sítio do respectivo tribunal e na plataforma de editais do Conselho Nacional de Justiça, que deve ser certificada nos autos;
>
> III – a determinação, pelo juiz, do prazo para que o citando tome conhecimento da ação, que variará entre 20 (vinte) e 60 (sessenta) dias, fluindo a partir da data da publicação única ou, havendo mais de uma, da primeira;
>
> IV – a advertência de que será nomeado curador especial em caso de revelia.

Outrossim, pode o juiz determinar que a publicação do edital também se dê em jornal local de ampla circulação ou por outros meios, considerando as peculiaridades da comarca, da seção ou da subseção judiciárias.

Por fim, o art. 259[56] dispõe outras situações em que será obrigatória a expedição de editais: na ação de usucapião de imóvel; na ação de recuperação ou substituição de título ao portador; ou em qualquer ação em que seja necessária, por determinação legal, a provocação, para participação no processo, de interessados incertos ou desconhecidos. Há, ainda, outras previsões legais em que se exige a expedição de edital, mesmo em procedimentos de jurisdição voluntária, como na arrecadação dos bens do ausente (art. 745).[57]

---

[55] **"Art. 72.** O juiz nomeará curador especial ao:
I – incapaz, se não tiver representante legal ou se os interesses deste colidirem com os daquele, enquanto durar a incapacidade;"

[56] **"Art. 259.** Serão publicados editais:
I – na ação de usucapião de imóvel;
II – na ação de recuperação ou substituição de título ao portador;
III – em qualquer ação em que seja necessária, por determinação legal, a provocação, para participação no processo, de interessados incertos ou desconhecidos."

[57] **"Art. 745.** Feita a arrecadação, o juiz mandará publicar editais na rede mundial de computadores, no sítio do tribunal a que estiver vinculado e na plataforma de editais do Conselho

Capítulo II · A FORMAÇÃO DA RELAÇÃO JURÍDICA PROCESSUAL | 101

V – Citação por meio eletrônico: seguindo uma inevitável necessidade de adaptação do Direito aos avanços tecnológicos e à dinamicidade das formas de comunicação em sociedade, o Novo CPC avançou também na regulamentação da prática eletrônica de atos processuais, dentre os quais a citação. Dessarte, o art. 246[58] prevê a possibilidade de citação por meio eletrônico, conforme regulado em lei.

Para tanto, passou-se a prever a obrigação de os empresários públicos e privados (seja sob a forma individual ou societária, à exceção das microempresas e das empresas de pequeno porte) manterem cadastro nos sistemas de processo em autos eletrônicos, para efeito de recebimento de citações e intimações, as quais serão efetuadas preferencialmente por esse meio. Esse mesmo dever também se aplica à União, aos Estados, ao Distrito Federal, aos Municípios e às entidades da administração indireta, já que as lides que envolvem o Poder Público representam parte substancial dos processos judiciais; o que também se estende ao Ministério Público, à Defensoria Pública e à Advocacia Pública (art. 270, parágrafo único).[59] Também as intimações, sempre que possível, deverão ser realizadas preferencialmente sob a forma eletrônica (art. 270).

2.5.1 Impedimentos à citação

A citação é ato de relevante importância à formação da relação jurídica processual, já que é por meio dela que se chama ao processo a parte requerida, perfectibilizando a

---

Nacional de Justiça, onde permanecerá por 1 (um) ano, ou, não havendo sítio, no órgão oficial e na imprensa da comarca, durante 1 (um) ano, reproduzida de 2 (dois) em 2 (dois) meses, anunciando a arrecadação e chamando o ausente a entrar na posse de seus bens.

§ 1º Findo o prazo previsto no edital, poderão os interessados requerer a abertura da sucessão provisória, observando-se o disposto em lei.

§ 2º O interessado, ao requerer a abertura da sucessão provisória, pedirá a citação pessoal dos herdeiros presentes e do curador e, por editais, a dos ausentes para requererem habilitação, na forma dos arts. 689 a 692.

§ 3º Presentes os requisitos legais, poderá ser requerida a conversão da sucessão provisória em definitiva.

§ 4º Regressando o ausente ou algum de seus descendentes ou ascendentes para requerer ao juiz a entrega de bens, serão citados para contestar o pedido os sucessores provisórios ou definitivos, o Ministério Público e o representante da Fazenda Pública, seguindo-se o procedimento comum."

58 "**Art. 246.** A citação será feita:

[...]

V – por meio eletrônico, conforme regulado em lei."

59 "**Art. 270.** As intimações realizam-se, sempre que possível, por meio eletrônico, na forma da lei.

Parágrafo único. Aplica-se ao Ministério Público, à Defensoria Pública e à Advocacia Pública o disposto no § 1º do art. 246."

102 | PROCESSO CIVIL CONTEMPORÂNEO – *Luiz Fux*

assunção das posições subjetivas processuais. Não é por outra razão que o CPC/2015 prevê que as citações poderão ser realizadas independentemente de autorização judicial específica mesmo durante eventuais férias forenses,[60] em feriados ou, nos dias úteis, fora do horário ordinário estabelecido para a prática dos atos processuais (art. 212, § 2º).[61]

Entretanto, há situações em que, salvo para evitar o perecimento do direito, a citação não poderá ser realizada: de quem estiver participando de ato de culto religioso; de cônjuge, de companheiro ou de qualquer parente do morto, consanguíneo ou afim, em linha reta ou na linha colateral em segundo grau, no dia do falecimento e nos 7 (sete) dias seguintes; de noivos, nos 3 (três) primeiros dias seguintes ao casamento; de doente, enquanto grave o seu estado. Trata-se de ocasiões listadas pelo art. 244 do CPC/2015,[62] em que outros valores constitucionais envolvidos (tais como a intimidade, a liberdade religiosa) ou mesmo momento de especial sensibilidade emocional do citando ou sua família recomendam a postergação da prática deste ato processual.

Além dessas hipóteses, a citação não poderá ser feita quando se verificar que o citando é mentalmente incapaz ou está impossibilitado de recebê-la (art. 245),[63] cabendo ao oficial de justiça que se depara com tal situação descrever minuciosa-

---

[60] A partir da Emenda Constitucional nº 45/2004, o texto constitucional passou a prever a ininterruptibilidade da atividade jurisdicional, vedando as férias coletivas nos juízos e tribunais de segundo grau, e determinando o funcionamento de juízes em plantão permanente, nos dias em que não houver expediente forense normal (art. 93, XII, da CRFB/1988).

[61] "**Art. 212**, § 2º Independentemente de autorização judicial, as citações, intimações e penhoras poderão realizar-se no período de férias forenses, onde as houver, e nos feriados ou dias úteis fora do horário estabelecido neste artigo, observado o disposto no art. 5º, inciso XI, da Constituição Federal."

[62] "**Art. 244.** Não se fará a citação, salvo para evitar o perecimento do direito:

I – de quem estiver participando de ato de culto religioso;

II – de cônjuge, de companheiro ou de qualquer parente do morto, consanguíneo ou afim, em linha reta ou na linha colateral em segundo grau, no dia do falecimento e nos 7 (sete) dias seguintes;

III – de noivos, nos 3 (três) primeiros dias seguintes ao casamento;

IV – de doente, enquanto grave o seu estado."

[63] "**Art. 245.** Não se fará citação quando se verificar que o citando é mentalmente incapaz ou está impossibilitado de recebê-la.

§ 1º O oficial de justiça descreverá e certificará minuciosamente a ocorrência.

§ 2º Para examinar o citando, o juiz nomeará médico, que apresentará laudo no prazo de 5 (cinco) dias.

§ 3º Dispensa-se a nomeação de que trata o § 2º se pessoa da família apresentar declaração do médico do citando que ateste a incapacidade deste.

§ 4º Reconhecida a impossibilidade, o juiz nomeará curador ao citando, observando, quanto à sua escolha, a preferência estabelecida em lei e restringindo a nomeação à causa.

§ 5º A citação será feita na pessoa do curador, a quem incumbirá a defesa dos interesses do citando."

mente sua ocorrência em certidão específica. A partir dessa certificação, o juiz nomeará médico para examinar o citando, elaborando-se laudo técnico no prazo de 5 (cinco) dias. Essa designação poderá ser dispensada se pessoa da família apresentar declaração em que médico do citando ateste a incapacidade deste.

Reconhecida essa situação de impossibilidade de citação, o juiz nomeará curador ao citando, observando a preferência estabelecida em lei (art. 1.775 do Código Civil),[64] nomeação esta que se restringirá à causa em questão. Apenas então é que se procederá à citação, que será feita na pessoa do curador, a quem incumbirá a defesa dos interesses do citando.

Destaque-se, porém, que a Lei nº 13.146/2015, posterior ao CPC/2015 (Lei nº 13.105/2015), desvinculou a relação que havia entra a pessoa com deficiência e as situações de incapacidade civil (arts. 3º e 4º do Código Civil).[65] Foram criados novos institutos civis (tais como a tomada de decisão apoiada) e outros revitalizados, como a curatela, que expressamente se destina apenas ao auxílio para a prática de atos patrimoniais, não alcançando seus atos existenciais. Trata-se de um importante marco normativo de inclusão que se sustenta não mais sobre uma vulnerabilidade abstrata e necessária das pessoas com deficiência, mas que se estrutura sobre sua dignidade, autonomia e proteção concreta.

2.5.2 Efeitos da citação

A citação, como ato de integração do sujeito na relação processual concebida como *actus ad minus trium personarum*, produz efeitos processuais e materiais. Também os efeitos da citação foram objeto de releitura e rearranjo pelo CPC/2015.

---

[64] "**Art. 1.775.** O cônjuge ou companheiro, não separado judicialmente ou de fato, é, de direito, curador do outro, quando interdito.

§1º Na falta do cônjuge ou companheiro, é curador legítimo o pai ou a mãe; na falta destes, o descendente que se demonstrar mais apto.

§ 2º Entre os descendentes, os mais próximos precedem aos mais remotos.

§ 3º Na falta das pessoas mencionadas neste artigo, compete ao juiz a escolha do curador."

[65] "**Art. 3º** São absolutamente incapazes de exercer pessoalmente os atos da vida civil os menores de 16 (dezesseis) anos. (Redação dada pela Lei nº 13.146, de 2015)

Art. 4º São incapazes, relativamente a certos atos ou à maneira de os exercer: (Redação dada pela Lei nº 13.146, de 2015)

I – os maiores de dezesseis e menores de dezoito anos;

II – os ébrios habituais e os viciados em tóxico; (Redação dada pela Lei nº 13.146, de 2015)

III – aqueles que, por causa transitória ou permanente, não puderem exprimir sua vontade; (Redação dada pela Lei nº 13.146, de 2015)

IV – os pródigos.

Parágrafo único. A capacidade dos indígenas será regulada por legislação especial. (Redação dada pela Lei nº 13.146, de 2015)"

Ao tempo do CPC/1973, dizia seu art. 219 que "a citação válida torna prevento o juízo, induz litispendência e faz litigiosa a coisa; e, ainda, quando ordenada por juiz incompetente, constitui em mora o devedor e interrompe a prescrição." Daqui decorriam, portanto, os efeitos processuais (prevenção do juízo, indução de litispendência e tornar litigiosa a coisa) e materiais (perfazimento da mora e interrupção da prescrição) da citação.

De início, destaca-se que para que se produzam seus efeitos, a citação deve ser válida, isto é, ter sido promovida de acordo com as suas regras procedimentais de regência. Apesar dessa regra geral, há efeitos que se verificam mesmo quando tenha sido a citação ordenada por autoridade judicial incompetente, conforme previsões legais expressas a seguir mencionadas.

Ademais, como apontava Barbosa Moreira,[66] esses efeitos já não se aplicavam a partir da citação para todos os sujeitos do processo, tampouco representavam a totalidade das consequências jurídicas relevantes que decorriam da realização desse ato processual. Assim é que também já eram efeitos da citação a complementação dos polos da relação jurídica processual, que passa a envolver também o réu; a impossibilidade de alteração unilateral do pedido ou da *causa petendi* (art. 329, I);[67-68] além da estabilização subjetiva da demanda (que não é insuperável).

O ponto foi objeto de alterações pelo Novo Código, que representou importante sistematização da temática, especialmente em relação às disposições materiais do Código Civil. Destarte, o atual art. 240 passa a prever que "A citação válida, ainda quando ordenada por juízo incompetente, induz litispendência, torna litigiosa a coisa e constitui em mora o devedor, ressalvado o disposto nos arts. 397 e 398 da Lei nº 10.406,[69] de 10 de janeiro de 2002 (Código Civil)."

---

[66] *O novo processo civil brasileiro*, 1995, p. 33.

[67] **"Art. 329.** O autor poderá:
I – até a citação, aditar ou alterar o pedido ou a causa de pedir, independentemente de consentimento do réu;"

[68] **Enunciado 35 da I Jornada de Direito Processual Civil do CJF:** Considerando os princípios do acesso à justiça e da segurança jurídica, persiste o interesse de agir na propositura de ação declaratória a respeito da questão prejudicial incidental, a ser distribuída por dependência da ação preexistente, inexistindo litispendência entre ambas as demandas (arts. 329 e 503, § 1º, do CPC).

[69] **"Art. 397.** O inadimplemento da obrigação, positiva e líquida, no seu termo, constitui de pleno direito em mora o devedor. (Vide Lei nº 13.105, de 2015)
Parágrafo único. Não havendo termo, a mora se constitui mediante interpelação judicial ou extrajudicial.
Art. 398. Nas obrigações provenientes de ato ilícito, considera-se o devedor em mora, desde que o praticou. (Vide Lei nº 13.105, de 2015)"

Persistem os efeitos da indução de litispendência, tornar litigiosa a coisa (para o réu, já que para o autor será litigiosa desde o momento da propositura da ação) e constituição em mora. Quanto a este último efeito, entretanto, ressalvam-se de modo expresso os casos de relações jurídicas materiais em que a mora se constitua de forma automática (mora *ex re*), como nas situações de inadimplemento de obrigação positiva, líquida e com prazo definido de cumprimento ou de obrigação decorrente de ato ilícito, em relação ao qual se considera em mora o devedor desde sua prática.

A prevenção do juízo, agora, decorre não mais da citação, mas do registro ou da distribuição, que é quando se define, por critérios de alternatividade e aleatoriedade, a autoridade judiciária competente para apreciação do feito, a partir dos contornos do princípio constitucional do juiz natural. Assim é que o art. 59 dispõe que "o registro ou a distribuição da petição inicial torna prevento o juízo."

Por fim, quanto à interrupção da prescrição, passou-se a dispor que esse efeito se opera pelo despacho que ordena a citação, ainda que proferido por juízo incompetente, retroagindo à data de propositura da ação (art. 240, § 1º, do CPC/2015).[70] Subsiste, agora, paralelismo com a previsão do art. 202, I, do Código Civil,[71] que prevê como causa interruptiva da prescrição o "despacho do juiz, mesmo incompetente, que ordenar a citação, se o interessado a promover no prazo e na forma da lei processual." O § 4º estende o alcance retroativo deste efeito à decadência e aos demais prazos extintivos previstos em lei.

Para que esse efeito se opere nestes marcos temporais, exige-se do autor que promova a citação do réu, praticando todos os atos que estiver ao seu alcance e que favoreçam a realização deste ato processual. Assim, incumbe ao autor adotar, no prazo de 10 (dez) dias, as providências necessárias para viabilizar a citação, sob pena de não se aplicar o efeito da interrupção de prescrição (art. 240, § 2º, do CPC/2015). Ressalva-se, como formulação lógica, que a parte não será prejudicada pela demora imputável exclusivamente ao serviço judiciário (§ 3º).

---

[70] "**Art. 240.** A citação válida, ainda quando ordenada por juízo incompetente, induz litispendência, torna litigiosa a coisa e constitui em mora o devedor, ressalvado o disposto nos arts. 397 e 398 da Lei nº 10.406, de 10 de janeiro de 2002 (Código Civil).

§ 1º A interrupção da prescrição, operada pelo despacho que ordena a citação, ainda que proferido por juízo incompetente, retroagirá à data de propositura da ação.

§ 2º Incumbe ao autor adotar, no prazo de 10 (dez) dias, as providências necessárias para viabilizar a citação, sob pena de não se aplicar o disposto no § 1º.

§ 3º A parte não será prejudicada pela demora imputável exclusivamente ao serviço judiciário.

§ 4º O efeito retroativo a que se refere o § 1º aplica-se à decadência e aos demais prazos extintivos previstos em lei."

[71] "**Art. 202.** A interrupção da prescrição, que somente poderá ocorrer uma vez, dar-se-á:

I – por despacho do juiz, mesmo incompetente, que ordenar a citação, se o interessado a promover no prazo e na forma da lei processual;"

106 | PROCESSO CIVIL CONTEMPORÂNEO – *Luiz Fux*

2.6 A DEFESA DO RÉU

2.6.1 Generalidades

O processo civil brasileiro submete-se ao regime do *contraditório* previsto em norma constitucional expressa como princípio estruturante da Teoria Geral do Processo. Dessarte, nenhuma definição judicial definitiva pode ser obtida através da versão unilateral dos fatos levada a juízo pela ação do autor, ainda que se possibilite, em justificadas situações provisórias, o pronunciamento judicial *inaudita altera parte*. É mister, portanto, conferir ao demandado a oportunidade de carrear sua tese para os autos, porquanto o processo encerra a verdade de ambas as partes e a sentença, "a verdade do juiz".

A obrigatoriedade de ouvir o réu é implementada com a concessão de oportunidade para que ele se manifeste após a propositura da ação; por isso, ainda que ele não deduza a pretensão de rejeição do pedido do autor, mantendo-se omisso após sua convocação, estará satisfeito o cânone constitucional do contraditório. É o que ocorre, *v.g.*, na revelia, em que o réu, instado a pronunciar-se, mantém-se inerte. Não há, *in casu,* como evidente, qualquer violação ao contraditório, uma vez que a chance de manifestação restou concedida. Por isso, sob esse ângulo, afirma-se que a defesa apresenta-se como ônus processual, que, se não suportado pela parte, lhe gera um prejuízo.[72] Nessas situações, entretanto, as normas processuais civis, que cada vez mais se preocupam com a efetividade do exercício do direito de defesa, por vezes estipulam regras procedimentais próprias, como a possibilidade de nomeação de curador especial em algumas situações (art. 72, II, do CPC/2015).[73]

O nome técnico da manifestação do demandado após a provocação do autor denomina-se "defesa", mercê de a reação do réu situar-se, em regra, na negação daquilo que o autor diante dele postulou. A lei admite, entretanto, outras atitudes do réu, além da simples passividade em negar os fatos articulados pelo autor, como a arguição de defeitos formais ou questões indiretas de cunho material, ou mesmo o contra-ataque engendrado por meio da "reconvenção", em que o demandado as-

---

[72] Nesse mesmo sentido, Leo Rosenberg, in *Tratado de Derecho procesal civil*, 1955, vol. II, p. 145. Apesar desse ônus, não se deve desconsiderar aquele que pesa sobre os ombros do autor, de tal sorte que, se este não se desincumbir de provar o pedido formulado, resta ao réu a "expectativa de um pronunciamento" em sentido contrário à pretensão que formulou, *in* Emílio Betti, *Diritto processuale civile italiano*, 1936, p. 95.

[73] "**Art. 72.** O juiz nomeará curador especial ao:

I – incapaz, se não tiver representante legal ou se os interesses deste colidirem com os daquele, enquanto durar a incapacidade;

II – réu preso revel, bem como ao réu revel citado por edital ou com hora certa, enquanto não for constituído advogado."

sume incidentalmente uma posição de autor no mesmo processo e juízo em que é demandado, gerando uma ação cumulativa de caráter contrastante (reconvenção).

Nesse contexto, a defesa do réu participa da mesma natureza jurídica e da *ratio essendi* que justificam o direito de agir,[74] uma vez que o acesso à justiça pressupõe que autor e réu, em caso de lesão, submetam-se à apreciação do Judiciário. Nessa previsão constitucional, encarta-se também o direito de o réu obter a tutela de rejeição do pedido do autor, haja vista que se lhe impede, também, impor as próprias razões àquele que se reputa, diante dele, com melhor direito.

Deveras, assim como o direito de agir é abstrato e pertine a qualquer cidadão, ainda que não tenha razão, o direito de defesa também se exerce independentemente de se demonstrar *prima facie* ter fundamento ou não,[75] o que já constituirá o mérito daquilo que se deduz e não a dedução em si. É decorrência da potestatividade do direito de agir e da submissão em que se encontra o réu, singularmente "sujeito do processo" e "sujeito ao processo." Como o demandado é levado ao processo independentemente de sua vontade, a defesa é manifestação imprescindível, haja vista que não se poderia imaginar condenar de forma definitiva o réu sem antes ouvi-lo.[76]

Dogmaticamente, pode-se afirmar que o direito de defesa tem sua origem nos princípios constitucionais do contraditório e do devido processo legal,[77] razão pela qual nenhuma lei ordinária de rito pode excluí-la sem incidir em manifesta inconstitucionalidade. A bilateralidade da audiência – *audiatur et altera pars* – é, assim, postulado máximo do Direito brasileiro, cujo descumprimento inviabiliza a validade da relação processual, gerando um defeito sobremodo grave que sobrevive ao próprio

---

[74] Nesse sentido é que Redenti afirmou que complementa a ideia de ação a de exceção, in *Diritto processual civile*, 1947, vol. I, p. 31.

[75] Ugo Rocco sintetizou com precisão essa abstratividade do direito de defesa ao vaticinar: "pochè, si può sapere se l'azione promossa dall'attore è fondata o infondata soltanto quando è emanata la sentenza di merito, cioè quando il processo si è svolto mediante il concorso delle due attività dell'attore e del convenuto in contradditorio, si pottrebe sapere se il conveuto ha diritto al rigetto dell' azione promossa dall' attore soltanto quando il suo diritto di agire in giudizio è già esercitato ed esaurito." *L'autorità della cosa giudicata e i suoi limiti soggettivi*, 1917, vol. I, p. 284-285.

[76] A similitude da defesa com a ação levou alguns juristas a afirmar que o direito de defesa encerrava uma ação pela qual o réu formulava pedido declaratório negativo visando à rejeição da pretensão do autor. Nesse sentido, afirma-se que o conceito de defesa revela um poder jurídico "che rientra nel concetto generale d'azione e più propriamente lell'azione d'accertamento negativo", Chiovenda, *Principii di Diritto processuale civile*, 1928, p. 269.

[77] Assegurava Couture que a garantia da defesa radicava-se no próprio *due process of law*, posto que a circunstância de ter alguém assegurada a defesa em juízo consistia, em última análise, em não ser privado da vida, liberdade ou propriedade sem a garantia que pressupõe um processo segundo a forma estabelecida na lei, in *Fundamentos del Derecho procesal civil*, 1951, p. 45.

108 | PROCESSO CIVIL CONTEMPORÂNEO – *Luiz Fux*

trânsito em julgado da decisão, passível de ser arguido em qualquer tempo e grau de jurisdição, mercê de inutilizar a execução do julgado com efeito retro-operante.

Dessa forma, o direito de defesa como expressão da afirmação da liberdade jurídica do demandado opera-se pela apresentação formal da "resposta do réu", cujo conteúdo é amplo e variado, admitindo a divisão em defesa "direta" e defesa "indireta", e, sob o ângulo estritamente formal, modalidades como a contestação e a reconvenção.

Essas modalidades de defesa serão objeto de nossas especulações.

2.6.2 Espécies de defesa

A assunção da postura defensiva do réu pode dirigir-se contra a *validade* ou a *existência da relação* material ou limitar-se a arguir *defeitos formais* que inviabilizem a continuação do processo. Mesmo nessa forma indireta de defesa, a inutilização da relação processual é proveitosa para o demandado, posto impedir a análise do pedido do autor e, quiçá, impor a renovação da ação com os riscos da consumação da prescrição e da decadência.

A multiplicidade de possibilidades de oposição do demandado, doutrinariamente, dicotomiza a defesa do réu em "defesa de mérito ou material" e "defesa formal ou processual." Essas espécies, por seu turno, admitem subespécies decorrentes dos efeitos que as matérias arguidas produzem em relação ao pedido do autor e ao processo.

Nesse sentido, há defesas processuais que, se acolhidas, demandam a prática de atos por parte do autor, sob pena de extinção do processo, e outras que acarretam inexoravelmente essa terminação, como, *v.g.*, o acolhimento da alegação de falta do pressuposto processual da capacidade da parte que admite a sanação do vício mediante o comparecimento de seu representante (art. 76 do CPC).[78] Em contrapartida, a arguição de litispendência implica a extinção do processo que se instaurou após a citação válida realizada originariamente no primeiro processo (art. 485, inciso V, do CPC).[79]

---

[78] **"Art. 76.** Verificada a incapacidade processual ou a irregularidade da representação da parte, o juiz suspenderá o processo e designará prazo razoável para que seja sanado o vício.

§ 1º Descumprida a determinação, caso o processo esteja na instância originária:

I – o processo será extinto, se a providência couber ao autor;

II – o réu será considerado revel, se a providência lhe couber;

III – o terceiro será considerado revel ou excluído do processo, dependendo do polo em que se encontre.

§ 2º Descumprida a determinação em fase recursal perante tribunal de justiça, tribunal regional federal ou tribunal superior, o relator:

I – não conhecerá do recurso, se a providência couber ao recorrente;

II – determinará o desentranhamento das contrarrazões, se a providência couber ao recorrido."

[79] **"Art. 485.** O juiz não resolverá o mérito quando:

[...]

Quanto às "defesas processuais" ou formais, podem ser "dilatórias" (aquelas que, quando acolhidas, postergam a relação processual sem extingui-la) e "peremptórias" (outras que, quando acolhidas, implicam a extinção terminativa do feito), consoante os exemplos citados.[80]

De outro lado, a *defesa de mérito é considerada direta* quando enfrenta a pretensão deduzida imediatamente, *negando o fato* que lhe sustenta ou *os efeitos jurídicos atribuídos aos fatos*; vale dizer, é direta a defesa que se dirige à *causa petendi* em relação a todos os seus elementos constitutivos.[81] Assim, por exemplo, é direta a defesa que nega a existência da obrigação ou a que atribui ao inadimplemento efeitos jurídicos diversos daqueles apontados pelo suplicante. *Indireta* é a defesa que, posto dirigir-se ao mérito, visa ao desacolhimento do pedido, calcando-se em fato outro que não o sustentado pelo autor, obstando, por via indireta, o acolhimento da pretensão,[82] como em situações em que se alega a existência de fato impeditivo, modificativo ou extintivo do direito do autor. Assim, *v.g.*, quando o réu, apesar de não negar a dívida, argui seu pagamento ou sua incapacidade existente no momento em que contraiu a obrigação.

O ordenamento contempla *espécie de defesa* de mérito que revela *contradireito do réu* diante do autor, e que lhe serve não só de base para defesa como também de fato constitutivo de uma pretensão autônoma, dedutível perante o autor, em ação distinta. Assim, *v.g.*, se alguém alega, por meio de exceção de contrato não cumprido, a ausência de sua obrigação de pagar o preço, posto que o bem ainda não lhe foi entregue, referida alegação serve ao réu não só para eximi-lo da ação de cobrança como também lhe é servil a veicular um pedido contra o suplicante, de entrega do bem, pelo fato do inadimplemento do vendedor.

Por motivos históricos, essas espécies de defesa eram denominadas "exceções materiais", em contraposição às "exceções instrumentais" de suspeição e impedimento, mercê de se caracterizarem por representar um direito autônomo do demandado.

V – reconhecer a existência de perempção, de litispendência ou de coisa julgada;"

[80] Não obstante a extinção do processo se dê sem a resolução do mérito quando acolhidas as defesas formais peremptórias, Liebman considerava a *exceptio rei judicatae* "absolutamente peremptória, posto que impedia a reproposição de outra ação, em contrariedade à permissão do atual art. 268, parágrafo único, do CPC", in *Corso di Diritto processuale civile*, 1952, p. 234, al. B. A defesa processual somente pode dar origem a uma sentença exclusivamente processual, como afirmava Schonke (*Derecho procesal civil*, 1950, p. 180).

[81] Paulo Cunha se referia à forma de defesa direta como aquela consistente na "refutação dos fatos" ou "impugnação do efeito jurídico dos fatos", in *Processo comum de declaração*, 1944, vol. I, p. 445.

[82] Conforme explicita Schonke, nessa hipótese de defesa indireta, o réu alega fatos sem discutir aqueles em que se baseou o autor para formular o pedido (*Derecho procesal civil*, 1950, p. 181).

PROCESSO CIVIL CONTEMPORÂNEO – *Luiz Fux*

Essa última característica gera, como consequência, que essas matérias *não podem ser conhecidas de ofício pelo juiz*. As demais defesas indiretas são cognoscíveis de ofício pelo juiz, uma vez que, terminado o processo, elas desaparecem do mundo jurídico, e não as considerar geraria uma decisão sumamente injusta. Observe-se que, se o juiz não apreciar a exceção de contrato não cumprido ou uma exceção de retenção por benfeitorias, nem por isso as pretensões restarão superadas pelo decidido, exatamente porque são autônomas e podem ser pleiteadas em ação distinta ou por "reconvenção."

Diversamente, se o juiz, numa ação de cobrança, não considerar o pagamento realizado, esse fato extintivo do direito do autor jamais poderá ser arguido por força da eficácia preclusiva do julgado (art. 508 do CPC),[83] e o juiz terá condenado alguém a pagar dívida já cumprida. Essa a razão pela qual as *objeções*, caracterizadas pelos *fatos modificativos, extintivos e impeditivos* do direito do autor, podem ser *alegadas em qualquer tempo* e *conhecidas de ofício* pelo juiz, distinguindo-se, nesse aspecto, das exceções materiais, não obstante ambas sejam consideradas defesas indiretas.

Mister, ainda, observar que a existência de fatos modificativos, extintivos ou impeditivos dizem respeito à própria existência do direito alegado pelo autor, de modo que não os conhecer implicaria permitir que se criem "direitos novos" no processo, o que não corresponde à atividade de declaração, que é, por excelência, empreendida no processo de conhecimento. A própria constitutividade que se verifica em certas sentenças de procedência não ocorre por força da criação de qualquer direito gerado pelo processo, senão pelo reconhecimento da preexistência do direito à modificação.

Finalmente, as defesas diretas também não podem ser acolhidas por iniciativa do juízo, e as defesas processuais indiretas são conhecíveis de ofício.[84]

2.6.3 A contestação

A *contestação* é a peça de defesa por excelência, e sua denominação revela a oposição maior deduzida pelo réu quanto ao pedido formulado pelo autor. O réu que contesta irresigna-se e pugna pelo desacolhimento do pedido inicial.[85]

Trata-se de peça passível de ser oferecida em razão da própria propositura da ação, posto que o interesse na sua apresentação decorre da posição em que o réu é

---

[83] "**Art. 508.** Transitada em julgado a decisão de mérito, considerar-se-ão deduzidas e repelidas todas as alegações e as defesas que a parte poderia opor tanto ao acolhimento quanto à rejeição do pedido."

[84] No Direito francês as defesas processuais recebem o *nomen juris* de *exception*, muito embora conhecíveis de ofício, e o Direito germânico contempla as exceções materiais, conforme Rosenberg, *Tratado*, § 103, m, II, 1.

[85] Segundo Carnelutti, o elemento causal da contestação consiste em afirmar a inexistência de uma situação jurídica que sirva de fundamento à pretensão (*Istituzioni del nuovo processo civile italiano*, 1951, vol. I, p. 11).

Capítulo II · A FORMAÇÃO DA RELAÇÃO JURÍDICA PROCESSUAL | 111

colocado diante da potestatividade do direito de agir. Diversamente, as exceções e a reconvenção nem sempre são passíveis de dedução se não ocorrentes os motivos que as autorizam.

A contestação, assim como a petição inicial, subordina-se a uma forma: *em regra é escrita*, salvo nos *procedimentos concentrados* em que pode ser oferecida *oralmente* para redução do essencial a escrito, como ocorre rito dos juizados especiais (Lei nº 9.099/1995).

Sob a ótica da "lógica da defesa", as questões formais que inviabilizam a ação e o processo antecedem as defesas voltadas para o mérito; por isso, a lei as denomina "questões preliminares",[86] acerca das quais gravitam discussões meramente formais, como a coisa julgada, a *carência de ação*, a *incompetência*, a *invalidade da citação*, etc. (art. 337 do CPC).[87-88] Neste ponto, destaca-se que o Novo CPC representou

---

[86] Nesse sentido, Nicola Jaeger, *Diritto processuale civile*, 1944, p. 131.

[87] **"Art. 337.** Incumbe ao réu, antes de discutir o mérito, alegar:
I – inexistência ou nulidade da citação;
II – incompetência absoluta e relativa;
III – incorreção do valor da causa;
IV – inépcia da petição inicial;
V – perempção;
VI – litispendência;
VII – coisa julgada;
VIII – conexão;
IX – incapacidade da parte, defeito de representação ou falta de autorização;
X – convenção de arbitragem;
XI – ausência de legitimidade ou de interesse processual;
XII – falta de caução ou de outra prestação que a lei exige como preliminar;
XIII – indevida concessão do benefício de gratuidade de justiça.
§ 1º Verifica-se a litispendência ou a coisa julgada quando se reproduz ação anteriormente ajuizada.
§ 2º Uma ação é idêntica a outra quando possui as mesmas partes, a mesma causa de pedir e o mesmo pedido.
§ 3º Há litispendência quando se repete ação que está em curso.
§ 4º Há coisa julgada quando se repete ação que já foi decidida por decisão transitada em julgado.
§ 5º Excetuadas a convenção de arbitragem e a incompetência relativa, o juiz conhecerá de ofício das matérias enumeradas neste artigo.
§ 6º A ausência de alegação da existência de convenção de arbitragem, na forma prevista neste Capítulo, implica aceitação da jurisdição estatal e renúncia ao juízo arbitral."

[88] **Enunciado 124 da II Jornada de Direito Processual Civil do CJF:** Não há preclusão consumativa do direito de apresentar contestação, se o réu se manifesta, antes da data da audiência de conciliação ou de mediação, quanto à incompetência do juízo.

112 | PROCESSO CIVIL CONTEMPORÂNEO – *Luiz Fux*

inovação significativa às antigas *exceções*, que caíram de sua independência de peça e passaram a figurar nas questões preliminares no bojo da própria contestação, conforme determina o art. 337.

O princípio da eventualidade que informa a defesa implica que, sob esse ângulo, segue-se às questões preliminares a arguição das *defesas indiretas de mérito*, cognominadas *objeções*. Essas consistem nos fatos extintivos, modificativos e impeditivos do direito do autor, também denominadas *questões prévias de mérito*.

Em seguida, cumpre ao réu deduzir, se existentes, as exceções materiais para, ao final, obedecido o mencionado "princípio da eventualidade" (art. 336 do CPC),[89] encerrar a contestação com a denominada "defesa direta." Assim, *v.g.*, é possível ao réu, em ação de cobrança, sustentar a inépcia da inicial e, caso o juiz não a acolha, aduzir em caráter eventual o pagamento da dívida e, ainda, a inexistência mesma do débito. A autorização que deflui da regra da "eventualidade", prevista no art. 336 do CPC, permite a cumulação eventual de defesas incompatíveis entre si, tal como na "cumulação eventual de pedidos", em que o autor pode formular pretensões que se repelem, uma vez que não as deduz para serem acolhidas integralmente.

Forçoso observar, entretanto, que a eventualidade autorizada tem como consequência a "preclusão" imposta ao demandado, que, após a contestação, não poderá, em regra, suscitar questões não ventiladas na defesa (art. 342 do CPC).[90] Essa *preclusão somente é ultrapassada* pelas exceções legais, vale dizer: o réu somente poderá aduzir, após a contestação, alegações relativas a direitos que se constituíram após a defesa e influentes para a causa (art. 342, I, do CPC), referentes a matérias conhecíveis de ofício pelo juiz. Nessa previsão, encartam-se as questões preliminares formais, as defesas prévias consistentes nas "objeções" e, por fim, as matérias suscitáveis de alegação em qualquer tempo e grau de jurisdição, por expressa autorização legal (art. 342, III, do CPC), como, por exemplo, a decadência. Outro consectário da adoção da "eventualidade" é o "ônus da impugnação especificada", previsto no art. 341 do CPC[91] e em relação ao qual subsistem exceções relativamente ao defensor público, ao advogado dativo e ao curador especial (parágrafo único). Nessas situações, não

---

[89] "**Art. 336.** Incumbe ao réu alegar, na contestação, toda a matéria de defesa, expondo as razões de fato e de direito com que impugna o pedido do autor e especificando as provas que pretende produzir."

[90] "**Art. 342.** Depois da contestação, só é lícito ao réu deduzir novas alegações quando:

I – relativas a direito ou a fato superveniente;

II – competir ao juiz conhecer delas de ofício;

III – por expressa autorização legal, puderem ser formuladas em qualquer tempo e grau de jurisdição."

[91] "**Art. 341.** Incumbe também ao réu manifestar-se precisamente sobre as alegações de fato constantes da petição inicial, presumindo-se verdadeiras as não impugnadas, salvo se:

I – não for admissível, a seu respeito, a confissão;

Capítulo II · A FORMAÇÃO DA RELAÇÃO JURÍDICA PROCESSUAL | 113

se impõe a obrigatoriedade da impugnação especificada, quando se revelam circunstâncias indicadoras de certas dificuldades no exercício do direito de defesa no exercício de um múnus público.

Nesse contexto, o pedido do autor não gera para o réu apenas o ônus da defesa; acarreta, ainda, o ônus da impugnação especificada dos fatos afirmados. É que a verdade dos fatos, que o processo busca revelar, deve resultar do trabalho bilateral das partes. Por outro lado, o pedido nem sempre se sustenta numa *causa petendi* simples, composta apenas de um fato objetivo, mas de fatos complexos homogêneos ou heterogêneos entre si. É preciso, então, que o réu se volte contra todos eles de tal maneira que a defesa impeça que qualquer um, isoladamente, leve à procedência do pedido.

Ressoa evidente que, se os fatos se entrelaçam, a defesa, ainda que não especificada no seu conjunto, alcança todo o conteúdo impugnável. Assim é a exegese que se empresta à exceção à regra, prevista no inciso III do art. 341 do CPC. É sob esse ângulo que se assenta que a defesa encetada numa ação conexa ou na demanda cautelar se estende às demais ações travadas entre as mesmas partes.

Deveras, a conclusão do juiz acerca do acolhimento ou da rejeição do pedido depende da comprovação da veracidade dos fatos afirmados. O legislador brasileiro, diante da *inércia do réu*, permite que o juiz "presuma verdadeiros" esses fatos constitutivos da pretensão do autor. A inércia, quando total, constitui o estado de revelia do réu; *quando parcial*, afirma-se *não ter o demandado cumprido o ônus da impugnação especificada*. A *revelia* permite ao juiz julgar antecipadamente, presumindo verdadeiros os fatos afirmados pelo autor (art. 344[92] c./c. o art. 355, II, do CPC).[93] *O descumprimento do ônus da impugnação especificada* figura como norma *in procedendo* probatória, da qual se pode valer o juiz na apreciação de fatos não impugnados.

A similitude dos efeitos do descumprimento do referido ônus com aqueles emprestados à revelia faz que lhe escapem do alcance aquelas situações que inibem as consequências da inatividade processual previstas no art. 345 do CPC,[94]

II – a petição inicial não estiver acompanhada de instrumento que a lei considerar da substância do ato;

III – estiverem em contradição com a defesa, considerada em seu conjunto.

Parágrafo único. O ônus da impugnação especificada dos fatos não se aplica ao defensor público, ao advogado dativo e ao curador especial."

[92] **"Art. 344.** Se o réu não contestar a ação, será considerado revel e presumir-se-ão verdadeiras as alegações de fato formuladas pelo autor."

[93] **Art. 355, II** "o réu for revel, ocorrer o efeito previsto no art. 344 e não houver requerimento de prova, na forma do art. 349."

[94] **"Art. 345.** A revelia não produz o efeito mencionado no art. 344 se:

I – havendo pluralidade de réus, algum deles contestar a ação;

114 | PROCESSO CIVIL CONTEMPORÂNEO – *Luiz Fux*

acrescidas daquelas outras encartadas nos incisos I, II, III e parágrafo único do art. 341, do CPC.[95] Desta sorte, ainda que não impugnados especificadamente, não se presumem verdadeiros fatos relativos a demandas em que a confissão não produz os seus efeitos, isto é, naquelas em que se discutem direitos indisponíveis. Assim, se a parte, pelo comportamento ativo, não pode confessar, com muito mais razão não se podem considerar confessados fatos pela omissão do réu, como, *v.g.*, numa ação de estado que se inadmite a confissão.

No mesmo sentido, não se presumem verdadeiros os fatos não impugnados referentes a atos jurídicos que não se provam por presunção, senão por meio de instrumentos públicos, que figuram como de sua essência. Assim, *v.g.*, não se pode presumir ter havido a compra e venda de um imóvel de milhares de reais sem a exibição da escritura pública, ainda que o réu, nesse caso, não conteste a existência do negócio jurídico (art. 341, II, do CPC).

Finalmente, quanto à forma escrita, a contestação admite que se dispensem dados já constantes da inicial, como a qualificação das partes, podendo o juiz aplicar analogicamente o art. 321 do CPC.[96] O lapso para contestar, no procedimento comum, é de quinze dias, mas o termo *a quo* varia de acordo com as características da causa. Em regra, o prazo corre a partir da audiência de conciliação ou de mediação, para a qual o réu é citado com antecedência de 20 (vinte) dias (art. 334, *caput*),[97]

II – o litígio versar sobre direitos indisponíveis;

III – a petição inicial não estiver acompanhada de instrumento que a lei considere indispensável à prova do ato;

IV – as alegações de fato formuladas pelo autor forem inverossímeis ou estiverem em contradição com prova constante dos autos."

[95] **"Art. 341.** Incumbe também ao réu manifestar-se precisamente sobre as alegações de fato constantes da petição inicial, presumindo-se verdadeiras as não impugnadas, salvo se:

I – não for admissível, a seu respeito, a confissão;

II – a petição inicial não estiver acompanhada de instrumento que a lei considerar da substância do ato;

III – estiverem em contradição com a defesa, considerada em seu conjunto.

Parágrafo único. O ônus da impugnação especificada dos fatos não se aplica ao defensor público, ao advogado dativo e ao curador especial."

[96] **"Art. 321.** O juiz, ao verificar que a petição inicial não preenche os requisitos dos arts. 319 e 320 ou que apresenta defeitos e irregularidades capazes de dificultar o julgamento de mérito, determinará que o autor, no prazo de 15 (quinze) dias, a emende ou a complete, indicando com precisão o que deve ser corrigido ou completado.

Parágrafo único. Se o autor não cumprir a diligência, o juiz indeferirá a petição inicial."

[97] **"Art. 334.** Se a petição inicial preencher os requisitos essenciais e não for o caso de improcedência liminar do pedido, o juiz designará audiência de conciliação ou de mediação com antecedência mínima de 30 (trinta) dias, devendo ser citado o réu com pelo menos 20 (vinte) dias de antecedência."

Capítulo II · A FORMAÇÃO DA RELAÇÃO JURÍDICA PROCESSUAL | **115**

ou da última sessão de conciliação, quando qualquer parte não comparecer ou, comparecendo, não houver autocomposição (art. 335, I). A realização da audiência pode frustrar-se caso ambas as partes manifestem, expressamente, desinteresse na composição consensual (art. 334, § 4º, I), caso em que o prazo para contestar é contado a partir do protocolo do pedido de cancelamento da audiência de conciliação ou de mediação apresentado pelo réu (art. 335, II). Em todos os outros casos em que a audiência de autocomposição não ocorrer, como nas hipóteses em que o direito controvertido não admitir transação (art. 334, § 4º, I), o termo *a quo* para a contestação segue o disposto no art. 231 do CPC.[98]

2.6.4 A reconvenção

A *reconvenção* é modalidade de "resposta" em que o réu, ao ensejo da defesa, deduz em seu benefício e diante do autor, um pedido diverso da mera rejeição da demanda. Trata-se de verdadeiro pedido formulado pelo demandado, aproveitando-se do mesmo processo e juízo em que é acionado, o que nas *ações dúplices* se revela possível independentemente de reconvenção.

---

[98] **"Art. 231.** Salvo disposição em sentido diverso, considera-se dia do começo do prazo:

I – a data de juntada aos autos do aviso de recebimento, quando a citação ou a intimação for pelo correio;

II – a data de juntada aos autos do mandado cumprido, quando a citação ou a intimação for por oficial de justiça;

III – a data de ocorrência da citação ou da intimação, quando ela se der por ato do escrivão ou do chefe de secretaria;

IV – o dia útil seguinte ao fim da dilação assinada pelo juiz, quando a citação ou a intimação for por edital;

V – o dia útil seguinte à consulta ao teor da citação ou da intimação ou ao término do prazo para que a consulta se dê, quando a citação ou a intimação for eletrônica;

VI – a data de juntada do comunicado de que trata o art. 232 ou, não havendo esse, a data de juntada da carta aos autos de origem devidamente cumprida, quando a citação ou a intimação se realizar em cumprimento de carta;

VII – a data de publicação, quando a intimação se der pelo Diário da Justiça impresso ou eletrônico;

VIII – o dia da carga, quando a intimação se der por meio da retirada dos autos, em carga, do cartório ou da secretaria.

§ 1º Quando houver mais de um réu, o dia do começo do prazo para contestar corresponderá à última das datas a que se referem os incisos I a VI do *caput*.

§ 2º Havendo mais de um intimado, o prazo para cada um é contado individualmente.

§ 3º Quando o ato tiver de ser praticado diretamente pela parte ou por quem, de qualquer forma, participe do processo, sem a intermediação de representante judicial, o dia do começo do prazo para cumprimento da determinação judicial corresponderá à data em que se der a comunicação.

§ 4º Aplica-se o disposto no inciso II do *caput* à citação com hora certa."

PROCESSO CIVIL CONTEMPORÂNEO – *Luiz Fux*

Por isso, a reconvenção, não obstante encerrada na resposta do réu, revela um contra-ataque, em que o demandado assume a posição jurídica de autor, com todos os seus consectários.[99] Constitui, portanto, uma ação do réu contra o autor, diferenciando-se da contestação, na medida em que esta representa um *ônus* do réu, ao passo que aquela, a *reconvenção, é mera faculdade*, haja vista que a pretensão deduzida em contra-ataque poderá sê-lo em ação distinta e noutra oportunidade.[100]

Anote-se que há *casos em que o réu pode formular pedido na própria contestação*, como ocorre nas "ações dúplices", como, *v.g.*, na ação possessória em que se admite que o demandado formule pedido de proteção possessória na própria contestação; assim também na ação renovatória, em que o locador, além de se opor ao pedido de recondução do vínculo, pode ainda deduzir pretensão desalijatória do inquilino.

A *reconvenção* faz exsurgir no processo uma *cumulação* objetiva de pedidos, de caráter contrastante, viabilizando ao juiz, numa só sentença, julgar a ação e a reconvenção, revelando sob esse aspecto inequívoca influência do princípio da economia processual.[101]

Seguindo esse desígnio de conferir por meio do processo um máximo de resultado, a reconvenção exige que o réu, para manejá-la, preencha alguns requisitos que tornem possível esse contra-ataque. Assim, *v.g.*, *entre a ação e a reconvenção* deve haver um vínculo, de sorte que não é qualquer pretensão que o réu pode formular na via reconvencional, senão algo "conexo" com aquilo que está sendo discutido. Nesse sentido, a lei exige que haja conexão entre a reconvenção e o fundamento da ação ou o fundamento da defesa. Assim, essa via processual há de se ligar à ação principal ou por um liame com a causa de pedir ou com a base da defesa. Dessa forma, *v.g.*, o réu pode, com base no mesmo contrato invocado como fundamento do pedido do autor, formular em reconvenção um pedido em seu favor; ou, com base na defesa de compensação de dívidas, cobrar o resíduo de seu crédito via pedido reconvencional.

Conforme as disposições do Novo CPC, a reconvenção pode ser apresentada na própria via da contestação, não sendo necessário a confecção de peça autônoma separada (art. 343).[102] A partir de sua proposição – que independe do oferecimento de resposta à pretensão do autor (§ 6º) –, intimar-se-á o autor na pessoa de seu advogado

---

[99] Chiovenda referia-se à reconvenção como "una azione del convenutto", *Principii di Diritto processuale civile*, 1928, p. 1.138.

[100] Para Mario Dini a diferença fundamental é que, enquanto o réu se defende, o "objeto do processo se mantém inalterado, ao passo que se alarga e duplica-se com a propositura da demanda reconvencional", *La domanda riconvenzionale nel Diritto processuale civile*, 1978, p. 82.

[101] No Direito romano, no tempo do processo formulário, já se admitia a reconvenção como forma de dilargar a defesa do réu, mas também de "economia de tempo e despesa" (Manuel Aureliano Gusmão, *Processo civil e comercial*, 1934, p. 473).

[102] **"Art. 343.** Na contestação, é lícito ao réu propor reconvenção para manifestar pretensão própria, conexa com a ação principal ou com o fundamento da defesa.

(trata-se de intimação, não de citação, já que se trata de parte já constituída da relação jurídica processual), para que apresente resposta no prazo de 15 (quinze) dias.[103]

Ademais, apesar de sua conexão necessária, trata-se de demanda autônoma, pelo que a desistência da ação inicial ou a ocorrência de causa extintiva que impeça seu exame mérito não impede que o processo prossiga quanto à reconvenção (§ 2º).

É possível, na reconvenção, acrescentar novas partes ao lado do autor, hipótese em que se terá, também, uma ampliação subjetiva (§ 3º). De modo paralelo, a reconvenção pode ser proposta pelo réu em litisconsórcio com terceiro (§ 4º), que antes não era parte do processo original. No caso em que o autor seja substituto processual (legitimação extraordinária), o reconvinte deverá afirmar a titularidade do direito alegado em face do substituído (parte em sentido material), sendo a reconvenção proposta em face do autor (parte em sentido processual), que exercerá tal posição também na qualidade de substituto processual (§ 5º).

2.6.5 A revelia

Como já adiantado, o réu que não oferece defesa confrontando-a com o pedido do autor diz-se "revel" e sofre, como principal consequência de sua inação, em razão de não colaborar com a reconstrução da verdade necessária à expedição de uma solução justa, "a presunção da veracidade dos fatos afirmados." Trata-se do *efeito material* da revelia, que somente cede às exceções legais do art. 345 do CPC:[104] existência de pluralidade de réus, em que algum deles conteste a ação; litígio que verse sobre direitos

---

§ 1º Proposta a reconvenção, o autor será intimado, na pessoa de seu advogado, para apresentar resposta no prazo de 15 (quinze) dias.

§ 2º A desistência da ação ou a ocorrência de causa extintiva que impeça o exame de seu mérito não obsta ao prosseguimento do processo quanto à reconvenção.

§ 3º A reconvenção pode ser proposta contra o autor e terceiro.

§ 4º A reconvenção pode ser proposta pelo réu em litisconsórcio com terceiro.

§ 5º Se o autor for substituto processual, o reconvinte deverá afirmar ser titular de direito em face do substituído, e a reconvenção deverá ser proposta em face do autor, também na qualidade de substituto processual.

§ 6º O réu pode propor reconvenção independentemente de oferecer contestação."

[103] **Enunciado 120 da II Jornada de Direito Processual Civil do CJF: Deve o juiz determinar a emenda também na reconvenção, possibilitando ao reconvinte, a fim de evitar a sua rejeição prematura, corrigir defeitos e/ou irregularidades.**

[104] "**Art. 345**. A revelia não produz o efeito mencionado no art. 344 se:

I – havendo pluralidade de réus, algum deles contestar a ação;

II – o litígio versar sobre direitos indisponíveis;

III – a petição inicial não estiver acompanhada de instrumento que a lei considere indispensável à prova do ato;

IV – as alegações de fato formuladas pelo autor forem inverossímeis ou estiverem em contradição com prova constante dos autos."

indisponíveis; petição inicial desacompanhada de instrumento que a lei considere indispensável à prova do ato; e alegações de fato formuladas pelo autor que se mostrem inverossímeis ou estejam em contradição com prova constante dos autos.

Ainda, a revelia também não se opera quando curador especial funciona em prol do revel, nos precisos termos do inciso II do art. 72 do CPC.[105] Há, também, outros casos em que a lei prevê a revelia incidente do réu, como, *v.g.*, no art. 76, § 1º, II, do CPC,[106] a qual pode ocorrer mesmo depois de apresentada a resposta.

Deveras, além da presunção da veracidade, exatamente porque o réu abdica do contraditório em momento tão especial quanto o da defesa, a lei permite que a bilateralidade processual (*audiatur et altera pars*) seja mitigada à luz do art. 346 do CPC,[107] que prevê que os prazos contra o revel que não tenha advogado constituído nos autos fluirão da data de publicação do ato decisório no órgão oficial. Trata-se do efeito processual da revelia. Entretanto, mesmo nessas situações, assegura-se ao revel a possibilidade de intervenção no processo em qualquer fase, recebendo-o, porém, no estado em que se encontrar.

2.7 A AUDIÊNCIA DE CONCILIAÇÃO OU DE MEDIAÇÃO

No afã de privilegiar as formas de autocomposição como meios mais adequados de resolução dos conflitos, o Novo Código se insere em um contexto de uma nova *onda renovatória do acesso à jurisdição*, na qual as próprias partes efetivamente *participam* da construção da solução judicial ao problema apresentado. Com esse intuito principal, o CPC/2015 passou a prever uma nova etapa processual antes que o réu apresente resposta, sendo este citado para comparecer a uma audiência inaugural de

---

[105] "**Art. 72.** O juiz nomeará curador especial ao:

[...]

II – réu preso revel, bem como ao réu revel citado por edital ou com hora certa, enquanto não for constituído advogado."

[106] "**Art. 76.** Verificada a incapacidade processual ou a irregularidade da representação da parte, o juiz suspenderá o processo e designará prazo razoável para que seja sanado o vício.

§ 1º Descumprida a determinação, caso o processo esteja na instância originária:

I – o processo será extinto, se a providência couber ao autor;

II – o réu será considerado revel, se a providência lhe couber;

III – o terceiro será considerado revel ou excluído do processo, dependendo do polo em que se encontre.

§ 2º Descumprida a determinação em fase recursal perante tribunal de justiça, tribunal regional federal ou tribunal superior, o relator:

I – não conhecerá do recurso, se a providência couber ao recorrente;

II – determinará o desentranhamento das contrarrazões, se a providência couber ao recorrido."

[107] "**Art. 346.** Os prazos contra o revel que não tenha patrono nos autos fluirão da data de publicação do ato decisório no órgão oficial.

Parágrafo único. O revel poderá intervir no processo em qualquer fase, recebendo-o no estado em que se encontrar."

Capítulo II · A FORMAÇÃO DA RELAÇÃO JURÍDICA PROCESSUAL | **119**

conciliação ou de mediação. O legislador priorizou a solução consensual do conflito (art. 3º)[108] de maneira específica nessa etapa processual, antes que o réu *se arme para o processo*, como tentativa de ensejar um ambiente que favoreça a solução consensual.

A lei prevê prazos mínimos de antecedência para a referida audiência: o juiz deve designá-la com antecedência mínima de 30 dias (art. 334), sendo o réu citado, ao menos, com 20 dias de antecedência (art. 334).[109-110]

---

[108] "**Art. 3º** Não se excluirá da apreciação jurisdicional ameaça ou lesão a direito.

§ 1º É permitida a arbitragem, na forma da lei.

§ 2º O Estado promoverá, sempre que possível, a solução consensual dos conflitos.

§ 3º A conciliação, a mediação e outros métodos de solução consensual de conflitos deverão ser estimulados por juízes, advogados, defensores públicos e membros do Ministério Público, inclusive no curso do processo judicial."

[109] "**Art. 334.** Se a petição inicial preencher os requisitos essenciais e não for o caso de impro-cedência liminar do pedido, o juiz designará audiência de conciliação ou de mediação com antecedência mínima de 30 (trinta) dias, devendo ser citado o réu com pelo menos 20 (vinte) dias de antecedência.

§ 1º O conciliador ou mediador, onde houver, atuará necessariamente na audiência de con-ciliação ou de mediação, observando o disposto neste Código, bem como as disposições da lei de organização judiciária.

§ 2º Poderá haver mais de uma sessão destinada à conciliação e à mediação, não podendo exceder a 2 (dois) meses da data de realização da primeira sessão, desde que necessárias à composição das partes.

§ 3º A intimação do autor para a audiência será feita na pessoa de seu advogado.

§ 4º A audiência não será realizada:

I – se ambas as partes manifestarem, expressamente, desinteresse na composição consensual;

II – quando não se admitir a autocomposição.

§ 5º O autor deverá indicar, na petição inicial, seu desinteresse na autocomposição, e o réu deverá fazê-lo, por petição, apresentada com 10 (dez) dias de antecedência, contados da data da audiência.

§ 6º Havendo litisconsórcio, o desinteresse na realização da audiência deve ser manifestado por todos os litisconsortes.

§ 7º A audiência de conciliação ou de mediação pode realizar-se por meio eletrônico, nos termos da lei.

§ 8º O não comparecimento injustificado do autor ou do réu à audiência de conciliação é considerado ato atentatório à dignidade da justiça e será sancionado com multa de até dois por cento da vantagem econômica pretendida ou do valor da causa, revertida em favor da União ou do Estado.

§ 9º As partes devem estar acompanhadas por seus advogados ou defensores públicos.

§ 10. A parte poderá constituir representante, por meio de procuração específica, com poderes para negociar e transigir.

§ 11. A autocomposição obtida será reduzida a termo e homologada por sentença.

§ 12. A pauta das audiências de conciliação ou de mediação será organizada de modo a res-peitar o intervalo mínimo de 20 (vinte) minutos entre o início de uma e o início da seguinte."

[110] **Enunciado 23 da I Jornada de Direito Processual Civil do CJF:** Na ausência de auxiliares da justiça, o juiz poderá realizar a audiência inaugural do art. 334 do CPC, especialmente se a hipótese for de conciliação.

120 | PROCESSO CIVIL CONTEMPORÂNEO – *Luiz Fux*

Excepcionalmente, a audiência pode não ocorrer, pelo que quanto a ela vige um sistema de *obrigatoriedade mitigada*: em regra, deve ser realizada, mas é possível que não o seja. Para tanto, exige-se a demonstração de desinteresse bilateral, isto é, por autor e réu (ou, em havendo litisconsórcio, por todos os litisconsortes – art. 334, § 6º); ou a impossibilidade de autocomposição sobre a matéria (art. 334, § 4º).

Na primeira hipótese, o autor deverá indicar seu desinteresse já em sua petição inicial. O réu, por sua vez, deve fazê-lo por petição, com antecedência mínima de 10 dias (§ 5º).

Em tais audiências, as partes podem ser representadas por procurador com poderes especiais para transigir (§ 10), e deverão sempre estar acompanhadas por advogado (na pessoa de quem será intimado o autor – § 3º) ou defensor público (§ 9º).

É possível que haja mais de uma sessão para que se busque a autocomposição, não se permitindo, porém, que o lapso entre um e outro encontro seja superior a 2 meses (§ 2º). A pauta de audiências deve guardar intervalo mínimo de 20 minutos entre uma e outra (§ 12), tempo indicado pelo legislador como o menor tempo razoável para que se atinja a solução para o conflito.

Caso alguma das partes não compareça injustificadamente, incidirá sanção de multa pela prática de ato atentatório à dignidade da justiça, consubstanciada na quantia de até dois por cento do valor da causa, a ser revertida em favor da União ou do Estado, a depender da competência para julgamento da matéria (§ 8º). A lei autoriza, ainda, que a audiência ocorra por meio eletrônico (§ 7º).

Enunciado 24 da I Jornada de Direito Processual Civil do CJF: Havendo a Fazenda Pública publicizado ampla e previamente as hipóteses em que está autorizada a transigir, pode o juiz dispensar a realização da audiência de mediação e conciliação, com base no art. 334, § 4º, II, do CPC, quando o direito discutido na ação não se enquadrar em tais situações.

Enunciado 25 da I Jornada de Direito Processual Civil do CJF: As audiências de conciliação ou mediação, inclusive dos juizados especiais, poderão ser realizadas por videoconferência, áudio, sistemas de troca de mensagens, conversa on-line, conversa escrita, eletrônica, telefônica e telemática ou outros mecanismos que estejam à disposição dos profissionais da autocomposição para estabelecer a comunicação entre as partes.

Enunciado 26 da I Jornada de Direito Processual Civil do CJF: A multa do § 8º do art. 334 do CPC não incide no caso de não comparecimento do réu intimado por edital.

Enunciado 67 da I Jornada de Direito Processual Civil do CJF: Há interesse recursal no pleito da parte para impugnar a multa do art. 334, § 8º, do CPC por meio de apelação, embora tenha sido vitoriosa na demanda.

Enunciado 121 da II Jornada de Direito Processual Civil do CJF: Não cabe aplicar multa a quem, comparecendo à audiência do art. 334 do CPC, apenas manifesta desinteresse na realização de acordo, salvo se a sessão foi designada unicamente por requerimento seu e não houver justificativa para a alteração de posição.

Em sobrevindo autocomposição, o acordo será reduzido a termo (§ 11). Caso contrário, seguirá o processo para a fase da resposta do réu (art. 335, I),[111] objeto de estudo *supra*.

---

[111] **Enunciado 122 da II Jornada de Direito Processual Civil do CJF:** O prazo de contestação é contado a partir do primeiro dia útil seguinte à realização da audiência de conciliação ou mediação, ou da última sessão de conciliação ou mediação, na hipótese de incidência do art. 335, inciso I, do CPC.

Capítulo III
AS PROVIDÊNCIAS PRELIMINARES E O SANEAMENTO

3.1 A FASE DE SANEAMENTO

3.1.1 Aspectos gerais

Após a perfectibilização da formação da relação jurídica processual e o transcurso do prazo para resposta do réu, abrem-se ao juiz alguns caminhos processuais diversos, conforme os fatos processuais ocorridos até então. Nesse sentido, o art. 347 do Novo Código dispõe que "Findo o prazo para a contestação, o juiz tomará, conforme o caso, as providências preliminares constantes das seções deste Capítulo."

Com efeito, o processo se inicia pela fase de postulação e se ultima pela etapa da decisão, que encerra o processo de conhecimento no seu iter em primeiro grau de jurisdição. Entrementes, ao juiz cabe verificar a regularidade do instrumento por meio do qual se presta a justiça postulada, porquanto a decisão de mérito não pode ser resultado de um processo defeituoso, como, *v.g.*, aquele que transcorre sem obediência de suas formalidades.[1] Por outro lado, cabe ao magistrado observar o momento próprio para a sua decisão, evitando que o processo prossiga inutilmente, como *v.g.*, nos casos em que todas as provas já se encontram recolhidas nos autos, diferentemente de outros em que a realização da audiência é imperiosa, impedindo, assim, a imediata apreciação do pedido.

Estas circunstâncias são aferidas pelo juiz na fase de *saneamento do processo*, em que, sinteticamente, o magistrado avalia a "utilidade do processo" e a "necessidade em se prosseguir" com destino ao julgamento do mérito.

---

[1] Representa um anseio antiquíssimo este, da separação das questões formais, daquelas de mérito, para permitir um julgamento imune de vícios. **Chiovenda** apontava para o direito intermédio como origem desta estratégia através das *preparatoria iudici*. Modernamente a fonte certa é a "primeira audiência" do processo austríaco onde se efetiva essa separação das questões formais e das questões de mérito. Um estudo comparativo sintético é trazido a lume por **Egas Moniz** na conferência antes citada. **Barbosa Moreira**, com mais profundidade realiza análise atualíssima, *in Temas*, Quarta Série, p. 105-141. Muito embora haja diversidade entre os sistemas da *Common Law* e o nosso do *Civil Law*, aponta-se no Direito americano o *pre-trial* e no Direito inglês as *Summons for Directions* como institutos semelhantes à nossa preparação para o julgamento do mérito com o enfrentamento prévio das questões formais.

Em face desse escopo, a fase de saneamento subdivide-se em atividades conducentes à aferição da utilidade e da necessidade do prosseguimento do processo. Assim é que, se o processo revela defeito formal, o juiz pode extingui-lo sem resolução do mérito ou determinar providências saneadoras.

Ao ângulo da necessidade, é possível que as provas já se apresentem completas, hipótese em que a causa comporta *julgamento antecipado*, possibilidade que se repete quando há autocomposição dos interessados. A revelia do réu, por seu turno, dispensa maiores pesquisas probatórias pela incidência da "presunção de veracidade" dos fatos afirmados, salvo as exceções legais (art. 345 do Novo CPC).[2]

Diversamente, fazendo-se mister a realização de novas provas, cabe ao juiz declarar que o processo, não obstante imune de vícios, precisa prosseguir na colheita de novos elementos, caso em que profere o "saneamento propriamente dito", encaminhando o processo em direção à necessária "instrução e julgamento", tema do próximo capítulo.[3]

Às avaliações realizadas pelo juiz quanto à utilidade e à necessidade de prosseguir no processo o legislador denominou de julgamento conforme o estado do processo, que pode admitir uma extinção imediata ou sua continuação. Dessa forma, a primeira das avaliações pode conduzir à determinação de atividades a serem exercidas pelas partes que o Código denominou de providências preliminares. A segunda corresponde ao julgamento conforme o estado do processo.

Cumpre destacar que as providências preliminares decorrem dos atos postulatórios anteriormente praticados e visam a manter o processo sob o domínio do contraditório, razão da especificidade das providências que adiante serão analisadas. O estado do processo indica se o juiz deve terminar a relação processual sem resolução do mérito, apreciá-lo de imediato (porquanto pronta a causa para julgamento) ou dilargá-la, conduzindo o processo à audiência, depois de considerá-lo imune de vícios e declará-lo saneado.

As providências a serem tomadas dependerão da existência ou não de resposta do réu, do conteúdo dessa resposta e, não existindo, da incidência ou não dos efeitos

---

[2] "**Art. 345**. A revelia não produz o efeito mencionado no art. 344 se:

I – havendo pluralidade de réus, algum deles contestar a ação;

II – o litígio versar sobre direitos indisponíveis;

III – a petição inicial não estiver acompanhada de instrumento que a lei considere indispensável à prova do ato;

IV – as alegações de fato formuladas pelo autor forem inverossímeis ou estiverem em contradição com prova constante dos autos."

[3] Consoante lição ainda atual de **Liebman**: "Todas as atividades que se realizam até o despacho saneador, inclusive, têm a natureza de uma *contentio de ordenando judicio* e a função de abrir o caminho e preparar tecnicamente o verdadeiro debate sobre a lide, que deve fazer-se na audiência" (*in Estudos sobre o Processo Civil Brasileiro*, 1947, p. 119).

Capítulo III · AS PROVIDÊNCIAS PRELIMINARES E O SANEAMENTO | 125

da revelia. A partir de então, será possível a extinção liminar do processo, o julgamento antecipado do mérito (integral ou parcial)[4] ou o saneamento e a organização do processo para que siga à fase de instrução.

Essas etapas consubstanciam a fase de saneamento do processo (caso não se dê sua extinção desde logo), que se encerra com uma decisão judicial que organiza o feito para que este possa prosseguir. A despeito de este ato judicial ser tradicionalmente chamado de *despacho saneador*, trata-se de ato com induvidoso conteúdo decisório.

3.1.2 Providências preliminares

As providências preliminares propriamente ditas se encontram enumeradas nos arts. 347 a 353 do Novo Código. Os dois tipos mais usuais dessas providências são a abertura de prazo para que o autor se manifeste (seja ele o autor original ou o reconvinte) e a determinação de correção de irregularidades ou nulidades sanáveis porventura existentes, antes que se proceda ao julgamento de mérito.

A nova manifestação do autor após a contestação é usualmente denominada de réplica, que terá lugar quando o réu alegar, em sua resposta, algum fato impeditivo, modificativo ou extintivo do direito do autor (art. 350)[5] ou quando o réu alegar qualquer das matérias preliminares arroladas no art. 337 (art. 351).[6] Nessas duas situações, o juiz determinará a oitiva do autor no prazo de 15 (quinze) dias, permitindo-lhe, inclusive, a produção de prova.

De outro lado, o art. 352[7] dispõe que, caso o juiz verifique a existência de irregularidades ou de vícios sanáveis, deverá determinar sua correção em prazo por ele fixado e nunca superior a 30 (trinta) dias. O dispositivo ratifica o ideal do Novo Código de possibilitar às partes a resolução do mérito da causa (e, portanto, do conflito social nela versado), evitando que tais vícios impeçam sua análise em um momento processual posterior.

Caso o réu não tenha contestado a ação, deverá o juiz verificar se incidem ou não os efeitos da revelia, em especial seu efeito material de presunção relativa de

---

[4] **Enunciado 125 da II Jornada de Direito Processual Civil do CJF:** A decisão parcial de mérito não pode ser modificada senão em decorrência do recurso que a impugna.
Enunciado 126 da II Jornada de Direito Processual Civil do CJF: O juiz pode resolver parcialmente o mérito, em relação à matéria não afetada para julgamento, nos processos suspensos em razão de recursos repetitivos, repercussão geral, incidente de resolução de demandas repetitivas ou incidente de assunção de competência.

[5] "**Art. 350.** Se o réu alegar fato impeditivo, modificativo ou extintivo do direito do autor, este será ouvido no prazo de 15 (quinze) dias, permitindo-lhe o juiz a produção de prova."

[6] "**Art. 351.** Se o réu alegar qualquer das matérias enumeradas no art. 337, o juiz determinará a oitiva do autor no prazo de 15 (quinze) dias, permitindo-lhe a produção de prova."

[7] "**Art. 352.** Verificando a existência de irregularidades ou de vícios sanáveis, o juiz determinará sua correção em prazo nunca superior a 30 (trinta) dias."

126 | PROCESSO CIVIL CONTEMPORÂNEO – *Luiz Fux*

veracidade das alegações autorais. Se for o caso de sua não incidência (como por exemplo nas situações descritas no art. 345 do Novo Código), o juiz deverá ordenar que o autor especifique as provas que pretenda produzir, se ainda não as tiver indicado em momento anterior (art. 348).[8]

Em todo caso, não se impede a possibilidade de que o réu revel produza provas no curso do processo em contraposição às alegações do autor, já que se trata de consectário direto de seu direito fundamental ao contraditório. Entretanto, essa possibilidade de produção de provas pelo revel depende da formalização de sua representação nos autos a tempo de praticar os atos processuais indispensáveis a sua realização (art. 349).[9]

Cumpridas essas providências preliminares ou não havendo necessidade de sua prática, proceder-se-á ao julgamento conforme o estado do processo, abrindo-se as possibilidades de extinção liminar do processo, de julgamento antecipado do mérito (integral ou parcial)[10] ou do saneamento e organização do processo.

3.2 JULGAMENTO CONFORME O ESTADO DO PROCESSO

3.2.1 Da extinção do processo

A primeira possibilidade sobre a qual trata o Novo Código é a extinção do processo, que terá lugar caso ocorra alguma das situações previstas nos arts. 485 ou 487, II e III (art. 354).[11]

O art. 485[12] trata das situações em que o juiz extinguirá o processo sem resolver o mérito, não se formando coisa julgada material. Não se resolverá o mérito quando:

---

[8] "**Art. 348.** Se o réu não contestar a ação, o juiz, verificando a inocorrência do efeito da revelia previsto no art. 344, ordenará que o autor especifique as provas que pretenda produzir, se ainda não as tiver indicado."

[9] "**Art. 349.** Ao réu revel será lícita a produção de provas, contrapostas às alegações do autor, desde que se faça representar nos autos a tempo de praticar os atos processuais indispensáveis a essa produção."

[10] **Enunciado 125 da II Jornada de Direito Processual Civil do CJF:** A decisão parcial de mérito não pode ser modificada senão em decorrência do recurso que a impugna.

Enunciado 126 da II Jornada de Direito Processual Civil do CJF: O juiz pode resolver parcialmente o mérito, em relação à matéria não afetada para julgamento, nos processos suspensos em razão de recursos repetitivos, repercussão geral, incidente de resolução de demandas repetitivas ou incidente de assunção de competência.

[11] "**Art. 354.** Ocorrendo qualquer das hipóteses previstas nos arts. 485 e 487, incisos II e III, o juiz proferirá sentença.

Parágrafo único. A decisão a que se refere o *caput* pode dizer respeito a apenas parcela do processo, caso em que será impugnável por agravo de instrumento."

[12] **Enunciado 5 da I Jornada de Direito Processual Civil do CJF:** Ao proferir decisão parcial de mérito ou decisão parcial fundada no art. 485 do CPC, condenar-se-á proporcionalmente o vencido a pagar honorários ao advogado do vencedor, nos termos do art. 85 do CPC.

I – for o caso de indeferimento da petição inicial: as hipóteses que ensejam o indeferimento da petição inicial estão arroladas no art. 330 do CPC, já analisadas, quais sejam: inépcia, manifesta ilegitimidade de parte, ausência de interesse processual do autor, vícios na representação processual ou a não sanação de defeitos e irregularidades capazes de dificultar o julgamento de mérito.

II – o processo ficar parado durante mais de 1 (um) ano por negligência das partes: nesse caso, antes da extinção, a parte deverá ser intimada pessoalmente para suprir a falta no prazo de 5 (cinco) dias (§ 1º). Em caso de extinção, as partes pagarão proporcionalmente as custas (§ 2º, primeira parte). Caso já tenha sido apresentada a contestação, a extinção do processo por abandono da causa pelo autor depende de requerimento do réu, já que também este tem interesse na resolução do mérito da causa.

III – por não promover os atos e as diligências que lhe incumbir, o autor abandonar a causa por mais de 30 (trinta) dias: também nesse caso, antes da extinção, a parte deverá ser intimada pessoalmente para suprir a falta no prazo de 5 (cinco) dias (§ 1º). Em caso de extinção, o autor será condenado ao pagamento das despesas e dos honorários de advogado (§ 2º, segunda parte). De igual forma, se já houver sido apresentada a contestação, a extinção do processo por abandono da causa pelo autor depende de requerimento do réu, já que também este tem interesse na resolução do mérito da causa.

IV – verificar a ausência de pressupostos de constituição e de desenvolvimento válido e regular do processo: essa situação poderá ser conhecida de ofício pelo juiz em qualquer tempo e grau de jurisdição, enquanto não ocorrer o trânsito em julgado (§ 3º).

V – reconhecer a existência de peremção, de litispendência ou de coisa julgada: também essa situação poderá ser conhecida de ofício pelo juiz em qualquer tempo e grau de jurisdição, enquanto não ocorrer o trânsito em julgado (§ 3º).

VI – verificar ausência de legitimidade ou de interesse processual: também essa situação poderá ser conhecida de ofício pelo juiz em qualquer tempo e grau de jurisdição, enquanto não ocorrer o trânsito em julgado (§ 3º).

VII – acolher a alegação de existência de convenção de arbitragem ou quando o juízo arbitral reconhecer sua competência.

VIII – homologar a desistência da ação: oferecida a contestação, o autor não poderá desistir da ação de forma unilateral, para o que dependerá do consentimento do réu (§ 4º). O Novo Código apresenta uma ligeira diferença em relação ao CPC/1973, já que este fazia referência ao transcurso do prazo para a resposta (art. 267, § 4º),[13] em lugar do oferecimento de resposta pelo réu. Ademais, a desistência da ação só poderá ser apresentada antes da sentença (§ 5º).

---

[13] "**Art. 267**, § 4º Depois de decorrido o prazo para a resposta, o autor não poderá, sem o consentimento do réu, desistir da ação."

128 | PROCESSO CIVIL CONTEMPORÂNEO – *Luiz Fux*

IX – em caso de morte da parte, a ação for considerada intransmissível por disposição legal: também essa situação poderá ser conhecida de ofício pelo juiz em qualquer tempo e grau de jurisdição, enquanto não ocorrer o trânsito em julgado (§ 3º).

X – nos demais casos prescritos no Código.

Todas essas hipóteses serão reconhecidas em sentença, contra a qual será cabível o recurso de apelação com efeito regressivo, já que subsiste a possibilidade de retratação pelo juízo de primeiro grau (§ 7º).

Já os incisos II e III do art. 487 veiculam hipóteses em que o processo será extinto com resolução do mérito, formando-se coisa julgada material. Essas situações ocorrerão quando o juiz:

II – decidir, de ofício ou a requerimento, sobre a ocorrência de decadência ou prescrição;

III – homologar: a) o reconhecimento da procedência do pedido formulado na ação ou na reconvenção; b) a transação; c) a renúncia à pretensão formulada na ação ou na reconvenção.

Não se alcança, nesse momento processual inicial, o acolhimento ou rejeição do pedido (inciso I do art. 487), já que este dependerá, em regra, da prévia instrução processual. Em caso contrário, será o caso de julgamento antecipado de mérito, situação analisada na sequência.

Por fim, o Código destaca que essas situações de extinção do processo (com ou sem resolução do mérito) poderão ser parciais, isto é, dizer respeito apenas a parcela do feito (art. 354, parágrafo único). Nesse caso, caberá agravo de instrumento contra a decisão judicial, prosseguindo o processo quanto à parte não extinta.

3.2.2 Do julgamento antecipado do mérito

O próximo caminho do qual trata o Novo Código é o julgamento antecipado do mérito, hipótese em que haverá apreciação da procedência ou improcedência do pedido. Nessas situações, haverá a prolação de sentença com resolução do mérito (art. 355 do CPC).[14-15]

---

[14] "**Art. 355.** O juiz julgará antecipadamente o pedido, proferindo sentença com resolução de mérito, quando:

I – não houver necessidade de produção de outras provas;

II – o réu for revel, ocorrer o efeito previsto no art. 344 e não houver requerimento de prova, na forma do art. 349."

[15] **Enunciado 27 da I Jornada de Direito Processual Civil do CJF:** Não é necessário o anúncio prévio do julgamento do pedido nas situações do art. 355 do CPC.

Capítulo III · AS PROVIDÊNCIAS PRELIMINARES E O SANEAMENTO | **129**

É possível apreciar antecipadamente o pedido quando:

> *I – não houver necessidade de produção de outras provas*: nessas situações, dispensa-se a fase instrutória, seguindo-se direto à etapa decisória.
>
> *II – o réu for revel, ocorrer o efeito material da revelia – presunção de veracidade dos fatos alegados pelo autor (art. 344) e não houver requerimento de prova pelo réu revel (art. 349)*: essa segunda hipótese reclama a presença de três requisitos cumulativos: a) a ausência de resposta do réu, que deverá ser revel; b) a incidência dos efeitos materiais da revelia (não poderá ocorrer uma das hipóteses do art. 345, portanto); c) não haja requerimento de provas formulado tempestivamente pelo réu revel devidamente representado, na forma do art. 349 do Novo Código.

Esse julgamento antecipado poderá se dar também de forma parcial quando essas duas hipóteses indicadas ocorram apenas em relação a parte dos pedidos formulados ou quando não haja controvérsia quanto a essa parte (art. 356).[16-17] A iliquidez da obrigação não impede a apreciação antecipada e parcial dos pedidos (§ 1º), podendo a parte favorecida liquidar ou executar, desde logo, a parcela já reconhecida na decisão que julgar parcialmente o mérito, independentemente de caução, ainda que haja recurso contra essa interposto (§ 2º). Sobrevindo o trânsito em julgado, a execução será definitiva (§ 3º).

A disposição é mais uma previsão a indicar a preocupação do novo Código com a celeridade da duração dos processos, que deve ser buscada também na fase de satisfação e execução de um direito já reconhecido judicialmente.

Caso a solução antecipada de mérito seja integral, o recurso cabível será a apelação. Entretanto, caso se trate de julgamento antecipado parcial do mérito, será cabível o

---

[16] "**Art. 356.** O juiz decidirá parcialmente o mérito quando um ou mais dos pedidos formulados ou parcela deles:

I – mostrar-se incontroverso;

II – estiver em condições de imediato julgamento, nos termos do art. 355.

§ 1º A decisão que julgar parcialmente o mérito poderá reconhecer a existência de obrigação líquida ou ilíquida.

§ 2º A parte poderá liquidar ou executar, desde logo, a obrigação reconhecida na decisão que julgar parcialmente o mérito, independentemente de caução, ainda que haja recurso contra essa interposto.

§ 3º Na hipótese do § 2º, se houver trânsito em julgado da decisão, a execução será definitiva.

§ 4º A liquidação e o cumprimento da decisão que julgar parcialmente o mérito poderão ser processados em autos suplementares, a requerimento da parte ou a critério do juiz.

§ 5º A decisão proferida com base neste artigo é impugnável por agravo de instrumento."

[17] **Enunciado 117 da II Jornada de Direito Processual Civil do CJF:** O art. 356 do CPC pode ser aplicado nos julgamentos dos tribunais.

130 PROCESSO CIVIL CONTEMPORÂNEO – *Luiz Fux*

recurso de agravo de instrumento (art. 356, § 5º),[18] em sintonia com o que prevê o art. 1.015, II, do Novo CPC. A decisão que julga parcialmente o pedido contra a Fazenda Pública se sujeita à remessa necessária nas hipóteses exigidas pelo art. 496 do CPC/2015. Nesses casos, nada obstante o cabimento do agravo de instrumento, não haverá preclusão caso este não seja interposto, devendo o Tribunal apreciar a parcela antecipadamente julgada, como condição para a sua eficácia, após a prolação da sentença final.

3.3 DECISÃO DE SANEAMENTO E ORGANIZAÇÃO DO PROCESSO

Não ocorrendo qualquer das hipóteses apontadas (extinção do processo ou julgamento antecipado do mérito), o juiz deverá proferir a decisão de saneamento e de organização do processo, que tem por objetivo principal sua preparação para a promoção da instrução processual e o posterior julgamento do feito.

Dentre as providências que deverão ser tomadas neste momento processual estão (art. 357):[19]

> *I – resolução das questões processuais pendentes existentes;*
>
> *II – delimitação das questões de fato sobre as quais recairá a fase instrutória, especificando desde já quais os meios de prova admitidos;*
>
> *III – definição da distribuição do ônus da prova*: em regra, o Novo Código ainda adota a distribuição estática do ônus da prova, mas há maiores possibilidades de flexibilização em direção à distribuição dinâmica. Segundo as disposições do art. 373, o ônus da prova incumbe ao autor, em relação aos fatos constitutivos de seu direito; e ao réu, quanto aos fatos impeditivos, modificativos ou extintivos do direito do autor. Entretanto, quando houver previsão específica em lei (inversão *ope legis*, *v.g.*: art. 6º, VIII, do Código de Defesa do Consumidor) ou frente a peculiaridades da causa que revelem a impossibilidade ou a excessiva dificuldade de cumprimento do encargo probatório estático ou mesmo quando exista maior facilidade de obtenção da prova do fato por uma das partes, poderá o juiz atribuir o ônus da prova de modo diverso (inversão *ope judicis*). Essa inversão deverá se dar por meio de decisão fundamentada (art. 93, IX, da CRFB/1988) e em momento processual

---

[18] **Enunciado 61 da I Jornada de Direito Processual Civil do CJF:** Deve ser franqueado às partes sustentar oralmente as suas razões, na forma e pelo prazo previsto no art. 937, *caput*, do CPC, no agravo de instrumento que impugne decisão de resolução parcial de mérito (art. 356, § 5º, do CPC).

Enunciado 125 da II Jornada de Direito Processual Civil do CJF: A decisão parcial de mérito não pode ser modificada senão em decorrência do recurso que a impugna.

Enunciado 126 da II Jornada de Direito Processual Civil do CJF: O juiz pode resolver parcialmente o mérito, em relação à matéria não afetada para julgamento, nos processos suspensos em razão de recursos repetitivos, repercussão geral, incidente de resolução de demandas repetitivas ou incidente de assunção de competência.

[19] **Enunciado 28 da I Jornada de Direito Processual Civil do CJF:** Os incisos do art. 357 do CPC não exaurem o conteúdo possível da decisão de saneamento e organização do processo.

Capítulo III · AS PROVIDÊNCIAS PRELIMINARES E O SANEAMENTO | **131**

que possibilite à parte à qual conferido o encargo probatório desincumbir-se de tal ônus (trata-se, portanto, de uma *regra de instrução*).

IV – delimitação das questões de direito relevantes para a decisão do mérito;

V – designação, se necessário, de audiência de instrução e julgamento.

Apesar de se tratar de atribuição típica do juiz na condução do processo, o Novo Código abre espaço para maior participação das partes também no saneamento, em consonância com a cláusula geral que permite a entabulação de negócios jurídicos processuais (art. 190)[20-21] e até mesmo a calendarização do procedimento (art. 191).[22-23]

---

[20] **"Art. 190.** Versando o processo sobre direitos que admitam autocomposição, é lícito às partes plenamente capazes estipular mudanças no procedimento para ajustá-lo às especificidades da causa e convencionar sobre os seus ônus, poderes, faculdades e deveres processuais, antes ou durante o processo.

Parágrafo único. De ofício ou a requerimento, o juiz controlará a validade das convenções previstas neste artigo, recusando-lhes aplicação somente nos casos de nulidade ou de inserção abusiva em contrato de adesão ou em que alguma parte se encontre em manifesta situação de vulnerabilidade."

[21] **Enunciado 16 da I Jornada de Direito Processual Civil do CJF:** As disposições previstas nos arts. 190 e 191 do CPC poderão aplicar-se aos procedimentos previstos nas leis que tratam dos juizados especiais, desde que não ofendam os princípios e regras previstos nas Leis n. 9.099/1995, 10.259/2001 e 12.153/2009.

Enunciado 17 da I Jornada de Direito Processual Civil do CJF: A Fazenda Pública pode celebrar convenção processual, nos termos do art. 190 do CPC.

Enunciado 18 da I Jornada de Direito Processual Civil do CJF: A convenção processual pode ser celebrada em pacto antenupcial ou em contrato de convivência, nos termos do art. 190 do CPC.

Enunciado 113 da II Jornada de Direito Processual Civil do CJF: As disposições previstas nos arts. 190 e 191 do CPC poderão ser aplicadas ao procedimento de recuperação judicial.

Enunciado 114 da II Jornada de Direito Processual Civil do CJF: Os entes despersonalizados podem celebrar negócios jurídicos processuais.

Enunciado 115 da II Jornada de Direito Processual Civil do CJF: O negócio jurídico processual somente se submeterá à homologação quando expressamente exigido em norma jurídica, admitindo-se, em todo caso, o controle de validade da convenção.

Enunciado 152 da II Jornada de Direito Processual Civil do CJF: O pacto de impenhorabilidade (arts. 190, 200 e 833, I) produz efeitos entre as partes, não alcançando terceiros.

Enunciado 153 da II Jornada de Direito Processual Civil do CJF: A penhorabilidade dos bens, observados os critérios do art. 190 do CPC, pode ser objeto de convenção processual das partes.

[22] **"Art. 191.** De comum acordo, o juiz e as partes podem fixar calendário para a prática dos atos processuais, quando for o caso.

§ 1º O calendário vincula as partes e o juiz, e os prazos nele previstos somente serão modificados em casos excepcionais, devidamente justificados.

§ 2º Dispensa-se a intimação das partes para a prática de ato processual ou a realização de audiência cujas datas tiverem sido designadas no calendário."

[23] **Enunciado 16 da I Jornada de Direito Processual Civil do CJF:** As disposições previstas nos arts. 190 e 191 do CPC poderão aplicar-se aos procedimentos previstos nas leis que tratam

132 | PROCESSO CIVIL CONTEMPORÂNEO – *Luiz Fux*

Dessarte, é possível que as partes apresentem para homologação judicial a delimitação consensual das questões de fato e de direito a que se referem os itens II e IV referidos. Após a homologação, as partes e o juiz passam a se vincular ao que ali disposto (art. 357, § 2º).[24-25]

Ademais, quando a causa apresente especial complexidade em matéria de fato ou de direito, é possível a designação de audiência para a realização conjunta e coo-

---

dos juizados especiais, desde que não ofendam os princípios e regras previstos nas Leis n. 9.099/1995, 10.259/2001 e 12.153/2009.

Enunciado 113 da II Jornada de Direito Processual Civil do CJF: As disposições previstas nos arts. 190 e 191 do CPC poderão ser aplicadas ao procedimento de recuperação judicial.

[24] **"Art. 357.** Não ocorrendo nenhuma das hipóteses deste Capítulo, deverá o juiz, em decisão de saneamento e de organização do processo:

I – resolver as questões processuais pendentes, se houver;

II – delimitar as questões de fato sobre as quais recairá a atividade probatória, especificando os meios de prova admitidos;

III – definir a distribuição do ônus da prova, observado o art. 373;

IV – delimitar as questões de direito relevantes para a decisão do mérito;

V – designar, se necessário, audiência de instrução e julgamento.

§ 1º Realizado o saneamento, as partes têm o direito de pedir esclarecimentos ou solicitar ajustes, no prazo comum de 5 (cinco) dias, findo o qual a decisão se torna estável.

§ 2º As partes podem apresentar ao juiz, para homologação, delimitação consensual das questões de fato e de direito a que se referem os incisos II e IV, a qual, se homologada, vincula as partes e o juiz.

§ 3º Se a causa apresentar complexidade em matéria de fato ou de direito, deverá o juiz designar audiência para que o saneamento seja feito em cooperação com as partes, oportunidade em que o juiz, se for o caso, convidará as partes a integrar ou esclarecer suas alegações.

§ 4º Caso tenha sido determinada a produção de prova testemunhal, o juiz fixará prazo comum não superior a 15 (quinze) dias para que as partes apresentem rol de testemunhas.

§ 5º Na hipótese do § 3º, as partes devem levar, para a audiência prevista, o respectivo rol de testemunhas.

§ 6º O número de testemunhas arroladas não pode ser superior a 10 (dez), sendo 3 (três), no máximo, para a prova de cada fato.

§ 7º O juiz poderá limitar o número de testemunhas levando em conta a complexidade da causa e dos fatos individualmente considerados.

§ 8º Caso tenha sido determinada a produção de prova pericial, o juiz deve observar o disposto no art. 465 e, se possível, estabelecer, desde logo, calendário para sua realização.

§ 9º As pautas deverão ser preparadas com intervalo mínimo de 1 (uma) hora entre as audiências."

[25] **Enunciado 127 da II Jornada de Direito Processual Civil do CJF:** O juiz pode homologar parcialmente a delimitação consensual das questões de fato e de direito, após consulta às partes, na forma do art. 10 do CPC.

Enunciado 128 da II Jornada de Direito Processual Civil do CJF: Exceto quando reconhecida sua nulidade, a convenção das partes sobre o ônus da prova afasta a redistribuição por parte do juiz.

Capítulo III · AS PROVIDÊNCIAS PRELIMINARES E O SANEAMENTO | **133**

perativa do saneamento com as partes, oportunidade em que poderão integrar ou esclarecer suas alegações (art. 357, § 3º), e haverá especificação da prova testemunhal que se pretenda produzir durante a fase de instrução (art. 357, §§ 4º a 7º).

Caso haja a necessidade de produção de prova pericial ao longo da instrução, o juiz deverá desde logo proceder à nomeação do perito especializado no objeto da perícia (art. 465)[26] e, se possível, fixará o calendário de sua realização (art. 357, § 8º). Destaca-se que também é possível a fixação consensual do perito responsável, atendidas as condições do art. 471 (partes plenamente capazes e causa que possibilite a resolução por autocomposição).

Proferida a decisão de saneamento, as partes podem, no prazo comum de 5 (cinco) dias, solicitar esclarecimentos ou ajustes, após o que aquela decisão se tornará estável (art. 357, § 1º). Não há previsão de recurso específico contra essa decisão, mas é possível a interposição de agravo de instrumento quando este *decisum* verse alguma das matérias elencadas no rol do art. 1.015 do Novo CPC.[27-28] É o que pode

---

[26] "**Art. 465.** O juiz nomeará perito especializado no objeto da perícia e fixará de imediato o prazo para a entrega do laudo.

§ 1º Incumbe às partes, dentro de 15 (quinze) dias contados da intimação do despacho de nomeação do perito:

I – arguir o impedimento ou a suspeição do perito, se for o caso;

II – indicar assistente técnico;

III – apresentar quesitos.

§ 2º Ciente da nomeação, o perito apresentará em 5 (cinco) dias:

I – proposta de honorários;

II – currículo, com comprovação de especialização;

III – contatos profissionais, em especial o endereço eletrônico, para onde serão dirigidas as intimações pessoais.

§ 3º As partes serão intimadas da proposta de honorários para, querendo, manifestar-se no prazo comum de 5 (cinco) dias, após o que o juiz arbitrará o valor, intimando-se as partes para os fins do art. 95.

§ 4º O juiz poderá autorizar o pagamento de até cinquenta por cento dos honorários arbitrados a favor do perito no início dos trabalhos, devendo o remanescente ser pago apenas ao final, depois de entregue o laudo e prestados todos os esclarecimentos necessários.

§ 5º Quando a perícia for inconclusiva ou deficiente, o juiz poderá reduzir a remuneração inicialmente arbitrada para o trabalho.

§ 6º Quando tiver de realizar-se por carta, poder-se-á proceder à nomeação de perito e à indicação de assistentes técnicos no juízo ao qual se requisitar a perícia."

[27] "**Art. 1.015.** Cabe agravo de instrumento contra as decisões interlocutórias que versarem sobre:

I – tutelas provisórias;

II – mérito do processo;

III – rejeição da alegação de convenção de arbitragem;

PROCESSO CIVIL CONTEMPORÂNEO – *Luiz Fux*

ocorrer em relação ao pedido de exibição de documento ou coisa ou sobre a redistribuição do ônus da prova, por exemplo (art. 1.015, VI e XI).

IV – incidente de desconsideração da personalidade jurídica;

V – rejeição do pedido de gratuidade da justiça ou acolhimento do pedido de sua revogação;

VI – exibição ou posse de documento ou coisa;

VII – exclusão de litisconsorte;

VIII – rejeição do pedido de limitação do litisconsórcio;

IX – admissão ou inadmissão de intervenção de terceiros;

X – concessão, modificação ou revogação do efeito suspensivo aos embargos à execução;

XI – redistribuição do ônus da prova nos termos do art. 373, § 1º;

XII – (VETADO);

XIII – outros casos expressamente referidos em lei.

Parágrafo único. Também caberá agravo de instrumento contra decisões interlocutórias proferidas na fase de liquidação de sentença ou de cumprimento de sentença, no processo de execução e no processo de inventário."

[28] **Enunciado 69 da I Jornada de Direito Processual Civil do CJF:** A hipótese do art. 1.015, parágrafo único, do CPC abrange os processos concursais, de falência e recuperação.

Enunciado 71 da I Jornada de Direito Processual Civil do CJF: É cabível o recurso de agravo de instrumento contra a decisão que indefere o pedido de atribuição de efeito suspensivo a Embargos à Execução, nos termos do art. 1.015, X, do CPC.

Capítulo IV
A FASE DE INSTRUÇÃO

4.1 ASPECTOS GERAIS

No processo, as partes sustentam fatos aos quais atribuem efeitos jurídicos, que consubstanciam as suas razões respectivas no sentido de o juiz acolher ou rejeitar o pedido formulado. Os fatos aduzidos pelo autor denominam-se *constitutivos* do seu direito e os formulados pelo demandado, *extintivos, modificativos* ou *impeditivos* do direito do autor. A partir dessa constatação, distribui-se o ônus da prova entre as partes, conforme analisado.

Deveras, o processo é dominado pelo *princípio dispositivo*, de modo que cabe às partes o ônus de comprovar os fatos que lhes são favoráveis. A iniciativa oficial, quando engendrada, opera-se após o empenho dos interessados, e, ainda assim, no afã de o juiz prestar a tutela jurisdicional; por isso, não podendo proferir decisão de insuficiência de prova que o exonere de julgar (*non liquet*), compete-lhe determinar provas suplementares ao descobrimento da verdade. Contudo, o ônus de provar pioneiro é das partes e, mais precisamente, do autor, em razão de sua iniciativa, sem prejuízo das possibilidades *ope legis* e *ope judicis* de distribuição dinâmica deste ônus.

Essa tarefa de levar ao juízo elementos de convicção através dos fatos que alegam denomina-se atividade probatória e opera-se na fase instrutória do processo que antecede a decisão.[1] A atividade probatória, que tem na *audiência de instrução e julgamento* um de seus momentos altos, pode resumir-se num só ato ou em vários atos de colheita da prova, habilitando o julgador à decisão da causa sub judice,[2] mediante uma pesquisa de dados históricos e lógicos que estruturam a parte ideológica da sentença, com a cooperação de ambas as partes.[3]

---

[1] **Carnelutti** afirmava que o termo "instrução" derivava de *in-struere* que, por seu turno, aludia à provisão de meios para *Con-struere*, posto que a sentença era construção em face da instrução (*in Lecciones sobre el Proceso Penal*, Trad. espanhola, 1950, vol. II, p. 162).

[2] Nesse sentido, **Nicola Jaeger**, *Diritto Processuale Civile*, 1944, p. 410.

[3] **Enunciado 31 da I Jornada de Direito Processual Civil do CJF:** A compatibilização do disposto nos arts. 378 e 379 do CPC com o art. 5º, LXIII, da CF/1988, assegura à parte, ex-

PROCESSO CIVIL CONTEMPORÂNEO – *Luiz Fux*

A atividade probatória revela como objeto a *prova*, vocábulo polissêmico utilizado em processo para significar a atividade em si, o resultado dessa atividade ou, ainda, o objeto dessa atividade, aduzindo-se por essa razão à prova oral, ao ônus da prova e ao ato de provar em si. Por essa razão, questão primeira que se põe sob esse ângulo genérico é a conceituação de prova.

Partindo-se da premissa de que as partes, no processo, aduzem fatos aos quais atribuem relevância jurídica, pode-se afirmar, sem a pretensão de esgotar o conteúdo do conceito, que a *prova* é o meio através do qual as partes demonstram, em juízo, a existência dos fatos necessários à definição do direito em conflito. *Provar*, sob esse aspecto, significa formar a convicção do juiz sobre a existência ou inexistência dos fatos relevantes para a causa.[4]

Os elementos de convicção consubstanciam as *espécies de provas* e o objeto da prova são os *fatos*, posto que o direito, em princípio, não se prova, mas, antes, se *conhece*.[5] As normas sobre provas, por esta razão, onde quer que se encontrem, são normas de direito processual, posto interessarem unicamente ao processo, na medida em que o objetivo da prova é convencer o juiz.[6] As normas de direito material sobre a prova do ato dizem mais respeito à sua estrutura do que à sua forma de demonstração de existência, denominando-se de formas *ad solemnitatem*, isto é, constitutivas do próprio ato jurídico.[7]

A afirmação de que provar é convencer não pressupõe que esse convencimento sempre condiz com a verdade, senão com o provável. Ainda que a atividade instrutória se guie pela busca da *verdade*, a busca da *certeza* tornaria infindável o processo, esbarrando não apenas em questões fáticas, mas também epistemológicas.

Por esse prisma, afirma-se que o processo se contenta com a verdade que migra para os autos, ou seja, a verdade do Judiciário, aquela que importa para a decisão.[8] Assim, a conclusão a que chega o juízo não tem compromisso absoluto

---

    clusivamente, o direito de não produzir prova contra si quando houver reflexos no ambiente penal.

[4]   Sob esse ângulo afirmou **Florian**, *in Elementos de Derecho Procesal Penal*, 1934, p. 308 e 309, que "a prova é aquilo de que o juiz deve adquirir o necessário conhecimento para decidir sobre a questão submetida ao seu julgamento."

[5]   Nesse sentido **Liebman**, *in Corso di Diritto Processuale Civile*, 1952, p. 148, e **Wilhelm Kisch**, *Elementos de Derecho Procesual Civil*, 1940, p. 196.

[6]   A expressão é de **Jaime Guasp**, *in Derecho Procesal Civil*, 1956, p. 345. No mesmo sentido **Liebman**, "Norme Processuali nel Codice Civile", *in Rivista di Diritto Processuale*, 1948, p. 166.

[7]   Conforme, **Liebman**, ob. cit., p. 150.

[8]   No terreno probatório ninguém foi mais feliz do que **Bentham**, em seu *Tratado de Direito Probatório*, ao afirmar que a prova era "o estabelecimento de um fato supostamente verdadeiro", *in Tratado de las Pruebas Judiciales*, vol. I, p. 19. Calcado na mesma premissa, **Recaséns Siches** entendia como alheios ao direito os conceitos de verdade e falsidade, para dar lugar

Capítulo IV · A FASE DE INSTRUÇÃO | 137

com a verdade, senão com a justiça, a estabilidade e a segurança sociais, alcançadas mediante a colaboração das partes, fundamento semelhante que informa o instituto da coisa julgada.

As modernas legislações atendem mais ao realismo da prova, considerando suficiente aquela que conduz à convicção da verossimilhança. Hodiernamente, a concepção do resultado da prova se afere mediante um juízo de probabilidade, engendrado sobre os elementos de convicção moralmente legítimos, carreados para os autos, por iniciativa das partes ou por atuação oficial autorizada.[9]

O objeto da prova é outro tema que concerne à sua teoria geral.

As antigas máximas *"narra mihi factum, dabo tibi jus"* e *"iura novit cúria"* significam que o juiz conhece o direito por dever de ofício, cabendo à parte levar ao Judiciário os fatos ("dá-me os fatos, dar-te-ei o direito"). Isso porque a tarefa de carrear a prova para o processo, em regra, cabe à parte, mercê do princípio dispositivo. Por outro lado, o juiz não pode decidir senão à luz dos fatos provados dentro dos autos, sendo-lhe vedado valer-se de seu conhecimento particular.[10] A isso, célebre tratadista referiu-se como o "Princípio da Necessidade da Prova" conjugando as máximas – *"iudex secundum allegata et probata a paribus iudicare debet"* e *"quod non est in actis non est in hoc mundo."*[11]

Consectariamente, os objetos da prova são os fatos suscitados pelo autor e pelo réu, assim considerados os acontecimentos e circunstâncias relevantes para o desate da lide.[12] Entretanto, os fatos, para serem objeto de prova, devem ser relevantes e controvertidos, uma vez que os fatos desinfluentes não devem ocupar o Judiciário – *frustra probantur quae probata non juvant*. Tampouco os fatos confessados – *qui tacet consentire videtur* – ou incontroversos; como os não impugnados na forma do art. 341 do NCPC[13] e os notórios, que não dependem de prova (art. 374, incisos I,

---

ao que denominava de "lógica do razoável" (*in Nueva Filosofia de la Interpretación*, México, 1980, p. 277).

[9] A influência de **Jeremy Bentham** quanto a esse aspecto mencionado no texto é muito viva em **Alessandro Gi**uliani, *in Il Concetto di Prove, Contributo alla Logica Giuridica*, 1971, cap. II, § 3. Ainda, no mesmo sentido do texto, **Sergio la China**, *L'Onere della Prova nel Processo Civile*, 1974, nº 48.

[10] Ninguém pode ser, ao mesmo tempo, juiz e testemunha, consoante clássica lição. Destarte, equivocam-se os que entendem violado o princípio pela regra do art. 375 do CPC/2015, haja vista que as regras de experiência se situam no âmbito do conhecimento geral, não do particular do juiz.

[11] O princípio foi enunciado por **Bentham**, *Tratado*, cit., cap. XVIII, 1971.

[12] Fatos irrelevantes e inconcludentes são indiferentes e, por isso, não constituem objeto de prova, no dizer de **Lopes da Costa**, *Direito Processual Civil Brasileiro*, 1943, vol. II, p. 282.

[13] "**Art. 341.** Incumbe também ao réu manifestar-se precisamente sobre as alegações de fato constantes da petição inicial, presumindo-se verdadeiras as não impugnadas, salvo se:

II e III, do NCPC)[14] não compõem objeto da prova. A incontrovertibilidade pressupõe que a parte teve a intenção de não os debater, apesar de ter sido oferecida a oportunidade da contradição derivada da bilateralidade da audiência que informa o processo civil.[15]

A falta da prova cede à necessidade da prova em todas as hipóteses em que a omissão total do réu não produz os seus efeitos (art. 345 do NCPC).[16] Desta sorte, ainda que incontroversos os fatos, o juiz deve investir na prova quando o litígio versar sobre direitos indisponíveis, ou nas hipóteses em que o fato probando depende de documento público de sua substância etc.[17]

Por outro lado, somente provam-se nos autos os fatos alegados.[18]

A necessidade de controvérsia acerca dos fatos faz também com que se dispense a prova se forem notórios (art. 374, I, do NCPC), evidentes, porque encerram verdades

---

[14] I – não for admissível, a seu respeito, a confissão;

II – a petição inicial não estiver acompanhada de instrumento que a lei considerar da substância do ato;

III – estiverem em contradição com a defesa, considerada em seu conjunto.

Parágrafo único. O ônus da impugnação especificada dos fatos não se aplica ao defensor público, ao advogado dativo e ao curador especial."

[14] "**Art. 374.** Não dependem de prova os fatos:

I – notórios;

II – afirmados por uma parte e confessados pela parte contrária;

III – admitidos no processo como incontroversos;

IV – em cujo favor milita presunção legal de existência ou de veracidade."

[15] Carece de legitimidade a prova produzida sem o prévio conhecimento da outra parte e sem o indispensável contraditório processual. Esta é a lição de **Echandia**, ob. cit., p. 123.

[16] "**Art. 345.** A revelia não produz o efeito mencionado no art. 344 se:

I – havendo pluralidade de réus, algum deles contestar a ação;

II – o litígio versar sobre direitos indisponíveis;

III – a petição inicial não estiver acompanhada de instrumento que a lei considere indispensável à prova do ato;

IV – as alegações de fato formuladas pelo autor forem inverossímeis ou estiverem em contradição com prova constante dos autos."

[17] Aliás, a dispensa de prova, como regra *in procedendo*, não exclui a possibilidade de o fato notório em si ser provado, como ensina **Lessona** na sua clássica *Teoria General de la Prueba en Derecho Civil*, trad. espanhola, 1957, vol. I, § 168.

[18] Essa adstrição aos fatos alegados, imposta pelo princípio dispositivo, levou parte expressiva da doutrina probatória a preconizar como objeto da prova as alegações dos fatos e não os fatos em si, como, v.g., **Sentís Melendo** na sua clássica *La Prueba – Los Grandes Temas del Derecho Probatório*; **Carnelutti**, *in Sistema*, sustentara que "*si prova è una affermazione*", vol. I, p. 674.

históricas, científicas ou geográficas de reconhecimento geral.[19] Dessa sorte, o que é notório não reclama prova – *notoria non egent probationem* –, porque a ninguém é lícito desconhecê-lo. Essa notoriedade geral implica que o fato seja do conhecimento de toda a coletividade independentemente de sua publicidade. Assim, a título de exemplo, ainda que o fato seja veiculado em jornal televisivo, isso por si só não basta à notoriedade do fato, haja vista que as próprias partes podem não ter assistido à veiculação do fato noticioso. Ressalvem-se, porém, as hipóteses em que a própria lei exige a notoriedade do fato para a caracterização de determinada situação jurídica e, nesse caso, mister se faz essa comprovação, como, *v.g.*, a insolvência notória exigida pelo art. 159 do CC/2002[20] para a caracterização da fraude contra credores.[21]

Explicitando o que foi exposto, o Código de Processo Civil de 2015 considera objeto da prova a verdade dos fatos em que se fundam a ação e a defesa e influir eficazmente na convicção do juiz (art. 369 do NCPC)[22] e, somente em caráter excepcional, considera como objeto do *thema probandum* o "direito", seja municipal, estadual, estrangeiro ou consuetudinário,[23] determinando, quanto a estes, a comprovação não só do teor, mas também da vigência, pela impossibilidade de exigir-se do juiz um conhecimento enciclopédico tão amplo. Entretanto, o dispositivo deve ser interpretado à luz da sede territorial onde o magistrado exerce a sua jurisdição. Assim, *v.g.*, o juiz de determinada comarca sediada em dado município não pode exigir a prova das leis municipais da unidade onde exerce jurisdição. Idêntico raciocínio deve pronunciar-se tratando-se de Estado.[24] Destarte, os Tratados Internacionais são considerados leis internas e escapam à exigência do art. 376 do CPC/2015.[25]

---

[19] Essa a definição que se encontra em **Jaime Guasp**, *Derecho Procesal Civil*, 1956, p. 354. **Sergio Costa**, por seu turno, sintetizava o objeto da prova para cingi-lo aos "*fatti rilevanti non notori e non ammessi*", *in Manuale* di Diritto Processuale Civile, 1955, p. 264.

[20] "**Art. 159.** Serão igualmente anuláveis os contratos onerosos do devedor insolvente, quando a insolvência for notória, ou houver motivo para ser conhecida do outro contratante."

[21] Acerca desse tema **Couture** aduz à notoriedade como requisito "determinante do direito", *in Fundamentos del Derecho Procesal Civil*, 1951, p. 142.

[22] "**Art. 369.** As partes têm o direito de empregar todos os meios legais, bem como os moralmente legítimos, ainda que não especificados neste Código, para provar a verdade dos fatos em que se funda o pedido ou a defesa e influir eficazmente na convicção do juiz."

[23] Muito embora seja da essência da magistratura o conhecimento do direito costumeiro, a doutrina tradicional sempre considerou a presunção *iura novit curia* extensível apenas ao direito legislado. Nesse sentido, **Niceto Alcalá-Zamora y Castillo**, *Derecho Procesal Penal*, 1945, vol. III, p. 19.

[24] **Sentís Melendo**, em outra pérola literária de sua autoria, *El Juez y el Derecho*, 1957, p. 69 e 70, esclarece que, em alguns países como, v.g., a Suíça, o juiz de um cantão é obrigado a aplicar a lei de outro *ex officio*, ao passo que noutros a lei não local é considerada como "direito estrangeiro."

[25] "**Art. 376.** A parte que alegar direito municipal, estadual, estrangeiro ou consuetudinário provar-lhe-á o teor e a vigência, se assim o juiz determinar."

O meio de prova de que se vale a parte para comprovar direito é o documental, inadmitindo-se a prova oral.[26]

Questão elegante é a que concerne ao denominado *direito singular*. Há uma multiplicidade de fontes formais do direito em nosso sistema jurídico; entidades paraestatais adquirem poderes legiferantes e editam regras através de portarias, circulares, resoluções em atividade tão compulsiva que seria absurdo exigir do juiz o conhecimento de todas. A essas regras também se admite possa o juiz exigir a prova do teor e da vigência.[27]

As questões atinentes às fontes ou aos meios de prova, aos sujeitos da prova e aos sistemas de valoração da prova também integram o campo da teoria geral da prova.

Fontes da prova são os meios pelos quais o juiz extrai os elementos que formam a sua convicção sobre os fatos da causa. Alude-se, também, em outra acepção, à expressão "fonte da prova" quanto às regras que regulam as provas, quer no seu valor probante, quer quanto à sua especificação. Sob esse ângulo, a prova ingressa no mundo jurídico a partir do momento em que se faz mister apresentá-la num processo judicial, razão pela qual, antes disso, o que se tem é a forma do negócio instituído como fato de exteriorização do ato.[28]

A prova, assim, pertence ao Direito Processual, sendo de natureza público--processual as regras de direito probatório, ainda que se encontrem encartadas em outros diplomas legais, como, *v.g.*, o Código Civil ou, anteriormente, o Comercial.[29] Essa colocação enciclopédica da prova está na sua finalidade em convencer o juiz quanto à definição judicial a ser encetada no processo e, portanto, regular a atividade pública jurisdicional exercida por um sujeito de direito público que é o Estado.[30]

Os meios de prova no sentido estrito da expressão são as espécies de fontes donde provêm os elementos de convicção, tal como a prova testemunhal, documental, pericial etc.[31]

---

[26] Nesse sentido, **Santiago Sentís Melendo**, *El Juez y el Derecho*, 1957, p. 172-185.

[27] Essa é uma característica do Direito germânico, como se colhe em **Adolfo Schonke**, *Derecho Procesal Civil*, 1950, p. 202.

[28] As normas que estatuem formas *ad solemnitatem* dispõem sobre a constituição do próprio ato jurídico e não sua prova, como lecionam **Liebman**, *in Corso di Diritto Processuale Civile*, p. 150, e **Chiovenda**, *Principii*, p. 125.

[29] Como bem doutrina **Frederico Marques**, "não é a situação topográfica da norma, no campo da ordem legal, que lhe define a natureza e lhe dá a qualificação jurídica devida, e sim, o seu próprio conteúdo", *in Instituições*, vol. III, p. 283.

[30] Nesse sentido, **Jaime Guasp**, *Derecho Procesal Civil*, 1956, p. 345.

[31] **Chiovenda** se referia às fontes "de que o juiz extrai os motivos da prova", *in Instituições*, 1945, vol. III, p. 136. **Alsina** se referia aos "instrumentos, coisas ou circunstâncias nos quais o juiz baseava a sua convicção", *in Tratado Teórico y Prático de Derecho Procesal Civil y Comercial*, 1942, vol. II, p. 177.

Capítulo IV · A FASE DE INSTRUÇÃO | **141**

O campo probatório recepciona tudo quanto de lícito possa contribuir para o esclarecimento da verdade, habilitando o juiz a definir o litígio da forma mais justa. O princípio que vigora nesse âmbito é o da Liberdade Jurídica que cede apenas à vedação legal da imoralidade e ilegitimidade da prova, que decorre de dispositivo constitucional expresso (art. 5º, LVI, da CRFB/1988).[32] Dessa forma, dispõe o art. 369 do Código de Processo Civil de 2015 que "as partes têm o direito de empregar todos os meios legais, bem como os moralmente legítimos, ainda que não especificados neste Código [...]." Esse preceito confirma a aspiração da prova inominada e lícita, restando, portanto, meramente enunciativa a previsão legal quanto às provas que o Código especifica.[33]

A regra, por seu turno, tem como fundamento o sistema de valoração da prova, denominado *Convencimento Racional*, que confere ao juiz a liberdade de eleger os elementos que lhe formaram a convicção, devendo indicá-los fundamentadamente na sentença (art. 93, IX, da CRFB/1988). Com efeito, a liberdade da prova concede a possibilidade de obtenção de elementos nas fontes atípicas de convencimento judicial.[34] Em face desse sistema probatório, alguns indicam como prova inominada os indícios e presunções não catalogados textualmente pelo Código, porquanto a própria lei dispensa de prova os fatos presumidos.[35]

Essa questão revela um dos mais delicados e sutis problemas relativos ao tema. Isso porque, para alguns, os indícios e presunções são objetos de prova e não meios de prova, enquanto para outros estão encartados dentro do conceito de prova atípica.[36] A conclusão do enquadramento desses dois elementos depende da percepção conceitual que se tenha dos mesmos. Em primeiro lugar, cumpre observar que os indícios configuram um meio indireto de se chegar ao fato probando, porquanto este caracteriza-se por ser circunstância conhecida e provada que, tendo relação com o fato, autoriza, por indução, concluir-se pela existência daquele. O indício, por si, nada prova na forma dos permissivos. Ele é início de provas[37] e, a partir dele, pode

---

[32] "**Art. 5º**, LVI – são inadmissíveis, no processo, as provas obtidas por meios ilícitos."

[33] **Carnelutti** afirmava a regra da *"prove innominate"* ao concluir que *"le regole leali non riguardano tutte le prove possibili"*, *in Sistema*, 1936, vol. I, p. 746.

[34] A expressão é de **Michele Taruffo**, "Prove Atipiche e Convincimento del Giudice", *in Rivista*, 1973, p. 395.

[35] No mesmo sentido do nosso texto, **Schonke**, *Derecho Procesal Civil*, § 57, 2, e **Rosenberg**, *Tratado*, § 111, 1a.

[36] **Devis Echandia** esclarece que nas provas tradicionais há uma nítida distinção entre o fato probando e o instrumento que o revela, como, v.g., o fato e a testemunha, ao passo que, nos indícios, a "fonte e o meio de prova se confundem" (*in Teoria General*, vol. II, p. 370). **Wilhelm Kisch**, *in Derecho Procesal Civil*, § 43, I, categoriza os indícios como importante meio de prova não previsto textualmente pela lei alemã.

[37] Para **Alcalá-Zamora y Castillo** "o indício não é mais que um princípio de prova, que não traz em si a certeza absoluta por isso que devem ser submetidos à mais exigente das regras de 'sana crítica'."

o juiz fundar e motivar o seu convencimento dos artigos 369 e 371 do Código de Processo Civil de 2015.[38]

As presunções permitem ao juiz, a partir de um fato conhecido, demonstrar a existência de outro. Dessa maneira, omitindo-se o réu (fato conhecido), presumem-se verdadeiros os fatos afirmados (não conhecidos) pelo autor. Por essa razão, assenta-se que a presunção é o resultado desse processo lógico de construção da prova da existência do fato probando.

As presunções dividem-se em "presunções de fato" e "presunções de direito ou legais." As presunções de fato são aquelas que decorrem do raciocínio do homem, *in casu*, o juiz, e, por isso, são denominadas *presunções hominis*, que representam as ilações do juiz como homem, assim como o faria qualquer ser humano que estivesse fora do processo.[39] Nas presunções de fato, o elemento fático, base da qual se extrai a ilação, deve ser comprovado pela parte, porquanto o fato probando é indiretamente comprovado pela indução do próprio juiz.

Diversamente, nas presunções legais, a ilação tirada do fato conhecido é formulada previamente pelo legislador (como, *v.g.*, a regra do art. 1.597 do CC/2002).[40-41] As presunções legais, diversamente daquelas de fato, tornam independentes de prova os fatos em função dos quais elas encerram uma verossimilhança relativa (art. 374, inciso IV, do NCPC), na medida em que já representam, por si, uma prova deles.

Ainda, as presunções legais distinguem-se conforme o grau de verossimilhança que emprestam ao fato presumido. Desta sorte, há presunções que, afirmando a existência do fato, admitem a prova em contrário e são as denominadas presunções relativas (*iuris tantum*). Destarte, há as presunções absolutas (*jure et de jure*), que são aquelas a partir das quais se consideram existentes determinados fatos sem possibilidade de comprovação em contrário, encerrando prova plena.

---

[38] **Chiovenda** afirmava que "mesmo um único indício pode ser a tal ponto grave que forme a convicção do juiz" (*in Instituições de Direito Processual Civil*, trad. portuguesa, vol. III, p. 199).

[39] *In* **Giuseppe Chiovenda**, *Principi di Diritto Processuale Civile*, 1928, p. 853.

[40] "**Art. 1.597.** Presumem-se concebidos na constância do casamento os filhos:

I – nascidos cento e oitenta dias, pelo menos, depois de estabelecida a convivência conjugal;

II – nascidos nos trezentos dias subsequentes à dissolução da sociedade conjugal, por morte, separação judicial, nulidade e anulação do casamento;

III – havidos por fecundação artificial homóloga, mesmo que falecido o marido;

IV – havidos, a qualquer tempo, quando se tratar de embriões excedentários, decorrentes de concepção artificial homóloga;

V – havidos por inseminação artificial heteróloga, desde que tenha prévia autorização do marido."

[41] "*Nelle presunzioni legali, il legislatore anticipa e compie un ragionamento che il giudice potrebbe fare, ma che invece gli è sostratto*", afirma **Sergio Costa** *in Manuale di Diritto Processuale Civile*, 1955, p. 309.

Capítulo IV · A FASE DE INSTRUÇÃO | **143**

Em face do sistema de persuasão racional adotado pelo Código, são relativas, em princípio, as presunções legais, inclusive a que resulta da revelia.

A prova diz-se atípica, quando não se enquadra nas categorias previstas pelo Código. Assim, *v.g.*, a fotografia, as fitas fonográficas ou de videocassete são espécies do gênero prova documental. O exame de DNA é espécie do gênero prova pericial e assim por diante.[42]

A prova que não preenche o requisito da legitimidade moral denomina-se prova *ilícita*, um dos temas de maior evidência na atualidade. Renomado tratadista já afirmou que "o processo civil não é um campo de batalha em que se permite a cada contendor o emprego de todos os meios capazes de conduzir ao triunfo sobre o inimigo."[43] Em verdade, não é a espécie de prova que, em si, se revela ilícita; mas, antes, a forma de obtê-la é que incide na infração ao preceito em branco do art. 369 do NCPC. Assim, *v.g.*, o depoimento da testemunha, em regra, se revela legítimo mas transmuda-se em prova ilícita se a declaração é obtida mediante coação física.

A evolução da tecnologia tem revelado formas pouco usuais de obtenção de informações com graves violações aos direitos à privacidade, à intimidade e o de guardar sigilo profissional. Diariamente, noticiam-se casos em que as provas se revelam obtidas pela colocação de aparelhos de escuta telefônica na casa de pessoa suspeita ou, até mesmo, nos escritórios profissionais, mercê de se depararem com situações da vida cotidiana em que o interessado passa a ser protagonista inconsciente de sua própria sorte. Nesse último aspecto, costuma-se aduzir, em processo penal, à figura do "flagrante preparado." Inúmeros parâmetros têm sido traçados aqui e alhures no afã de impedir a produção desses elementos moralmente ilegítimos sob o pálio da defesa dos direitos fundamentais da pessoa humana.[44] Nessas espécies, poder-se-ia citar: a prova obtida através de ingestão de elementos químicos que inibem a vontade da pessoa produtora da declaração probatória, a prova mediante chantagem, a prova fornecida por particulares contratados a obtê-la e as interceptações telefônicas não autorizadas judicialmente.[45]

Essa vedação de utilização das provas denominadas ilícitas tem sido mitigada pelo critério do *bilanciamento degli interessi*, termo utilizado no Direito italiano, quando o elemento de convicção assim obtido é o único existente, e a forma de sua

---

[42] Consulte-se sobre o tema **Paulo Guidi**, *Teoria Giuridica del Documento*, p. 57. Acerca da relevância da prova via DNA, consulte-se *RSTJ*, 26/378.

[43] **Devis Echandia**, *Teoria General*, vol. I, p. 539.

[44] Na Europa e nos Estados Unidos, os princípios constitucionais que tutelam a intimidade e a personalidade humana embasam a rejeição às provas ilícitas, conforme noticia **Nicolò Trocker**, *in Processo Civile e Costituzione* e **Mauro Cappelletti**, *in La Oralidad y las Pruebas en el Proceso Civil*, p. 137.

[45] Os exemplos são de **Trocker** e **Cappelletti**, *in* obs. cits.

PROCESSO CIVIL CONTEMPORÂNEO – *Luiz Fux*

obtenção também se revela como única maneira de se colher o que é imprescindível ao esclarecimento dos fatos. É nesse sentido que o juiz deve engendrar o balanceamento dos interesses em jogo, como, *v.g.*, admitir que a vítima de uma chantagem possa gravar o telefonema do agente chantageador.[46] Seguindo linha mais liberal, situam-se os que admitem a produção da prova ilícita, sem prejuízo da criminalização da forma como o elemento de convicção foi obtido. Assim, *v.g.*, a prova obtida mediante a interceptação telefônica valeria por si, muito embora se punisse o interceptador pela violação telefônica.[47]

O problema da prova ilícita, como se observa, põe em confronto a liberdade do direito à prova necessária e a legalidade dos meios para obtê-la, na medida em que a busca da verdade não pode ser erigida em valor absoluto[48] com violação dos direitos fundamentais. Com efeito, é disposição constitucional a inadmissibilidade das provas obtidas por meios ilícitos, com o que vinculou o legislador ordinário e o Poder Judiciário. Essa garantia constitucional é instrumento de proteção do cidadão contra o Estado, aplicável, também, nas relações jurisdicionais entre particulares, mercê da eficácia horizontal dos direitos fundamentais (*Drittwirkung*).

Os meios de prova, por seu turno, podem ser causais ou pré-constituídos. Os pré-constituídos, como sugere seu nome, pré-existem à necessidade de provar em juízo, tal como documentos, fotografias, instrumentos públicos ou particulares. A prova causal é a que se forma no curso de uma instrução, como, *v.g.*, uma perícia de arbitramento de aluguel ou de benfeitorias no curso de uma ação de despejo.

Denomina-se indireta a prova, quando ao fato chega-se por indução através da análise de outros elementos que não o fático em que se baseiam as alegações das partes e, direta, quando a prova incide sobre o próprio *thema probandum*.

A prova pode, ainda, ser emprestada, que é aquela já produzida noutro processo transposta sob a forma de prova documental para um outro feito.[49-50] A prova emprestada é pré-constituída e tem sempre o mesmo valor em todo e qualquer feito, como, *v.g.*, uma escritura pública de compra e venda de imóvel. Entretanto, é emprestada a prova oral produzida num processo entre as mesmas partes e utilizada em outro estando em confronto os mesmos sujeitos, atendido o contraditório.

---

[46] O exemplo magnífico é de **Ada Pellegrini Grinover**, *in Liberdades Públicas e Processo Penal*, p. 112.

[47] É a posição de **Hermenegildo de Souza**, *in A Natureza das Normas sobre Prova*, p. 115. No mesmo sentido, **Vicenzo Vigoriti**, "Prove Ilecite e Costituzione", *in Riv. Dir. Processuale*, p. 67, 1969.

[48] Consulte-se a esse respeito a advertência de **Ada Grinover**, ob. cit., p. 103.

[49] A definição é devida a **Moacyr Amaral Santos**, *in Prova Judiciária no Cível e Comercial*, vol. I, p. 293.

[50] **Enunciado 30 da I Jornada de Direito Processual Civil do CJF:** É admissível a prova emprestada, ainda que não haja identidade de partes, nos termos do art. 372 do CPC.

Capítulo IV · A FASE DE INSTRUÇÃO | **145**

É dizer: a prova emprestada, para ser transposta, deve ter sido obtida sob contraditório *para* a prova; isto é, as partes do processo em que ela vai ser utilizada devem ter participado também do processo de fabricação desse elemento de convicção no feito anterior.[51] A prova emprestada, sem esse contraditório, tem valor relativo, ainda que permaneça possível sua utilização a partir de um contraditório *sobre* a prova.[52] Considera-se também emprestada a prova aproveitada em feitos conexos e cumulados, valendo para os litisconsortes as provas acerca dos fatos comuns sobre os quais tiveram oportunidade de se manifestar.[53] Por isso, dispõe o art. 372 do CPC/2015 que o juiz poderá admitir a utilização de prova produzida em outro processo, atribuindo-lhe o valor que considerar adequado, observado o contraditório.

4.2 SUJEITOS DA PROVA

Toda atividade processual pressupõe um sujeito que a exerça. A atividade de provar, por seu turno, implica em um objeto e um sujeito. Sob o ângulo subjetivo, a indagação que se põe é a seguinte: quem deve provar no processo?

Ressoa evidente que, pela própria iniciativa, a prova primeira compete ao autor. A necessidade de provar é algo que se encarta, dentre os imperativos jurídico-processuais na categoria de ônus, por isso que a ausência de prova acarreta um prejuízo para aquele que deveria provar e não o fez. A própria lei assim categoriza essa posição processual ao repartir o ônus da prova no art. 373 do NCPC.[54]

---

[51] **Bentham**, *Tratado de las Pruebas Judiciales*, vol. II, p. 6. **Carnelutti** afirmou, *in Istituzioni*, 1951, vol. II, p. 56, que "o princípio do contraditório e o da publicidade asseguram às partes o direito de assistirem à prática dos atos de prova, ou pessoalmente ou por intermédio de seu patrono."

[52] Para **Lessona**, eminente tratadista do tema, o valor dessa prova é de simples presunção (*in Teoria General de la Prueba en Derecho Civil*, vol. I, p. 15). **Couture**, que advertia ser "o problema da prova emprestada um problema de garantias do contraditório", afirmava que uma vez não sendo este obedecido a prova careceria de qualquer convicção, *in Fundamentos de Derecho Procesal Civil*, 1951, p. 160 e 161.

[53] **Lessona**, ob. cit., vol. I, p. 13.

[54] "**Art. 373.** O ônus da prova incumbe:

I – ao autor, quanto ao fato constitutivo de seu direito;

II – ao réu, quanto à existência de fato impeditivo, modificativo ou extintivo do direito do autor.

§ 1º Nos casos previstos em lei ou diante de peculiaridades da causa relacionadas à impossibilidade ou à excessiva dificuldade de cumprir o encargo nos termos do *caput* ou à maior facilidade de obtenção da prova do fato contrário, poderá o juiz atribuir o ônus da prova de modo diverso, desde que o faça por decisão fundamentada, caso em que deverá dar à parte a oportunidade de se desincumbir do ônus que lhe foi atribuído.

§ 2º A decisão prevista no § 1º deste artigo não pode gerar situação em que a desincumbência do encargo pela parte seja impossível ou excessivamente difícil."

146 | PROCESSO CIVIL CONTEMPORÂNEO – *Luiz Fux*

Desta sorte, não há um direito à prova nem um dever de provar senão uma necessidade de comprovar os fatos alegados, sob pena de o juiz não os considerar e, como consequência, decidir em desfavor de quem não suportou a atividade que lhe competia.

Há que se diferenciar entre o ônus de produção, que atribui a uma parte consequências desfavoráveis no julgamento de mérito caso não traga a juízo provas suficientes para embasar as suas alegações, sem que possa obrigar a outra parte ou o juízo a complementar a instrução probatória, e o ônus de persuasão (ou *standard* probatório), regra dirigida ao julgador sobre a robustez exigida da prova para autorizar uma sentença em favor do autor. Tradicionalmente, o direito brasileiro se orienta pela livre motivação racional, sistema em que não há um *standard* probatório predefinido, ideia essa reproduzida no art. 371 do CPC/2015. Nada obstante, o art. 311, IV, contempla interessante hipótese de *standard* probatório para a concessão de tutela de evidência, quando "a petição inicial for instruída com prova documental suficiente dos fatos constitutivos do direito do autor, a que o réu não oponha *prova capaz de gerar dúvida razoável.*"

A distribuição do ônus de produção da prova entre as partes pode ser *estática*, quando prevista em lei, ou *dinâmica*, quando estabelecida pelo juiz ou pelas partes.

De acordo com a regra geral sobre a distribuição *estática* do ônus da prova, prevista no art. 373, *caput*, do NCPC, o autor tem o ônus de provar o fato constitutivo do seu direito e o réu tem o ônus de provar a existência de fato impeditivo, modificativo ou extintivo do direito do autor. Há, todavia, exceções legais a essa regra geral, e, portanto, formas de distribuição *estática* do ônus da prova, as quais são denominadas "inversão do ônus da prova *ope legis*" e independem de decretação judicial (por exemplo, os artigos 12, § 3º, e 38 do Código de Defesa do Consumidor). A aplicação das regras de distribuição estática do ônus da prova independe do denominado "dever de consulta" previsto no art. 10 do NCPC.

Já a distribuição *dinâmica* do ônus da prova pode ocorrer pelas partes ou pelo juiz. Os §§ 3º e 4º do art. 373 do CPC/2015 tratam da distribuição dinâmica do ônus da prova pelas partes, antes ou durante o processo, desde que *(i)* não recaia sobre direito indisponível da parte; *(ii)* não torne excessivamente difícil a uma parte o exercício do direito; e *(iii)* não viole proibição legal, como o art. 51, VI, do Código de Defesa do Consumidor. A convenção processual para distribuição do ônus da prova independe de homologação judicial (art. 200 do NCPC).

---

§ 3º A distribuição diversa do ônus da prova também pode ocorrer por convenção das partes, salvo quando:

I – recair sobre direito indisponível da parte;

II – tornar excessivamente difícil a uma parte o exercício do direito.

§ 4º A convenção de que trata o § 3º pode ser celebrada antes ou durante o processo."

Capítulo IV · A FASE DE INSTRUÇÃO | **147**

O juiz também pode realizar a distribuição dinâmica do ônus da prova em três situações, previstas no art. 373, § 1º. A primeira delas é quando houver previsão legal. Assim, o art. 6º, VIII, do Código de Defesa do Consumidor estabelece, entre os direitos básicos do consumidor, a inversão do ônus da prova, a critério do juiz, desde que configurado um dos seguintes requisitos, não cumulativos: *(i)* quando for verossímil a alegação; ou *(ii)* quando o consumidor for hipossuficiente, segundo as regras ordinárias de experiências. Além disso, o NCPC também permite ao juiz inverter o ônus da prova quando houver peculiaridades da causa relacionadas à impossibilidade ou à excessiva dificuldade de cumprir o encargo nos termos da regra geral, bem como nos casos em que for mais fácil obter a prova do fato contrário. Em qualquer caso, a distribuição dinâmica do ônus da prova pelo juiz depende de *(i)* fundamentação; *(ii)* contraditório prévio; *(iii)* oportunidade à parte de se desincumbir do ônus que lhe foi atribuído; e *(iv)* não gerar situação em que a desincumbência do encargo pela parte seja impossível ou excessivamente difícil.

É mister que a inversão judicial do ônus da prova seja realizada previamente à fase instrutória do processo, mercê de tratar-se de "regra de instrução", que orienta os sujeitos processuais em sua atividade de produção das provas. Cabe agravo de instrumento em face da decisão do juiz que realiza a distribuição dinâmica do ônus da prova (art. 1.015, XI, do NCPC).

Além de se tratar de uma *regra de instrução*, o ônus da prova tem a sua *ratio essendi* também como *regra de julgamento*, na circunstância de que o juiz não pode deixar de julgar (*non liquet*), impondo-lhe a lei que decida mesmo nos casos de lacuna (art. 140 do NCPC).[55] Ora, se o juiz não se exime de sentenciar e a prova não o convence, é preciso verificar em desfavor de quem se operou o malogro da prova. Forçoso, assim, observar se o juiz não se convenceu quanto aos fatos sustentados pelo autor ou quanto àqueles suscitados pelo réu, porquanto, a partir dessa constatação o juízo tributará, já como regra de julgamento, a frustração da prova a uma das partes para decidir em desfavor dela. Nesse sentido é que se deve empreender a exegese acerca das regras sobre o ônus da prova.

Por outro lado, esse ônus não cria uma *personalização da prova* no sentido de que o juiz somente pode considerar, em prol da parte, a prova que ela própria houver carreado aos autos. É possível que, assim, por meio da prova produzida pelo réu, o juiz infira um fato relevante em favor do autor e vice e versa, posto que a lei admite que o magistrado aprecie livremente a prova, atendendo aos fatos e circunstâncias dos autos, ainda que não alegados pelas partes (art. 371 do NCPC).[56] Este é o significado da *comunhão das provas*.

---

[55]   "**Art. 140.** O juiz não se exime de decidir sob a alegação de lacuna ou obscuridade do ordenamento jurídico.

Parágrafo único. O juiz só decidirá por equidade nos casos previstos em lei."

[56]   "**Art. 371.** O juiz apreciará a prova constante dos autos, independentemente do sujeito que a tiver promovido, e indicará na decisão as razões da formação de seu convencimento."

148 | PROCESSO CIVIL CONTEMPORÂNEO – *Luiz Fux*

Entretanto, não é só às partes que interessa a comprovação dos fatos invocados como *causa petendi* ou *causa excipiendi*. Também ao juiz, como destinatário da prova, se atribui a incumbência da atividade.

O Código de Processo Civil de 2015, atento aos reclamos da modernidade quanto ao ativismo judicial, refutando a anacrônica postura inerte do magistrado, que só conspirava a favor da desigualdade das partes, dispôs no seu art. 370 que "caberá ao juiz, de ofício ou a requerimento da parte, determinar as provas necessárias ao julgamento do mérito."

Dessume-se, do dispositivo citado, que esse poder de iniciativa conspira em favor da busca da verdade, habilitando o juiz de ambos os graus de jurisdição a proferir uma sentença restauradora do *status quo* ante à violação, carreando notável prestígio para o monopólio da jurisdição que, ao limitar a autotutela, promete ao jurisdicionado colocá-lo em situação igual à que se encontrava antes do inadimplemento. E, para isso, é preciso aproximar a decisão da realidade da qual o juiz, evidentemente, não participou, e a ela é conduzido através da atividade probatória.

Ademais, o juiz ostenta a iniciativa probatória porque tem o dever de motivar a decisão, indicando os elementos que lhe formaram o convencimento (art. 371 do NCPC). Destarte, a iniciativa probatória do magistrado é singular fator de equalização das partes, instrumento necessário à manutenção da igualdade processual, cânone derivado da isonomia constitucional. O acesso à justiça exige esse tratamento desigual entre os desiguais, por isso que, se o magistrado enxergar certa desigualdade técnica entre os litigantes, deve atuar *ex officio*, no campo probatório, para minimizar as desigualdades. Até mesmo porque o resultado da prova não é conhecido antes de sua produção, de modo que descabe arguir, no ponto, qualquer quebra de imparcialidade do juiz.

A parte, quando ingressa em juízo, afirma a existência ou a inexistência de determinados fatos e a eles atribui consequências jurídicas. Estas, o juiz conhece por dever de ofício, não assim os fatos, os quais necessita sabê-los para julgar. Sucedendo que ao final do processo nada se tenha produzido no âmbito da convicção do juiz, caberá a ele, assim mesmo, decidir. Nesse momento, à luz dos preceitos do ônus da prova, o juiz definirá o litígio, seguindo a regra *in procedendo* do art. 373 do NCPC. Neste momento, a acepção do ônus probatório se dá como regra de julgamento, portanto.

O réu, em sua resposta, pode oferecer defesas diretas e indiretas. Assim, cabe-lhe, também, o ônus de comprovar aquilo que alega com a seguinte diferença: em regra, quanto às defesas diretas, basta alegá-las, uma vez que elas são a negação daquilo que afirma o autor, que, por sua vez, tem o dever de demonstrar o fato que ampara a sua pretensão. A sustentação pelo réu de que o fato não existe – característica da defesa direta – deve encontrar resposta imediata nas provas levadas aos autos pelo autor, que tem a primazia da ação e o dever pioneiro de provar.

Entretanto, é lícito ao demandado impedir que a ação do autor obtenha êxito mediante a invocação de fatos outros que, de forma oblíqua ou indireta, alcançam

Capítulo IV · A FASE DE INSTRUÇÃO | **149**

esse desiderato. Referimo-nos às denominadas *objeções* consistentes em fatos impeditivos, modificativos e extintivos do direito do autor. Pela regra da distribuição estática, esses fatos, de iniciativa do réu, são de sua responsabilidade probatória, assim como o são, também, os fatos que ensejam o "contra-ataque" do réu consistente nas exceções materiais, tanto mais que, sob certo ângulo, são fatos constitutivos desse *contradireito* do demandado em face do demandante, quer sustentados através da defesa, quer através de reconvenção (art. 373, incisos I e II, do NCPC).

A regra *in procedendo* do ônus da prova admite derrogação pelas partes, através de negócio privado, atendidos os requisitos do art. 190 do NCPC. Isto porque, em determinadas relações jurídicas, as partes municiam-se de elementos quanto ao vínculo travado, de forma que uma apresenta-se em melhores condições do que a outra para comprovar fatos relevantes.

Entretanto, essa inversão excepcional do ônus da prova é vedada se tornar impossível a atividade da parte (a determinação de produção de *prova diabólica*), porque a isso corresponderia obstar o acesso à Justiça. Deveras, também, interdita-se a inversão do ônus quando o litígio versar sobre direitos indisponíveis (art. 373, § 3º, I, do NCPC).

Outra inovação do Código de 2015 é a positivação legal do direito de não produzir prova contra si mesmo no processo civil (art. 379). Cuida-se da máxima *nemo tenetur se detegere*, que já encontrava guarida, quanto ao processo penal, no art. 5º, LXIII, da Constituição, em que a Carta consagrou o direito ao silêncio. Nos EUA, protege-se o material coletado ou produzido por uma parte em preparação para uma disputa judicial, não assistindo à outra parte a prerrogativa de ter acesso a esse conteúdo – é a chamada *work-product doctrine* (*Federal Rule of Civil Procedure* 26(b)(3)). Nada obstante, há evidente conflito entre esse direito à não produção de prova contra os próprios interesses e o princípio da cooperação no processo civil. Afinal, se todos devem contribuir para a realização da justiça, é incoerente proteger o sujeito que esconde elementos de prova essenciais à solução da controvérsia. Por essa razão, a interpretação mais adequada do art. 379 do Novo Código de Processo Civil protege o direito de não produzir prova contra si apenas quando determinado elemento de prova puder trazer consequências penais à parte responsável pela sua produção.

Anote-se, por fim, que nas atividades em que se admite a atuação *ex officio* do juiz, não se exclui a iniciativa da parte, mesmo no campo probatório. Assim é que o juiz pode, de ofício, determinar a exibição parcial de livros comerciais (art. 421 do NCPC),[57] mas a exibição integral depende de requerimento da parte

---

[57] "**Art. 421.** O juiz pode, de ofício, ordenar à parte a exibição parcial dos livros e dos documentos, extraindo-se deles a suma que interessar ao litígio, bem como reproduções autenticadas."

150 PROCESSO CIVIL CONTEMPORÂNEO – *Luiz Fux*

(art. 420 do NCPC).[58] Isso significa que, quanto à primeira, é também lícito à parte requerê-la, sendo vedado ao juiz, por seu turno, agir de ofício quanto à segunda hipótese.

4.3 SISTEMAS DE AVALIAÇÃO DA PROVA

O valor da prova produzida como elemento de convicção do juízo é questão de notável alcance. A prova documental para uns é soberana, ao passo que para outros, em dados litígios somente a prova pericial é aceitável. Deveras há demandas sobre questões de fato que encontram na prova oral o grande sustentáculo da decisão judicial (nesse sentido, destaque-se que o Novo Código promoveu a revogação do art. 227 do CC/2002,[59] que vedava a prova exclusivamente testemunhal em negócios jurídicos cujo valor ultrapassasse o décuplo do maior salário mínimo vigente no País ao tempo em que foram celebrados). Subjaz, assim, a seguinte questão: quais dessas espécies de prova sobrepuja a outra em valor probante? Absolutamente nenhuma. Os elementos de convicção têm igual valor abstrato, dependendo do contexto em que se insiram. Forçoso convir, entretanto, que nem sempre foi assim e o tema nos reclama uma rápida análise dos sistemas de valoração da prova por que passaram os diversos ordenamentos processuais até os dias de hoje.

Preliminarmente, impõe-se assentar que valoração equivale a resultado, acarretando, por conseguinte, uma apreciação dos critérios de aferição dos elementos de convicção produzidos. Nesse contexto, destaque-se que, ao longo da história processual, os nossos matizes conheceram três sistemas de avaliação da prova, didaticamente agrupados, ainda que nem sempre tenham ocorrido de forma pura e estanque, a saber: sistema da prova legal, sistema da livre apreciação da prova e o sistema da persuasão racional.

O *sistema da prova legal* não pode ser considerado, em essência, como de avaliação da prova, uma vez que impõe ao juiz a obediência de valores preestabelecidos conforme a prova produzida. Assim, *v.g.*, no direito medieval, o juiz, ainda que convencido da veracidade do depoimento de uma determinada testemunha, não

---

[58] "**Art. 420.** O juiz pode ordenar, a requerimento da parte, a exibição integral dos livros empresariais e dos documentos do arquivo:
I – na liquidação de sociedade;
II – na sucessão por morte de sócio;
III – quando e como determinar a lei."

[59] "**Art. 227.** Salvo os casos expressos, a prova exclusivamente testemunhal só se admite nos negócios jurídicos cujo valor não ultrapasse o décuplo do maior salário mínimo vigente no País ao tempo em que foram celebrados. (Revogado pela Lei n º 13.105, de 2015)
Parágrafo único. Qualquer que seja o valor do negócio jurídico, a prova testemunhal é admissível como subsidiária ou complementar da prova por escrito."

podia valer-se apenas daquele exclusivo elemento de convicção para decidir, por força da vedação consubstanciada na regra: "*testis unus testis nullus*", o depoimento de um cidadão nobre prevalecia sobre o de um servo e assim por diante. Esse sistema também era cognominado de prova tarifada porque todas tinham valor certo predeterminado pela norma em abstrato.

A doutrina do tema aponta as hipóteses atuais de impedimentos e incapacidade de certas pessoas prestarem depoimento como resquício desse sistema (art. 447 do NCPC).[60] Entretanto, assim não nos parece, uma vez que o que se pretende através dessa vedação a que determinadas pessoas deponham em juízo é manter a imparcialidade e a lisura de todos quantos colaboram com a justiça na reconstrução da verdade. A mesma equidistância que se exige do magistrado impõe-se aos que lhe prestam auxílio.

A inércia do juiz, no sistema da prova tarifada, ocorria no momento da "valoração" e não, precisamente, na atividade probatória, muito embora, nesse período, o juiz representasse um mero espectador do duelo das partes.[61]

---

[60] "**Art. 447.** Podem depor como testemunhas todas as pessoas, exceto as incapazes, impedidas ou suspeitas.

§ 1º São incapazes:

I – o interdito por enfermidade ou deficiência mental;

II – o que, acometido por enfermidade ou retardamento mental, ao tempo em que ocorreram os fatos, não podia discerni-los, ou, ao tempo em que deve depor, não está habilitado a transmitir as percepções;

III – o que tiver menos de 16 (dezesseis) anos;

IV – o cego e o surdo, quando a ciência do fato depender dos sentidos que lhes faltam.

§ 2º São impedidos:

I – o cônjuge, o companheiro, o ascendente e o descendente em qualquer grau e o colateral, até o terceiro grau, de alguma das partes, por consanguinidade ou afinidade, salvo se o exigir o interesse público ou, tratando-se de causa relativa ao estado da pessoa, não se puder obter de outro modo a prova que o juiz repute necessária ao julgamento do mérito;

II – o que é parte na causa;

III – o que intervém em nome de uma parte, como o tutor, o representante legal da pessoa jurídica, o juiz, o advogado e outros que assistam ou tenham assistido as partes.

§ 3º São suspeitos:

I – o inimigo da parte ou o seu amigo íntimo;

II – o que tiver interesse no litígio.

§ 4º Sendo necessário, pode o juiz admitir o depoimento das testemunhas menores, impedidas ou suspeitas.

§ 5º Os depoimentos referidos no § 4º serão prestados independentemente de compromisso, e o juiz lhes atribuirá o valor que possam merecer."

[61] Consulte-se sobre o tema: **Moacyr Amaral Santos**, *Prova Judiciária no Cível e Comercial*, 1952, vol. I; **Lessona**, *in Teoria General de la Prueba en Derecho Civil*, 1957, vol. IV.

PROCESSO CIVIL CONTEMPORÂNEO – *Luiz Fux*

Já o *sistema do livre convencimento* é a antítese da prova legal: enquanto este limita a atuação do juiz, aquele lhe concede uma tal liberdade que o magistrado decide sem motivar, declarando, apenas, o resultado, como fruto de sua íntima convicção. As impressões pessoais do juiz assumem notável relevo nesse sistema, mercê de transformá-lo em avaliador soberano das suas convicções pessoais. Consoante se conclui, trata-se de sistema abominável que transforma o juiz em um *ditador* do processo, subtraindo às partes a oportunidade de saber os fundamentos pelos quais as provas foram rejeitadas ou acolhidas. A adoção desse sistema revelou, na praxe, que, sob o pálio da tão decantada discricionariedade judicial, exercia-se a verdadeira *arbitrariedade da toga*.

Resquício desse sistema encontra-se no processo penal, na regra que permite aos jurados decidirem pela votação monossilábica do "sim ou não" à luz dos quesitos formulados. Subsiste, ali, o sistema da íntima convicção, sem que dos jurados se exija fundamentação.

O sistema hodierno adotado pelo Código de Processo Civil de 2015 é ainda o do *convencimento racional* ou *persuasão racional*, da mesma forma que já o fazia seu antecessor de 1973.

O convencimento racional caracteriza-se pela liberdade conferida ao juiz na valoração dos elementos de convicção e, ao mesmo tempo, pela adstrição e motivação desse convencimento à luz, apenas, das provas produzidas nos autos.[62]

O sistema da valoração racional não convive com prova tarifada senão com o *convencimento motivado*, sustentado em qualquer meio de convicção trazido aos autos pelas partes ou pelo juiz. Consectário desse sistema é a possibilidade de ampla investigação pelo juiz, podendo carrear para o processo todos os meios de prova, ainda que não requeridos pelas partes.[63] O art. 370 do NCPC dispõe que "caberá ao juiz, de ofício ou a requerimento da parte, determinar as provas necessárias ao julgamento do mérito", complementando o sistema com o disposto no art. 371 do mesmo diploma, permitindo ao magistrado apreciar "a prova constante dos autos, independentemente do sujeito que a tiver promovido" e indicar "na decisão as razões da formação de seu convencimento."[64]

---

[62] **Lessona**, ob. cit., § 344. No mesmo sentido, **Carlo Furno**, *in Teoria de la Prueba Legal*, cap. II, p. 160.

[63] É exemplo de prova de ofício a determinação de exibição de documento pelo juiz (art. 396 do NCPC).

[64] O art. 131 do CPC/1973 era mais assertivo ao dispor que "O juiz apreciará *livremente* a prova, atendendo aos fatos e circunstâncias constantes dos autos, ainda que não alegados pelas partes; mas deverá indicar, na sentença, os motivos que lhe formaram o convencimento" (grifos nossos). Entretanto, entende-se que a mera supressão do vocábulo *"livremente"* não é suficiente para dizer-se alterado o sistema de avaliação das provas adotado pelo Novo Código, permanecendo a adoção do sistema do *livre convencimento motivado*.

Capítulo IV · A FASE DE INSTRUÇÃO | 153

A liberdade conferida ao magistrado no campo delimitado pela prova e a necessária motivação do julgado caracterizam o sistema da persuasão racional como um conjunto de regras garantidoras da parte contra eventuais arbítrios da magistratura, mercê de se lhe exigir um maior preparo intelectual do que aquele previsto para a prova legal, cujo *tarifamento* predispõe o julgador,[65] ou o convencimento íntimo, despido de qualquer necessidade de motivação.[66]

4.4 MOMENTO DA PROVA

Os procedimentos a que se submetem as várias formas de processo implicam o estabelecimento do momento em que a prova surge na relação processual. Sob esse ângulo, a doutrina indica que a prova passa por vários momentos de sua existência, em que um condiciona o outro. Assim é que a prova, em primeiro lugar, precisa ser *proposta*, para, sendo *admitida*, ser *produzida* na fase própria de instrução. Esse iter sugere que o procedimento probatório é composto pelas fases da *proposição, admissão* e, finalmente, *produção* da prova.[67]

As partes não podem guardar *trunfos* no processo; por isso, devem propor as provas que pretendem produzir na primeira oportunidade que têm para falar nos autos, ou seja: o autor na inicial, e o réu em sua defesa. Casos há nos quais esses momentos dilatam-se ou antecipam-se, como, *v.g.*, ocorre na ação revisional de aluguel, na qual o réu, antes da contestação, pode oferecer prova de que o aluguel liminar (provisório) está em desacordo com a prática do mercado; muito embora a regra seja a proposição nesses dois momentos.

Destarte, fatos relevantes para a causa ou mesmo o comportamento superveniente das partes podem determinar a necessidade de proposição de outras provas, o que deve ser analisado pelo juiz, conforme os poderes expressos no art. 370 do NCPC.[68] Assim, é admissível a proposição de novas provas em face da apresentação de reconvenção, ou se o demandado suscita em sua defesa preliminares e objeções (art. 350 do NCPC).[69]

---

[65] **Cappelletti** demonstra, com a sua acuidade científica, que o sistema da prova legal, desenvolvido no Direito medieval, procurava evitar "subjetivismos do julgador na valoração dos elementos de convicção, visando obstar eventuais arbitrariedades, impondo uma atividade meramente mecânica ao juiz", *in Principii Fundamentasse e Tendente Evolutiva del Processo Civile nel Diritto Comparato*, Buenos Aires, 1973.

[66] Nesse sentido, **Lessona**, ob. cit., p. 331.

[67] Nesse mesmo sentido, a lição de **Schonke**, *in Derecho Procesal Civil*, 1950, p. 207.

[68] "**Art. 370.** Caberá ao juiz, de ofício ou a requerimento da parte, determinar as provas necessárias ao julgamento do mérito.

Parágrafo único. O juiz indeferirá, em decisão fundamentada, as diligências inúteis ou meramente protelatórias."

[69] "**Art. 350.** Se o réu alegar fato impeditivo, modificativo ou extintivo do direito do autor, este será ouvido no prazo de 15 (quinze) dias, permitindo-lhe o juiz a produção de prova."

154 | PROCESSO CIVIL CONTEMPORÂNEO – *Luiz Fux*

A *admissão da prova* tem o seu momento culminante no saneamento do processo acaso ultrapassada sem êxito a tentativa de conciliação (art. 357 do NCPC),[70] tal qual analisado no capítulo anterior. Nessa fase, muito embora seja preponderante a atividade de verificação das provas requeridas, na realidade, o juiz, no curso do processo, realiza, paulatinamente, a atividade de saneamento, sendo lícito, por essa razão, indeferir provas prematuramente propostas ou inúteis.

Já o momento da *produção da prova* varia conforme a sua espécie. Assim, a prova documental apresenta-se desde logo com a inicial ou a resposta,[71] sendo lícito, também, a juntada posterior de documentos, uma vez que nesse tema não se opera a preclusão. A prova oral tem o seu *locus* na audiência de instrução e julgamento e a prova pericial logo após o saneamento e anteriormente à audiência. Considere-se, entretanto, que pode haver casos de antecipação desses momentos, no próprio processo principal ou em processo anterior distinto (art. 381 do NCPC).[72-73-74]

---

[70] **Enunciado 28 da I Jornada de Direito Processual Civil do CJF:** Os incisos do art. 357 do CPC não exaurem o conteúdo possível da decisão de saneamento e organização do processo.

[71] Com muita propriedade nos ensina **Amaral Santos**, na sua clássica obra sobre a prova que "o documento, desde a sua admissão, se considera prova produzida", ob. cit., vol. I, p. 249.

[72] "**Art. 381.** A produção antecipada da prova será admitida nos casos em que:

I – haja fundado receio de que venha a tornar-se impossível ou muito difícil a verificação de certos fatos na pendência da ação;

II – a prova a ser produzida seja suscetível de viabilizar a autocomposição ou outro meio adequado de solução de conflito;

III – o prévio conhecimento dos fatos possa justificar ou evitar o ajuizamento de ação.

§ 1º O arrolamento de bens observará o disposto nesta Seção quando tiver por finalidade apenas a realização de documentação e não a prática de atos de apreensão.

§ 2º A produção antecipada da prova é da competência do juízo do foro onde esta deva ser produzida ou do foro de domicílio do réu.

§ 3º A produção antecipada da prova não previne a competência do juízo para a ação que venha a ser proposta.

§ 4º O juízo estadual tem competência para produção antecipada de prova requerida em face da União, de entidade autárquica ou de empresa pública federal se, na localidade, não houver vara federal.

§ 5º Aplica-se o disposto nesta Seção àquele que pretender justificar a existência de algum fato ou relação jurídica para simples documento e sem caráter contencioso, que exporá, em petição circunstanciada, a sua intenção."

[73] **Enunciado 50 da I Jornada de Direito Processual Civil do CJF:** A eficácia da produção antecipada de provas não está condicionada a prazo para a propositura de outra ação.

Enunciado 129 da II Jornada de Direito Processual Civil do CJF: É admitida a exibição de documentos como objeto de produção antecipada de prova, nos termos do art. 381 do CPC.

[74] **Calamandrei** incluía a antecipação de prova dentre os "provimentos cautelares por entender essa atividade como de '*assicurazione della prova*'", como a vistoria *ad perpetuam rei memoriam, in Introduzione allo Studio Sistematico dei Provvedimenti Cautelari*, 1936, p. 32.

Capítulo IV · A FASE DE INSTRUÇÃO | **155**

Sob a égide do Código anterior, a concentração da prova oral em audiência implicava a adoção do princípio da identidade física do juiz, segundo o qual o julgador que colheu a prova seria o mais habilitado para aferir-lhe o valor e a eficácia (art. 132 do CPC/1973).[75] Em consequência, onde não houvesse contato com a prova não se exigia a vinculação do magistrado à atividade de decisão. Não há, no Novo Código, dispositivo semelhante ao anterior art. 132 do CPC/1973. Portanto, o nosso ordenamento não mais consagra o princípio da identidade física do juiz, de modo que o magistrado sentenciante pode ser distinto daquele que promoveu a instrução probatória.

Destaque-se, por fim, pela singularidade que encerram, que as cartas precatórias e rogatórias com a realização das provas rogadas ou deprecadas podem ser anexadas aos autos até o momento do julgamento final, ou seja, até a definição do litígio, ainda que o processo esteja em grau diverso de jurisdição daquele em que se encontrava quando a prova foi admitida (art. 377, parágrafo único, do NCPC). Entretanto, nada obsta que o juiz suspenda o processo diante da necessidade de conhecer os elementos objeto da carta, para julgar.

4.5 PRODUÇÃO ANTECIPADA DA PROVA

Dentro do capítulo das provas, o Novo CPC apresenta Seção específica relativa à produção antecipada da prova, diferentemente do CPC/1973, que tratava do tema como uma espécie de procedimento cautelar específico (art. 846 daquele diploma legal). O art. 381[76] especifica que é possível tal produção antecipada quando:

> I – *haja fundado receio de que venha a tornar-se impossível ou muito difícil a verificação de certos fatos na pendência da ação*: há aqui um forte aspecto *cautelar*, tendo em vista que o transcurso do tempo necessário para que se aguardasse o momento processual típico para a produção da prova poderia comprometer a própria subsistência do meio de prova a se adotar.
>
> II – *a prova a ser produzida seja suscetível de viabilizar a autocomposição ou outro meio adequado de solução de conflito*: há casos em que o conhecimento prévio de determinado fato por meio de atividade probatória pode viabilizar a solução do conflito por autocomposição. Nessas situações, é também cabível a produção antecipada de provas, cuja realização poderá favorecer o êxito e meios alternativos e mais adequados de solução das controvérsias.
>
> III – *o prévio conhecimento dos fatos possa justificar ou evitar o ajuizamento de ação*: de modo semelhante ao inciso anterior, quando o resultado da atividade

---

[75] "**Art. 132.** O juiz, titular ou substituto, que concluir a audiência julgará a lide, salvo se estiver convocado, licenciado, afastado por qualquer motivo, promovido ou aposentado, casos em que passará os autos ao seu sucessor.

[76] **Enunciado 129 da II Jornada de Direito Processual Civil do CJF:** É admitida a exibição de documentos como objeto de produção antecipada de prova, nos termos do art. 381 do CPC.

probatória puder evitar o ajuizamento de ação, é possível sua produção antecipada. De modo análogo, também se revela possível sua realização quando o resultado for necessário para *justificar* uma posterior ação judicial.

Observa-se, assim, que a produção antecipada de prova não tem caráter cautelar nas hipóteses dos incisos II e III do art. 381, porquanto não se destina a resguardar a efetividade e a utilidade do processo.

A competência para a produção antecipada da prova é do juízo onde esta deva ser praticada ou no foro de domicílio do réu, não se prevenindo sua competência para o julgamento de eventual ação a ser proposta (art. 381, §§ 2º e 3º).

A petição inicial deverá revelar as razões que ensejam a necessidade de antecipação da prova, mencionando de forma precisa os fatos sobre os quais a prova há de recair (art. 382).[77-78] Atendidos esses requisitos, o juiz determinará a citação dos interessados na produção da prova ou no fato a ser provado; não devendo, porém, se pronunciar sobre a ocorrência ou a inocorrência do fato, nem sobre as respectivas consequências jurídicas (§§ 1º e 2º). Esses aspectos caberão ao juízo competente para apreciação da ação posteriormente ajuizada.

Em sede desse mesmo procedimento antecipado, os interessados poderão requerer a produção de outras provas relacionadas ao mesmo fato, salvo se a sua produção conjunta acarretar excessiva demora (§ 3º).

Ao final, o art. 383[79] dispõe que os autos permanecerão em cartório durante 1 (um) mês, a fim de que os interessados possam extrair cópias e certidões. Findo

---

[77] "**Art. 382.** Na petição, o requerente apresentará as razões que justificam a necessidade de antecipação da prova e mencionará com precisão os fatos sobre os quais a prova há de recair.

§ 1º O juiz determinará, de ofício ou a requerimento da parte, a citação de interessados na produção da prova ou no fato a ser provado, salvo se inexistente caráter contencioso.

§ 2º O juiz não se pronunciará sobre a ocorrência ou a inocorrência do fato, nem sobre as respectivas consequências jurídicas.

§ 3º Os interessados poderão requerer a produção de qualquer prova no mesmo procedimento, desde que relacionada ao mesmo fato, salvo se a sua produção conjunta acarretar excessiva demora.

§ 4º Neste procedimento, não se admitirá defesa ou recurso, salvo contra decisão que indeferir totalmente a produção da prova pleiteada pelo requerente originário."

[78] **Enunciado 32 da I Jornada de Direito Processual Civil do CJF:** A vedação à apresentação de defesa prevista no art. 382, § 4º, do CPC, não impede a alegação pelo réu de matérias defensivas conhecíveis de ofício.

Enunciado 118 da II Jornada de Direito Processual Civil do CJF: É cabível a fixação de honorários advocatícios na ação de produção antecipada de provas na hipótese de resistência da parte requerida na produção da prova.

[79] "**Art. 383.** Os autos permanecerão em cartório durante 1 (um) mês para extração de cópias e certidões pelos interessados.

esse prazo, os autos serão entregues ao requerente da medida, para que lhe dê o uso adequado.

4.6 ESPÉCIES DE PROVA

O Código de Processo Civil de 2015, nas Seções III e subsequentes do Capítulo XII do Livro I da Parte Especial, regula os meios de prova típicos,[80] quais sejam:

- ata notarial (que não encontrava correspondência no CPC/1973 e se destina a atestar ou documentar a existência e o modo de existir de algum fato – art. 384);[81]

- depoimento pessoal (requerido pela outra parte ou determinado de ofício pelo juiz – art. 385);[82-83]

- confissão (que pode ser judicial ou extrajudicial, quando a parte admite a veracidade de fato contrário ao seu interesse e favorável ao da parte adversa – art. 389);[84]

- exibição de documento ou coisa (art. 396);[85]

Parágrafo único. Findo o prazo, os autos serão entregues ao promovente da medida."

[80] A análise específica de cada um dos meios de prova e suas regras procedimentais é tema que refoge ao escopo introdutório e geral deste livro. Por isso é que aqui são apresentadas apenas as normas gerais e comuns relativamente a todos eles.

[81] "Art. 384. A existência e o modo de existir de algum fato podem ser atestados ou documentados, a requerimento do interessado, mediante ata lavrada por tabelião.

Parágrafo único. Dados representados por imagem ou som gravados em arquivos eletrônicos poderão constar da ata notarial."

[82] "Art. 385. Cabe à parte requerer o depoimento pessoal da outra parte, a fim de que esta seja interrogada na audiência de instrução e julgamento, sem prejuízo do poder do juiz de ordená-lo de ofício.

§ 1º Se a parte, pessoalmente intimada para prestar depoimento pessoal e advertida da pena de confesso, não comparecer ou, comparecendo, se recusar a depor, o juiz aplicar-lhe-á a pena.

§ 2º É vedado a quem ainda não depôs assistir ao interrogatório da outra parte.

§ 3º O depoimento pessoal da parte que residir em comarca, seção ou subseção judiciária diversa daquela onde tramita o processo poderá ser colhido por meio de videoconferência ou outro recurso tecnológico de transmissão de sons e imagens em tempo real, o que poderá ocorrer, inclusive, durante a realização da audiência de instrução e julgamento."

[83] **Enunciado 33 da I Jornada de Direito Processual Civil do CJF:** No depoimento pessoal, o advogado da contraparte formulará as perguntas diretamente ao depoente.

[84] "Art. 389. Há confissão, judicial ou extrajudicial, quando a parte admite a verdade de fato contrário ao seu interesse e favorável ao do adversário."

[85] "Art. 396. O juiz pode ordenar que a parte exiba documento ou coisa que se encontre em seu poder."

158 | PROCESSO CIVIL CONTEMPORÂNEO – *Luiz Fux*

–   prova documental (art. 405),[86] inclusive com dispositivos específicos relativos aos documentos eletrônicos (art. 439);[87]

–   prova testemunhal (art. 442);[88-89]

–   prova pericial (consistente em exame, vistoria ou avaliação – art. 464),[90] destacando-se a inovação relativa à *prova técnica simplificada* (que consiste na inquirição de especialista, pelo juiz, sobre ponto controvertido da causa que demande especial conhecimento científico ou técnico – art. 464, §§ 2º, 3º e 4º);

–   inspeção judicial (que ocorre quando o juiz, de ofício ou a requerimento, pessoalmente inspeciona pessoas ou coisas, no afã de se esclarecer sobre fato que interesse à decisão da causa – art. 481).[91]

Didaticamente, é correto encartar-se no gênero prova oral: o depoimento das partes, o depoimento das testemunhas e dos peritos, bem como a confissão inferida desses meios de prova.

À prova oral contrapõe-se a prova documental consistente em coisa ou objeto físico capaz de representar um fato através da palavra escrita ou sinais da palavra

---

[86]   "**Art. 405.** O documento público faz prova não só da sua formação, mas também dos fatos que o escrivão, o chefe de secretaria, o tabelião ou o servidor declarar que ocorreram em sua presença."

[87]   "**Art. 439.** A utilização de documentos eletrônicos no processo convencional dependerá de sua conversão à forma impressa e da verificação de sua autenticidade, na forma da lei."

[88]   "**Art. 442.** A prova testemunhal é sempre admissível, não dispondo a lei de modo diverso."

[89]   **Enunciado 34 da I Jornada de Direito Processual Civil do CJF:** A qualificação incompleta da testemunha só impede a sua inquirição se houver demonstração de efetivo prejuízo.

[90]   "**Art. 464.** A prova pericial consiste em exame, vistoria ou avaliação.

§ 1º O juiz indeferirá a perícia quando:

I – a prova do fato não depender de conhecimento especial de técnico;

II – for desnecessária em vista de outras provas produzidas;

III – a verificação for impraticável.

§ 2º De ofício ou a requerimento das partes, o juiz poderá, em substituição à perícia, determinar a produção de prova técnica simplificada, quando o ponto controvertido for de menor complexidade.

§ 3º A prova técnica simplificada consistirá apenas na inquirição de especialista, pelo juiz, sobre ponto controvertido da causa que demande especial conhecimento científico ou técnico.

§ 4º Durante a arguição, o especialista, que deverá ter formação acadêmica específica na área objeto de seu depoimento, poderá valer-se de qualquer recurso tecnológico de transmissão de sons e imagens com o fim de esclarecer os pontos controvertidos da causa"

[91]   "**Art. 481.** O juiz, de ofício ou a requerimento da parte, pode, em qualquer fase do processo, inspecionar pessoas ou coisas, a fim de se esclarecer sobre fato que interesse à decisão da causa."

falada como as escrituras, notas ou fotografias. A prova pericial, por seu turno, é uma prova mista na sua produção, porquanto ao exame segue-se a elaboração de um documento, que é o laudo do perito. O mesmo raciocínio empreende-se em relação à exibição de documento ou coisa, a qual assume o valor de prova documental quando implementada.

A inspeção é prova visual, que se converte em documental após a trasladação escrita para os autos da impressão resultante do ato.

Capítulo V
A FASE DE JULGAMENTO

5.1 AUDIÊNCIA DE INSTRUÇÃO E JULGAMENTO

5.1.1 Aspectos gerais

O julgamento do mérito pode reclamar a realização de outras provas além das produzidas até a fase de saneamento. Nessa hipótese, inviabilizado o julgamento antecipado da lide,[1] impõe-se a realização da audiência que, como o próprio *nomen juris* indica, destina-se à oitiva de pessoas, cujos depoimentos integrarão as provas conducentes ao esclarecimento dos fatos sobre os quais versará a sentença. A audiência é, portanto, de *instrução* e *julgamento* e sua estrutura legal obedece a esse duplo escopo. Por essa razão, o Código de Processo Civil de 2015 estabelece a ordem dos depoimentos e a etapa subsequente da decisão, precedidas das últimas manifestações das partes, consistentes em debates orais que, todavia, podem ser substituídos por manifestações escritas, denominadas *memoriais*.

Consectário da garantia constitucional da publicidade dos atos processuais (art. 5º, LX, da Constituição Federal),[2] a audiência é pública, ressalvadas as exce-

---

[1] O julgamento antecipado da lide poupou o legislador das severas críticas que se lançava outrora contra a inutilidade do ato. Segundo um velho comentarista do Código Processual: "as audiências eram reuniões inúteis, nas quais se consumia tempo com formalidades escusadas e sem qualquer efeito prático, servindo mesmo para facilitar rasteiras e as manobras dos profissionais espertos" (*in* **Herotides da Silva Lima**, *Código de Processo Civil*, 1940, vol. I, p. 486). Severa a crítica de **Pedro Batista Martins**, para quem "as audiências eram como o parlamento chinês, 'onde nada acontecia...'" (*Comentários ao Código de Processo Civil*, 1942, vol. III, p. 180). Diversamente, um grande estudioso do processo brasileiro, como o foi **Liebman**, defendia sua realização sob o pálio do princípio da oralidade: "A oralidade", dizia o mestre italiano, "tem por teatro necessário a audiência, porque só nela é que o juiz entra em contato com as partes e com as provas. Suprimir a audiência é o mesmo que suprimir a oralidade, ainda mais no sistema construído pelo legislador brasileiro, em que a única audiência é a de instrução e julgamento, destinada ao conhecimento do mérito" (*in Estudos sobre o Processo Civil Brasileiro*, 1947, p. 120).

[2] "**Art. 5º**, LX – a lei só poderá restringir a publicidade dos atos processuais quando a defesa da intimidade ou o interesse social o exigirem;"

162 | PROCESSO CIVIL CONTEMPORÂNEO – *Luiz Fux*

ções legais (art. 368 do NCPC),[3] como nos casos de segredo de justiça previstos no art. 189.[4]

5.1.2 Poderes do juiz

O juiz, no exercício de seu poder-dever de dirigir o processo (art. 139 do NCPC),[5-6] implementa o poder de polícia na audiência, competindo-lhe providências como: *(i)* manter a ordem e o decoro na audiência; *(ii)* ordenar se retirem da sala

---

[3] "**Art. 368**. A audiência será pública, ressalvadas as exceções legais."

[4] "**Art. 189**. Os atos processuais são públicos, todavia tramitam em segredo de justiça os processos:

I – em que o exija o interesse público ou social;

II – que versem sobre casamento, separação de corpos, divórcio, separação, união estável, filiação, alimentos e guarda de crianças e adolescentes;

III – em que constem dados protegidos pelo direito constitucional à intimidade;

IV – que versem sobre arbitragem, inclusive sobre cumprimento de carta arbitral, desde que a confidencialidade estipulada na arbitragem seja comprovada perante o juízo.

§ 1º O direito de consultar os autos de processo que tramite em segredo de justiça e de pedir certidões de seus atos é restrito às partes e aos seus procuradores.

§ 2º O terceiro que demonstrar interesse jurídico pode requerer ao juiz certidão do dispositivo da sentença, bem como de inventário e de partilha resultantes de divórcio ou separação."

[5] "**Art. 139**. O juiz dirigirá o processo conforme as disposições deste Código, incumbindo-lhe:

I – assegurar às partes igualdade de tratamento;

II – velar pela duração razoável do processo;

III – prevenir ou reprimir qualquer ato contrário à dignidade da justiça e indeferir postulações meramente protelatórias;

IV – determinar todas as medidas indutivas, coercitivas, mandamentais ou sub-rogatórias necessárias para assegurar o cumprimento de ordem judicial, inclusive nas ações que tenham por objeto prestação pecuniária;

V – promover, a qualquer tempo, a autocomposição, preferencialmente com auxílio de conciliadores e mediadores judiciais;

VI – dilatar os prazos processuais e alterar a ordem de produção dos meios de prova, adequando-os às necessidades do conflito de modo a conferir maior efetividade à tutela do direito;

VII – exercer o poder de polícia, requisitando, quando necessário, força policial, além da segurança interna dos fóruns e tribunais;

VIII – determinar, a qualquer tempo, o comparecimento pessoal das partes, para inquiri-las sobre os fatos da causa, hipótese em que não incidirá a pena de confesso;

IX – determinar o suprimento de pressupostos processuais e o saneamento de outros vícios processuais;

X – quando se deparar com diversas demandas individuais repetitivas, oficiar o Ministério Público, a Defensoria Pública e, na medida do possível, outros legitimados a que se referem o art. 5º da Lei nº 7.347, de 24 de julho de 1985, e o art. 82 da Lei nº 8.078, de 11 de setembro de 1990, para, se for o caso, promover a propositura da ação coletiva respectiva.

Parágrafo único. A dilação de prazos prevista no inciso VI somente pode ser determinada antes de encerrado o prazo regular."

[6] **Enunciado 13 da I Jornada de Direito Processual Civil do CJF:** O art. 139, VI, do CPC autoriza o deslocamento para o futuro do termo inicial do prazo.

Capítulo V · A FASE DE JULGAMENTO | 163

da audiência os que se comportarem inconvenientemente; *(iii)* requisitar, quando necessário, o uso da força policial; *(iv)* tratar com urbanidade as partes, os advogados, os membros do Ministério Público e da Defensoria Pública e qualquer pessoa que participe do processo; *(v)* registrar em ata, com exatidão, todos os requerimentos apresentados em audiência (art. 360 do NCPC).[7]

Não obstante o exercício do poder de polícia nas audiências, sob o ângulo processual, compete ao juiz, em especial, dirigir os trabalhos, procedendo, direta e pessoalmente, à colheita das provas, exortando os advogados e o órgão do Ministério Público a que discutam a causa com elevação e urbanidade, prevenindo qualquer ato contrário à dignidade da Justiça. Decorrência desse poder é a regra procedimental, no campo da produção da prova oral, que determina que, durante o depoimento das partes, do perito, dos assistentes técnicos e das testemunhas, os advogados não podem intervir ou apartar, sem licença do juiz (art. 361, parágrafo único do NCPC).[8]

5.1.3 A tentativa de conciliação

O Novo Código, seguindo a moderna tendência de enfatizar a conciliação como técnica de autocomposição, fomentadora da otimização do relacionamento social, insiste na possibilidade de o litígio terminar por mútuas concessões, tanto assim que aumentou o rol dos poderes do juiz para encartar o de tentar a qualquer tempo conciliar as partes. Para além da fase procedimental inicial da audiência de conciliação ou de mediação (art. 334),[9] o Novo Código estabelece a incumbência de o magistrado promover, a qualquer tempo, a autocomposição, preferencialmente

---

[7] **"Art. 360.** O juiz exerce o poder de polícia, incumbindo-lhe:

I – manter a ordem e o decoro na audiência;

II – ordenar que se retirem da sala de audiência os que se comportarem inconvenientemente;

III – requisitar, quando necessário, força policial;

IV – tratar com urbanidade as partes, os advogados, os membros do Ministério Público e da Defensoria Pública e qualquer pessoa que participe do processo;

V – registrar em ata, com exatidão, todos os requerimentos apresentados em audiência."

[8] **"Art. 361.** As provas orais serão produzidas em audiência, ouvindo-se nesta ordem, preferencialmente:

I – o perito e os assistentes técnicos, que responderão aos quesitos de esclarecimentos requeridos no prazo e na forma do art. 477, caso não respondidos anteriormente por escrito;

II – o autor e, em seguida, o réu, que prestarão depoimentos pessoais;

III – as testemunhas arroladas pelo autor e pelo réu, que serão inquiridas.

Parágrafo único. Enquanto depuserem o perito, os assistentes técnicos, as partes e as testemunhas, não poderão os advogados e o Ministério Público intervir ou apartear, sem licença do juiz."

[9] **Enunciado 23 da I Jornada de Direito Processual Civil do CJF:** Na ausência de auxiliares da justiça, o juiz poderá realizar a audiência inaugural do art. 334 do CPC, especialmente se a hipótese for de conciliação.

PROCESSO CIVIL CONTEMPORÂNEO – *Luiz Fux*

com auxílio de conciliadores e mediadores judiciais (art. 139, V, do NCPC), bem como impõe, tão logo instalada a audiência de instrução e julgamento, nova tentativa de o juiz conciliar as partes, independentemente da utilização anterior de outros métodos de solução consensual de conflitos, como a mediação e a arbitragem (art. 359 do NCPC).[10]

Assim, superadas as tentativas de conciliação engendradas anteriormente, o juiz, quando da audiência, deve insistir no ponto. Por outro lado, ainda que haja omissão do juízo na designação da tentativa prévia de conciliação, o processo não deve ser anulado, porquanto as partes podem engendrá-la a qualquer tempo, até mesmo extrajudicialmente, sem que se faça imprescindível e necessária a intervenção judicial.

5.1.4 As etapas da audiência de instrução e julgamento

Superada a conciliação, a realização da audiência de instrução e julgamento comporta os seguintes momentos (arts. 358 e seguintes do NCPC):

> I – *O pregão das partes*: no dia e hora designados, o juiz declarará aberta a audiência, mandando apregoar as partes e os seus respectivos advogados, sob pena de nulidade, suprível pela realização do ato, uma vez que assim terá sido alcançada a finalidade da referida formalidade.
>
> II – *A nova tentativa de conciliação*

Enunciado 24 da I Jornada de Direito Processual Civil do CJF: Havendo a Fazenda Pública publicizado ampla e previamente as hipóteses em que está autorizada a transigir, pode o juiz dispensar a realização da audiência de mediação e conciliação, com base no art. 334, § 4º, II, do CPC, quando o direito discutido na ação não se enquadrar em tais situações.

Enunciado 25 da I Jornada de Direito Processual Civil do CJF: As audiências de conciliação ou mediação, inclusive dos juizados especiais, poderão ser realizadas por videoconferência, áudio, sistemas de troca de mensagens, conversa *on-line*, conversa escrita, eletrônica, telefônica e telemática ou outros mecanismos que estejam à disposição dos profissionais da autocomposição para estabelecer a comunicação entre as partes.

Enunciado 26 da I Jornada de Direito Processual Civil do CJF: A multa do § 8º do art. 334 do CPC não incide no caso de não comparecimento do réu intimado por edital.

Enunciado 67 da I Jornada de Direito Processual Civil do CJF: Há interesse recursal no pleito da parte para impugnar a multa do art. 334, § 8º, do CPC por meio de apelação, embora tenha sido vitoriosa na demanda.

Enunciado 121 da II Jornada de Direito Processual Civil do CJF: Não cabe aplicar multa a quem, comparecendo à audiência do art. 334 do CPC, apenas manifesta desinteresse na realização de acordo, salvo se a sessão foi designada unicamente por requerimento seu e não houver justificativa para a alteração de posição.

[10] **"Art. 359.** Instalada a audiência, o juiz tentará conciliar as partes, independentemente do emprego anterior de outros métodos de solução consensual de conflitos, como a mediação e a arbitragem."

Capítulo V · A FASE DE JULGAMENTO | **165**

III – *A produção da prova oral na seguinte ordem*: a) o perito e os assistentes técnicos responderão aos quesitos de esclarecimentos, requeridos no prazo e na forma do art. 477 do NCPC;[11] b) após, o juiz tomará os depoimentos pessoais,[12] primeiro do autor e depois do réu, para, finalmente, inquirir as testemunhas arroladas pelo autor e pelo réu.

A ordem, supra descrita, revela-se de suma importância, para que não haja cisão da prova e para impedir que os depoimentos separados sejam, eventualmente, alterados ou preparados conforme as declarações colhidas anteriormente, posto que isto violaria o Princípio da Igualdade das Partes.

Destarte, o juiz pode dispensar a prova requerida pela parte cujo advogado não compareceu sem motivo justificado à audiência e não apresentou justificativa para sua ausência, aplicando-se essa regra inclusive ao Ministério Público (art. 362, § 2º, do NCPC).[13]

---

[11] "**Art. 477.** O perito protocolará o laudo em juízo, no prazo fixado pelo juiz, pelo menos 20 (vinte) dias antes da audiência de instrução e julgamento.

§ 1º As partes serão intimadas para, querendo, manifestar-se sobre o laudo do perito do juízo no prazo comum de 15 (quinze) dias, podendo o assistente técnico de cada uma das partes, em igual prazo, apresentar seu respectivo parecer.

§ 2º O perito do juízo tem o dever de, no prazo de 15 (quinze) dias, esclarecer ponto:

I – sobre o qual exista divergência ou dúvida de qualquer das partes, do juiz ou do órgão do Ministério Público;

II – divergente apresentado no parecer do assistente técnico da parte.

§ 3º Se ainda houver necessidade de esclarecimentos, a parte requererá ao juiz que mande intimar o perito ou o assistente técnico a comparecer à audiência de instrução e julgamento, formulando, desde logo, as perguntas, sob forma de quesitos.

§ 4º O perito ou o assistente técnico será intimado por meio eletrônico, com pelo menos 10 (dez) dias de antecedência da audiência."

[12] **Enunciado 33 da I Jornada de Direito Processual Civil do CJF:** No depoimento pessoal, o advogado da contraparte formulará as perguntas diretamente ao depoente.

[13] "**Art. 362.** A audiência poderá ser adiada:

I – por convenção das partes;

II – se não puder comparecer, por motivo justificado, qualquer pessoa que dela deva necessariamente participar;

III – por atraso injustificado de seu início em tempo superior a 30 (trinta) minutos do horário marcado.

§ 1º O impedimento deverá ser comprovado até a abertura da audiência, e, não o sendo, o juiz procederá à instrução.

§ 2º O juiz poderá dispensar a produção das provas requeridas pela parte cujo advogado ou defensor público não tenha comparecido à audiência, aplicando-se a mesma regra ao Ministério Público.

§ 3º Quem der causa ao adiamento responderá pelas despesas acrescidas."

Realizada a instrução, o juiz, sob pena de nulidade, deve conceder a palavra ao advogado do autor e, em seguida, ao advogado do réu, passando então ao órgão do Ministério Público, concedendo 20 (vinte) minutos para cada um, prorrogáveis por mais 10 (dez), a seu critério (art. 364).[14] Havendo litisconsorte ou terceiro, o prazo, que forma com o da prorrogação um só todo, deve ser dividido entre os do mesmo grupo, se não convencionarem de modo diverso (§ 1º).

Evidentemente que a instrução, de início, não deve ser cindida em nome dos princípios da *concentração* e *imediatidade*. Entretanto – *ad impossibilia nemo tenetur* –, poderá ser excepcional e justificadamente cindida na ausência de perito ou de testemunha, havendo concordância das partes (art. 365 do NCPC).[15]

A complexidade da causa e, *a fortiori*, dos debates não é motivo suficiente para redesignação ou continuação do ato em outra data, porquanto, quando a causa apresentar questões complexas de fato ou de direito, as alegações orais podem ser substituídas por razões finais escritas (os *memoriais*), apresentadas pelo autor, réu e, se for o caso, Ministério Público em prazos sucessivos de 15 (quinze) dias, garantida vista dos autos (art. 364, § 2º).

Fenômeno diverso da cisão da audiência para continuação em dia diverso é o do adiamento da audiência. Consoante se pode observar, a realização da audiência implica atos preparatórios que não podem ser desperdiçados. Dessa forma, a não realização da audiência deve ser excepcional, só podendo ser adiada nos casos previstos pelo art. 362: por convenção das partes; se não puder comparecer, por motivo justificado, qualquer pessoa que dela deva necessariamente participar; por atraso injustificado de seu início em tempo superior a 30 (trinta) minutos do horário marcado.

Relativamente à segunda situação, o impedimento do comparecimento deverá ser comprovado até a abertura da audiência, sob pena de o juiz proceder à instrução

---

[14] "**Art. 364.** Finda a instrução, o juiz dará a palavra ao advogado do autor e do réu, bem como ao membro do Ministério Público, se for o caso de sua intervenção, sucessivamente, pelo prazo de 20 (vinte) minutos para cada um, prorrogável por 10 (dez) minutos, a critério do juiz.

§ 1º Havendo litisconsorte ou terceiro interveniente, o prazo, que formará com o da prorrogação um só todo, dividir-se-á entre os do mesmo grupo, se não convencionarem de modo diverso.

§ 2º Quando a causa apresentar questões complexas de fato ou de direito, o debate oral poderá ser substituído por razões finais escritas, que serão apresentadas pelo autor e pelo réu, bem como pelo Ministério Público, se for o caso de sua intervenção, em prazos sucessivos de 15 (quinze) dias, assegurada vista dos autos."

[15] "**Art. 365.** A audiência é una e contínua, podendo ser excepcional e justificadamente cindida na ausência de perito ou de testemunha, desde que haja concordância das partes.

Parágrafo único. Diante da impossibilidade de realização da instrução, do debate e do julgamento no mesmo dia, o juiz marcará seu prosseguimento para a data mais próxima possível, em pauta preferencial."

Capítulo V · A FASE DE JULGAMENTO | **167**

(§ 1º), podendo dispensar a produção das provas requeridas pela parte cujo patrono estiver ausente (§ 2º). Em todo caso, as despesas decorrentes do adiamento serão imputadas a quem der causa ao adiamento (§ 3º).

A última etapa da audiência é a do julgamento. Por essa razão, uma vez encerrado o debate ou oferecidos os memoriais, o juiz deve proferir a sentença desde logo em audiência, ou no prazo de 30 (trinta) dias (art. 366 do NCPC).[16]

O ato final do juiz constará do mesmo termo onde são registrados todos os incidentes que ocorrem durante a audiência, uma vez que o escrivão o lavra, sob seu ditado, e contém, em resumo, todo o ocorrido, bem como, por extenso, os despachos e a sentença. Este termo, após formalizado e quando não seja registrado em meio eletrônico, deve ser rubricado pelo juiz e encadernado em volume próprio. Não obstante, subscrevem-no, ainda, os advogados, o órgão do Ministério Público e o escrivão, sendo certo que este deve trasladar para os autos cópia autêntica do mesmo (art. 367 do NCPC).[17]

5.2 SENTENÇA E COISA JULGADA

5.2.1 Aspectos gerais

O processo de conhecimento também é conhecido como *processo de sentença*,[18] porquanto a sua finalidade é gerar um pronunciamento judicial entre os contendores, por meio do qual o juiz, definindo direitos, aprecia os pedidos deduzidos.

---

[16]   "**Art. 366**. Encerrado o debate ou oferecidas as razões finais, o juiz proferirá sentença em audiência ou no prazo de 30 (trinta) dias."

[17]   "**Art. 367**. O servidor lavrará, sob ditado do juiz, termo que conterá, em resumo, o ocorrido na audiência, bem como, por extenso, os despachos, as decisões e a sentença, se proferida no ato.

§ 1º Quando o termo não for registrado em meio eletrônico, o juiz rubricar-lhe-á as folhas, que serão encadernadas em volume próprio.

§ 2º Subscreverão o termo o juiz, os advogados, o membro do Ministério Público e o escrivão ou chefe de secretaria, dispensadas as partes, exceto quando houver ato de disposição para cuja prática os advogados não tenham poderes.

§ 3º O escrivão ou chefe de secretaria trasladará para os autos cópia autêntica do termo de audiência.

§ 4º Tratando-se de autos eletrônicos, observar-se-á o disposto neste Código, em legislação específica e nas normas internas dos tribunais.

§ 5º A audiência poderá ser integralmente gravada em imagem e em áudio, em meio digital ou analógico, desde que assegure o rápido acesso das partes e dos órgãos julgadores, observada a legislação específica.

§ 6º A gravação a que se refere o § 5º também pode ser realizada diretamente por qualquer das partes, independentemente de autorização judicial."

[18]   A expressão é de **Rosenberg**, *in Derecho Procesal Civil*, 1995, vol. II, p. 3.

168 PROCESSO CIVIL CONTEMPORÂNEO – *Luiz Fux*

A decisão timbra de tal forma o processo judicial que, em boa sede doutrinária afirmou-se o processo de conhecimento como o único capaz de gerar atividade tipicamente jurisdicional.[19] A *sentença* é, assim, o ato pelo qual o juiz cumpre a função jurisdicional, aplicando o direito ao caso concreto, definindo o litígio e carreando a paz social pela imperatividade que a decisão encerra. Encarta, como ato, a atividade de "concreção" por força da qual o juiz torna concreto o preceito abstrato da norma, para regular o caso *sub judice*. Aduz-se, assim, à sentença como norma jurídica concreta, em contraposição ao preceito normativo abstrato.[20] Essa operação intelectiva, preponderante nessa forma de tutela jurisdicional, é que empresta o qualificativo de *cognição* ao processo que se propõe a gerar uma sentença, como um ato de inteligência do juiz.[21]

Por outro lado, a sentença encerra um *juízo de valor* acerca dos fatos e do direito aplicável. Muito embora a sentença represente o ato nuclear do processo de conhecimento, cujas etapas são predispostas ao atingimento dessa *causa finalis*, as outras formas de tutela jurisdicional também comportam a existência da sentença. Entretanto, sua finalidade nessas outras espécies de tutela é diversa do escopo de definição jurídica que marca o processo de cognição.

Com efeito, a sentença encerra um julgamento das questões da lide ou das questões que impedem a apreciação do pedido. Entretanto, não mais se admite a versão ortodoxa de que há equivalência entre sentença e pedido. O traço marcante é que as sentenças extinguem o procedimento em primeiro grau. As decisões interlocutórias decidem, mas não extinguem o procedimento, ainda quando apreciem parcialmente o mérito.[22]

---

[19] É conhecida a denominação atribuída por **Carnelutti** ao processo de conhecimento como "processo *giurisdizionale*, distinguindo-o das funções de *esecuzione e prevenzione*" (*in Istituzioni del Nuevo Proceso Civile Italiano*, 1951, vol. I, p. 31; e *Sistema di Diritto Processuale Civile*, 1936, p. 132 e 133).

[20] Por essa razão **Vicenzo Cavallo** afirmou que a sentença era o ato mediante o qual se individualiza o direito, *in La Sentenza Penale*, 1936, p. 145. **Frederico Marques** com precisão invulgar assentou que o juiz não atua sobre o direito em tese como o faz o doutrinador, senão com o fato individuado, e a norma abstrata da lei se transforma em concreta pela aplicação a esse fato individualizado e definido; a sentença, portanto, traz em si o elemento da "realização existencial" (*in Instituições de Direito Processual Civil*, 1972, vol. III, p. 402).

[21] No sentido do texto, **Chiovenda**, *in Instituições de Direito Processual Civil*, vol. I, p. 253 e 254, e **Liebman**, *Manual di Diritto Processuale Civile Italiano*, 1955, vol. I, p. 49.

[22] **Enunciado 125 da II Jornada de Direito Processual Civil do CJF:** A decisão parcial de mérito não pode ser modificada senão em decorrência do recurso que a impugna.
Enunciado 126 da II Jornada de Direito Processual Civil do CJF: O juiz pode resolver parcialmente o mérito, em relação à matéria não afetada para julgamento, nos processos suspensos em razão de recursos repetitivos, repercussão geral, incidente de resolução de demandas repetitivas ou incidente de assunção de competência.

Assim, em face do anteriormente disposto no art. 162 do Código de Processo Civil de 1973,[23] sentença era o ato pelo qual o juiz extinguia o processo (*rectius*: o procedimento em primeiro grau), julgando ou não o mérito da causa. Em verdade, via de regra, as sentenças são recorríveis, prolongando a relação processual através dos recursos. O que se encerra com a sentença é o procedimento no primeiro grau. Por essa razão, já se afirmou que o juiz, ao prolatar a sentença, limita-se a apresentar a resposta jurisdicional, entregando-a definitivamente após o trânsito em julgado. No mesmo diapasão, está a expressão de que os recursos fazem da decisão apenas *possibilidade* de sentença.[24]

Posteriormente, ainda ao tempo do CPC/1973, o art. 1º da Lei nº 11.232/2005 emprestou um novo conceito à sentença ao dispor que "é o ato do juiz que implica alguma das situações previstas nos arts. 267 e 269" daquela lei. Estes artigos eram os que dispunham sobre os casos de extinção do processo sem e com resolução do mérito, análogos aos atuais arts. 485 e 487 do NCPC.

Esta reforma teve como escopo proceder a um ajuste vocabular, por isso que a definição pretérita, assentando que a sentença extinguia o processo sofria a crítica de que, em verdade, ela se limitava a colocar fim ao procedimento em primeiro grau de jurisdição. Como aludido, o prosseguimento da relação processual pela fase recursal impedia a propositura de outra ação idêntica, sob pena de litispendência, sem prejuízo de o regime do efeito devolutivo calcar-se na pendência do processo, como, *v.g.*, a devolutividade adstrita à superfície contenciosa do recurso (*tantum devoluttum quantum apellattum*), a proibição da *reformatio in pejus* e do *ius novorum* etc.

De outro lado, não foram somente essas vicissitudes processuais que conduziram o legislador de então à alteração terminológica. É que a sentença, naquela reforma, passou a ser autoexecutável (*processo sincrético*), inaugurando fase nova

---

[23] "**Art. 162**. Os atos do juiz consistirão em sentenças, decisões interlocutórias e despachos.

§ 1º Sentença é o ato pelo qual o juiz põe termo ao processo, decidindo ou não o mérito da causa. (Redação original)

§ 1º Sentença é o ato do juiz que implica alguma das situações previstas nos arts. 267 e 269 desta Lei. (Redação dada pelo Lei nº 11.232, de 2005)

§ 2º Decisão interlocutória é o ato pelo qual o juiz, no curso do processo, resolve questão incidente.

§ 3º São despachos todos os demais atos do juiz praticados no processo, de ofício ou a requerimento da parte, a cujo respeito a lei não estabelece outra forma.

§ 4º Os atos meramente ordinatórios, como a juntada e a vista obrigatória, independem de despacho, devendo ser praticados de ofício pelo servidor e revistos pelo juiz quando necessários. (Incluído pela Lei nº 8.952, de 13.12.1994)"

[24] A lúcida especulação é de **Pontes de Miranda**, calcado nas lições de **Carnelutti** lançadas no seu "Direito e Processo", *in Tratado da Ação Rescisória das Sentenças e outras Decisões*, 3ª ed., 1957, p. 203.

de *cumprimento* sem solução de continuidade, por isso que inadequado aduzir-se à extinção do processo.

Consectariamente, a sentença denominava-se, naquele momento, "resolução", que podia ser de mérito, quando analisada a questão de fundo por ato intelectivo do juiz ou pela vontade das partes (art. 269 do CPC/1973), ou resolução formal, meramente terminativa, quando acolhidos os óbices processuais enunciados no art. 267 do CPC/1973.

Sob a égide do Novo Código, algumas dessas preocupações doutrinárias ensejaram a reformulação parcial do conceito de sentença. Segundo o art. 203, § 1º, do NCPC,[25] sentença é o pronunciamento por meio do qual o juiz, com fundamento nos arts. 485 (sem resolução de mérito) e 487 (com resolução de mérito), põe fim à fase cognitiva do procedimento comum, bem como extingue a execução. De todo modo, a sentença é ato estatal dotado de soberania e imperatividade, características da função jurisdicional.

Inexistindo obstáculos, a forma normal de extinção do processo é a definição do litígio com a análise da questão de fundo: a própria controvérsia de direito material (art. 487 do NCPC). Denomina-se essa sentença que enfrenta o pedido de sentença definitiva.

Em contrapartida, frustrada a resolução do mérito pela existência de impedimentos processuais como, *v.g.*, a falta das condições da ação ou dos pressupostos processuais, a sentença será meramente formal, denunciadora de patologia processual, gerando um pronunciamento meramente terminativo (art. 485 do NCPC). Diz-se *terminativa* a sentença, porquanto o processo termina, mas não resolve o litígio entre as partes, na medida em que a questão de fundo resta sem solução. Permite, então, a lei processual, que a demanda seja reproposta, na medida em que essa sentença, não dispondo sobre o pedido, não forma coisa julgada material, como acima já aludido.

Sob o ângulo jusfilosófico, a sentença é um juízo de redução de fatos a categorias jurídicas e consequente aplicação do direito incidente no caso concreto. Em decorrência desse caminhar lógico do juiz, a sentença revela um "ato de inteligência e vontade do julgador."[26] O ordenamento jurídico confere-lhe, ainda, a força obri-

---

[25] "Art. 203, § 1º Ressalvadas as disposições expressas dos procedimentos especiais, sentença é o pronunciamento por meio do qual o juiz, com fundamento nos arts. 485 e 487, põe fim à fase cognitiva do procedimento comum, bem como extingue a execução."

[26] A sentença como declaração de vontade remonta à doutrina de **James Goldschmidt**, *in Derecho Procesal Civil*, 1936, p. 4. Contra essa doutrina opõe-se **Alfredo Rocco** demonstrando não poder o juiz querer senão o que quer a lei, daí porque não enuncia a sua vontade, resumindo-se a sentença num ato típico de inteligência, como expôs na sua clássica *Sentenza Civile*, 1906, p. 35. **Calamandrei** colocou a pá de cal na controvérsia ao vaticinar que: a lei é que não pode querer senão o que quer o juiz; se é exato que o juiz deve decidir *secundum legem*, certo é também que, dada a sentença, a vontade da lei fica definitivamente fixada *secundum sententiam*, "La Sentencia Subjetivamente Compleja", *in Estúdios sobre el Proceso Civil*, 1945, p. 470.

Capítulo V · A FASE DE JULGAMENTO | **171**

gatória que distingue a sentença de uma divagação acadêmica ou de um parecer doutrinário, porquanto fruto de uma manifestação de poder.

Como ato processual, a sentença reclama uma forma que lhe dá realidade jurídica (*forma dat esse rei*), confere-lhe existência, além de requisito que a situa nos planos de validade e eficácia. Nesse sentido, dispõe o art. 489 do NCPC[27] que são elementos essenciais da sentença: o relatório, a fundamentação e o dispositivo.

O *relatório* é a parte neutra do *decisum*, na qual o juiz enceta um histórico de tudo quanto ocorreu no curso do procedimento, desde os incidentes mais importantes até a juntada de documentos pelas partes, utilizando-se de técnica remissiva na indicação das páginas.

Essencialmente, o relatório deve descrever o pedido com as suas razões e especificações, as defesas apresentadas, as soluções de eventuais incidentes do processo e os pontos controvertidos.[28] A sentença na qual se revela ausente o relatório é nula, impondo-se a cassação pela instância superior. Ressalva-se a autorização legal do art. 81, § 3º, da Lei nº 9.099/1995,[29] que dispensa o relatório.

Ultrapassado o relatório, o juiz inicia a *fundamentação* de sua sentença, imprimindo ao ato o timbre de sua inteligência acerca dos fatos e do direito aplicável. Trata-se de garantia constitucional (art. 93, IX, da CRFB/1988) que perfectibiliza o sistema do livre convencimento motivado, exigindo que o magistrado motive sua decisão, explicitando o itinerário lógico do seu raciocínio jurídico para a solução da controvérsia, de maneira a permitir à parte vencida a demonstração das eventuais injustiças e ilegalidades encartadas no ato.

Além dessa função interna ao próprio processo e às partes, tem-se também, na fundamentação, uma função externa, pela qual se legitima o próprio exercício da jurisdição. Dessa forma, a falta de motivação acarreta, também, a nulidade da sentença, posto não se admitir esse *salto* do relatório à decisão, sem que sejam apresentados os motivos fáticos e jurídicos que embasam a solução atribuída à lide.

---

[27] **Enunciado 37 da I Jornada de Direito Processual Civil do CJF:** Aplica-se aos juizados especiais o disposto nos parágrafos do art. 489 do CPC.

[28] Segundo o art. 489, I, do NCPC, são elementos que devem estar contidos no relatório: "os nomes das partes, a identificação do caso, com a suma do pedido e da contestação, e o registro das principais ocorrências havidas no andamento do processo."

[29] "**Art. 81.** Aberta a audiência, será dada a palavra ao defensor para responder à acusação, após o que o Juiz receberá, ou não, a denúncia ou queixa; havendo recebimento, serão ouvidas a vítima e as testemunhas de acusação e defesa, interrogando-se a seguir o acusado, se presente, passando-se imediatamente aos debates orais e à prolação da sentença.

§ 1º Todas as provas serão produzidas na audiência de instrução e julgamento, podendo o Juiz limitar ou excluir as que considerar excessivas, impertinentes ou protelatórias.

§ 2º De todo o ocorrido na audiência será lavrado termo, assinado pelo Juiz e pelas partes, contendo breve resumo dos fatos relevantes ocorridos em audiência e a sentença.

§ 3º A sentença, dispensado o relatório, mencionará os elementos de convicção do Juiz."

172 | PROCESSO CIVIL CONTEMPORÂNEO – *Luiz Fux*

Sobre o tema, o Novo CPC apresenta dispositivo de destaque que não encontrava previsão correspondente no Código anterior. Trata-se do art. 489, § 1º, segundo o qual não se considera fundamentada qualquer decisão judicial, seja ela interlocutória, sentença ou acórdão, que:

> *I – se limitar à indicação, à reprodução ou à paráfrase de ato normativo, sem explicar sua relação com a causa ou a questão decidida;*
>
> *II – empregar conceitos jurídicos indeterminados, sem explicar o motivo concreto de sua incidência no caso;*
>
> *III – invocar motivos que se prestariam a justificar qualquer outra decisão;*
>
> *IV – não enfrentar todos os argumentos deduzidos no processo capazes de, em tese, infirmar a conclusão adotada pelo julgador;*
>
> *V – se limitar a invocar precedente ou enunciado de súmula, sem identificar seus fundamentos determinantes nem demonstrar que o caso sob julgamento se ajusta àqueles fundamentos;*
>
> *VI – deixar de seguir enunciado de súmula, jurisprudência ou precedente invocado pela parte, sem demonstrar a existência de distinção no caso em julgamento ou a superação do entendimento.*

Deveras, o dispositivo revela a preocupação do legislador em que as decisões judiciais sejam *efetivamente* fundamentadas, não se contentando com a invocação de fórmulas argumentativas genéricas ou alegações universais que não se voltam à apreciação dos contornos específicos das controvérsias fáticas e jurídicas atinentes ao caso sob julgamento. Igualmente, revela-se um paralelismo com a sistemática de observância necessária dos precedentes obrigatórios, conforme disposições do art. 927 do Novo Código.[30-122]

---

[30] **"Art. 927.** Os juízes e os tribunais observarão:

I – as decisões do Supremo Tribunal Federal em controle concentrado de constitucionalidade;

II – os enunciados de súmula vinculante;

III – os acórdãos em incidente de assunção de competência ou de resolução de demandas repetitivas e em julgamento de recursos extraordinário e especial repetitivos;

IV – os enunciados das súmulas do Supremo Tribunal Federal em matéria constitucional e do Superior Tribunal de Justiça em matéria infraconstitucional;

V – a orientação do plenário ou do órgão especial aos quais estiverem vinculados.

§ 1º Os juízes e os tribunais observarão o disposto no art. 10 e no art. 489, § 1º, quando decidirem com fundamento neste artigo.

§ 2º A alteração de tese jurídica adotada em enunciado de súmula ou em julgamento de casos repetitivos poderá ser precedida de audiências públicas e da participação de pessoas, órgãos ou entidades que possam contribuir para a rediscussão da tese.

§ 3º Na hipótese de alteração de jurisprudência dominante do Supremo Tribunal Federal e dos tribunais superiores ou daquela oriunda de julgamento de casos repetitivos, pode haver modulação dos efeitos da alteração no interesse social e no da segurança jurídica.

Ainda quanto à motivação, é imperiosa a observância das disposições da Lei de Introdução às Normas do Direito Brasileiro, com as alterações da Lei nº 13.655/2018. O *caput* do art. 20 da LINDB veda ao juiz decidir com base em valores jurídicos abstratos sem que sejam consideradas as consequências práticas da decisão. O parágrafo único do mesmo art. 20 dispõe que a motivação deve demonstrar a necessidade e a adequação de eventual medida imposta ou da invalidação de ato, contrato, ajuste, processo ou norma administrativa, inclusive em face das possíveis alternativas. Trata-se de evidente preocupação do legislador com o pragmatismo, refutando-se a aplicação do brocardo *fiat justitia, pereat mundus*. Igualmente, segundo o art. 21 da LINDB, a decisão que decretar a invalidação de ato, contrato, ajuste, processo ou norma administrativa deverá indicar de modo expresso suas consequências jurídicas e administrativas, bem como, quando for o caso, indicar as condições para que a regularização ocorra de modo proporcional e equânime e sem prejuízo aos interesses gerais, não se podendo impor aos sujeitos atingidos ônus ou perdas que, em função das peculiaridades do caso, sejam anormais ou excessivos.

Encerrada a motivação, o juiz conclui, decide através da *parte dispositiva* da sentença, julgando o pedido no sentido de acolhê-lo ou rejeitá-lo. É a tradicional procedência ou improcedência do pedido. "Sentença sem conclusão é uma não sentença", uma sentença inexistente.[32] A inexistência persiste ainda que se possa inferir a que conclusão teria chegado o juiz.[33]

Além desses elementos, a sentença reclama também uma parte *autenticativa*, que se consubstancia na própria assinatura do juiz. A sua falta, quando não proferida em audiência, deve ser suprida, sob pena de inexistência, haja vista que o ato deve provir do juiz, confirmado por assinatura autêntica.

---

§ 4º A modificação de enunciado de súmula, de jurisprudência pacificada ou de tese adotada em julgamento de casos repetitivos observará a necessidade de fundamentação adequada e específica, considerando os princípios da segurança jurídica, da proteção da confiança e da isonomia.

§ 5º Os tribunais darão publicidade a seus precedentes, organizando-os por questão jurídica decidida e divulgando-os, preferencialmente, na rede mundial de computadores."

[31] **Enunciado 59 da I Jornada de Direito Processual Civil do CJF:** Não é exigível identidade absoluta entre casos para a aplicação de um precedente, seja ele vinculante ou não, bastando que ambos possam compartilhar os mesmos fundamentos determinantes.

[32] Como bem assentava **Afonso Fraga** "a parte dispositiva da sentença é o elemento substancial do julgado, a sua crase sanguínea, a sua vida jurídica", *in Instituições do Processo Civil do Brasil*, 1940, vol. II, p. 598.

[33] Nesse sentido **Frederico Marques** que adverte ser "impossível concluir-se de que forma seria a decisão sem que o juiz declare, explicitamente, qual o seu julgamento sobre a lide", ob. cit., p. 397.

5.2.2 Espécies de sentença

As *sentenças terminativas* são sempre de uma mesma espécie, na medida em que não enfrentam o mérito, apresentando um caráter eminentemente formal. As *sentenças definitivas de improcedência*, por seu turno, revelam um provimento declaratório-negativo, por reconhecerem a inexistência do direito material alegado pelo autor (*absolutio ab actione*). Consectariamente, mesmo que a sentença de improcedência verse sobre um pedido de declaração de inexistência de relação jurídica, será ela declaratório-negativa, porquanto, não obstante afirme a existência do direito material, rejeita a pretensão formulada.

Entretanto, as *sentenças de procedência*, na medida em que acolhem a pretensão deduzida, têm a mesma natureza dos pedidos que contemplam, até porque a eles se sujeita também o juiz. Desse modo, se o pedido da parte é declaratório e a sentença o acolhe, esta apresenta natureza declaratória também; se o pedido é condenatório, condenatória será a sentença que o acolher e assim por diante. Por isso é que "a doutrina classifica a sentença de acordo com a ação de que provém",[34] sem que com isso se retire a autonomia do direito processual e do próprio direito de ação.

Sob a ótica tripartite, consagrada pelo Novo Código, as sentenças podem ser *condenatórias, declaratórias* ou *constitutivas*. A superada teoria quinquipartite admitia também as sentenças *executivas lato senso* e *mandamentais*.

As *sentenças condenatórias*, oriundas das ações acolhidas da mesma natureza, impõem ao vencido a obrigação de realizar determinada prestação em prol do vencedor. O juiz, na sentença, exorta a que a parte vencida cumpra a obrigação sob pena de satisfazê-la às custas do patrimônio do devedor sem prejuízo da utilização de todos os meios capazes de convencê-lo ao cumprimento do julgado, como soem ser os meios de coerção, consistentes na multa diária ou até mesmo na ameaça de privação de liberdade, nas obrigações de pagar alimentos.

A forma de satisfação do vencedor, por obra do Estado, denomina-se de *tutela satisfativa*, realizável através do cumprimento da sentença, cujo procedimento varia de acordo com a natureza da obrigação, conforme novas especificações trazidas pelo Novo Código. Assim é que, em linhas gerais, se a condenação é ao pagamento de quantia certa, a efetivação dar-se-á por procedimento tendente à obtenção da soma a ser entregue ao vencedor; se a condenação é à entrega de determinada coisa, o Estado colocará à disposição do vencedor meios executivos conducentes à entrega de coisa e, se a condenação impuser ao vencido um fazer ou não fazer, confere-se ao litigante vitorioso, para a hipótese de inadimplemento do julgado, o cumprimento das obrigações de fazer e não fazer.

---

[34] Esse é o critério de **José Frederico Marques**, ob. cit., p. 406.

Ainda sob a égide do CPC/1973, a reforma empreendida pela Lei nº 11.232/2005, ao introduzir o *processo sincrético*, transformou todas as sentenças em *executivas lato senso*, mercê de ter conferido autoexecutoriedade à resolução de mérito que ao declarar o direito do vencedor reconhece qualquer obrigação a ser satisfeita. Observa-se, assim, que a sentença condenatória era por excelência, título executivo judicial, na medida em que servia de base ao processo de execução, hoje também fundada na sentença do art. 515, I, do NCPC.[35]

O cumprimento da sentença lhes confere eficácia prática, executoriedade *ex intervallo*, sem a necessidade de um processo de execução autônomo, que infirmava a efetividade da prestação jurisdicional, bem como a sua presteza ao admitir em nova relação processual a inserção de embargos à execução judicial, inaugurando delongado processo de cognição interinal à tutela satisfativa. Deveras, não houvesse o cumprimento coacto da sentença, o julgado dependeria da boa vontade do vencido, que é o quanto basta para realçar o aspecto autoritário-judicial da condenação. Aliás, a praxe forense indicava que as sentenças condenatórias eram as mais imperfeitas sob o aspecto do binômio aspiração-satisfação do jurisdicionado. Ideal era que a palavra do Judiciário fosse cumprida de imediato, espontaneamente ou por obra do Estado. Mas não era assim que as coisas se sucediam. O litigante vencedor, após obter a definição judicial através do processo de cognição com a condenação do vencido, ainda carecia percorrer uma verdadeira e segunda *via crucis*, na qual tentaria tornar realidade aquilo que constava da norma concreta expedida pelo juiz. A imperfeição, ao que aqui se constata, como veremos, não se observa nas demais formas de tutela jurisdicional (*constitutivas* e *declaratórias*), nas quais a decisão judicial opera plena eficácia após transitada em julgado.

Tecnicamente, a falha que se observava nas decisões condenatórias era a necessidade de inaugurar novel processo, hoje apenas fase da mesma relação processual, ou seja, o juízo da condenação é o da execução. Aliás, algumas condenações já dispensavam a instância executiva para se efetivarem. Nessas hipóteses, as sentenças já eram a um só tempo condenatórias e executivas ou executivas lato senso. É o que já se operava com a sentença concessiva de despejo, cuja eficácia manifesta-se na própria relação de conhecimento, sem necessidade de processo próprio de execução. No mesmo sentido, a sentença que condena o réu a emitir declaração de vontade (art. 501 do NCPC).[36]

---

[35] **"Art. 515.** São títulos executivos judiciais, cujo cumprimento dar-se-á de acordo com os artigos previstos neste Título:

I – as decisões proferidas no processo civil que reconheçam a exigibilidade de obrigação de pagar quantia, de fazer, de não fazer ou de entregar coisa;"

[36] **"Art. 501.** Na ação que tenha por objeto a emissão de declaração de vontade, a sentença que julgar procedente o pedido, uma vez transitada em julgado, produzirá todos os efeitos da declaração não emitida."

A teoria quinquipartite reconhecia a existência de uma espécie de sentença, cuja eficácia confina em parte com as sentenças condenatórias, com o *plus* de que não se limitam a *exortar* o cumprimento do julgado sob pena de execução posterior, senão *ordenam* o cumprimento do que dispõem. São as *sentenças mandamentais* que, ante o seu descumprimento, acenam ao destinatário com o delito de desobediência, criminalizando o comportamento omissivo diante da ordem judicial, sem prejuízo dos meios de coerção que a acompanham para fins de cumprimento daquilo que a decisão judicial ordena. Assim são as sentenças emergentes das ações mandamentais, como o mandado de segurança, as cautelares constritivas de bens e restritivas de direitos, bem como as decisões de antecipação de tutela com as características inerentes à restrição de direitos e constrição de bens. Atualmente, todas as sentenças que impõem o cumprimento de obrigações de fazer, de não fazer e de entregar coisa são inerentemente mandamentais, pois são efetivadas pelos meios de coerção previstos nos artigos 536 e seguintes do Novo Código – sendo que o cumprimento da sentença pode ocorrer inclusive de ofício.

Por isso é que não faz mais sentido falar em sentenças *executivas lato sensu* e *mandamentais* como categorias autônomas. O caráter distintivo dessas espécies era apenas a sua forma de execução, mas a legislação em vigor conferiu caráter geral ao cumprimento de sentença como fase do mesmo processo em que proferida a sentença exequenda, bem assim à utilização dos meios de coerção para cumprimento de obrigações de fazer, de não fazer e de entregar coisa.

As sentenças condenatórias, previamente à imposição da prestação ao vencido, declaram a existência do direito do vencedor à obtenção daquela prestação que ela consagra; por isso, o provimento condenatório traz em si uma declaração. Consequentemente, toda sentença condenatória é também declaratória, não sendo verdadeira a recíproca. Assim, nem toda sentença declaratória é condenatória, salvo na parte relativa à sucumbência, cujo capítulo é sempre de condenação no pagamento das custas e honorários.

Essa é a razão pela qual o art. 20 do Código de Processo Civil de 2015[37] admite a simples declaração, mesmo quando já é possível a propositura imediata da ação condenatória. É que, uma vez proposta a ação condenatória, não desaparece o interesse de agir na mera declaração, por esta encontrar-se embutida no pedido de condenação. Entretanto, nada impede a propositura originária da ação meramente declaratória, ainda que posteriormente a parte pretenda promover a condenação para fixação de um *an debeatur* e um *quantum debeatur*.

Fenômeno análogo reveste a sentença condenatória criminal, considerada pelo legislador processual civil como título executivo judicial (art. 515, VI, do

---

[37] "**Art. 20**. É admissível a ação meramente declaratória, ainda que tenha ocorrido a violação do direito."

CPC/2015),[38] em razão de conter declaração que torna certa a obrigação de reparar o dano *ex delicto* (art. 387, IV, do Código de Processo Penal),[39] bastando à parte pleitear o *quantum debeatur*, em processo de liquidação, para iniciar a execução.[40]

As *sentenças declaratórias puras*, por sua vez, afirmam a existência ou inexistência de uma relação jurídica como objeto principal ou incidental de um processo. Com essa essência, as sentenças declaratórias conferem a certeza jurídica almejada pela parte através da decisão judicial. É que o estado de incerteza jurídica abala a ordem jurídica, e somente o Judiciário, com a energia da coisa julgada emprestada às suas decisões, pode dissipá-lo. Alguém que se atribua a qualidade de sujeito de direitos, evidentemente, não pode impor a outrem que se submeta à sua concepção acerca de determinada relação jurídica. Exsurgindo essa incerteza objetiva pela contestação inequívoca de um interessado, cabe ao Judiciário intermediar esse conflito, declarando a quem pertence a razão, explicitando a existência e a titularidade da relação jurídica controvertida. Assim, se *A* nega o dever de indenizar exigido por *B*, cabe ao Judiciário declarar a existência ou inexistência dessa relação, advindo a certeza jurídica da sentença declaratória com a sua autoridade estatal. Desta sorte, negar a existência ou afirmar existente uma relação jurídica pode por si só configurar uma lesão, mercê de caracterizar uma lide cuja solução é de interesse imediato do Estado, no afã de manter a paz social.

A possibilidade de emergirem da relação jurídica obrigações duvidosas outras recomenda que se afirme a sua existência ou inexistência no curso do processo, através de declaração incidente ou como pretensão autônoma (arts. 19 e 20 do NCPC).[41]

As sentenças declaratórias e as condenatórias que as contêm reconhecem, com efeito retro-operante, o direito do vencedor e, por isso, têm efeitos *ex tunc*. Elas não criam os direitos, apenas reconhecem sua existência.

---

[38] **"Art. 515**. São títulos executivos judiciais, cujo cumprimento dar-se-á de acordo com os artigos previstos neste Título:
VI – a sentença penal condenatória transitada em julgado;"

[39] **"Art. 387**. O juiz, ao proferir sentença condenatória: (Vide Lei nº 11.719, de 2008)
IV – fixará valor mínimo para reparação dos danos causados pela infração, considerando os prejuízos sofridos pelo ofendido; (Redação dada pela Lei nº 11.719, de 2008)."

[40] **Enunciado 3 da I Jornada de Direito Processual Civil do CJF:** As disposições do CPC aplicam-se supletiva e subsidiariamente ao Código de Processo Penal, no que não forem incompatíveis com esta Lei.

[41] **"Art. 19**. O interesse do autor pode limitar-se à declaração:
I – da existência, da inexistência ou do modo de ser de uma relação jurídica;
II – da autenticidade ou da falsidade de documento.
Art. 20. É admissível a ação meramente declaratória, ainda que tenha ocorrido a violação do direito."

PROCESSO CIVIL CONTEMPORÂNEO – *Luiz Fux*

As sentenças produzem, ainda, consequências decorrentes do provimento judicial que encerram, denominadas *efeitos acessórios*. Sua característica é que se produzem imediatamente, independentemente do pedido da parte e *ex vi legis*. Assim, *v.g.*, a sentença que extingue a locação rompe a sublocação; a que condena o réu ao pagamento de uma prestação em dinheiro ou coisa vale como título constitutivo de hipoteca judiciária; a que condena o devedor a emitir declaração de vontade produz todos os efeitos da declaração sonegada; a que dissolve o casamento extingue o regime de bens etc.[42]

5.2.3 Requisitos intrínsecos da sentença: congruência e certeza

Afora a sua estrutura (relatório, fundamentação e dispositivo), a sentença demanda requisitos que a qualificam. Nesse sentido, a sentença deve ser *certa*, quanto ao *quantum* que impõe, bem como imune de dúvidas quanto à sua ordenação. Assim, o requisito da certeza afere-se pelo objeto sobre o qual dispõe o ato decisório.

A sentença além de *certa* deve ser também *congruente*, pelo que deve se adstringir ao pedido. Por isso é que o Código dispõe ser "vedado ao juiz proferir decisão de natureza diversa da pedida, bem como condenar a parte em quantidade superior ou em objeto diverso do que lhe foi demandado" (art. 492 do NCPC),[43] proibição expressada pela máxima: "*ne eat judex ultra vel extra petita partium*."

A sentença que contiver o vício do julgamento *ultra petita* tem eficácia reduzida no que toca à parte inoficiosa, podendo o Tribunal podar o excesso e apreciá-la quanto ao mérito em sede recursal. Assim, *v.g.*, malfere a regra da congruência a sentença que em ação de consignação de aluguel decreta o despejo do imóvel sem que haja pedido do locador. A análise deste vício de julgamento (*ultra petita*), entretanto, implica ao intérprete da decisão judicial levar em consideração que há *pedidos implícitos*, como os juros legais, a correção monetária, os honorários advocatícios e as prestações vincendas (art. 332, § 1º, do NCPC).[44]

Diversamente do julgamento *ultra petita*, a sentença *extra petita* é inaproveitável, já que confere à parte providência diversa da que foi pedida. Assim, *v.g.*, a sentença que concede perdas e danos padecerá deste vício se o pedido único foi de rescisão contratual.

Já a decisão *citra petita*, porque omissa, pode ser complementada por força da interposição de embargos de declaração. Entretanto, se a parte assim não proceder,

---

[42]   *In* **Humberto Theodoro Júnior**, *Curso*, vol. I, 2000.

[43]   "**Art. 492**. É vedado ao juiz proferir decisão de natureza diversa da pedida, bem como condenar a parte em quantidade superior ou em objeto diverso do que lhe foi demandado.
Parágrafo único. A decisão deve ser certa, ainda que resolva relação jurídica condicional."

[44]   "**Art. 332**, § 1º O juiz também poderá julgar liminarmente improcedente o pedido se verificar, desde logo, a ocorrência de decadência ou de prescrição."

não é lícito ao Tribunal contemplar pedido sobre o qual a sentença tenha se omitido, porque a isso equivaleria julgar a pretensão, diretamente na instância *ad quem*, com violação do duplo grau de jurisdição e supressão de instância. Essa regra, como evidente, aplica-se a todo ato decisório judicial; vale dizer, sentença e acórdãos.

Esclareça-se, por fim, que o princípio segundo o qual *jura novit curia* não autoriza essa dissintonia entre o pedido e a decisão, porquanto servil apenas para categorizar juridicamente a hipótese *sub judice*. O que pode ocorrer, entretanto, é que uma das pretensões esteja contida no pleito maior, sendo lícito ao juiz julgar procedente em parte o pedido. Assim, *v.g.*, o juiz pode acolher o pedido de rescisão e rejeitar as perdas e danos consequentes ao desfazimento do negócio jurídico, se entendê-las inocorrentes.

Dessarte, na análise do princípio da congruência, imperioso apreender o tipo de pedido formulado e a consequente espécie de sentença almejada, porquanto somente assim será possível perceber-se se o juiz violou a regra *in procedendo*. Como já destacado, a *sentença congruente*, mantendo perfeita correlação entre o pedido e o decidido, deve ser certa, mesmo quando decida relação condicional, ainda que relegue para o processo de liquidação a apuração do *quantum debeatur*.

Anote-se que no âmbito do processo coletivo exsurge a possibilidade de o juiz proferir uma condenação aproveitável por todos quantos tenham interesses homogêneos dependentes daquele metainteresse julgado. Isto não significa que a sentença não seja certa, mas apenas admite que, em liquidação, as partes possam especificar seus interesses individuais à luz da questão central prejudicial decidida favoravelmente aos mesmos. É a denominada utilização do julgado ou coisa julgada *in utilibus*.

5.2.4 Coisa julgada

5.2.4.1 Aspectos gerais

A jurisdição cumpre o seu escopo de pacificação social através da imperatividade e da *imutabilidade* da resposta jurisdicional.

O fato de para cada litígio corresponder uma só decisão, sem a possibilidade de reapreciação da controvérsia após o *trânsito em julgado* da decisão, caracteriza essa função estatal jurisdicional – muito embora também seja possível falar em coisa julgada administrativa.[45] O momento no qual uma decisão torna-se imodificável é o do trânsito em julgado, que se opera quando o conteúdo daquilo que foi decidido fica ao abrigo de qualquer impugnação através de recurso, daí a sua consequente

---

[45] A coisa julgada "*es el atributo específico de la jurisdicción*", segundo **Couture**, *in Fundamentos del Derecho Procesal Civil*, 1951, p. 304.

imutabilidade.[46] Desta sorte, diz-se que uma decisão transita em julgado e produz coisa julgada quando não pode mais ser modificada pelos meios recursais de impugnação. A impossibilidade de recorrer é ditada por uma técnica que leva em consideração vários fatores para impor a interdição à impugnação. Essa técnica denomina-se preclusão, que ontologicamente significa "precluir, fechar, impedir."[47]

A possibilidade de recorrer pode precluir em função da perda do prazo próprio para impugnar a decisão, hipótese em que denominada de *preclusão temporal*, como, *v.g.*, ocorre quando a sentença, apelável em 15 (quinze) dias, sofre impugnação no 17º dia após a sua intimação às partes. Destarte, a prática de ato incompatível com a vontade de recorrer, como, *v.g.*, a aceitação da decisão, gera a *preclusão lógica*, também obstativa do direito de recorrer. Já a *preclusão consumativa*, por fim, é a que se opera pela prática de um ato que exclui a possibilidade de recurso, como, *v.g.*, o cumprimento da decisão judicial.

Essa técnica preclusiva é utilizada durante todo o processo, porquanto interessa ao legislador não só garantir o resultado judicial, mas também viabilizá-lo. Pudesse o processo retroceder a todo instante, dificilmente se chegaria à decisão final. Assim é que, uma vez superado o prazo de alegação de determinada matéria, a lei veta a sua reapreciação, como se extrai do art. 507 do NCPC.[48] Deveras, o autor não pode alterar o pedido ou a causa de pedir após a citação do réu e o demandado também não pode modificar a defesa ao seu alvedrio, em homenagem aos princípios da preclusão e da eventualidade (arts. 329, II,[49] e 336[50] do NCPC). O processo, no seu final, por força da preclusão, opera-se com o objetivo de manter a "inteireza" do seu resultado; por isso, a coisa julgada tem uma eficácia preclusiva capaz de impedir que, após o

---

[46] Com o trânsito em julgado "a sentença não corre mais o perigo de ser impugnada, e, portanto, modificada ou anulada." Nesse sentido **Liebman**, *in Corso di Diritto Processuale Civile*, 1953, p. 238. A coisa julgada é uma qualidade dos efeitos da decisão que se tornam imutáveis e não um efeito em si do julgado como, v.g., a declaração, a condenação etc. Esta a teoria de **Liebman** adotada textualmente, à luz do art. 467 do CPC/1973.

[47] As relações da preclusão com a coisa julgada vêm tratadas magnanimamente por **Machado Guimarães**, "Preclusão, Coisa Julgada e Efeito Preclusivo", *in Estudos de Direito Processual Civil*, 1969, p. 16, nota 29.

[48] "**Art. 507.** É vedado à parte discutir no curso do processo as questões já decididas a cujo respeito se operou a preclusão."

[49] "**Art. 329.** O autor poderá:

[...]

II – até o saneamento do processo, aditar ou alterar o pedido e a causa de pedir, com consentimento do réu, assegurado o contraditório mediante a possibilidade de manifestação deste no prazo mínimo de 15 (quinze) dias, facultado o requerimento de prova suplementar."

[50] "**Art. 336.** Incumbe ao réu alegar, na contestação, toda a matéria de defesa, expondo as razões de fato e de direito com que impugna o pedido do autor e especificando as provas que pretende produzir."

julgado, se rejulgue a mesma lide, atividade que se impede mediante a alegação da *exceptio rei iudicatae* ou o conhecimento *ex officio* desse obstáculo.

O fundamento substancial da coisa julgada é eminentemente político, uma vez que o instituto visa à preservação da estabilidade e segurança sociais.[51] Tanto que se trata de instituto com expressa previsão constitucional (art. 5º, XXXVI, da CRFB/1988).[52] Com efeito, a imutabilidade da decisão é fator de equilíbrio social, na medida em que os contendores obtêm a última e decisiva palavra do Judiciário acerca do conflito intersubjetivo. A imperatividade da decisão completa o ciclo necessário de atributos que permitem ao juiz conjurar a controvérsia pela necessária obediência ao que foi decidido.[53]

Politicamente, a coisa julgada não está comprometida nem com a verdade nem com a justiça da decisão. Uma decisão judicial, malgrado solidificada com alto grau de imperfeição, pode perfeitamente resultar na última e imutável definição do Judiciário, porquanto o que se pretende através dela é a estabilidade social. Incumbe, assim, ao interessado impugnar a decisão antes de seu trânsito em julgado ou após, através de ação rescisória, porquanto, passado esse prazo (art. 966 do NCPC),[54] ela

---

[51] Nesse sentido **Prieto Castro**, *in Derecho Procesal Civil*, 1946, vol. I, p. 381. **Chiovenda** assentava a explicação da coisa julgada na "exigência social da segurança no gozo dos bens da vida", *in Instituições de Direito Processual Civil*, 1942, vol. I, p. 512 e 513.

[52] "**Art. 5º**, XXXVI – a lei não prejudicará o direito adquirido, o ato jurídico perfeito e a coisa julgada"

[53] Várias são as teorias tendentes a explicar o fenômeno da coisa julgada. Os clássicos citam a teoria de **Savigny** segundo a qual a coisa julgada era "ficção de verdade." Para **Pothier**, "presunção *iure et de iure* de verdade." Uma resenha magnífica encontra-se em **Ugo Rocco**, *L'Autorità della Cosa Giudicata e i suoi Limitti Soggettivi*, 1917.

[54] "**Art. 966**. A decisão de mérito, transitada em julgado, pode ser rescindida quando:

I – se verificar que foi proferida por força de prevaricação, concussão ou corrupção do juiz;

II – for proferida por juiz impedido ou por juízo absolutamente incompetente;

III – resultar de dolo ou coação da parte vencedora em detrimento da parte vencida ou, ainda, de simulação ou colusão entre as partes, a fim de fraudar a lei;

IV – ofender a coisa julgada;

V – violar manifestamente norma jurídica;

VI – for fundada em prova cuja falsidade tenha sido apurada em processo criminal ou venha a ser demonstrada na própria ação rescisória;

VII – obtiver o autor, posteriormente ao trânsito em julgado, prova nova cuja existência ignorava ou de que não pôde fazer uso, capaz, por si só, de lhe assegurar pronunciamento favorável;

VIII – for fundada em erro de fato verificável do exame dos autos.

§ 1º Há erro de fato quando a decisão rescindenda admitir fato inexistente ou quando considerar inexistente fato efetivamente ocorrido, sendo indispensável, em ambos os casos, que o fato não represente ponto controvertido sobre o qual o juiz deveria ter se pronunciado.

se tornará imodificável (ressalvados os vícios denominados *transrescisórios*). Em face desse fundamento, a ação própria para desconstituição de uma decisão transitada, que é a ação rescisória, cujas estritas hipóteses de cabimento não contempla qualquer *causa petendi* relativa a alegados vícios de injustiça no que decidido.

A importância juspolítica da *res judicata* implica a fixação do momento em que a decisão transita em julgado. O Código dispõe que a coisa julgada é a decisão inatacável por qualquer recurso (art. 502 do NCPC).[55] Ora, uma decisão somente se torna inatacável se *ab origine* ela é irrecorrível (fenômeno de difícil ocorrência no Direito brasileiro de vocação revisora), se a parte no prazo de interposição do recurso deixa transcorrer o mesmo sem impugnação ou se o recurso, acaso interposto, seja considerado inadmissível. Essas hipóteses encerram casos em que se pode afirmar que a decisão *transitou em julgado*. Em resumo, a decisão não mais sujeita a recurso, qualquer que seja ele, nem a reexame necessário, faz coisa julgada.

Questão elegante gravita em torno da inadmissão do recurso, que pode ser declarada pelo juízo *ad quem* por ocasião do julgamento da impugnação. É cediço que o juízo de admissibilidade dos recursos é declaratório e, portanto, tem eficácia *ex tunc*. Assim sendo, declarada a inadmissibilidade do recurso na instância superior por fato antecedente ao julgamento, como, *v.g.*, a deserção, a intempestividade, a ilegitimidade do recorrente, em verdade a decisão terá sido impugnada por recurso inapto a impedir o trânsito em julgado do decidido. Em consequência, considerar--se-ia a decisão transitada em julgado antes mesmo do julgamento da inadmissão, uma vez declaratório o juízo negativo que se limita a constatar retroativamente o fato de que, em data anterior, faltou um dos requisitos de admissibilidade do recurso.

---

§ 2º Nas hipóteses previstas nos incisos do *caput*, será rescindível a decisão transitada em julgado que, embora não seja de mérito, impeça:

I – nova propositura da demanda; ou

II – admissibilidade do recurso correspondente.

§ 3º A ação rescisória pode ter por objeto apenas 1 (um) capítulo da decisão.

§ 4º Os atos de disposição de direitos, praticados pelas partes ou por outros participantes do processo e homologados pelo juízo, bem como os atos homologatórios praticados no curso da execução, estão sujeitos à anulação, nos termos da lei.

§ 5º Cabe ação rescisória, com fundamento no inciso V do *caput* deste artigo, contra decisão baseada em enunciado de súmula ou acórdão proferido em julgamento de casos repetitivos que não tenha considerado a existência de distinção entre a questão discutida no processo e o padrão decisório que lhe deu fundamento. (Incluído pela Lei nº 13.256, de 2016)

§ 6º Quando a ação rescisória fundar-se na hipótese do § 5º deste artigo, caberá ao autor, sob pena de inépcia, demonstrar, fundamentadamente, tratar-se de situação particularizada por hipótese fática distinta ou de questão jurídica não examinada, a impor outra solução jurídica. (Incluído pela Lei nº 13.256, de 2016)"

[55] **"Art. 502.** Denomina-se coisa julgada material a autoridade que torna imutável e indiscutível a decisão de mérito não mais sujeita a recurso."

Raciocínio inverso estimularia o abuso do direito de recorrer, movido pelo simples objetivo de adiar o trânsito em julgado. Entretanto, a jurisprudência só confere essa eficácia aos recursos interpostos fraudulentamente, na medida em que a coisa julgada com seus efeitos enérgicos só pode assim ser considerada após o esgotamento de todos os meios de impugnação, ainda que utilizados *exaurientemente*.[56] Nesse sentido, dispõe o art. 975 do NCPC que o direito à rescisão se extingue em 2 (dois) anos contados do trânsito em julgado da última decisão proferida no processo.

A *imutabilidade* do decidido pode implicar a sua imodificabilidade no processo em que a decisão for proferida ou em qualquer outro processo futuro.[57] No primeiro caso, ter-se-á apenas a *coisa julgada formal* ou *endoprocessual*, como na situação descrita pelo art. 486 do Código de Processo Civil de 2015,[58] segundo o qual o pronunciamento judicial que não resolve o mérito não obsta a que a parte proponha de novo a ação. Na segunda situação, apreciado o mérito, ter-se-á *coisa julgada material, endo* e *exoprocessualmente*.

É sabido que o legislador brasileiro, preconizando a doutrina de Liebman, distinguiu a extinção do processo *com* e *sem resolução do mérito*, não obstante em ambas haja uma finalização do procedimento em primeiro grau através de sentença. A diferença é exatamente esta realçada pelo art. 486 do NCPC, no sentido de que a extinção sem resolução do mérito, porque não atingida a questão de fundo, não impede a repropositura da ação, ao passo que, extinguindo-se o processo com julgamento do mérito, o juiz cumpre e acaba o ofício jurisdicional, não podendo alterar a decisão que, uma vez transitada em julgado, faz lei entre as partes. O art. 505 do Novo Código de Processo Civil é imperativo ao estatuir que "Nenhum juiz decidirá novamente as questões já

---

[56] A conclusão absoluta acima repercutiria em interessantes questões práticas, porquanto revela-se costumeiro condicionar-se determinada providência ao trânsito em julgado da decisão, como, v.g., o despejo do locatário comercial que não obteve a renovação do vínculo, ou a ação rescisória que deve ser exercida dentro em dois anos do trânsito em julgado da sentença de mérito. Nessas hipóteses, um recurso meramente protelatório e sem cumprimento dos requisitos de admissibilidade poderia ser extremamente prejudicial ao recorrente, uma vez que, na hipótese da locação, o locatário seria surpreendido com um desalijo.

[57] Nesse mesmo sentido **Kisch**, *Elementos de Derecho Procesal Civil*, 1940, p. 257 e 258.

[58] "**Art. 486.** O pronunciamento judicial que não resolve o mérito não obsta a que a parte proponha de novo a ação.

§ 1º No caso de extinção em razão de litispendência e nos casos dos incisos I, IV, VI e VII do art. 485, a propositura da nova ação depende da correção do vício que levou à sentença sem resolução do mérito.

§ 2º A petição inicial, todavia, não será despachada sem a prova do pagamento ou do depósito das custas e dos honorários de advogado.

§ 3º Se o autor der causa, por 3 (três) vezes, a sentença fundada em abandono da causa, não poderá propor nova ação contra o réu com o mesmo objeto, ficando-lhe ressalvada, entretanto, a possibilidade de alegar em defesa o seu direito."

decididas, relativas à mesma lide." No mesmo sentido, dispõe o art. 503 do mesmo diploma legal que "a decisão que julgar total ou parcialmente o mérito tem força de lei nos limites da questão principal expressamente decidida."[59]

Essa imutabilidade que se projeta para fora do processo (*exoprocessual*) quando o decidido atinge a questão de fundo, não sofre qualquer exceção, nem mesmo pelo que dispõem os incisos I e II do art. 505 do Novo Código de Processo Civil. É que, nessas hipóteses, o juiz profere "decisão para o futuro" e, por isso, com a cláusula de que o seu conteúdo é imodificável se inalterável o ambiente jurídico em que a decisão foi prolatada, isto é, *rebus sic standibus*.[60] Assim, nas condenações calcadas em relações de trato sucessivo ou continuativas,[61] como ocorre com os alimentos, é possível que, adiante, a parte que pleiteava alimentos deles não mais necessite, bem como a parte que os devia não possa mais suportá-los por carência de recursos. É lógico que o legislador não sacrificaria a sobrevivência de uma pessoa em detrimento de outra. Por outro lado, pode ocorrer que as circunstâncias se modifiquem. Desta sorte, como a decisão de mérito provê para o futuro, permite-se a revisão do julgado por fato superveniente que, por si só, afasta a impressão de ofensa à coisa julgada porque respeitante a fatos outros diversos daqueles que sustentaram a decisão *trânsita*.[62-63] Essa alteração efetiva-se através da *ação de modificação*, a qual, pela decorrência de sua acessoriedade, se submete ao juízo da ação modificada (art. 61 do NCPC).[64] Nem por isso, entretanto, pode-se afirmar inexistir coisa julgada material nestes casos.[65]

---

[59] **Enunciado 125 da II Jornada de Direito Processual Civil do CJF:** A decisão parcial de mérito não pode ser modificada senão em decorrência do recurso que a impugna.

Enunciado 126 da II Jornada de Direito Processual Civil do CJF: O juiz pode resolver parcialmente o mérito, em relação à matéria não afetada para julgamento, nos processos suspensos em razão de recursos repetitivos, repercussão geral, incidente de resolução de demandas repetitivas ou incidente de assunção de competência.

[60] O tema foi tratado de forma diversa pelos doutrinadores. Para alguns, essas decisões se caracterizam posto que proferidas com a cláusula *rebus sic stantibus* como entrevia **Sergio Costa**, *in Manuale di Diritto Processuale Civile*, 1955, p. 217. **Alberto dos Reis** denominava--as de "decisões instáveis", *in Código de Processo Civil Anotado*, 1952, vol. V, p. 167.

[61] A denominação é de **Antonio Segni**, *Commentario del Codice Civile a Cura di Scailoja e Branca*, liv. 6, *La Tutela dei Diritti*, 1953, p. 302

[62] **Frederico Marques**, com agudeza afirma que no caso presente "a sentença submetida a um processo de integração" decorrente de situação superveniente, *in Instituições*, vol. IV, p. 351.

[63] **Enunciado 60 da I Jornada de Direito Processual Civil do CJF:** É direito das partes a manifestação por escrito, no prazo de cinco dias, sobre fato superveniente ou questão de ofício na hipótese do art. 933, § 1º, do CPC, ressalvada a concordância expressa com a forma oral em sessão.

[64] "**Art. 61.** A ação acessória será proposta no juízo competente para a ação principal."

[65] Esse *pseudoproblema* é tratado por alguns sob a denominação equivocada de *limites temporais* da coisa julgada.

Capítulo V · A FASE DE JULGAMENTO | **185**

A imutabilidade adstrita ao próprio processo em que a sentença terminativa é proferida caracteriza o que se denomina, em sede doutrinária, *coisa julgada formal*.[66-67] Distingue-se daquela que se projeta para fora do processo e alcança qualquer outro, impedindo o rejulgamento da causa e que se denomina *coisa julgada material*.[68]

O Código, no seu art. 502, parece referir-se apenas à coisa julgada material, olvidando-se da categoria da coisa julgada formal. Entretanto, a dicotomia é clássica na doutrina. Não obstante, em face dessa omissão, há os que sustentam a ideia de que em relação às decisões formais incidentes ou finais, quando não mais se rejeitam recursos, não se deve falar em coisa julgada e sim em *preclusão*, nos estritos termos do art. 507 do NCPC.[69]

As decisões que não dispõem sobre o pedido não dão a última palavra do Judiciário sobre a lide, e, em consequência, não cumprem o escopo da jurisdição. Por isso, não são imutáveis para fora do processo, senão e somente dentro dele. Trata-se de eficácia *endoprocessual* a que se referia o saudoso mestre Machado Guimarães,[70] distinguindo-a da eficácia *panprocessual* da coisa julgada material.[71]

Considerando tamanha eficácia da decisão que julga o pedido, impedindo a revisão do decidido, impõe-se fixar os limites dessa imutabilidade, porquanto nem tudo o que o juiz conhece ele julga com força de coisa julgada material. Ademais, a coisa julgada consagra bens da vida, tornando-os intocáveis e com o selo da auto-

---

[66] À coisa julgada formal referia-se **Schonke** como "efeitos da sentença dentro do juízo", *in Derecho Procesal Civil*, 1950, p. 262. Para outros, a coisa julgada formal é o primeiro estágio garantidor da imutabilidade do julgado para fora do processo. Assim, **Guilherme Estelita**, *in Da Coisa Julgada*, 1936, p. 11. **Liebman** afirmava que a coisa julgada formal era a "condição prévia para a coisa julgada material", *in Eficácia e Autoridade da Sentença*, trad. port., 1945, p. 57.

[67] Advirta-se que essa adstrição da coisa julgada formal ao âmbito do processo permite que a mesma questão formal, preclusa de discussão interna no processo, seja renovada no feito principal, à míngua de disposição excepcionante da regra do art. 507 do NCPC.

[68] Coisa julgada material é a imutabilidade do "comando emergente da sentença." Nesse sentido, **Frederico Marques**, *Instituições de Direito Processual Civil*, 1969, vol. IV, p. 329.

[69] "**Art. 507**. É vedado à parte discutir no curso do processo as questões já decididas a cujo respeito se operou a preclusão."

[70] A coisa julgada material no sentido da sua eficácia "pan processual" impede totalmente qualquer novo exame do assunto e outra resolução diversa a respeito da mesma relação jurídica entre as mesmas partes, seja pelo mesmo tribunal que proferiu o julgamento, seja por outro diferente (**Kisch**, ob. cit., p. 258). "Diversamente, as decisões sobre questões processuais, não garantindo bem algum da vida fora do processo mas concernindo a uma relação que se consuma no processo mesmo, limitam seu efeito à relação processual para as quais são emanadas e não vinculam o juiz quanto aos processos futuros", assim doutrina **Chiovenda**, ob. cit., vol. I, p. 521

[71] **Liebman**, *Estudos de Direito Processual Civil*, ob. cit.

186 | PROCESSO CIVIL CONTEMPORÂNEO – *Luiz Fux*

ridade, impondo-se assim, também, estabelecer a órbita das pessoas sujeitas àquele pronunciamento.

Essas questões dizem respeito ao instigante campo dos limites *objetivos* e *subjetivos* da coisa julgada que passamos a enfrentar.

5.2.4.2   Limites objetivos da coisa julgada

A matéria vem complexamente versada em três dispositivos, a saber: artigos 503 a 505, do Novo Código de Processo Civil.[72]

O juiz, segundo o art. 503,[73-74] profere a decisão que pode julgar total ou parcialmente e nessa esfera tem força de lei nos limites da questão principal expres-

---

[72]   "**Art. 503.** A decisão que julgar total ou parcialmente o mérito tem força de lei nos limites da questão principal expressamente decidida.

§ 1º O disposto no *caput* aplica-se à resolução de questão prejudicial, decidida expressa e incidentemente no processo, se:

I – dessa resolução depender o julgamento do mérito;

II – a seu respeito tiver havido contraditório prévio e efetivo, não se aplicando no caso de revelia;

III – o juízo tiver competência em razão da matéria e da pessoa para resolvê-la como questão principal.

§ 2º A hipótese do § 1º não se aplica se no processo houver restrições probatórias ou limitações à cognição que impeçam o aprofundamento da análise da questão prejudicial.

Art. 504. Não fazem coisa julgada:

I – os motivos, ainda que importantes para determinar o alcance da parte dispositiva da sentença;

II – a verdade dos fatos, estabelecida como fundamento da sentença.

Art. 505. Nenhum juiz decidirá novamente as questões já decididas relativas à mesma lide, salvo:

I – se, tratando-se de relação jurídica de trato continuado, sobreveio modificação no estado de fato ou de direito, caso em que poderá a parte pedir a revisão do que foi estatuído na sentença;

II – nos demais casos prescritos em lei."

[73]   O preceito, que equivale ao art. 468 do CPC/1973, tem origem no famoso projeto Mortara, que assim dispunha: "*La sentenza che decide totalmente o parzialmente una lite, ha forza di legge nei limiti della lite e della questione decisa. Se considera decisa, anche se non sia resoluta espressamente, ogni questione, la cui resoluzione costituisca una premesse necessaria delle disposizione contenutta nella sentenza.*"

[74]   **Enunciado 125 da II Jornada de Direito Processual Civil do CJF:** A decisão parcial de mérito não pode ser modificada senão em decorrência do recurso que a impugna.

Enunciado 126 da II Jornada de Direito Processual Civil do CJF: O juiz pode resolver parcialmente o mérito, em relação à matéria não afetada para julgamento, nos processos suspensos em razão de recursos repetitivos, repercussão geral, incidente de resolução de demandas repetitivas ou incidente de assunção de competência.

samente decidida. Por seu turno, o art. 505 reforça a proteção ao julgado, dispondo que nenhum juiz decidirá novamente as questões decididas relativas à mesma lide.

A coisa julgada material, em suma, incide sobre a lide, o mérito ou o pedido com a sua correspondente causa de pedir. Assim, o julgamento antecipado da lide ou o julgamento antecipado do mérito têm o mesmo sentido processual, e a decisão que os enfeixa faz coisa julgada material.

A lei menciona as questões principais decididas, referindo-se ao conteúdo principal e específico da ação proposta. Aliás, a coisa julgada incide sobre as partes, o pedido e a causa de pedir. Nesse sentido, é textual o Código ao afirmar que se verifica a coisa julgada quando se reproduz ação anteriormente ajuizada, sendo uma ação idêntica a outra quando possui as mesmas partes, a mesma causa de pedir e o mesmo pedido (art. 337, §§ 1º e 2º, do NCPC).[75] A coisa julgada absorve os três elementos da demanda, estudados no início desta obra. Por isso que, variando um deles, não se estará diante da mesma ação.[76]

---

[75] "**Art. 337**. Incumbe ao réu, antes de discutir o mérito, alegar:
I – inexistência ou nulidade da citação;
II – incompetência absoluta e relativa;
III – incorreção do valor da causa;
IV – inépcia da petição inicial;
V – perempção;
VI – litispendência;
VII – coisa julgada;
VIII – conexão;
IX – incapacidade da parte, defeito de representação ou falta de autorização;
X – convenção de arbitragem;
XI – ausência de legitimidade ou de interesse processual;
XII – falta de caução ou de outra prestação que a lei exige como preliminar;
XIII – indevida concessão do benefício de gratuidade de justiça.
§ 1º Verifica-se a litispendência ou a coisa julgada quando se reproduz ação anteriormente ajuizada.
§ 2º Uma ação é idêntica a outra quando possui as mesmas partes, a mesma causa de pedir e o mesmo pedido.
§ 3º Há litispendência quando se repete ação que está em curso.
§ 4º Há coisa julgada quando se repete ação que já foi decidida por decisão transitada em julgado.
§ 5º Excetuadas a convenção de arbitragem e a incompetência relativa, o juiz conhecerá de ofício das matérias enumeradas neste artigo.
§ 6º A ausência de alegação da existência de convenção de arbitragem, na forma prevista neste Capítulo, implica aceitação da jurisdição estatal e renúncia ao juízo arbitral."

[76] Por isso da advertência de **Liebman** de que "não é toda e qualquer questão decidida que tem seus efeitos imutáveis senão, o que tem força de lei é a sentença nos limites e das questões

PROCESSO CIVIL CONTEMPORÂNEO – *Luiz Fux*

Outra questão que merece ser esclarecida diz respeito à condenação implícita. Muito embora o Direito brasileiro admita pedidos implícitos (art. 322, § 1º, do NCPC),[77] o mesmo não ocorre com a condenação. Não obstante, tem-se que o acolhimento de pedido consequente pressupõe o acolhimento do pedido antecedente, muito embora a recíproca não seja verdadeira. Assim, *v.g.*, rescindido o negócio jurídico, pressupõe-se possível a recuperação do bem objeto daquele.

Em todo caso, o que aqui nos interessa estabelecer é o âmbito de imutabilidade do julgado, uma vez que, consoante se afirmou anteriormente, nem tudo o que o juiz conhece ele julga.[78]

Não obstante o legislador ter explicitado os limites objetivos da coisa julgada, adstringindo-os ao pedido com a sua correspondente causa de pedir, haja vista que a *causa petendi* com outro pedido ou o mesmo pedido com outra causa de pedir diferencie as ações, ainda visou a esclarecer o alcance da mesma, no art. 504 do NCPC, ao retirar do âmbito da coisa julgada os motivos (não a motivação integral da sentença onde se encarta a causa de pedir) importantes e determinantes da parte dispositiva da sentença e a verdade dos fatos estabelecida como fundamento da sentença.

A verdade dos fatos escapa dessa eficácia de imutabilidade em função de que ditada por amplo subjetivismo do juiz na análise do material cognitivo. O que se revela verdade para um juízo pode não o ser para outro, não havendo qualquer instrumento jurídico processual capaz de revestir essa verdade com a força da coisa julgada. De modo semelhante, os motivos determinantes também se encartam na construção subjetiva do julgado, razão pela qual a coisa julgada passa ao largo desse componente do *decisum*.

O dispositivo análogo do CPC/1973 (art. 469)[79] fazia menção, ainda, à apreciação da questão prejudicial decidida incidentemente no processo,[80] que também não

---

decididas", *in Estudos sobre o Processo Civil Brasileiro*, 1947, p. 166 e 167, nota 1.

[77] "**Art. 322**, § 1º Compreendem-se no principal os juros legais, a correção monetária e as verbas de sucumbência, inclusive os honorários advocatícios."

[78] Por essa razão é que a lei se refere ao julgamento total ou parcial, posto que a parte não julgada não fica coberta pela coisa julgada, não obstante o julgado "a menor", ou seja, *citra petita* seja nulo. Nesse sentido, textual a lição do saudoso **Pedro Batista Martins**, *Comentários ao Código de Processo Civil*, 1942, vol. II, p. 342 e 343.

[79] "**Art. 469**. Não fazem coisa julgada:
I – os motivos, ainda que importantes para determinar o alcance da parte dispositiva da sentença;
II – a verdade dos fatos, estabelecida como fundamento da sentença;
III – a apreciação da questão prejudicial, decidida incidentemente no processo."

[80] Essa afirmação nem sempre foi absoluta posto que a história do processo consagra a famosa posição teórica de **Savigny** que incluía os motivos objetivos da sentença no espectro da coisa julgada; doutrina que dominou o "direito comum" até o advento da ZPO que consagrou no §

era alcançada pela coisa julgada. Sob a égide do Novo CPC, entretanto, é possível a formação de coisa julgada sobre a questão prejudicial decidida incidentemente e de forma expressa no processo, desde que: *(i)* dessa resolução dependa o julgamento do mérito; *(ii)* a seu respeito tiver havido contraditório prévio e efetivo, não se aplicando no caso em que ocorrida a revelia; *(iii)* o juízo tenha competência em razão da matéria e da pessoa para resolvê-la como questão principal; *(iv)* inexista restrição probatória ou limitação cognitiva no procedimento que impeça o aprofundamento da análise da questão prejudicial.

Relativamente à coisa julgada, essa foi a principal novidade introduzida pelo Novo Código, conforme previsão dos §§ 1º e 2º de seu art. 503.[81] Essa possibilidade, porém, só poderá se aplicar aos processos *iniciados* após a vigência do Novo Código, aplicando-se aos anteriores o disposto nos arts. 5º, 325 e 470 do CPC/1973 (art. 1.054 do NCPC).[82]

A questão prejudicial é aquela que subordina a solução da questão principal, muito embora esteja para com esta numa relação de condicionante. Trata-se de uma questão antecedente e que condiciona a forma pela qual será a questão principal decidida. Assim, *v.g.*, se *A* nega a obrigação de pagar determinada obrigação derivada de um contrato sob a invocação de que o vínculo é nulo, essa questão relativa à validade do negócio jurídico, muito embora não seja objeto de julgamento, condiciona-o, posto que se o juiz concluir que o contrato não é válido, exonerará o devedor da obrigação e, em caso contrário, concluindo pela validade, impor-lhe-á o cumprimento, caso não tenha havido escusas capazes de exonerá-lo. Observe-se que a questão da nulidade do contrato subordina a forma pela qual há de ser solucionada a questão principal da cobrança; por isso, é *prejudicial* à mesma e implica um juízo prévio, um *pré-juízo* ou uma *prejudicial*.

---

322 orientação diversa, já no final do século XIX. Nesse sentido, **Heinitz,** *in I Limiti Oggetivi della Cosa Giudicata*, 1937, p. 200. Segundo festejado autor, em relação a todas as questões do processo, quer de direito material quer de direito processual o juiz exerce a *cognitio* ao passo que, em face da questão principal ele engendra o *judicium* (*in* **Ernesto Heinitz**, ob. cit., p. 209). Merece relembrar-se **Chiovenda** quanto à justificativa de os motivos se situarem fora do alcance da coisa julgada, posto que afirmava o insigne mestre peninsular que: "O juiz enquanto *razoa* não representa o Estado, presenta-o enquanto afirma a vontade" (*in Instituições*, cit., p. 371). No mesmo sentido, **Chiovenda** e **Liebman**, *in Instituições*, vol. I, p. 542 e 543.

[81] **Enunciado 35 da I Jornada de Direito Processual Civil do CJF:** Considerando os princípios do acesso à justiça e da segurança jurídica, persiste o interesse de agir na propositura de ação declaratória a respeito da questão prejudicial incidental, a ser distribuída por dependência da ação preexistente, inexistindo litispendência entre ambas as demandas (arts. 329 e 503, § 1º, do CPC).

[82] "**Art. 1.054**. O disposto no art. 503, § 1º, somente se aplica aos processos iniciados após a vigência deste Código, aplicando-se aos anteriores o disposto nos arts. 5º, 325 e 470 da Lei nº 5.869, de 11 de janeiro de 1973."

Volvendo aos limites da decisão de mérito sobre a qual se perfaz a coisa julgada material, o art. 505 do NCPC destaca a imutabilidade da coisa julgada material com a fórmula: "nenhum juiz decidirá novamente as questões já decididas relativas à mesma lide." Trata-se de um pressuposto processual de caráter negativo, a impedir a constituição válida de um processo versando matéria já decidida. É regra *in procedendo*, que tem como destinatários os juízes, e encerra o que Machado Guimarães denominava *eficácia panprocessual da coisa julgada material*, em contrapartida à *eficácia endoprocessual*, atribuída à sentença que extingue o processo sem resolução do mérito.

5.2.4.3 Limites subjetivos da coisa julgada

A situação de conflito submetida ao Judiciário tem os seus protagonistas, e a decisão, *a fortiori*, seus destinatários. Outrossim, a sentença não vive isolada no mundo jurídico, ressoando possível que uma decisão reste por atingir a esfera jurídica de pessoas que não participaram do processo.[83] Diante dessa possibilidade, questiona-se se a imutabilidade da decisão apresenta espectro *erga omnes* ou *inter partes*.

O nosso sistema, de origem romano-germânica, consagra, de forma direta e indireta, as soluções preconizadas por esses nossos matizes. Em primeiro lugar, seguindo a tradição romanista, o CPC/1973, em seu art. 472,[84] dispunha que a sentença faz coisa julgada entre as partes, não podendo beneficiar nem prejudicar quem não participou do processo (*res judicata aliis non nocet*). Assim sendo, terceiros que não participaram do processo podem promover demandas em relação ao mesmo objeto litigioso.

Seu sucessor, o art. 506 do CPC/2015,[85-86] apresenta ligeira diferenciação ao afirmar que "a sentença faz coisa julgada às partes entre as quais é dada, não prejudicando terceiros." Deixa-se, como se nota, de fazer menção expressa à hipótese em que o terceiro é beneficiado pela decisão. Em todo caso, a complexidade reside na identificação desse terceiro estranho ao julgado.

---

[83] A isso **Liebman** se referia como eficácia reflexa do julgado para distinguir da eficácia direta da coisa julgada, *in Eficácia e Autoridade da Sentença*, 1945, p. 85.

[84] "**Art. 472.** A sentença faz coisa julgada às partes entre as quais é dada, não beneficiando, nem prejudicando terceiros. Nas causas relativas ao estado de pessoa, se houverem sido citados no processo, em litisconsórcio necessário, todos os interessados, a sentença produz coisa julgada em relação a terceiros."

[85] "**Art. 506.** A sentença faz coisa julgada às partes entre as quais é dada, não prejudicando terceiros."

[86] **Enunciado 36 da I Jornada de Direito Processual Civil do CJF:** O disposto no art. 506 do CPC não permite que se incluam, dentre os beneficiados pela coisa julgada, litigantes de outras demandas em que se discuta a mesma tese jurídica.

Capítulo V · A FASE DE JULGAMENTO | **191**

As pessoas que não mantêm qualquer vinculação com as partes nem com o objeto litigioso não se subordinam à coisa julgada, muito embora respeitem a decisão judicial como ato de soberania, tal como se curvam aos atos da administração e aos atos legislativos. Assim é que se a sentença determina que um clube não pode funcionar, mesmo o empregado que não foi parte no processo deve respeitar aquela decisão. Da mesma forma, se Caio é considerado titular de fundo de comércio por força de decisão judicial, não pode, numa determinada licitação, ver rejeitada essa sua qualificação. Trata-se da eficácia natural da sentença como ato de autoridade e, nesse ângulo, operativa *erga omnes*.

Diversa é a situação da decisão que dispõe sobre o direito da parte. Nesse caso, o que há é *eficácia subjetiva* da coisa julgada.

Em princípio, não se revela nenhuma perplexidade no que concerne à parte. É que nada mais lógico do que a decisão limitar o julgado aos sujeitos do processo. Em face do amplo espectro subjetivo de algumas ações, exige a lei a formação do litisconsórcio necessário em razão da natureza da relação litigiosa. Indivisível a *res in iudicium deducta*, todos os partícipes da relação jurídica *sub judice* devem ser convocados para o processo. A falta da formação do litisconsórcio necessário unitário nesses casos torna a sentença *nula*, revelando-se verdadeira *inutiliter data*.

Diferentemente do fenômeno acima, há terceiros, que não as partes, e que ficam sujeitos ao julgado. Em primeiro lugar, cita-se o exemplo dos sucessores da parte, que a sucedem também na coisa julgada.[87] A coisa julgada obriga a herdeiros e sucessores, em face da transmissibilidade do direito discutido. O sucessor pode, porém, discutir o seu quinhão com outrem, mas jamais a já analisada *origem* do débito do *de cujus*. A sucessão processual, como sabido, pode dar-se em razão de morte (*mortis causa*) ou por ato entre vivos (*inter vivos*), uma vez que a própria lei esclarece que a alienação da coisa litigiosa não exime o novo adquirente dos destinos do julgado (art. 109, § 3º, do NCPC).[88]

Em segundo lugar, o substituído na substituição processual,[89] mesmo não tendo sido *parte processual*, fica sujeito à coisa julgada, uma vez que a legitimação extraordinária que visa a melhor tutelar a sua situação não pode prejudicar a parte contrária. Raciocínio inverso redundaria em verdadeira *contradictio in terminis* ao

---

[87] Consoante afirma **Rosenberg,** essa eficácia *erga omnes* deriva "*de la particular naturaleza del objeto litigioso y del interés de la comunidad en la resolución que se le de*", in *Tratado de Derecho Procesal Civil*, 1955, vol. II, p. 482.

[88] "**Art. 109**, § 3º Estendem-se os efeitos da sentença proferida entre as partes originárias ao adquirente ou cessionário."

[89] A explicação de **Liebman** à razão de ser do dispositivo dissipa as potenciais controvérsias. Conforme afirma o insigne jurista, citados os reais contendores, ninguém mais terá legitimidade ou interesse em infirmar o julgado, *in* ob. cit., p. 180.

se admitir a substituição processual e, ao mesmo tempo, possibilitar a reabertura do caso pela pessoa substituída (que é a *parte material* da lide). Assim, *v.g.*, a decisão que julga improcedente a ação de indenização movida pelo acionista minoritário em face da diretoria de uma sociedade anônima, na qualidade de substituto processual da pessoa jurídica, inibe-a de repropor idêntica demanda.

Nesse fenômeno da legitimação extraordinária, o substituto processual é o sujeito do processo, e a sua vinculação à coisa julgada resta resolvida pela simples incidência do art. 506 do NCPC.[90] O substituído, malgrado não atue como parte processual, é sujeito da lide; é a ele, também, que se endereça o art. 505, *caput*,[91] ao impedir que o juiz a julgue, novamente.

Remanescem, acerca do tema, complexas controvérsias quanto às relações jurídicas com multiplicidade de pretendentes, bem como quanto aos titulares de relações dependentes daquela que foi julgada.

No que diz respeito às relações jurídicas com multiplicidade de dependentes, a regra é a do litisconsórcio. Há casos em que a eficácia da decisão necessita da presença de todos os interessados no processo, hipótese em que a comunhão na lide e na relação processual se resolve pelo art. 506, na medida em que os litisconsortes já são partes.

No litisconsórcio facultativo, aquele "potencial litisconsorte" que não interveio não poderá rediscutir a causa se o litisconsórcio era unitário e a decisão foi favorável, uma vez que, nesse caso, falece-lhe o interesse de agir, já que, obtido o êxito, não subjaz utilidade na propositura de outra ação futura. Ao revés, não tendo sido favorável o resultado, defere-se aos demais que não intervieram, a chance de obterem melhor êxito, com a propositura de outras ações, com o aproveitamento do resultado prático, inclusive, por aquele litisconsorte pioneiro não exitoso.

Assim, *v.g.*, se um dos compossuidores reivindica a coisa comum e vence a demanda, a decisão vale para os que intervieram e para os que não intervieram. Ao revés, improcedente o pedido, abre-se oportunidade para que os demais pleiteiem melhor desígnio noutra ação.

Já no litisconsórcio facultativo e simples, a decisão somente vincula os integrantes do processo, prevalecendo, aí, em toda a plenitude, a máxima *res iudicata aliis non nocet*.

Atual e elegante questão põe-se no âmbito dos direitos supraindividuais, assim considerados os difusos, os interesses coletivos e os individuais homogêneos.

---

[90] "É que eles passam a ser sujeitos do processo e como tal não podem ser considerados terceiros em face do julgado", **Liebman**, ob. cit., p. 85.

[91] Os efeitos da decisão proferida na causa são imutáveis para o substituto processual e para o substituído, *in* **Pedro Batista Martins**, *Comentários ao Código de Processo Civil*, 1942, vol. III, p. 311 e segs.

Capítulo V • A FASE DE JULGAMENTO | **193**

A indeterminação dos sujeitos beneficiários ou prejudicados com a decisão judicial, nesse campo dos direitos difusos, conduziu a doutrina, durante largos anos, a preconizar a denominada coisa julgada *secundum eventum litis*. Consoante esta linha de pensamento, a coisa julgada atingiria a todos quantos se encartassem na esfera do interesse difuso, desde que proferida com base em provas consideradas suficientes, por isso que julgado procedente ou improcedente o pedido, superando-se o risco de eventuais conluios entre o autor da ação e o réu através da fiscalização do Ministério Público que, malgrado carecedor de legitimação ordinária para iniciar a ação, podia retomá-la na hipótese de *desistência*. Em todo caso, não se inviabilizaria a dedução de pretensão individual, desde que não se trate de litisconsorte da demanda coletiva ou se não atendido o que dispõe o art. 104, *in fine*, do Código de Defesa do Consumidor,[92] por exemplo.

Essa técnica cognominada de limites subjetivos *erga omnes* era aplicável independentemente do resultado da demanda, salvo a improcedência por carência de provas, como ressaltado, hipótese em que o legislador conferia oportunidade a outrem para que, através de nova propositura, eventualmente recolhesse melhor resultado. A isso é que se convencionou denominar coisa julgada *secundum eventum litis*.

Essa técnica processual foi utilizada largamente no nosso protótipo de ação difusa, a ação popular, transmitindo-se para as ações coletivas que advieram com o Código do Consumidor, o Estatuto da Criança e do Adolescente e a Lei da Ação Civil Pública, que de forma conjunta formam o *microssistema do processo civil coletivo*. Esses diplomas legais emergentes dos modernos reclamos sociais aperfeiçoaram a técnica utilizada na ação popular, trazendo soluções peculiares aos interesses em jogo.

Preliminarmente, distinguiu-se o *interesse difuso*: pertencente a toda sociedade, indivisível e impersonalizável, como, *v.g.*, o clássico exemplo do direito geral a um ambiente saudável; os *coletivos propriamente ditos*, atinentes a determinado grupo ligado por uma base comum estatutária, contratual ou legal, como os médicos, os advogados etc., quanto aos seus direitos institucionais; e os denominados *interesses individuais homogêneos*, atribuíveis a determinadas pessoas vinculadas entre si apenas pela afinidade das repercussões práticas de determinados fatos em suas esferas jurídicas, como, *v.g.*, os pais de alunos, os consumidores de determinado produto, os moradores de peculiar região geográfica. Além de os diplomas acima consagrarem, também, a regra *secundum eventum litis*, houve um aperfeiçoamento quanto aos demais interesses supraindividuais. Assim é que, nas causas versantes

---

[92] "**Art. 104**. As ações coletivas, previstas nos incisos I e II e do parágrafo único do art. 81, não induzem litispendência para as ações individuais, mas os efeitos da coisa julgada erga omnes ou ultra partes a que aludem os incisos II e III do artigo anterior não beneficiarão os autores das ações individuais, se não for requerida sua suspensão no prazo de trinta dias, a contar da ciência nos autos do ajuizamento da ação coletiva."

sobre interesses difusos, além da coisa julgada *erga omnes*, adotou-se a técnica geral da coisa julgada *secundum eventum probationis* ou *eventum litis*. Consequentemente, nas ações referentes aos direitos coletivos, corresponde à coisa julgada *erga omnes* de outrora a denominada coisa julgada *ultra partes*.

Nas ações pertinentes aos *direitos individuais homogêneos*, como se trata de uma decisão geral que pode beneficiar, mas nunca prejudicar, o interesse pessoal daqueles que se acham vinculados por afinidade, maneja-se a técnica da coisa julgada *in utilibus*, que permite ao titular de um interesse individual, porém homogêneo, utilizar-se da decisão geral favorável e liquidá-la em favor de seu interesse individualizado.

Por fim, no campo das denominadas *relações dependentes*[93] só podem sofrer a eficácia direta do julgado aquelas que foram objeto de cognição e decisão. A regra de que "anulado o ato reputam-se sem efeito os que dele são subsequentes" não implica extensão do julgado, senão em autorização para que o autor formule no mesmo processo (*unum et idem judex*) cumulação sucessiva de pedidos. Isto porque os terceiros não partícipes do processo podem se voltar contra o decidido em ação distinta, salvo, evidentemente, se, não obstante não terem discutido a própria relação jurídica naquele processo, intervieram como assistentes, hipótese em que incide a regra maior do art. 123 do NCPC,[94] que prevê, com amplitude, a *eficácia preclusiva da intervenção*.[95]

5.2.4.4 Relativização da coisa julgada

Como já aludido, a coisa julgada é instituto que distingue a função jurisdicional das demais, porquanto imutável e inafastável a última palavra do Judiciário (art. 5º XXXV e XXXVI, da CRFB/1988).[96] Consectário do primado da *segurança jurídica* e da *legalidade*, a coisa julgada, através de seus meios de defesa anteriormente explo-

---

[93]   Doutrina **Liebman** que nesses casos de relações dependentes daquela coisa julgada "a decisão tem eficácia também para os terceiros, admitindo-se que estes não estão sujeitos à autoridade da coisa julgada e por isso, sempre que manifestem interesse podem voltar-se contra a injustiça da decisão repelindo o efeito danoso acarretado pela mesma", *in* ob. cit., p. 133 e 138.

[94]   "**Art. 123**. Transitada em julgado a sentença no processo em que interveio o assistente, este não poderá, em processo posterior, discutir a justiça da decisão, salvo se alegar e provar que:
I – pelo estado em que recebeu o processo ou pelas declarações e pelos atos do assistido, foi impedido de produzir provas suscetíveis de influir na sentença;
II – desconhecia a existência de alegações ou de provas das quais o assistido, por dolo ou culpa, não se valeu."

[95]   Essa técnica se opõe ao que a doutrina denominava imutabilidade pró e contra do julgado, *in* **Chiovenda**, *Instituições de Direito Processual Civil*, 1942, vol. I, p. 530.

[96]   "**Art. 5º**, XXXV – a lei não excluirá da apreciação do Poder Judiciário lesão ou ameaça a direito;
XXXVI – a lei não prejudicará o direito adquirido, o ato jurídico perfeito e a coisa julgada;"

Capítulo V · A FASE DE JULGAMENTO | **195**

rados, impede que se rediscuta a lide cujo resultado é lei entre as partes (arts. 503 e 505 NCPC).[97] Outrossim, a lei é clara quanto à parte dispositiva da decisão coberta pela coisa julgada (art. 504 do NCPC),[98] mercê de a eficácia preclusiva do julgado (art. 508 do NCPC)[99] colocá-lo ao abrigo de impugnações sucessivas.

Os fundamentos ora enunciados revelam quão anômala se revela a tese da relativização da coisa julgada que, se consagrada, restaria por infirmar o mais notável efeito da jurisdição, que é o *final enforcing power* com o que eclipsa o resultado judicial. Entretanto, a práxis revela casos em que o envolvimento de outros valores de estatura constitucional pode ensejar a sua relativização no caso concreto, como, *v.g.*, as somas vultosas das desapropriações fixadas de há muito, ou as decisões de paternidade confrontadas com os novéis exames de DNA. A propósito, é cabível a ação rescisória quando obtiver o autor, posteriormente ao trânsito em julgado, prova nova cuja existência ignorava ou de que não pôde fazer uso, capaz, por si só, de lhe assegurar pronunciamento favorável (art. 966, VII, do NCPC). Nesses casos, o termo inicial do prazo será a data de descoberta da prova nova, observado o prazo máximo de 5 (cinco) anos, contado do trânsito em julgado da última decisão proferida no processo (art. 975, § 2º, do NCPC).

---

[97] "**Art. 503**. A decisão que julgar total ou parcialmente o mérito tem força de lei nos limites da questão principal expressamente decidida.

§ 1º O disposto no *caput* aplica-se à resolução de questão prejudicial, decidida expressa e incidentemente no processo, se:

I – dessa resolução depender o julgamento do mérito;

II – a seu respeito tiver havido contraditório prévio e efetivo, não se aplicando no caso de revelia;

III – o juízo tiver competência em razão da matéria e da pessoa para resolvê-la como questão principal.

§ 2º A hipótese do § 1º não se aplica se no processo houver restrições probatórias ou limitações à cognição que impeçam o aprofundamento da análise da questão prejudicial."

"**Art. 505**. Nenhum juiz decidirá novamente as questões já decididas relativas à mesma lide, salvo:

I – se, tratando-se de relação jurídica de trato continuado, sobreveio modificação no estado de fato ou de direito, caso em que poderá a parte pedir a revisão do que foi estatuído na sentença;

II – nos demais casos prescritos em lei."

[98] "**Art. 504**. Não fazem coisa julgada:

I – os motivos, ainda que importantes para determinar o alcance da parte dispositiva da sentença;

II – a verdade dos fatos, estabelecida como fundamento da sentença."

[99] "**Art. 508**. Transitada em julgado a decisão de mérito, considerar-se-ão deduzidas e repelidas todas as alegações e as defesas que a parte poderia opor tanto ao acolhimento quanto à rejeição do pedido."

Essas exceções, entretanto, não infirmam a regra da imutabilidade, e por isso não se pode aduzir à generalização da relativização da coisa julgada. Não obstante, não se pode recusar o enfrentamento de questões que surgem em determinada fase processual cuja análise implica infirmar-se topicamente a coisa julgada, à luz da ponderação dos interesses constitucionais envolvidos.[100]

---

[100] "Recurso extraordinário. Direito processual civil e constitucional. Repercussão geral reconhecida. Ação de investigação de paternidade declarada extinta, com fundamento em coisa julgada, em razão da existência de anterior demanda em que não foi possível a realização de exame de DNA, por ser o autor beneficiário da justiça gratuita e por não ter o Estado providenciado a sua realização. Repropositura da ação. Possibilidade, em respeito à prevalência do direito fundamental à busca da identidade genética do ser, como emanação de seu direito de personalidade. 1. É dotada de repercussão geral a matéria atinente à possibilidade da repropositura de ação de investigação de paternidade, quando anterior demanda idêntica, entre as mesmas partes, foi julgada improcedente, por falta de provas, em razão da parte interessada não dispor de condições econômicas para realizar o exame de DNA e o Estado não ter custeado a produção dessa prova. 2. Deve ser relativizada a coisa julgada estabelecida em ações de investigação de paternidade em que não foi possível determinar-se a efetiva existência de vínculo genético a unir as partes, em decorrência da não realização do exame de DNA, meio de prova que pode fornecer segurança quase absoluta quanto à existência de tal vínculo. 3. Não devem ser impostos óbices de natureza processual ao exercício do direito fundamental à busca da identidade genética, como natural emanação do direito de personalidade de um ser, de forma a tornar-se igualmente efetivo o direito à igualdade entre os filhos, inclusive de qualificações, bem assim o princípio da paternidade responsável. 4. Hipótese em que não há disputa de paternidade de cunho biológico, em confronto com outra, de cunho afetivo. Busca-se o reconhecimento de paternidade com relação a pessoa identificada. 5. Recursos extraordinários conhecidos e providos" (RE 363.889, Tribunal Pleno, Rel. Min. Dias Toffoli, j. 02.06.2011).

Capítulo VI
A FASE DE RECURSOS E OUTRAS IMPUGNAÇÕES

6.1 TEORIA GERAL DOS RECURSOS

6.1.1 Conceito

Recurso é o instrumento jurídico processual através do qual a parte ou outrem autorizado por lei pleiteia o reexame da decisão, com o fim de reformá-la, invalidá--la, esclarecê-la ou integrá-la. Assim, enquanto há recurso, há possibilidade de modificação da decisão.[1]

Ontologicamente, *re cursus* suscita a ideia de um "curso para trás", como que engendrando um retrospecto da causa para ulterior reexame. O órgão encarregado de sua análise realiza um exame pretérito sobre as questões suscitadas e discutidas, para o fim de verificar se o juiz, ao decidir, o fez adequadamente. Essa análise *retro--operante* permite ao órgão revisor da decisão, à luz do material da controvérsia, observar se agiria assim como o fez seu prolator.

Uma visão imediata do conceito permite-nos concluir que os recursos são instrumentos voluntários; por isso, a parte dispõe da possibilidade de recorrer. Destarte, a atividade de recorrer é categorizada como ônus processual,[2] porquanto a impugnação judicial da decisão pressupõe uma desvantagem para o recorrente,[3] e a sua investida

---

[1] **Liebman**, a esse respeito, vaticinou: "*La sentenza deve a un certo punto consolidarsi, diventare ferma e fornire una decisione sicura, posta al riparo da ulteriori impugnazioni, la quale, dano certezza al diritto, ponga il fondamento a una durevole pacificazione sociale*", in *Corso di Diritto Processuale Civile*, 1952, p. 206.

[2] A natureza do ônus de recorrer decorre do fato de a decisão não poder ser modificada senão por pedido da parte. Nesse sentido, **Carnelutti**, *Istituzioni del Nuovo Processo Civile Italiano*, 1951, vol. II, p. 132, e *Sistema di Diritto Processuale Civile*, 1938, vol. II, p. 556 e 430, onde afirma que o poder de impugnação " *si combina con l'onere nel senso che, se la parte non ne fa uso, il controllo non può essere compiuto*" .

[3] Em todo o recurso está imanente a ideia de prejuízo em face da desarmonia entre o que foi pleiteado e o que foi concedido, o que no dizer de **Kisch** representaria " sucumbência" e para **Schonke** " gravame", in *Elementos de Derecho Procesal Civil*, 1940, p. 286, e *Derecho Procesal Civil*, 1950, p. 301.

no sentido de afastá-la.[4] Sob outro ângulo, abstratamente considerado, isto é, sem levar em conta a situação *in concreto*, o recurso instrumentaliza o direito de recorrer, que guarda notáveis similitudes com o direito de agir. Assim é que, em ambos, pelo fato de encerrarem postulação, exige-se, previamente, o cumprimento de requisitos formais que, quanto à ação, são denominados de *condições da ação*, ao passo que, em relação aos recursos, se denominam *requisitos de admissibilidade*. Entretanto, os recursos são manejados na *mesma relação processual* em que proferida a decisão, ao passo que as ações dão ensejo à formação de uma *nova relação processual*, ainda que, à semelhança daqueles, possam fundar-se em fatos processuais anteriores (*v.g.*: a ação rescisória, os embargos de terceiro ou o mandado de segurança contra ato judicial).

Depreende-se do conceito de recurso que o desígnio visado pode ser a *modificação* ou a *substituição* do julgado, caso em que "o julgamento proferido pelo tribunal substituirá a decisão recorrida" (art. 1.008 do NCPC)[5] e esta passa a ser a última palavra do Judiciário a desafiar, inclusive, a ação rescisória ou os recursos para os Tribunais Superiores.

Destaque-se que a decisão do Tribunal pode ser da mesma natureza da decisão recorrida ou de natureza diversa. Assim, *v.g.*, se o Tribunal der provimento ao recurso, substitui a decisão recorrida naquilo que tiver sido objeto da impugnação, podendo produzir a mesma decisão de mérito ou extinguir o processo sem análise do pedido, ainda que apreciando recurso de decisão definitiva. Nesse último caso, haverá a determinação de que outra seja proferida, como ocorre quando acolhido vício *in procedendo*, caso em que não terá lugar o *efeito substitutivo*.

Com efeito, toda substituição obedece aos limites da impugnação. Assim, não pode o Tribunal piorar a situação do único recorrente, salvo o acolhimento de matérias conhecíveis de ofício. Assim, não há *reformatio in pejus* se o acórdão pronuncia a ilegitimidade passiva, reformando sentença que havia julgado a ação no mérito, pela improcedência. Entretanto, não pode o Tribunal favorecer a parte que não recorreu porque isso representaria prejudicar o único recorrente.

Nessa linha de princípio, se o agravante recorre de decisão que rejeitou uma das várias provas requeridas, o Tribunal não pode indeferir todas as demais. No mesmo diapasão, se o apelante recorre da imputação de uma sanção contratual decorrente da mora, não se pode rescindir o contrato.

Destarte, quando a parte recorrente pretende a eliminação da decisão do mundo jurídico, para que outra seja proferida pelo mesmo órgão prolator, deve suscitar o vício de ilegalidade da decisão (*error in procedendo*). Diversamente, quando postula

---

[4] **Nicola Jaeger** entrevia no recurso a " titularidade de um interesse na formação de uma nova decisão, exatamente pela negação ao recorrente dos interesses que defendeu em juízo", *in Diritto Processuale Civile*, 1944, p. 487 e 488.

[5] "**Art. 1.008**. O julgamento proferido pelo tribunal substituirá a decisão impugnada no que tiver sido objeto de recurso."

Capítulo VI · A FASE DE RECURSOS E OUTRAS IMPUGNAÇÕES | 199

a alteração substancial do julgado, o vício que se alega contaminar a decisão é o da injustiça, pelo que cumpre ao próprio Tribunal repará-la, posto que o retorno dos autos implicaria submeter a causa, novamente, aos critérios de justiça do julgador, acoimados de incorretos pelo recorrente. Assim, *v.g.*, se a parte sustenta a má apreciação das provas ou a má aplicação do direito no julgamento que concluiu pela improcedência do pedido, a hipótese é de injustiça da decisão (*error in judicando*) e a função do Tribunal, em princípio, será a de *substituir* a decisão por outra mais justa. Ao revés, se o vício denunciável é *in procedendo*, consistente na violação pelo prolator da decisão de uma regra que dispõe sobre a atividade de julgar, como, *v.g.*, a que proíbe ao juiz impedido de praticar atos no processo (art. 144 do NCPC),[6] ou julgar antecipadamente a lide, sem que haja revelia ou causa madura (art. 355 do NCPC),[7-8] cumpre ao Tribunal eliminar aquela decisão ilegal, determinando que outra seja proferida em seu lugar.

---

[6] **"Art. 144.** Há impedimento do juiz, sendo-lhe vedado exercer suas funções no processo:

I – em que interveio como mandatário da parte, oficiou como perito, funcionou como membro do Ministério Público ou prestou depoimento como testemunha;

II – de que conheceu em outro grau de jurisdição, tendo proferido decisão;

III – quando nele estiver postulando, como defensor público, advogado ou membro do Ministério Público, seu cônjuge ou companheiro, ou qualquer parente, consanguíneo ou afim, em linha reta ou colateral, até o terceiro grau, inclusive;

IV – quando for parte no processo ele próprio, seu cônjuge ou companheiro, ou parente, consanguíneo ou afim, em linha reta ou colateral, até o terceiro grau, inclusive;

V – quando for sócio ou membro de direção ou de administração de pessoa jurídica parte no processo;

VI – quando for herdeiro presuntivo, donatário ou empregador de qualquer das partes;

VII – em que figure como parte instituição de ensino com a qual tenha relação de emprego ou decorrente de contrato de prestação de serviços;

VIII – em que figure como parte cliente do escritório de advocacia de seu cônjuge, companheiro ou parente, consanguíneo ou afim, em linha reta ou colateral, até o terceiro grau, inclusive, mesmo que patrocinado por advogado de outro escritório;

IX – quando promover ação contra a parte ou seu advogado.

§ 1º Na hipótese do inciso III, o impedimento só se verifica quando o defensor público, o advogado ou o membro do Ministério Público já integrava o processo antes do início da atividade judicante do juiz.

§ 2º É vedada a criação de fato superveniente a fim de caracterizar impedimento do juiz.

§ 3º O impedimento previsto no inciso III também se verifica no caso de mandato conferido a membro de escritório de advocacia que tenha em seus quadros advogado que individualmente ostente a condição nele prevista, mesmo que não intervenha diretamente no processo."

[7] **"Art. 355.** O juiz julgará antecipadamente o pedido, proferindo sentença com resolução de mérito, quando:

I – não houver necessidade de produção de outras provas;

II – o réu for revel, ocorrer o efeito previsto no art. 344 e não houver requerimento de prova, na forma do art. 349."

[8] **Enunciado 27 da I Jornada de Direito Processual Civil do CJF:** Não é necessário o anúncio prévio do julgamento do pedido nas situações do art. 355 do CPC.

200 | PROCESSO CIVIL CONTEMPORÂNEO – *Luiz Fux*

Por fim, considera-se, também, objetivo dos recursos o aclaramento da decisão judicial que, exatamente por visar à pacificação e estabilidade das relações jurídico--sociais, não deve ser fonte de dúvidas ou ambiguidades, o que ocorreria caso se permitisse solidificar um provimento obscuro, contraditório, lacunoso ou sobre o qual recaia erro material. Nesse sentido, a lei permite à parte utilizar-se dos *embargos de declaração*, para elucidar a decisão e o seu alcance. Por esse motivo, a interposição do referido recurso interrompe o prazo para a interposição de outros recursos.[9]

A *voluntariedade* que marca os recursos distingue-os daquelas causas em função das quais a lei impõe uma dupla aferição jurisdicional antes de tornar as suas decisões eficazes. Referimo-nos aos casos denominados de *duplo grau obrigatório de jurisdição*. Nestes, a sentença não produz efeito, tampouco transita em julgado, senão depois de apreciada a causa pelo Tribunal; por isso, o juiz deve ordenar a remessa à instância superior, haja ou não impugnação voluntária (art. 496 do NCPC).[10]

---

[9] Sobre o ponto, havia divergência de tratamento quanto à interrupção do prazo recursal quanto aos embargos de declaração oposto sob a sistemática da Lei nº 9.099/1995, já que seu art. 50 dispunha que "Quando interpostos contra sentença, os embargos de declaração *suspenderão* o prazo para recurso" (grifos nossos). O Novo CPC, entretanto, conferiu-lhe nova redação ("Os embargos de declaração *interrompem* o prazo para a interposição de recurso", grifos nossos), unificando o tratamento da matéria em todo o processo civil.

[10] "**Art. 496**. Está sujeita ao duplo grau de jurisdição, não produzindo efeito senão depois de confirmada pelo tribunal, a sentença:

I – proferida contra a União, os Estados, o Distrito Federal, os Municípios e suas respectivas autarquias e fundações de direito público;

II – que julgar procedentes, no todo ou em parte, os embargos à execução fiscal.

§ 1º Nos casos previstos neste artigo, não interposta a apelação no prazo legal, o juiz ordenará a remessa dos autos ao tribunal, e, se não o fizer, o presidente do respectivo tribunal avocá--los-á.

§ 2º Em qualquer dos casos referidos no § 1º, o tribunal julgará a remessa necessária.

§ 3º Não se aplica o disposto neste artigo quando a condenação ou o proveito econômico obtido na causa for de valor certo e líquido inferior a:

I – 1.000 (mil) salários mínimos para a União e as respectivas autarquias e fundações de direito público;

II – 500 (quinhentos) salários mínimos para os Estados, o Distrito Federal, as respectivas autarquias e fundações de direito público e os Municípios que constituam capitais dos Estados;

III – 100 (cem) salários mínimos para todos os demais Municípios e respectivas autarquias e fundações de direito público.

§ 4º Também não se aplica o disposto neste artigo quando a sentença estiver fundada em:

I – súmula de tribunal superior;

II – acórdão proferido pelo Supremo Tribunal Federal ou pelo Superior Tribunal de Justiça em julgamento de recursos repetitivos;

III – entendimento firmado em incidente de resolução de demandas repetitivas ou de assunção de competência;

Capítulo VI · A FASE DE RECURSOS E OUTRAS IMPUGNAÇÕES | 201

Em razão de sua compulsoriedade, não se trata, portanto, de *recurso*, mas de uma condição de eficácia da decisão judicial, que deverá ser reapreciada por órgão de instrução superior. Por isso, inadequada a nomenclatura que então se conferia ao instituto como sendo *recurso de ofício*. Não sendo voluntário, de recurso não se trata.

De todo modo, nessas causas sujeitas ao *reexame necessário*, as decisões não transitam em julgado, ainda que não haja recurso voluntário, já que devem ser reapreciadas. A submissão das causas a esse duplo grau obedece a critérios juspolíticos. Nessas hipóteses, o juiz ordena a remessa dos autos ao tribunal, haja ou não apelação voluntária da parte vencida. Caso haja omissão do Juiz, o Tribunal competente pode avocar a causa (art. 496, § 1º, do NCPC).

O Novo Código manteve o instituto, mas atribuiu-lhe feição diversa e mais restrita. Com efeito, na esteira das disposições do art. 496 do NCPC, está sujeita ao duplo grau de jurisdição, não produzindo efeito senão depois de confirmada pelo Tribunal, a sentença: *(i)* proferida contra a União, os Estados, o Distrito Federal, os Municípios e suas respectivas autarquias e fundações de direito público; ou *(ii)* que julgar procedentes, no todo ou em parte, os embargos à execução fiscal.

Como se nota, trata-se de prerrogativa processual específica da Fazenda Pública. Sua previsão não é exclusiva do Código de Processo Civil, havendo legislações específicas que tratam também do instituto, a partir de suas definições próprias (*v.g.*: art. 14, § 1º, da Lei nº 12.016/2009,[11] que dispõe sobre a necessidade de que a sentença concessiva da segurança seja obrigatoriamente submetida ao duplo grau de jurisdição).

Mesmo nesses casos, porém, sua aplicação não é irrestrita, havendo situações em que legalmente se dispensa sua observância (Art. 496, §§ 3º e 4º, do CPC):

> *I – Quando a condenação ou o proveito econômico obtido na causa for de valor certo e líquido inferior a:*
>
> *a) 1.000 (mil) salários mínimos para a União e as respectivas autarquias e fundações de direito público;*
>
> *b) 500 (quinhentos) salários mínimos para os Estados, o Distrito Federal, as respectivas autarquias e fundações de direito público e os Municípios que constituam capitais dos Estados;*
>
> *c) 100 (cem) salários mínimos para todos os demais Municípios e respectivas autarquias e fundações de direito público.*

IV – entendimento coincidente com orientação vinculante firmada no âmbito administrativo do próprio ente público, consolidada em manifestação, parecer ou súmula administrativa."

[11] "**Art. 14**, § 1º Concedida a segurança, a sentença estará sujeita obrigatoriamente ao duplo grau de jurisdição."

II – Quando a sentença estiver fundada em:

a) súmula de tribunal superior;

b) acórdão proferido pelo Supremo Tribunal Federal ou pelo Superior Tribunal de Justiça em julgamento de recursos repetitivos;

c) entendimento firmado em incidente de resolução de demandas repetitivas ou de assunção de competência;

d) entendimento coincidente com orientação vinculante firmada no âmbito administrativo do próprio ente público, consolidada em manifestação, parecer ou súmula administrativa.

Essas novas disposições, inspiradas nos princípios da celeridade e da efetividade da tutela jurisdicional, visaram à agilização da prestação da justiça, excluindo alguns casos da submissão ao duplo grau obrigatório. Ademais, em relação às hipóteses arroladas no item II acima, trata-se de mais um dispositivo a consagrar a força uniformizadora da jurisprudência, como técnica de sumarização e de isonomia da prestação da justiça, evitando que acudam ao Tribunal causas decididas consoante a manifestação dos Tribunais superiores. Nessas hipóteses, a remessa obrigatória representaria uma verdadeira contradição, posto encerrar um convite a que o Tribunal eventualmente decidisse contra a jurisprudência predominante – que deve se manter *coerente, íntegra e estável* (art. 926 do NCPC).[12] Isso, evidentemente, não inibe a parte vencida de seu direito de recorrer, submetendo-se, contudo, à força da jurisprudência predominante prevista em inúmeros dispositivos do Novo Código.

Sendo *necessária*, a ausência de remessa nos casos em que era obrigatória torna admissível a ação rescisória contra sentença que não foi submetida ao duplo grau de jurisdição, nos casos do art. 496, por violação literal de lei.

De outro, tratando-se de *sentença meramente terminativa*, não desafia o reexame necessário, salvo na parte relativa à sucumbência da Fazenda Pública, atendidos os requisitos acima. Nada obstante os vários pontos de semelhança, não se tratando de recurso, mas de condição suspensiva de eficácia da decisão, o regime jurídico que se empresta à remessa obrigatória não é aplicável àquele. Por isso, não são necessários os requisitos recursais de admissibilidade, permitindo-se, inclusive, o oferecimento do recurso voluntário simultaneamente.

---

[12] "**Art. 926.** Os tribunais devem uniformizar sua jurisprudência e mantê-la estável, íntegra e coerente.

§ 1º Na forma estabelecida e segundo os pressupostos fixados no regimento interno, os tribunais editarão enunciados de súmula correspondentes a sua jurisprudência dominante.

§ 2º Ao editar enunciados de súmula, os tribunais devem ater-se às circunstâncias fáticas dos precedentes que motivaram sua criação."

Vale dizer que o reexame necessário pode ser feito incidentalmente ao recurso que porventura tenha sido interposto: se o juiz se olvida do reexame, mas o feito é levado ao tribunal por um recurso, poderá o órgão *ad quem* proceder ao reexame – estando atento ao princípio da vedação à *reformatio in pejus*, pois, mesmo o reexame não sendo recurso, a principiologia recursal é aplicável. Por exemplo, pode o relator julgar monocraticamente o reexame necessário, se for caso enquadrado no art. 932 do NCPC, a ser abordado, da mesma forma com que nega à apelação. A Súmula 253 do STJ é expressa: "O art. 557 do CPC [de 1973], que autoriza o relator a decidir o recurso, alcança o reexame necessário." Sobre a *reformatio in pejus*, vide a Súmula 45 do STJ: "No reexame necessário, é defeso ao tribunal agravar a condenação imposta à Fazenda pública."

Importante salientar, ainda, que a Corte Especial do STJ já definiu que a Fazenda Pública pode interpor Recurso Especial ainda que não tenha anteriormente interposto apelação, sendo o caso de reexame necessário, visto não se configurar preclusão lógica.[13]

6.1.2 Fundamento dos recursos

A decisão judicial, como vimos, apresenta aspectos formais e materiais. O primeiro revela sua *legalidade* e o segundo sua *justiça*. Esses planos de análise da decisão encartados no procedimento recursal visam a que o ato judicial seja depurado na sua validade formal e material, posto a experiência comum denotar que o jurisdicionado, em regra, não se contenta com apenas uma aferição da validade da decisão. O cidadão tranquiliza-se ao saber a possibilidade de revisão de sua derrota por um órgão superior composto de membros mais experientes, com competência para derrogar a decisão. Por outro lado, pressupõe-se que a previsão de recursos iniba os equívocos judiciais, atuando como freio junto aos julgadores, no sentido de que reapurem os seus conceitos de juridicidade e os empreste à decisão, visando a evitar a reforma do julgado.[14] Pertence à convicção popular que a segunda apreciação da causa é melhor do que a primeira, porque mais amadurecida. O sistema de recursos vem, assim, ao encontro do anseio popular de justiça e adequação da decisão à realidade dos fatos. Não se trata de um voto de desconfiança frente aos juízes, de desprestígio a eles, tampouco uma ditadura dos Tribunais, senão uma necessidade sociojurídica de reapuração da juridicidade[15] da decisão, saciando o

---

[13] STJ, REsp 905.771/CE, Corte Especial, Rel. Min. Teori Albino Zavascki, j. 29.06.2010.

[14] Reluz, até os dias de hoje, o brilho da lição de **Francisco Morato**, no sentido de que "o zelo de não ver patenteada a própria ignorância ou negligência desperta o desejo de acertar e forçar os juízes inferiores a maior circunspecção e estudo, tornando a justiça mais segura", *apud* **Frederico Marques**, *Instituições*, vol. IV, p. 20.

[15] A expressão "reapuração da juridicidade" da decisão é de **Seabra Fagundes**, na sua clássica obra *Dos Recursos Ordinários em Matéria Civil*, 1946, p. 12.

sentimento de justiça do jurisdicionado que, malgrado pretenda uma solução rápida, admite esse confronto entre a celeridade e a segurança, optando por esta última, no balanceamento dos interesses em jogo.[16]

Os sistemas evoluídos oferecem inúmeros instrumentos de conciliação desses dois valores, cumprindo anotar, quanto a esse fim, a possibilidade de eficácia imediata das decisões pela não concessão de efeito suspensivo aos recursos (art. 995 do NCPC),[17] bem como o deferimento da antecipação da tutela em qualquer grau de jurisdição.

De outro lado, se o direito ao recurso é elemento constitucional-democrático de legitimação da jurisdição, sua subsistência no ordenamento jurídico não pode se destinar a tutelar situações de notório abuso. Com efeito, no âmbito da *práxis* judiciária, nota-se, com frequência, situações de abuso do direito de recorrer, em que as partes manejam recursos sucessivos, em que repetidas alegações já refutadas pelos órgãos julgadores, com o intuito único de protelar a satisfação do direito judicialmente reconhecido. Esse mal, que já era objeto de preocupação ao tempo do CPC/1973 e suas reformas, é mais bem combatido pelo Novo Código, que fortalece as possibilidades de imposição de multas e, até mesmo, de reconhecimento de litigância de má fé em situações desse tipo, a culminar em sanções processuais e civis àquele que age com abuso.

Não é possível dizer, contudo, que a Constituição consagre um direito ao duplo grau de jurisdição, até porque a Carta Magna contempla hipóteses de competência originária dos Tribunais. Apenas nos casos legalmente previstos de recursos, uma decisão judicial que defina, satisfaça ou acautele direitos das partes submete-se à dupla apreciação pelos tribunais com *competência funcional* para rever e derrogar a decisão.[18]

As críticas usualmente lançadas ao sistema recursal, no sentido de que se abreviaria o espaço de tempo entre a impugnação e a decisão se a causa ingressasse diretamente nos Tribunais, não consideram as consequências positivas daquele sistema no que tange à correção de erros judiciários. Entretanto, é preciso obser-

---

[16] Os valores em jogo, na sistemática recursal, foram bem evidenciados por **Redenti**, para quem o sistema recursal ressoava como ponto de equilíbrio de duas tendências: "*quella di consentire il controllo e il perfezionamento per gradus delle decisioni giudiziali e quella di garantirne ad un certo momento la finale certeza (inesorabilità)*", in *Diritto Processuale Civile*, 1957, vol. II, p. 308.

[17] "Art. 995. Os recursos não impedem a eficácia da decisão, salvo disposição legal ou decisão judicial em sentido diverso.

Parágrafo único. A eficácia da decisão recorrida poderá ser suspensa por decisão do relator, se da imediata produção de seus efeitos houver risco de dano grave, de difícil ou impossível reparação, e ficar demonstrada a probabilidade de provimento do recurso."

[18] Para **Chiovenda**, o princípio do duplo grau de jurisdição, oriundo da Revolução Francesa, determina o trânsito de uma causa, normalmente, pela cognição de dois tribunais sucessivamente (*in Instituições de Direito Processual Civil*, trad. port., 1943, vol. II, p. 139).

Capítulo VI · A FASE DE RECURSOS E OUTRAS IMPUGNAÇÕES | 205

var que o duplo grau coloca à disposição das partes a possibilidade de reexame, mantendo-se, entretanto, a natureza voluntária dos recursos, por isso que recorre a parte que assim o desejar. Advirta-se, por oportuno, que o princípio do duplo grau implica a verificação da decisão por uma pluralidade de tribunais, não significando necessariamente que o ato judicial deva ser revisto "duas vezes."

Com efeito, a adstrição do Tribunal à causa julgada, sendo defeso ao órgão superior apreciar pedidos ou exceções materiais não formuladas na instância inferior, fatos existentes e não suscitados e matérias que não foram objeto da decisão, ressalvada a novel técnica do § 3º do art. 1.013 do NCPC,[19] é decorrência do referido cânone. Acaso ultrapassada essa vedação, o órgão superior estará recebendo, pela vez primeira e diretamente nos tribunais, questões que não se submeteram ao crivo do primeiro grau de jurisdição, violando o *duplo grau* e implicando uma *supressão de instância*. Assim, *v.g.*, se o juiz *a quo* não apreciou o pedido X formulado pela parte, limitando-se apenas ao Y, não é lícito, a princípio, ao órgão superior apreciá-lo. Assim também, se o juízo inferior não julgou o mérito, extinguindo o processo sem análise do pedido em face de um obstáculo processual, não é lícito ao tribunal apreciar a questão de fundo pela vez primeira, salvo nas hipóteses do art. 1.013, § 3º, do NCPC (os casos em que aplicável a *teoria da causa madura*).

A verticalidade com que o Tribunal pode apreciar as causas já submetidas ao juízo inferior vem regulada na lei, segundo os consectários do princípio de que somente se devolve ao tribunal a matéria impugnada, para que o órgão superior não ultrapasse os limites do pedido. Assim como se veda ao juiz inferior julgar além do

---

[19] "**Art. 1.013.** A apelação devolverá ao tribunal o conhecimento da matéria impugnada.

§ 1º Serão, porém, objeto de apreciação e julgamento pelo tribunal todas as questões suscitadas e discutidas no processo, ainda que não tenham sido solucionadas, desde que relativas ao capítulo impugnado.

§ 2º Quando o pedido ou a defesa tiver mais de um fundamento e o juiz acolher apenas um deles, a apelação devolverá ao tribunal o conhecimento dos demais.

§ 3º Se o processo estiver em condições de imediato julgamento, o tribunal deve decidir desde logo o mérito quando:

I – reformar sentença fundada no art. 485;

II – decretar a nulidade da sentença por não ser ela congruente com os limites do pedido ou da causa de pedir;

III – constatar a omissão no exame de um dos pedidos, hipótese em que poderá julgá-lo;

IV – decretar a nulidade de sentença por falta de fundamentação.

§ 4º Quando reformar sentença que reconheça a decadência ou a prescrição, o tribunal, se possível, julgará o mérito, examinando as demais questões, sem determinar o retorno do processo ao juízo de primeiro grau.

§ 5º O capítulo da sentença que confirma, concede ou revoga a tutela provisória é impugnável na apelação."

pedido – *ne procedat iudex vel ultra vel extra petita partium* – (arts. 141[20] e 492[21] do NCPC), interdita-se, também, tais atividades extrapolantes do Tribunal quanto à extensão da impugnação (dimensão *horizontal*), sendo ampla a investigação do órgão *ad quem* quanto à profundidade do recurso (dimensão *vertical*).

6.1.3 A unicidade dos recursos e a fungibilidade recursal

Os meios de impugnação judicial devem ser adequados[22] às decisões proferidas; por isso, são regulados em seus *requisitos intrínsecos e extrínsecos*, levando em consideração a natureza da decisão e sua relevância para a causa. Há manifestações judiciais irrelevantes e outras manifestamente importantes, à luz dos princípios que informam o sistema recursal. Em consequência, o legislador dispõe, diferentemente, sobre os atos judiciais quanto à sua potencial *impugnabilidade*. Há manifestações que são irrecorríveis; outras recorríveis com apreciação diferida no tempo (como as situações descritas no art. 1.009, § 1º, do NCPC,[23] que substituem o anterior recurso de *agravo retido*) e ainda aquelas, tão relevantes, que são imediatamente impugnáveis (*v.g.*: art. 1.015 do NCPC).[24-25]

---

[20] **"Art. 141.** O juiz decidirá o mérito nos limites propostos pelas partes, sendo-lhe vedado conhecer de questões não suscitadas a cujo respeito a lei exige iniciativa da parte."

[21] **"Art. 492.** É vedado ao juiz proferir decisão de natureza diversa da pedida, bem como condenar a parte em quantidade superior ou em objeto diverso do que lhe foi demandado.

Parágrafo único. A decisão deve ser certa, ainda que resolva relação jurídica condicional."

[22] É adequado um recurso quando interposto de "decisão recorrível", e é ele o recurso indicado para a decisão que se impugna, *in* **Frederico Marques**, *Instituições*, vol. IV, p. 55.

[23] **"Art. 1.009.** Da sentença cabe apelação.

§ 1º As questões resolvidas na fase de conhecimento, se a decisão a seu respeito não comportar agravo de instrumento, não são cobertas pela preclusão e devem ser suscitadas em preliminar de apelação, eventualmente interposta contra a decisão final, ou nas contrarrazões."

[24] **"Art. 1.015.** Cabe agravo de instrumento contra as decisões interlocutórias que versarem sobre:

I – tutelas provisórias;

II – mérito do processo;

III – rejeição da alegação de convenção de arbitragem;

IV – incidente de desconsideração da personalidade jurídica;

V – rejeição do pedido de gratuidade da justiça ou acolhimento do pedido de sua revogação;

VI – exibição ou posse de documento ou coisa;

VII – exclusão de litisconsorte;

VIII – rejeição do pedido de limitação do litisconsórcio;

IX – admissão ou inadmissão de intervenção de terceiros;

X – concessão, modificação ou revogação do efeito suspensivo aos embargos à execução;

XI – redistribuição do ônus da prova nos termos do art. 373, § 1º;

XII – (VETADO);

Capítulo VI · A FASE DE RECURSOS E OUTRAS IMPUGNAÇÕES | **207**

Isto significa dizer que há uma certa *tipicidade* entre a decisão prolatada e o recurso interponível. A adequação do recurso à decisão obedece ao princípio da *unirrecorribilidade* ou *unicidade dos recursos*, o que implica dizer que não há, em regra, para cada decisão judicial, vários recursos interponíveis, tampouco possibilidade de interposição simultânea de vários recursos contra a mesma decisão judicial.[26] O nosso sistema, em regra, veda a *simultaneidade* e privilegia a *sucessividade* recursal. Há vários meios de impugnação sucessiva das decisões judiciais, o que, por vezes, acaba por culminar em uma *prodigalização* da impugnação judicial.

Entretanto, o Direito brasileiro mitigou o princípio da *unirrecorribilidade* após a Carta de 1988, ao dicotomizar o recurso extremo em *recurso extraordinário*, para as hipóteses de violação da ordem constitucional, e *recurso especial*, para a infringência à ordem infraconstitucional. Considerando que uma decisão pode ser violadora de forma bifronte às duas ordens federais, admite-se a interposição simultânea de ambos os recursos contra uma mesma decisão, sendo certo que o extraordinário endereçado ao Supremo Tribunal Federal fica sustado até a decisão do recurso especial, pela objetiva razão da superposição da Corte Suprema aos demais Tribunais do país, inclusive ao Superior Tribunal de Justiça, guardião da ordem infraconstitucional que, ao decidir, pode, eventualmente, ferir a Carta Maior.

A unicidade dos recursos, uma vez obedecida, indica que os recursos vêm previstos e regulados quanto ao seu cabimento, levando em conta a manifestação proferida. Assim, em regra, da decisão interlocutória pode caber o recurso de agravo (art. 1.015 do NCPC), da sentença cabe apelação (art. 1.009 do NCPC), enquanto os despachos são inimpugnáveis. O mesmo princípio é obedecido nos Tribunais, por isso que, em resumo, das decisões violadoras da lei cabe recurso especial, do julgado que malfere a Constituição, cabe recurso extraordinário, e de toda e qualquer manifestação judicial cabem os embargos de declaração, quando seja lacunosa, contraditória, obscura ou contenha erro material (art. 1.022 do NCPC).

XIII – outros casos expressamente referidos em lei.

Parágrafo único. Também caberá agravo de instrumento contra decisões interlocutórias proferidas na fase de liquidação de sentença ou de cumprimento de sentença, no processo de execução e no processo de inventário."

[25] **Enunciado 69 da I Jornada de Direito Processual Civil do CJF:** A hipótese do art. 1.015, parágrafo único, do CPC abrange os processos concursais, de falência e recuperação.

Enunciado 71 da I Jornada de Direito Processual Civil do CJF: É cabível o recurso de agravo de instrumento contra a decisão que indefere o pedido de atribuição de efeito suspensivo a Embargos à Execução, nos termos do art. 1.015, X, do CPC.

[26] Conforme se trata na sequência, situação de exceção a essa regra é composta pelo recurso extraordinário e pelo recurso especial, os quais por vezes são interponíveis em face a uma mesma decisão, embora veiculem fundamentos recursais distintos e sejam destinados a órgãos judiciais diversos, conforme definições dos arts. 102 e 105 da CRFB/1988.

PROCESSO CIVIL CONTEMPORÂNEO – *Luiz Fux*

Dada essa característica, em regra, a inadequação do recurso em face da decisão correspondente impõe a sua *inadmissão pelo descabimento*. Entretanto, essa necessidade de adequação não impede que se alvitre que o recurso é uma manifestação de defesa dos direitos da parte vencida. Assim, qualquer manifestação dessa ordem deve ser aproveitada, devendo rejeitar-se a superposição da questão formal sobre a questão de fundo. O defeito de forma, por essa razão, somente deve acarretar a anulação daquilo que é impossível de ser aproveitado (nesse sentido, *v.g.*: arts. 283[27] e 932, parágrafo único, do NCPC)[28-29] e que, em princípio, cause prejuízo à defesa dos interesses das partes.

A influência do *princípio da instrumentalidade das formas* no campo da inadequação procedimental reascendeu a aplicação do *princípio da fungibilidade dos recursos*, cuja incidência permite o aproveitamento do recurso interposto como se fosse o meio de impugnação cabível, mas não utilizado pelo recorrente.[30] Fundando-se em ordenação pretérita, a jurisprudência consagrou essa possibilidade, desde que ausente o *erro grosseiro* e a *má-fé* do recorrente. Um dos critérios utilizados tem sido a escorreita verificação da tempestividade;[31] por isso, um recurso de prazo menor é aceito se interposto no lugar daquele verdadeiramente cabível cujo prazo de oferecimento é mais alongado. A recíproca, contudo, não é verdadeira. Por outro lado, *v.g.*, entende-se que revela malícia do recorrente aproveitar-se de recurso com maior devolutividade e procedimento mais delongado.

---

[27] "**Art. 283.** O erro de forma do processo acarreta unicamente a anulação dos atos que não possam ser aproveitados, devendo ser praticados os que forem necessários a fim de se observarem as prescrições legais.

Parágrafo único. Dar-se-á o aproveitamento dos atos praticados desde que não resulte prejuízo à defesa de qualquer parte."

[28] "**Art. 932**, Parágrafo único. Antes de considerar inadmissível o recurso, o relator concederá o prazo de 5 (cinco) dias ao recorrente para que seja sanado vício ou complementada a documentação exigível."

[29] **Enunciado 66 da I Jornada de Direito Processual Civil do CJF:** Admite-se a correção da falta de comprovação do feriado local ou da suspensão do expediente forense, posteriormente à interposição do recurso, com fundamento no art. 932, parágrafo único, do CPC.

Enunciado 73 da I Jornada de Direito Processual Civil do CJF: Para efeito de não conhecimento do agravo de instrumento por força da regra prevista no § 3º do art. 1.018 do CPC, deve o juiz, previamente, atender ao art. 932, parágrafo único, e art. 1.017, § 3º, do CPC, intimando o agravante para sanar o vício ou complementar a documentação exigível.

[30] O referido princípio da "fungibilidade" encontrava-se consagrado no vetusto ordenamento processual de 1939, no seu art. 810 que dispunha: "salvo a hipótese de má-fé ou erro grosseiro, a parte não será prejudicada pela interposição de um recurso por outro, devendo os autos ser enviados à Câmara, ou turma, a que competir o julgamento."

[31] A tempestividade, como pré-requisito para a adoção da fungibilidade, é exigência antiga, como se colhe em **Pedro Batista Martins**, *in Recursos e Processos da Competência Originária dos Tribunais*, 1957, p. 166, onde cita a lição do então Ministro **Orosimbo Nonato**.

Capítulo VI · A FASE DE RECURSOS E OUTRAS IMPUGNAÇÕES | **209**

Cumpre, entretanto, advertir que, não obstante a didática do legislador, em alguns momentos, ele próprio nega os conceitos traçados nos artigos 203 e seguintes do NCPC, denominando de sentença o que é despacho, ou de decisão o que é sentença e vice-versa. Nessas hipóteses, se o próprio julgador categoriza equivocadamente o seu ato judicial, revela-se razoável que se exonere a parte de eventual inadequação do recurso interposto. Assim, *v.g.*, se na decisão de um incidente processual o juiz, ao iniciar o ato, denominá-lo sentença, quando, em verdade, se trata, na essência, de decisão interlocutória.

Nesses casos, a parte, induzida em erro, pela lei ou pelo Tribunal, faz jus à chancela da fungibilidade. É sempre útil relembrar que uma postura rígida e formalista pode conduzir os juízes à manutenção de suas decisões, às custas de juízos negativos de admissibilidade. Aliás, não é por outra razão que o juízo de admissão dos recursos sujeita-se a duplo controle, como veremos a seguir.

Essa *ratio* restou ainda mais fortalecida pelo Novo Código, que possui como um de seus vetores a preferibilidade da solução do mérito sobre limitações formais. Nesse sentido, o art. 932, ao tratar dos poderes do relator, veicula em seu parágrafo único[32] uma cláusula geral que permite, antes que se considere inadmissível o recurso, a concessão do prazo de 5 (cinco) dias ao recorrente para que seja sanado vício ou complementada a documentação exigível. Evidentemente, essa possibilidade só alcança os *vícios sanáveis*, o que não se verifica, *v.g.*, em recursos que se revelem intempestivos ou com fundamentação deficiente ou inadequada. Neste último caso, ademais, a limitação decorre da própria incidência do fenômeno da *preclusão*, que não indica hipótese de *vício sanável* em prazo adicional a ser concedido pelo relator.

Na mesma linha, veja-se o art. 1.024, § 3º, do NCPC,[33] que veicula exemplo expresso de possibilidade de aplicação da *fungibilidade recursal*. Com efeito, ao tratar

---

[32] **Enunciado 66 da I Jornada de Direito Processual Civil do CJF:** Admite-se a correção da falta de comprovação do feriado local ou da suspensão do expediente forense, posteriormente à interposição do recurso, com fundamento no art. 932, parágrafo único, do CPC.
Enunciado 73 da I Jornada de Direito Processual Civil do CJF: Para efeito de não conhecimento do agravo de instrumento por força da regra prevista no § 3º do art. 1.018 do CPC, deve o juiz, previamente, atender ao art. 932, parágrafo único, e art. 1.017, § 3º, do CPC, intimando o agravante para sanar o vício ou complementar a documentação exigível.

[33] "**Art. 1.024**. O juiz julgará os embargos em 5 (cinco) dias.
§ 1º Nos tribunais, o relator apresentará os embargos em mesa na sessão subsequente, proferindo voto, e, não havendo julgamento nessa sessão, será o recurso incluído em pauta automaticamente.
§ 2º Quando os embargos de declaração forem opostos contra decisão de relator ou outra decisão unipessoal proferida em tribunal, o órgão prolator da decisão embargada decidi-los-á monocraticamente.
§ 3º O órgão julgador conhecerá dos embargos de declaração como agravo interno se entender ser este o recurso cabível, desde que determine previamente a intimação do recorrente

dos *embargos de declaração*, prevê o dispositivo que estes poderão ser conhecidos como *agravo interno*, caso se entenda ser este o recurso cabível, desde que se determine a prévia intimação do recorrente para, no prazo de 5 (cinco) dias, complemente suas razões recursais, de modo a ajustá-las às exigências do art. 1.021, § 1º,[34-35] que impõe ao agravante a necessidade de, em sua peça recursal, impugnar de forma especifica os fundamentos da decisão agravada que quer ver alterados.

De forma próxima, além da *fungibilidade* propriamente dita, o Novo Código introduz a possibilidade de *conversibilidade* entre o recurso especial e o recurso

---

para, no prazo de 5 (cinco) dias, complementar as razões recursais, de modo a ajustá-las às exigências do art. 1.021, § 1º.

§ 4º Caso o acolhimento dos embargos de declaração implique modificação da decisão embargada, o embargado que já tiver interposto outro recurso contra a decisão originária tem o direito de complementar ou alterar suas razões, nos exatos limites da modificação, no prazo de 15 (quinze) dias, contado da intimação da decisão dos embargos de declaração.

§ 5º Se os embargos de declaração forem rejeitados ou não alterarem a conclusão do julgamento anterior, o recurso interposto pela outra parte antes da publicação do julgamento dos embargos de declaração será processado e julgado independentemente de ratificação."

[34] "**Art. 1.021**. Contra decisão proferida pelo relator caberá agravo interno para o respectivo órgão colegiado, observadas, quanto ao processamento, as regras do regimento interno do tribunal.

§ 1º Na petição de agravo interno, o recorrente impugnará especificadamente os fundamentos da decisão agravada.

§ 2º O agravo será dirigido ao relator, que intimará o agravado para manifestar-se sobre o recurso no prazo de 15 (quinze) dias, ao final do qual, não havendo retratação, o relator levá-lo-á a julgamento pelo órgão colegiado, com inclusão em pauta.

§ 3º É vedado ao relator limitar-se à reprodução dos fundamentos da decisão agravada para julgar improcedente o agravo interno.

§ 4º Quando o agravo interno for declarado manifestamente inadmissível ou improcedente em votação unânime, o órgão colegiado, em decisão fundamentada, condenará o agravante a pagar ao agravado multa fixada entre um e cinco por cento do valor atualizado da causa.

§ 5º A interposição de qualquer outro recurso está condicionada ao depósito prévio do valor da multa prevista no § 4º, à exceção da Fazenda Pública e do beneficiário de gratuidade da justiça, que farão o pagamento ao final."

[35] **Enunciado 74 da I Jornada de Direito Processual Civil do CJF:** O termo "manifestamente" previsto no § 4º do art. 1.021 do CPC se refere tanto à improcedência quanto à inadmissibilidade do agravo.

Enunciado 77 da I Jornada de Direito Processual Civil do CJF: Para impugnar decisão que obsta trânsito a recurso excepcional e que contenha simultaneamente fundamento relacionado à sistemática dos recursos repetitivos ou da repercussão geral (art. 1.030, I, do CPC) e fundamento relacionado à análise dos pressupostos de admissibilidade recursais (art. 1.030, V, do CPC), a parte sucumbente deve interpor, simultaneamente, agravo interno (art. 1.021 do CPC) caso queira impugnar a parte relativa aos recursos repetitivos ou repercussão geral e agravo em recurso especial/extraordinário (art. 1.042 do CPC) caso queira impugnar a parte relativa aos fundamentos de inadmissão por ausência dos pressupostos recursais.

extraordinário. Com efeito, o art. 1.033 do NCPC[36] dispõe que se o Supremo Tribunal Federal considerar como reflexa a ofensa à Constituição afirmada no recurso extraordinário, por pressupor a revisão da interpretação de lei federal ou de tratado, remetê-lo-á ao Superior Tribunal de Justiça para julgamento como recurso especial. Evita-se, assim, o não julgamento de um recurso cuja fundamentação tenha sido considerada de ordem *constitucional* pelo STJ e *infraconstitucional* pelo STF.

6.2 ADMISSIBILIDADE E MÉRITO DOS RECURSOS

Os recursos, como manifestações de cunho postulatório, submetem-se a um prévio exame de *admissibilidade*, antes da análise da eventual procedência da impugnação. O denominado *juízo de admissibilidade* dos recursos equipara-se, em comparação ao exercício inicial do direito de ação, àquele exame prévio que o juiz enceta quanto às *condições da ação* (admitindo-se que persiste sua existência sob a égide do NCPC) e aos *pressupostos processuais*, antes de apreciar o *mérito* da causa.

Assim, antes de se verificar se o recorrente tem ou não razão, analisa-se, primeiro, a admissibilidade do recurso.[37] Recurso admissível diz-se *conhecido* e inadmissível *não conhecido*.

O preenchimento dos requisitos de admissibilidade habilita o recorrente a obter uma decisão sobre o *mérito* do recurso, que não é senão a razão de ser da impugnação e que não necessariamente se confunde com o *mérito da ação*. Por isso, o *mérito recursal* tanto pode versar uma *questão formal*, como, por exemplo, um agravo quanto à ilegitimidade declarada de um dos litisconsortes, quanto a uma *questão material*, como, *v.g.*, uma apelação dirigida contra uma sentença que julgou improcedente o pedido de cobrança. Constata-se, assim, que o *mérito da causa* e o *mérito do recurso* são aspectos diferentes do objeto de cognição jurisdicional. O *mérito do recurso* não versa necessariamente sobre o *mérito da causa*, até porque pode haver recurso dirigido exatamente contra a decisão que extinguiu o processo sem resolução do mérito.

De todo modo, o recurso inadmissível impede a análise sobre os fundamentos da impugnação. *Não conhecido* o recurso, o juiz ou o Tribunal declara a falta de um dos requisitos de admissibilidade. Como já afirmado acima, a *natureza declaratória*

---

[36] "Art. 1.033. Se o Supremo Tribunal Federal considerar como reflexa a ofensa à Constituição afirmada no recurso extraordinário, por pressupor a revisão da interpretação de lei federal ou de tratado, remetê-lo-á ao Superior Tribunal de Justiça para julgamento como recurso especial."

[37] **James Goldschmidt** afirma que: "se o recurso não preenche os seus pressupostos e requisitos não se averigua o seu conteúdo" (*in Teoria General del Proceso*, 1936, p. 109). **Leo Rosenberg** doutrina que: " O recurso deve ser admissível e procedente para que seja provido", *in Tratado de Derecho Procesal Civil*, 1955, vol. II, p. 359.

desse pronunciamento implicaria reconhecer que no momento em que faltou o requisito de admissibilidade a decisão transitou em julgado. Assim, *v.g.*, se o Tribunal, seis meses depois de interposto o recurso, vem a julgá-lo intempestivo, a decisão impugnada terá transitado em julgado no dia mesmo em que o recorrente deixou passar *in albis* o prazo da impugnação. A importância jurídico-processual dessa constatação está em que o trânsito em julgado permite a satisfação da decisão por execução definitiva, bem como marca o termo *a quo* para o oferecimento da ação rescisória. Sob esse ângulo, entretanto, não é pacífica a jurisprudência que exige para a configuração retro-operante do trânsito em julgado, recurso intempestivo e interposto de má-fé.

A referência acima ao juiz ou Tribunal, como competentes para declarar a inadmissibilidade, tem a finalidade de reafirmar que a admissão do recurso pode ficar sujeita a mais de um controle. Em um primeiro plano, realiza-a o juiz perante o qual o recurso foi interposto. Não obstante, acudindo a causa ao órgão julgador do recurso, antes da apreciação do mérito da impugnação, volta-se a apreciar a admissibilidade.[38] Ultrapassada a etapa preliminar de conhecimento do recurso, passa-se ao mérito.

Ainda que o Novo CPC tenha inicialmente eliminado essa dupla análise de admissibilidade, sua existência foi restaurada apenas no âmbito dos recursos especial e extraordinário pela Lei nº 13.256/2016, anterior à própria entrada em vigor do Novo Código (Lei nº 13.105/2015). Entretanto, persiste a extinção dessa dupla análise em outros recursos de natureza ordinária, como é o caso da *apelação*, cabendo a análise de admissibilidade ao órgão judicial *ad quem* titular da competência para julgamento do recurso respectivo.

Essa duplicidade de juízo de admissibilidade sempre teve como uma de suas razões o fato de que, se assim não o fosse, o juiz barraria o recurso para não sujeitar suas decisões a outro crivo, excluindo a chance de o recorrente ver apreciada a sua manifestação. Destarte, a dupla apreciação significa a não vinculação do órgão *ad quem* ao pronunciamento do órgão *a quo* sobre a admissibilidade, bem como disponibiliza a favor do recorrente um meio de impugnação, caso o juiz inferior entenda inadmissível o recurso interposto (como é o agravo do art. 1.042 do NCPC).[39-40]

---

[38]   Em face do duplo controle da admissibilidade dos recursos, **Liebman** conclui: "A decisão de recebimento do juiz *a quo* exerce mera função de exame preliminar e provisório de admissibilidade" (*Notas às Instituições de Chiovenda*, Trad. Portuguesa, 1945, vol. II, p. 315).

[39]   "**Art. 1.042.** Cabe agravo contra decisão do presidente ou do vice-presidente do tribunal recorrido que inadmitir recurso extraordinário ou recurso especial, salvo quando fundada na aplicação de entendimento firmado em regime de repercussão geral ou em julgamento de recursos repetitivos. (Redação dada pela Lei nº 13.256, de 2016)"

[40]   **Enunciado 77 da I Jornada de Direito Processual Civil do CJF:** Para impugnar decisão que obsta trânsito a recurso excepcional e que contenha simultaneamente fundamento relacio-

Nesse caso, esse outro recurso tem como objeto a admissibilidade daquele que ficou barrado na primeira instância, e seu provimento acarretará a subida da impugnação reprimida. Essa a razão pela qual a impugnação desse recurso deve versar tão somente sobre o erro cometido quanto à inadmissão da irresignação e não representar a repetição das razões da impugnação inadmitida.

A não vinculação das razões da inadmissão do recurso que se submete a duplo controle justifica-se pela rara hipótese em que, ao subir o recurso, o tribunal entenda-o inadmissível por outro vício, que não o apontado no meio de impugnação, cujo provimento fê-lo chegar ao órgão superior. Assim, *v.g.*, o Tribunal pode dar provimento a um agravo porque, erroneamente, o juiz entendeu que a parte era ilegítima para recorrer, por não ter comprovado ser terceiro prejudicado (art. 996 do NCPC),[41] e apreciando o recurso originário denegar-lhe seguimento por intempestividade.

O mérito do recurso, diferentemente, introjeta o Tribunal na verificação sobre se o mesmo tem fundamento. O *mérito do recurso* pode consistir nos vícios da *ilegalidade* e da *injustiça* da decisão, analisando-se o primeiro, para, após, observar da justeza do julgado. É que, acolhida a alegação de *error in procedendo* (ilegalidade), o Tribunal deve, a princípio, *anular* a decisão e remeter os autos ao juízo de origem para repetir o ato processual sem o vício (ressalvada eventual hipótese prevista no art. 1.013, § 3º, do NCPC,[42] por exemplo). Havendo injustiça, caberá ao Tribunal reformar a decisão recorrida e substituir a decisão por outra (art. 1.008 do NCPC).[43]

---

[41] nado à sistemática dos recursos repetitivos ou da repercussão geral (art. 1.030, I, do CPC) e fundamento relacionado à análise dos pressupostos de admissibilidade recursais (art. 1.030, V, do CPC), a parte sucumbente deve interpor, simultaneamente, agravo interno (art. 1.021 do CPC) caso queira impugnar a parte relativa aos recursos repetitivos ou repercussão geral e agravo em recurso especial/extraordinário (art. 1.042 do CPC) caso queira impugnar a parte relativa aos fundamentos de inadmissão por ausência dos pressupostos recursais.

[41] "**Art. 996.** O recurso pode ser interposto pela parte vencida, pelo terceiro prejudicado e pelo Ministério Público, como parte ou como fiscal da ordem jurídica.

Parágrafo único. Cumpre ao terceiro demonstrar a possibilidade de a decisão sobre a relação jurídica submetida à apreciação judicial atingir direito de que se afirme titular ou que possa discutir em juízo como substituto processual."

[42] "**Art. 1.013,** § 3º Se o processo estiver em condições de imediato julgamento, o tribunal deve decidir desde logo o mérito quando:

I – reformar sentença fundada no art. 485;

II – decretar a nulidade da sentença por não ser ela congruente com os limites do pedido ou da causa de pedir;

III – constatar a omissão no exame de um dos pedidos, hipótese em que poderá julgá-lo;

IV – decretar a nulidade de sentença por falta de fundamentação."

[43] "**Art. 1.008.** O julgamento proferido pelo tribunal substituirá a decisão impugnada no que tiver sido objeto de recurso."

6.2.1 Requisitos de admissibilidade dos recursos

A importância desses requisitos implica conhecê-los especificamente. Alguns concernem ao próprio *direito de recorrer*, como, *v.g.*, a legitimidade do recorrente; outros correspondem ao *procedimento recursal*, como a regularidade formal. Os primeiros dizem-se *intrínsecos* e os segundos *extrínsecos*.

Os *requisitos intrínsecos de admissibilidade* são: a legitimidade do recorrente, o interesse em recorrer, a ausência de fato impeditivo do direito de recorrer e o cabimento. Já os *requisitos extrínsecos* são: o preparo do recurso, a forma e a tempestividade da impugnação.

6.2.2 Legitimidade do recorrente

A legitimidade recursal aproxima os recursos do instituto da ação, porquanto não diferem as óticas de análise desse requisito, mas constituem verdadeiros desdobramentos que dele derivam. Com efeito, tanto na ação quanto no recurso, o mérito da postulação só é verificável se presente a *legitimatio ad causam*. A diferença é que, ausente a legitimidade recursal, a impugnação é inadmissível, eliminando-se do mundo jurídico a possibilidade de reexame da decisão, ao passo que, declarada ilegítima a parte, a extinção do processo sem resolução do mérito não inibe a reproposição da ação (art. 486 do NCPC).[44]

Legitimado a recorrer é aquele que figurou como parte ou que poderia ter figurado como tal no processo.[45] Assim, o réu ainda que revel tem assegurado o seu direito de recorrer, não obstante limitadíssima a sua irresignação, posto nada ter suscitado e discutido no curso inicial da causa.[46] Outrossim, estende-se a legitimação recursal ao sucessor da parte a título singular ou universal, na medida em que a coisa julgada também os atinge (art. 109 e parágrafos do NCPC),[47] tanto mais que os herdeiros recebem o objeto litigioso como extensão subjetiva do complexo de relações do *de cujus*.

---

[44] "**Art. 486.** O pronunciamento judicial que não resolve o mérito não obsta a que a parte proponha de novo a ação.

§ 1º No caso de extinção em razão de litispendência e nos casos dos incisos I, IV, VI e VII do art. 485, a propositura da nova ação depende da correção do vício que levou à sentença sem resolução do mérito.

§ 2º A petição inicial, todavia, não será despachada sem a prova do pagamento ou do depósito das custas e dos honorários de advogado.

§ 3º Se o autor der causa, por 3 (três) vezes, a sentença fundada em abandono da causa, não poderá propor nova ação contra o réu com o mesmo objeto, ficando-lhe ressalvada, entretanto, a possibilidade de alegar em defesa o seu direito."

[45] **Carnelutti**, *in Istituzioni del Nuovo Processo Civile Italiano*, 1951, vol. II, p. 133.

[46] Nesse sentido, **Ugo Rocco**, *Trattato di Diritto Processuale Civile*, 1957, vol. III, p. 288.

[47] "**Art. 109.** A alienação da coisa ou do direito litigioso por ato entre vivos, a título particular, não altera a legitimidade das partes.

Capítulo VI · A FASE DE RECURSOS E OUTRAS IMPUGNAÇÕES | **215**

O conceito de parte não se altera nas diversas formas de processo; por isso que se legitima ao recurso o exequente e o executado no processo de execução, o requerente e o requerido no processo cautelar e os interessados nos feitos de jurisdição voluntária. A substituição processual não altera essa regra, de modo que é inegável a legitimidade concorrente do substituto e do substituído, nos casos de legitimação extraordinária não exclusiva.

Deveras, os terceiros que assumem a posição jurídica de *parte*, como o denunciado à lide e o chamado ao processo também podem recorrer, bem como os litisconsortes. O assistente simples deve sempre obedecer ao princípio de que não pode atuar em contraste com a parte assistida (art. 122 do NCPC);[48] por isso, se esta desistir do recurso, cessa a sua intervenção. Diferentemente, na assistência litisconsorcial, onde o regime é o do litisconsórcio unitário, aplica-se integralmente o disposto na primeira parte do art. 1.005 do NCPC.[49]

Não basta, para recorrer, a qualidade de parte, senão de *parte vencida*. A lesividade da decisão habilita a parte a recorrer.[50] A *sucumbência* pode dizer respeito a uma das partes ou ser *recíproca*. Por outro lado, pode-se considerar a parte vencida quanto à definição do litígio ou quanto a qualquer aspecto do processo.

A *lesividade* da decisão reclama uma ampla exegese; por isso, se o juiz extinguir o processo sem resolução do mérito, é lícito ao réu recorrer, porquanto mantém interesse na definição do próprio litígio. Por outro lado, a lesividade reclama repercussão prática. Assim, se a parte ré obtém o acolhimento de uma de suas *causae excipiendi*, não pode ser considerada parte vencida.[51-52]

---

§ 1º O adquirente ou cessionário não poderá ingressar em juízo, sucedendo o alienante ou cedente, sem que o consinta a parte contrária.

§ 2º O adquirente ou cessionário poderá intervir no processo como assistente litisconsorcial do alienante ou cedente.

§ 3º Estendem-se os efeitos da sentença proferida entre as partes originárias ao adquirente ou cessionário."

[48] "**Art. 122**. A assistência simples não obsta a que a parte principal reconheça a procedência do pedido, desista da ação, renuncie ao direito sobre o que se funda a ação ou transija sobre direitos controvertidos."

[49] "**Art. 1.005**. O recurso interposto por um dos litisconsortes a todos aproveita, salvo se distintos ou opostos os seus interesses.

Parágrafo único. Havendo solidariedade passiva, o recurso interposto por um devedor aproveitará aos outros quando as defesas opostas ao credor lhes forem comuns."

[50] Parte vencida e parte prejudicada são conceitos equivalentes no dizer de **José Alberto dos Reis**, *in Código de Processo Civil Anotado*, 1952, vol. V, p. 266.

[51] Nesse sentido, **Emílio Betti**, *in Diritto Processuale Civile*, 1936, p. 666.

[52] É sob essa ótica que **Zanzucchi** leciona ser irrelevante o motivo da sucumbência ou da vitória; ainda que a sentença esteja errada, o vencedor não pode recorrer ("Delle Impugnazioni in Generale", *in Rivista di Diritto Processuale*, 1941, p. 311).

PROCESSO CIVIL CONTEMPORÂNEO – *Luiz Fux*

Havendo litisconsórcio, os litisconsortes também estão aptos a recorrer nas mesmas condições das partes. As peculiaridades variam conforme o regime do litisconsórcio em decorrência de sua espécie, daí inferindo-se a *extensão ou não dos efeitos* do provimento ou desprovimento do recurso. Tratando-se de *litisconsórcio unitário* os atos benéficos são extensíveis aos demais litisconsortes. Em consequência, o recurso interposto por um dos litisconsortes a todos aproveita (art. 1.005, do NCPC). Na hipótese de litisconsórcio passivo *unitário*, o recurso interposto por um devedor aproveitará aos outros, quando as defesas opostas ao credor lhes forem *comuns*. Assim, se o recurso do devedor infirma o crédito ou o título, a solução é a mesma para todos, porquanto o débito e seu documento representativo ou valem para todos os devedores ou não valem para nenhum deles.

A *extensão dos atos benéficos* e a *inextensão dos atos prejudiciais* justificam a assertiva de que o recurso interposto por um litisconsorte não inibe o outro litisconsorte de igualmente recorrer por diverso fundamento. Assim, *v.g.*, tratando-se de litisconsórcio unitário, o agravo contra decisão liminar pode ser interposto por um só dos litisconsortes ou por todos.

Cumpre assentar que, nos casos de *litisconsórcio contrastante* (como o que pode se formar entre *denunciante* e *denunciado*), o regime do recurso comum é aplicável naquilo em que a pretensão dos litisconsortes é homogênea. Assim, *v.g.*, o denunciado pode oferecer recurso que aproveite o denunciante em contraposição à pretensão da outra parte contra a qual possuem elementos comuns de defesa ou postulação.

Considerado que o processo e a sentença não vivem isolados no mundo jurídico, proferida a decisão, a eficácia do julgado pode atingir relações jurídicas que guardem conexão com o *thema iudicandum*. Assim, *v.g.*, a decisão que torna inválida a obrigação aproveita ao fiador, muito embora a relação de garantia não seja objeto da sentença. Essa repercussão da decisão na esfera de outrem justifica o instituto da "*terceria*" e revela que sujeitos, não obstante estejam fora do processo, podem ser atingidos pela decisão judicial de forma benéfica ou prejudicial. Em face do requisito do interesse, a lei consagrou o recurso do terceiro prejudicado, que é aquele que sofre um prejuízo na sua relação jurídica em razão da decisão.[53] A lei habilita esse terceiro a recorrer, não para sustentar a sua relação jurídica na instância superior, porque a isso equivaleria violar o *princípio do duplo grau*, mas para remover a decisão gravosa em si, o que, em última análise, resta por afastar dele, terceiro, o prejuízo que a decisão lhe acarretou. Para esse fim, a comprovação da *legitimatio* recursal é

---

[53] Tanto o vetusto Regulamento nº 737 de 1850, no seu art. 738, quanto o Livro III das Ordenações do Reino, admitiam daqueles "a quem o feito pudesse tocar, recorrer, se da sentença lhes adviesse algum prejuízo" (*in* **Pedro Palmeira**, *Da Intervenção de Terceiros nos Principais Sistemas Legislativos*, 1954, p. 121 e segs.). Considera-se, por oportuno, *prejudicado* "quem sofre prejuízo de forma reflexa, necessária ou secundária sobre direito seu", consoante memorável acórdão do ministro **Orozimbo Nonato**, *in Revista Forense*, 121, p. 108.

Capítulo VI · A FASE DE RECURSOS E OUTRAS IMPUGNAÇÕES | 217

realizada pelo recorrente por meio da demonstração da "possibilidade de a decisão sobre a relação jurídica submetida à apreciação judicial atingir direito de que se afirme titular ou que possa discutir em juízo como substituto processual" (art. 996, parágrafo único, do NCPC).

Desta sorte, a regra que dispõe sobre o recurso do terceiro prejudicado, em verdade, é norma que versa sobre *legitimação recursal* e não fonte criadora de uma espécie de recurso. O terceiro prejudicado pode interpor todos os recursos adequados à hipótese, porque tanto a sentença quanto as decisões interlocutórias e acórdãos podem causar prejuízo.[54] Sua pretensão recursal deve ser exercida no mesmo prazo das partes, obedecendo aos demais requisitos de admissibilidade exigíveis para o conhecimento dos recursos.

Ainda no campo da legitimação, anote-se que o Ministério Público também está habilitado a recorrer. Nos processos em que atua como parte, segue-se a regra geral, salvo as prerrogativas decorrentes do *munus* público que exerce, como a dispensa de preparo e o prazo em dobro para recorrer (arts. 180[55] e 1.007[56] do NCPC).

---

[54] Assim demonstrou **Seabra Fagundes**, opondo-se à doutrina de **Liebman** lançada nas notas às *Instituições* de **Chiovenda**, vol. II, p. 387, *in* ob. cit., p. 63.

[55] "**Art. 180**. O Ministério Público gozará de prazo em dobro para manifestar-se nos autos, que terá início a partir de sua intimação pessoal, nos termos do art. 183, § 1º.

§ 1º Findo o prazo para manifestação do Ministério Público sem o oferecimento de parecer, o juiz requisitará os autos e dará andamento ao processo.

§ 2º Não se aplica o benefício da contagem em dobro quando a lei estabelecer, de forma expressa, prazo próprio para o Ministério Público."

[56] "**Art. 1.007.** No ato de interposição do recurso, o recorrente comprovará, quando exigido pela legislação pertinente, o respectivo preparo, inclusive porte de remessa e de retorno, sob pena de deserção.

§ 1º São dispensados de preparo, inclusive porte de remessa e de retorno, os recursos interpostos pelo Ministério Público, pela União, pelo Distrito Federal, pelos Estados, pelos Municípios, e respectivas autarquias, e pelos que gozam de isenção legal.

§ 2º A insuficiência no valor do preparo, inclusive porte de remessa e de retorno, implicará deserção se o recorrente, intimado na pessoa de seu advogado, não vier a supri-lo no prazo de 5 (cinco) dias.

§ 3º É dispensado o recolhimento do porte de remessa e de retorno no processo em autos eletrônicos.

§ 4º O recorrente que não comprovar, no ato de interposição do recurso, o recolhimento do preparo, inclusive porte de remessa e de retorno, será intimado, na pessoa de seu advogado, para realizar o recolhimento em dobro, sob pena de deserção.

§ 5º É vedada a complementação se houver insuficiência parcial do preparo, inclusive porte de remessa e de retorno, no recolhimento realizado na forma do § 4º.

§ 6º Provando o recorrente justo impedimento, o relator relevará a pena de deserção, por decisão irrecorrível, fixando-lhe prazo de 5 (cinco) dias para efetuar o preparo.

218 | PROCESSO CIVIL CONTEMPORÂNEO – *Luiz Fux*

Destarte, o Ministério Público atua também como fiscal da ordem jurídica (*custos juris* – art. 178 do NCPC),[57] velando pela exata aplicação das regras jurídicas nas hipóteses previstas em lei ou na Constituição Federal (art. 129 da CRFB/1988),[58] bem como nos processos que envolvam: interesse público ou social, interesse de incapaz e nos litígios coletivos pela posse de terra rural ou urbana.[59] Nessa qualidade, pode recorrer caso o interesse tutelado pelo qual ele vela sofra qualquer gravame. Como consectário, o MP tem legitimidade para recorrer no processo em que oficiou como fiscal da ordem jurídica, ainda que não haja recurso da parte (tal como expressamente reconhecido no art. 179, II, do NCPC),[60] não obstante lhe faleça legitimidade para recorrer contra os interesses que motivaram a sua intervenção.

---

§ 7º O equívoco no preenchimento da guia de custas não implicará a aplicação da pena de deserção, cabendo ao relator, na hipótese de dúvida quanto ao recolhimento, intimar o recorrente para sanar o vício no prazo de 5 (cinco) dias."

[57] "**Art. 178**. O Ministério Público será intimado para, no prazo de 30 (trinta) dias, intervir como fiscal da ordem jurídica nas hipóteses previstas em lei ou na Constituição Federal e nos processos que envolvam:

I – interesse público ou social;

II – interesse de incapaz;

III – litígios coletivos pela posse de terra rural ou urbana.

Parágrafo único. A participação da Fazenda Pública não configura, por si só, hipótese de intervenção do Ministério Público."

[58] "**Art. 129**. São funções institucionais do Ministério Público:

I – promover, privativamente, a ação penal pública, na forma da lei;

II – zelar pelo efetivo respeito dos Poderes Públicos e dos serviços de relevância pública aos direitos assegurados nesta Constituição, promovendo as medidas necessárias a sua garantia;

III – promover o inquérito civil e a ação civil pública, para a proteção do patrimônio público e social, do meio ambiente e de outros interesses difusos e coletivos;

IV – promover a ação de inconstitucionalidade ou representação para fins de intervenção da União e dos Estados, nos casos previstos nesta Constituição;

V – defender judicialmente os direitos e interesses das populações indígenas;

VI – expedir notificações nos procedimentos administrativos de sua competência, requisitando informações e documentos para instruí-los, na forma da lei complementar respectiva;

VII – exercer o controle externo da atividade policial, na forma da lei complementar mencionada no artigo anterior;

VIII – requisitar diligências investigatórias e a instauração de inquérito policial, indicados os fundamentos jurídicos de suas manifestações processuais;

IX – exercer outras funções que lhe forem conferidas, desde que compatíveis com sua finalidade, sendo-lhe vedada a representação judicial e a consultoria jurídica de entidades públicas."

[59] **Zanzucchi** explicita o interesse do Ministério Público à impugnação, como decorrência da "lesividade da decisão a um interesse público", *in Diritto Processuale Civile*, 1947, vol. II, p. 159.

[60] "**Art. 179**. Nos casos de intervenção como fiscal da ordem jurídica, o Ministério Público:

I – terá vista dos autos depois das partes, sendo intimado de todos os atos do processo;

6.2.3 Interesse em recorrer

O interesse em recorrer revela mais um ponto de aproximação entre as condições da ação e os recursos. "Para postular em juízo é necessário ter interesse e legitimidade", di-lo o art. 17 do NCPC. Deveras, esse mesmo princípio estende-se ao recurso: para recorrer também é preciso ter não apenas *legitimidade*, mas também *interesse*.

O *interesse* é mensurado à luz do benefício prático que o recurso pode proporcionar ao recorrente (necessidade-utilidade). Assim, se o pedido foi julgado procedente, mas, a despeito disso, o autor ainda pretende que seja acolhido o outro fundamento rejeitado e que lhe confira maior benefício, há interesse em recorrer. O mesmo se diga em relação a uma das *causae excipiendi* suscitadas pelo réu, acaso refutadas pela sentença. Para esse fim, qualquer parte do capítulo dispositivo ou mesmo da motivação é hábil a indicar a recorribilidade da decisão, como, *v.g.*, aquele que dispõe sobre os honorários em percentual menor do que o pleiteado ou o que conclui pela carência de ação quando o réu pretendia mesmo a improcedência. Em suma, havendo sucumbência, há interesse em recorrer.[61]

Questão elegante gravita em torno do interesse quando há *sucumbência recíproca*, fenômeno que se verifica quando autor e réu são vencedores e vencidos, ao mesmo tempo. Em princípio, ambos têm interesse em recorrer na parte em que sucumbiram. Entretanto, é inocultável que o comodismo de um deles pode gerar o conformismo do outro, bem como a iniciativa de um dos sucumbentes pode surpreender a parte adversa. Atento a esse aspecto psicológico,[62] o legislador, visando a desestimular o recurso dos vencidos reciprocamente e a evitar surpresas, dispôs acerca da possibilidade de um recurso ser interposto apenas porque o outro o foi, condicionando a sua apreciação, à admissibilidade da impugnação originária, de tal maneira que, não sendo conhecido o primeiro, automaticamente, também não o será o segundo. A razão dessa subordinação está exatamente no fato de que o segundo recorrente somente impugnou a decisão porque o outro tomou a primeira iniciativa; caso contrário, conformar-se-ia com o decidido. Trata-se do *recurso adesivo* (art. 997, §§ 1º e 2º, do NCPC),[63] cujo nome alude ao fato de ter o recorrente aderido à iniciativa do outro, muito embora distintos os interesses e presente a possibilidade

---

II – poderá produzir provas, requerer as medidas processuais pertinentes e recorrer."

[61] **Zanzucchi**, "Delle Impugnazioni in Genere", *in Rivista di Diritto Processuale Civile*, 1941, p. 311.

[62] **Eduardo Grasso** menciona a existência de um "ânimo" de "aquiescência tácita condicionada" na sucumbência recíproca, *in Le Impugnazione Incidentale*.

[63] "Art. 997. Cada parte interporá o recurso independentemente, no prazo e com observância das exigências legais.

§ 1º Sendo vencidos autor e réu, ao recurso interposto por qualquer deles poderá aderir o outro.

de recorrer de forma independente.[64] A denominação não é imune de críticas. A adesão para recorrer representa contraposição, por isso que melhor seria denominá-lo *recurso subordinado* ou *recurso contraposto* etc.

As críticas à denominação sugerida pelo legislador brasileiro justificam-se sob o argumento de que as posições dos litigantes no recurso adesivo são contrapostas e não justapostas, daí a incorreção do termo *adesão*. Sugere a doutrina o *nomen juris* de recurso subordinado como o mais adequado, porquanto adesão melhor se aplicaria à *sucumbência paralela*, em que um dos litisconsortes adere ao recurso do outro.

Nesse sentido, Barbosa Moreira nos seus magníficos *Comentários* ao dispositivo confronta as figuras da *impugnazione incidentale adesiva* e *impugnazione incidentale riconvenzionale* do Direito italiano. Esclareça-se, por oportuno, que nem sempre ocorrendo a sucumbência recíproca o recurso será adesivo. Esse regime jurídico da impugnação é escolha do recorrente; por isso, em regra, cada parte interporá o recurso independentemente, no prazo e com observância das exigências legais (art. 997 do NCPC). Sendo, porém, vencidos autor e réu, ao recurso interposto por qualquer deles pode aderir a outra parte, caso em que o *recurso adesivo* fica subordinado ao recurso principal.

Podem manejar a adesão as partes e seus assistentes. O terceiro prejudicado, por não ter sido parte, não sucumbiu reciprocamente, descabendo a sua eventual adesão. O mesmo raciocínio expende-se em relação ao Ministério Público como *custos juris*. Na qualidade de parte, por força do princípio da indisponibilidade da atuação do *Parquet*, revela-se impossível o Ministério Público interpor recurso por adesão.

O recurso adesivo não é uma espécie em si de recurso; por isso, além de a ele aplicarem-se as mesmas regras do recurso independente, é cabível na apelação, no

---

§ 2º O recurso adesivo fica subordinado ao recurso independente, sendo-lhe aplicáveis as mesmas regras deste quanto aos requisitos de admissibilidade e julgamento no tribunal, salvo disposição legal diversa, observado, ainda, o seguinte:

I – será dirigido ao órgão perante o qual o recurso independente fora interposto, no prazo de que a parte dispõe para responder;

II – será admissível na apelação, no recurso extraordinário e no recurso especial;

III – não será conhecido, se houver desistência do recurso principal ou se for ele considerado inadmissível."

[64] A doutrina do tema não poupa críticas à denominação sugerida pelo legislador brasileiro, justificando-as sob o argumento de que as posições dos litigantes no recurso adesivo são contrapostas e não justapostas, daí a incorreção do termo "adesão", indicando o *nomen juris* de " recurso subordinado" como mais adequado, porquanto adesão melhor se aplicaria à "sucumbência paralela", em que um dos litisconsortes adere ao recurso do outro, tal como no direito alienígena. Nesse sentido, **Zanzucchi**, ao distinguir as figuras da *impugnazione incidentale adesiva* e *impugnazione incidentale riconvenzionale*, in *Diritto Processuale Civile*, vol. II, p. 28.

recurso extraordinário e no recurso especial (art. 997, § 2º, inciso II, do NCPC).[65] Limitada a essas espécies recursais indicadas de forma expressa pelo normativo legal, forçoso concluir pelo descabimento da adesão no agravo. Assim, se a decisão interlocutória gerar gravame a ambos os litigantes, eles deverão oferecer recursos independentes, muito embora, no plano prático, algumas situações revelem quão útil seria este regime na praxe do agravo. Assim, *v.g.*, se a decisão indefere uma prova de cada um dos litigantes, é provável que ambos se conformassem, caso não houvesse nenhuma impugnação de qualquer deles.

Em todo caso, o recurso deve ser dirigido ao órgão perante o qual o recurso independente fora interposto, no prazo de que a parte dispõe para responder e, se houver desistência do recurso principal ou se for ele considerado inadmissível, o recurso adesivo não será conhecido (art. 997, § 2º, incisos I e III, do NCPC). Com efeito, a *adesividade do recurso* ou sua *condicionabilidade* faz submetê-lo à sorte da admissibilidade do recurso independente. Assim, o recurso adesivo não será conhecido se inadmitido o recurso principal. Verificada a ausência de requisitos de admissibilidade do recurso principal e, assim declarado pelo órgão julgador, o recurso adesivo não será conhecido, seguindo a sorte do principal, como acessório que é, ainda que nele próprio estejam presentes todos os pressupostos formais para o julgamento do mérito recursal. É a contrapartida do regime condicionado ou de subordinação entre as insurgências.

Por outro lado, conhecido o recurso principal, não se exonera o adesivo do cumprimento dos requisitos de admissibilidade em geral sob pena de não conhecimento. Conhecidos ambos, cessa a subordinação da sorte do recurso adesivo ao principal e o mérito de ambos é apreciado independentemente.

Entretanto, essa *condicionabilidade* não pode albergar situações de abuso. É o caso, *v.g.*, em que o recorrente principal queira desistir de sua insurgência quando o Tribunal já tenha deferido tutela provisória recursal à pretensão do recorrente adesivo. Em situações como essa, deve persistir a possibilidade de apreciação do

---

[65] **"Art. 997.** Cada parte interporá o recurso independentemente, no prazo e com observância das exigências legais.

§ 1º Sendo vencidos autor e réu, ao recurso interposto por qualquer deles poderá aderir o outro.

§ 2º O recurso adesivo fica subordinado ao recurso independente, sendo-lhe aplicáveis as mesmas regras deste quanto aos requisitos de admissibilidade e julgamento no tribunal, salvo disposição legal diversa, observado, ainda, o seguinte:

I – será dirigido ao órgão perante o qual o recurso independente fora interposto, no prazo de que a parte dispõe para responder;

II – será admissível na apelação, no recurso extraordinário e no recurso especial;

III – não será conhecido, se houver desistência do recurso principal ou se for ele considerado inadmissível."

mérito do recurso adesivo, verificada previamente a presença de seus requisitos de admissibilidade.

Afora essas situações de inadmissível abuso, tratando-se de regime jurídico especial, é lícito à parte recorrente adotá-lo ao seu recurso, ainda que interposto no prazo do recurso independente.[66] Em consequência, posto mantida a subordinação, é lícito recorrer adesivamente mesmo que a parte tenha perdido o prazo do recurso principal, porquanto a sua situação agrava-se, em razão da acessoriedade que se empresta à sua impugnação, renovada no prazo do adesivo, que deverá ser interposto mediante petição própria no prazo legal de resposta ao recurso principal. A matéria, contudo, não é pacífica. É que se sustenta que a parte que, no prazo legal, apresentou recurso autônomo, não pode mais opor recurso adesivo.[67]

Outrossim, como o recurso adesivo pressupõe a interposição de recurso principal, não há que se falar em adesão à remessa necessária, da qual trata o art. 496 do NCPC. O mesmo raciocínio estende-se ao processo com ação e reconvenção. Assim, se foram julgadas improcedentes ação e reconvenção e o réu só apelar quanto à reconvenção, o autor não pode oferecer recurso adesivo visando à procedência da ação, uma vez que quanto a esta não houve recurso principal do demandado.

Repita-se: pressuposto básico para a adesão, segundo a doutrina tradicional, é a sucumbência recíproca, cuja constatação deve considerar a *ratio essendi* do instituto. Entretanto, a rigor, o autor que logra alguma parcela do que pediu, nada perdeu e, portanto, não sucumbiu. Esta, contudo, não é a posição tradicional. Assim, há sucumbência recíproca quando a parte perde algo que pretendia, no âmbito do seu próprio pedido, ou quando sucumbe em face da cumulação de pedidos formulada.

---

[66] É o instituto da "adesão antecipada", consagrado pelos monografistas do tema como **Sergio Bermudes**, *Comentários*, p. 70, e **Paulo César Aragão**, *Recurso Adesivo*, p. 41.

[67] A verdade, porém, é que nenhum óbice legal impede o manejo do recurso adesivo para a parte que já se utilizou do recurso autônomo. Destarte, a lei, atenta àquele aspecto psicológico da surpresa, previu o prazo do adesivo juntamente com o destinado às contrarrazões, evitando o desconforto de outrora, em que um dos litigantes sucumbentes, reciprocamente, aguardava o último dia para recorrer, surpreendendo o adversário. O Código de 1973 superava esse problema, ao permitir a interposição em 10 (dez) dias da ciência de ingresso do recurso principal, embaraçando a apresentação do recurso adesivo dentro do prazo das contrarrazões. A reforma de 1994 unificou os prazos para recorrer adesivamente e contra-arrazoar, facilitando sobremodo o trabalho das partes (art. 500, inciso I, do CPC/1973), o que agora resta mantido no art. 997 do NCPC. Atente-se, entretanto, que muito embora oferecido no prazo das contrarrazões, o recurso deve ser instrumentalizado em petição própria. Hipótese interessante pode ocorrer na cumulação de pedidos. Conforme assentado, o recurso adesivo pressupõe a interposição de recurso principal. Assim, se forem julgadas conjuntamente duas ações e o recurso principal incidir apenas sobre uma, a parte contrária não pode manifestar recurso adesivo quanto à ação em que não houve recurso principal.

Capítulo VI • A FASE DE RECURSOS E OUTRAS IMPUGNAÇÕES | **223**

A lei equiparou o recurso adesivo ao principal no que diz respeito aos requisitos de admissibilidade, sujeitando-o às mesmas exigências processuais. Como destacado, o *recurso adesivo* não revela propriamente uma espécie recursal autônoma, mas apenas uma forma distinta de interposição de apelação, recurso especial ou recurso extraordinário, de modo que devem se revelar presentes na interposição adesiva os requisitos de admissibilidade próprios dessas espécies recursais.

Outrossim, não obstante a submissão do adesivo ao principal, cada parte deve cumprir os seus requisitos. Assim, se o recorrente principal está isento de preparo, por ser a Fazenda Pública, esta inserção não se comunica ao recorrente adesivo, mas se avalia pessoalmente à luz do respectivo recorrente.

Uma última palavra merece a questão dos *efeitos do recurso adesivo*. Em princípio, os efeitos são os mesmos do recurso principal. Contudo, como a lei aduz exclusivamente à equiparação do recurso adesivo ao principal quanto à "admissibilidade e julgamento" (art. 997, § 2º, do NCPC), preconiza-se que, em tese, é possível que o recurso adesivo seja recebido em efeitos diversos do principal. A matéria, mercê de não ser pacífica, impõe observar o grau de prejudicialidade dos recursos no plano prático, para verificar se realmente é possível, ou não, atribuir-lhes efeitos idênticos.

Ainda sobre o interesse em recorrer, cumpre destacar alguns aspectos de sua verificação na situação dos *recursos parciais*. Com efeito, a sentença é recorrível mediante apelação, que, segundo a lei, pode ser total ou parcial. Isto significa dizer que a extensão da impugnação nem sempre é igual à extensão da matéria decidida. A parte pode impugnar menos do que seria admissível, contentando-se com parte da sentença, que nesse aspecto residual transita em julgado.

Obedecido o princípio de que a apelação somente devolve a matéria impugnada (art. 1.013 do NCPC[68] – *tantum devolutum quantum appellatum*), tem-se que, em sendo parcial o recurso, o Tribunal fica adstrito, no plano horizontal, às suas dimensões, à sua superfície contenciosa, sendo-lhe vedado ingressar na análise da parte

---

[68] "**Art. 1.013.** A apelação devolverá ao tribunal o conhecimento da matéria impugnada.

§ 1º Serão, porém, objeto de apreciação e julgamento pelo tribunal todas as questões suscitadas e discutidas no processo, ainda que não tenham sido solucionadas, desde que relativas ao capítulo impugnado.

§ 2º Quando o pedido ou a defesa tiver mais de um fundamento e o juiz acolher apenas um deles, a apelação devolverá ao tribunal o conhecimento dos demais.

§ 3º Se o processo estiver em condições de imediato julgamento, o tribunal deve decidir desde logo o mérito quando:

I – reformar sentença fundada no art. 485;

II – decretar a nulidade da sentença por não ser ela congruente com os limites do pedido ou da causa de pedir;

III – constatar a omissão no exame de um dos pedidos, hipótese em que poderá julgá-lo;

IV – decretar a nulidade de sentença por falta de fundamentação.

224 | PROCESSO CIVIL CONTEMPORÂNEO – *Luiz Fux*

incontroversa da decisão. Assim, *v.g.*, se o autor pediu *X* e *Y* e o pedido foi julgado improcedente, é lícito ao autor apelar para pleitear ambas as prestações ou apenas uma delas, eis que quanto a ambos há *interesse em recorrer*. Optando por apenas uma das prestações, não é lícito ao Tribunal, *ex officio*, contemplar-lhe aquela que não foi objeto do recurso.

A regra da *adstrição* do Tribunal ao objeto do recurso impede também que o órgão *ad quem* profira uma decisão mais desfavorável em detrimento do único recorrente (*non reformatio in pejus*), bem como aprecie o mérito quando o apelo é dirigido contra sentença meramente terminativa, salvo nos casos do § 3º do art. 1.013 do NCPC (situações em que exsurge possível a aplicação da *teoria da causa madura*).

Atendida essa necessária adstrição, o fato de a sentença ser impugnada no todo ou em parte não inibe o Tribunal de sindicar todos os motivos determinantes que levaram o juiz ao decidido, respeitadas as causas de pedir e as defesas articuladas, salvo as matérias de ordem pública, conhecíveis de ofício.[69] É que, em profundidade (*plano vertical*), o recurso devolve mais do que sua extensão. Assim, por exemplo, não se verifica a preclusão quanto à questão das condições da ação, ainda que a sentença seja de mérito.

Apesar de a pretensão recursal dever ser formulada de forma clara e cognos-cível, seus pedidos devem ser interpretados a partir do conjunto da postulação, em aplicação, à fase de recurso, da *ratio* constante do art. 322, § 2º, do NCPC ("A interpretação do pedido considerará o conjunto da postulação e observará o princípio da boa-fé").[70] A partir dessa ideia, em caso de dúvida, presume-se total a impugnação. Assim, *v.g.*, no pedido de improcedência da ação compreende-se o de exclusão de parcela, assim como no apelo contra a rejeição das perdas e danos incluem-se os danos morais e materiais da condenação.

6.2.4 Cabimento

Como acima já aludido, o *cabimento* é a adequação do recurso em confronto com a decisão impugnada. Há uma *tipicidade* legal para os recursos, de sorte que as

---

§ 4º Quando reformar sentença que reconheça a decadência ou a prescrição, o tribunal, se possível, julgará o mérito, examinando as demais questões, sem determinar o retorno do processo ao juízo de primeiro grau.

§ 5º O capítulo da sentença que confirma, concede ou revoga a tutela provisória é impugnável na apelação."

[69] **Enunciado 60 da I Jornada de Direito Processual Civil do CJF:** É direito das partes a manifestação por escrito, no prazo de cinco dias, sobre fato superveniente ou questão de ofício na hipótese do art. 933, § 1º, do CPC, ressalvada a concordância expressa com a forma oral em sessão.

[70] **Enunciado 1 da I Jornada de Direito Processual Civil do CJF:** A verificação da violação à boa-fé objetiva dispensa a comprovação do animus do sujeito processual.

decisões, pela sua relevância e colocação na ordem dos atos processuais, desafiam recursos diferentes nos seus regimes jurídicos. Assim, da sentença cabe apelação, cuja devolutividade ampla é o seu traço característico; da decisão interlocutória pode caber agravo (art. 1.015), que se volta contra decisão que resolve questão incidente e não termina o procedimento em primeiro grau etc.

O recurso incabível é aquele incorretamente interposto à luz da decisão recorrida. Contudo, como já evidenciado, em face do *princípio da instrumentalidade das formas*, segundo o qual o ato deve ser aproveitado a despeito de seu defeito formal sanável, se atingida a finalidade para a qual foi ditado, aproveita-se o recurso erroneamente interposto caso não tenha havido *má-fé do recorrente* ou *erro grosseiro*. É que decorre da *instrumentalidade* o princípio que se infere do art. 283 do NCPC,[71-72] que é a *fungibilidade recursal*, outrora consagrada no art. 810 do Código de Processo de 1939,[73] conforme acima já de discorreu em tópico próprio. A análise desses pressupostos negativos de aplicação do princípio – *inexistência de má-fé ou erro grosseiro* – é casuística, sendo certo que a *tempestividade* do recurso incorreto é pré-requisito inafastável para receber o benefício da fungibilidade.

O requisito do cabimento exige um conhecimento escorreito da natureza da decisão judicial. Nesse sentido, o Código de Processo Civil de 2015 procurou trilhar um caminho didático, ao definir as decisões judiciais impugnáveis. Assim é que, pela lei, ressalvadas as disposições expressas dos procedimentos especiais, *sentença* é o pronunciamento por meio do qual o juiz, com fundamento nos arts. 485 e 487, põe fim à fase cognitiva do procedimento comum, bem como extingue a execução (art. 203, § 1º, do NCPC).[74] Por seu turno, o art. 1.009 esclarece que: da *sentença* cabe *apelação*. Pelo §

---

[71] "**Art. 283.** O erro de forma do processo acarreta unicamente a anulação dos atos que não possam ser aproveitados, devendo ser praticados os que forem necessários a fim de se observarem as prescrições legais.

Parágrafo único. Dar-se-á o aproveitamento dos atos praticados desde que não resulte prejuízo à defesa de qualquer parte."

[72] **Enunciado 120 da II Jornada de Direito Processual Civil do CJF:** Deve o juiz determinar a emenda também na reconvenção, possibilitando ao reconvinte, a fim de evitar a sua rejeição prematura, corrigir defeitos e/ou irregularidades.

[73] "**Art. 810.** Salvo a hipótese de má-fé ou erro grosseiro, a parte não será prejudicada pela interposição de um recurso por outro, devendo os autos ser enviados à Câmara, ou turma, a que competir o julgamento."

[74] "**Art. 203.** Os pronunciamentos do juiz consistirão em sentenças, decisões interlocutórias e despachos.

§ 1º Ressalvadas as disposições expressas dos procedimentos especiais, sentença é o pronunciamento por meio do qual o juiz, com fundamento nos arts. 485 e 487, põe fim à fase cognitiva do procedimento comum, bem como extingue a execução.

§ 2º Decisão interlocutória é todo pronunciamento judicial de natureza decisória que não se enquadre no § 1º.

2º do supramencionado art. 203 do NCPC, decisão interlocutória é todo pronunciamento judicial de natureza decisória que não se enquadre no conceito de sentença, explicitando, em seguida, o legislador, que das decisões interlocutórias cabe agravo (art. 1.015 do NCPC),[75] caso o *decisum* recorrido verse sobre as matérias constantes desse dispositivo legal. A *taxatividade* das situações nas quais é *cabível* o agravo de instrumento é novidade que o Novo Código introduziu, em comparação ao anterior CPC/1973, que dispunha em seu art. 522[76] uma hipótese geral de cabimento de tal recurso. Nas hipóteses em que o Agravo de Instrumento não é cabível, a decisão interlocutória não se sujeita à preclusão e poderá ser impugnada em preliminar de apelação. É o regime de recorribilidade diferida contemplado como regra geral no Novo Código.

Por fim, são *despachos* todos os demais pronunciamentos do juiz praticados no processo, de ofício ou a requerimento da parte (art. 203, § 3º, do NCPC). Os despachos encerram atos meramente ordinatórios, não resolvem questões formais ou materiais e por isso não geram em regra, qualquer *lesividade*, daí a *irrecorribilidade* dos mesmos. Não obstante, por vezes, o juiz, a pretexto de despachar, imprime ao seu ato uma carga de lesividade potencial que permite à parte um recurso preventivo diante da iminência de lesão, caso acabe por versar, *v.g.*:, sobre alguma das matérias constantes do art. 1.015 do NCPC. É que nesses casos o despacho não será de *mero expediente*, mas revelará, apesar do *nomen juris* utilizado, verdadeiro conteúdo decisório, o que pode justificar sua recorribilidade *in concreto*. Assim, em linha de princípio é irrecorrível o ato do juiz, se nele não subsiste conteúdo decisório ou se dele não resulta lesividade à parte. Por isso, não cabe recurso do despacho que apenas impulsiona o processo, mas não resolve questão alguma, como, *v.g.*, o que defere a

---

§ 3º São despachos todos os demais pronunciamentos do juiz praticados no processo, de ofício ou a requerimento da parte.

§ 4º Os atos meramente ordinatórios, como a juntada e a vista obrigatória, independem de despacho, devendo ser praticados de ofício pelo servidor e revistos pelo juiz quando necessário."

[75] **Enunciado 69 da I Jornada de Direito Processual Civil do CJF:** A hipótese do art. 1.015, parágrafo único, do CPC abrange os processos concursais, de falência e recuperação.
Enunciado 71 da I Jornada de Direito Processual Civil do CJF: É cabível o recurso de agravo de instrumento contra a decisão que indefere o pedido de atribuição de efeito suspensivo a Embargos à Execução, nos termos do art. 1.015, X, do CPC.

[76] "**Art. 522.** Das decisões interlocutórias caberá agravo, no prazo de 10 (dez) dias, na forma retida, salvo quando se tratar de decisão suscetível de causar à parte lesão grave e de difícil reparação, bem como nos casos de inadmissão da apelação e nos relativos aos efeitos em que a apelação é recebida, quando será admitida a sua interposição por instrumento. (Redação dada pela Lei nº 11.187, de 2005)

Parágrafo único. O agravo retido independe de preparo. (Redação dada pela Lei nº 9.139, de 30.11.1995)"

Capítulo VI · A FASE DE RECURSOS E OUTRAS IMPUGNAÇÕES | **227**

petição inicial, determina a juntada de mandato etc. Reversamente, se o despacho é gravoso, torna-se possível investigar sua recorribilidade.

Em suma, no quesito *cabimento*, a lei indica o ato recorrível e o recurso cabível, e exige a *adequação*, sob pena de não conhecimento do recurso inadequado.

6.2.5 Inexistência de fato impeditivo do direito de recorrer

A inexistência de fatos impeditivos ao exercício da recorribilidade é requisito de admissibilidade de *caráter negativo* do direito de recorrer. Assim como para o direito de ação há *pressupostos negativos* (*v.g.*: ausência de litispendência, perempção ou coisa julgada), também para os recursos há os *requisitos negativos*, que se revelam atendidos pela ausência do respectivo fato processual impeditivo ao seu conhecimento. Com efeito, a doutrina do tema aponta a *desistência*, a *renúncia*, a *aceitação da decisão* e a *transação* acerca do objeto litigioso como fatos impeditivos do direito de recorrer, decorrentes da *preclusão lógica* que esses negócios processuais encerram em confronto com o ônus da impugnação.

Em termos mais diretos: a *desistência* é a revogação da manifestação de recorrer já engendrada. A *renúncia* antecede a manifestação de recorrer e a *aceitação* é o conformismo com o conteúdo da decisão, revelado por atos incompatíveis e sem reservas (arts. 998, 999 e 1.000 do NCPC).[77]

Essas manifestações de disponibilidade quanto ao direito de recorrer *independem* da aceitação da outra parte, posto que somente recorre quem sucumbe, o que significa dizer que esses atos consolidam antecipadamente a vitória da parte contrária. Diferentemente, na *ação*, a lei exige o consentimento do réu (art. 485, § 4º, do NCPC, caso tenha sido oferecida contestação), uma vez que, enquanto pende o processo, perdura a incerteza e não se sabe quem tem razão.

A presença de litisconsortes não torna exigível a necessidade de anuência quanto à desistência dos demais, uma vez que, sendo *simples* o litisconsórcio, os recursos dos litisconsortes são independentes (art. 1.005 do NCPC);[78] e sendo *unitário*, a desistência de um não se estende aos outros.

---

[77] "**Art. 998**. O recorrente poderá, a qualquer tempo, sem a anuência do recorrido ou dos litisconsortes, desistir do recurso.

Parágrafo único. A desistência do recurso não impede a análise de questão cuja repercussão geral já tenha sido reconhecida e daquela objeto de julgamento de recursos extraordinários ou especiais repetitivos.

Art. 999. A renúncia ao direito de recorrer independe da aceitação da outra parte.

Art. 1.000. A parte que aceitar expressa ou tacitamente a decisão não poderá recorrer.

Parágrafo único. Considera-se aceitação tácita a prática, sem nenhuma reserva, de ato incompatível com a vontade de recorrer."

[78] "**Art. 1.005**. O recurso interposto por um dos litisconsortes a todos aproveita, salvo se distintos ou opostos os seus interesses.

Destarte, admite-se a desistência a qualquer tempo antes do julgamento final do recurso, mesmo já iniciado e proferido o voto do relator, sem a conclusão do julgado. Há ressalvas quando a causa veicular, a partir de sua submissão à sistemática do julgamento de recursos repetitivos ou de recurso extraordinário com repercussão geral, interesses que sobrepujam a unilateralidade da desistência pelo recorrente. Nesses casos, a desistência do recurso não impedirá a análise de *questão* cuja repercussão geral já tenha sido reconhecida ou que seja objeto de julgamento de recursos extraordinários ou especiais repetitivos (art. 998, parágrafo único, do NCPC).

Em geral, a desistência do recurso manifesta-se por petição escrita, conforme o caso, ao órgão perante o qual se interpôs ou ao relator do Tribunal, mas nada impede que tal se faça, oralmente, na própria sessão de julgamento. Não há exigência legal quanto à *forma* de sua manifestação, pelo que prevalece sua liberdade, comprovadas a veracidade e autenticidade da desistência, bem como dos poderes específicos daquele que desiste em nome de outrem (como na relação entre *mandante* e *mandatário*, por exemplo).

A lei, diferentemente do que ocorre com a ação em primeiro grau, não exige expressamente a homologação da desistência de recurso. Não obstante, nos tribunais, a providência vem prevista e delegada aos relatores dos recursos, como, *v.g.*, art. 21, VIII, do Regimento Interno do STF e art. 34, IX, do Regimento Interno do STJ.

A *transação*, por seu turno, torna inadmissível o recurso, posto que a decisão tem como conteúdo aquilo que foi ditado pelas próprias partes que transigiram. Entretanto, *vícios formais* quanto aos sujeitos da transação ou a vedação à autocomposição pela indisponibilidade do objeto litigioso podem dar ensejo ao recurso.

Pode ocorrer que as partes engendrem acordo no qual conste a desistência do recurso e, não obstante, esqueçam de comunicar ao Tribunal. Procedido o julgamento colegiado, é possível desconstituir o resultado através do efeito modificativo dos embargos de declaração.

A doutrina do tema aponta, ainda, a *renúncia* como fato impeditivo do direito de recorrer, decorrente da preclusão lógica. Por isso que a renúncia antecede à manifestação de recorrer, revelando-se ato incompatível com a intenção de impugnar o julgado. Em consequência, a renúncia torna inadmissível o recurso, levando ao seu não conhecimento. Considere-se, outrossim, que inexiste previsão expressa no nosso ordenamento de renúncia à pretensão recursal anterior ao ato judicial possível de impugnação. Isto porque sustenta-se que, antes do surgimento do direito de recorrer, com o advento da sentença lesiva, a parte não pode renunciar quanto a um direito que ainda não tem.

Parágrafo único. Havendo solidariedade passiva, o recurso interposto por um devedor aproveitará aos outros quando as defesas opostas ao credor lhes forem comuns."

Capítulo VI · A FASE DE RECURSOS E OUTRAS IMPUGNAÇÕES | 229

Não obstante essa afirmação, há autores que defendem a possibilidade de formulação de *negócio jurídico processual*, à luz da cláusula geral do art. 190 do NCPC,[79-80] pelo qual as partes convencionariam o ajuste de que o litígio apenas tramite perante grau único de jurisdição. Erigem-se, entretanto, sérias dúvidas quanto a ser o direito ao recurso *direito que admita autocomposição* quanto à sua extinção prévia ou ao seu não exercício, já que, em última análise, trata-se de um direito fundamental consectário do devido processo legal e da inafastabilidade da jurisdição.

Em relação ao litisconsórcio, aplicam-se à renúncia as mesmas regras acima destacadas para a desistência.

A *aceitação da decisão* é o último fato impeditivo do direito de recorrer, decorrente da preclusão lógica. Revela-se pelo conformismo com o conteúdo da decisão, depreendido por ato incompatível e sem reservas praticado por aquele que, em tese, teria *legitimidade* e *interesse* para recorrer. Deveras, ao cumprir o julgado, a parte faz *desaparecer o interesse processual no recurso.* No mesmo diapasão, considera-se como aceitação da decisão: o pagamento do débito, o acordo superveniente, a desocupação do imóvel na ação de despejo etc.

De toda sorte, na dúvida, deve-se entender que *não* houve aquiescência. Assim, é clássica a afirmação de que o cumprimento de liminar deferida não é incompatível com a vontade de recorrer, porquanto o que há na hipótese é atendimento à decisão judicial de natureza mandamental.

---

[79] **"Art. 190**. Versando o processo sobre direitos que admitam autocomposição, é lícito às partes plenamente capazes estipular mudanças no procedimento para ajustá-lo às especificidades da causa e convencionar sobre os seus ônus, poderes, faculdades e deveres processuais, antes ou durante o processo.

Parágrafo único. De ofício ou a requerimento, o juiz controlará a validade das convenções previstas neste artigo, recusando-lhes aplicação somente nos casos de nulidade ou de inserção abusiva em contrato de adesão ou em que alguma parte se encontre em manifesta situação de vulnerabilidade."

[80] **Enunciado 16 da I Jornada de Direito Processual Civil do CJF:** As disposições previstas nos arts. 190 e 191 do CPC poderão aplicar-se aos procedimentos previstos nas leis que tratam dos juizados especiais, desde que não ofendam os princípios e regras previstos nas Leis n. 9.099/1995, 10.259/2001 e 12.153/2009.

Enunciado 17 da I Jornada de Direito Processual Civil do CJF: A Fazenda Pública pode celebrar convenção processual, nos termos do art. 190 do CPC.

Enunciado 18 da I Jornada de Direito Processual Civil do CJF: A convenção processual pode ser celebrada em pacto antenupcial ou em contrato de convivência, nos termos do art. 190 do CPC.

Enunciado 113 da II Jornada de Direito Processual Civil do CJF: As disposições previstas nos arts. 190 e 191 do CPC poderão ser aplicadas ao procedimento de recuperação judicial.

Ademais, destaca-se que o art. 932 do Novo Código[81-82] prevê, dentre os poderes do relator a possibilidade de negar provimento a recurso, quando seja contrário a súmula do Supremo Tribunal Federal, do Superior Tribunal de Justiça ou do próprio tribunal local; a acórdão proferido pelo Supremo Tribunal Federal ou pelo Superior Tribunal de Justiça em julgamento de recursos repetitivos; ou a entendimento firmado em incidente de resolução de demandas repetitivas ou de assunção de competência. Paralelamente, também lhe é atribuído o poder de dar provimento ao recurso, após

---

[81] **"Art. 932.** Incumbe ao relator:

I – dirigir e ordenar o processo no tribunal, inclusive em relação à produção de prova, bem como, quando for o caso, homologar autocomposição das partes;

II – apreciar o pedido de tutela provisória nos recursos e nos processos de competência originária do tribunal;

III – não conhecer de recurso inadmissível, prejudicado ou que não tenha impugnado especificamente os fundamentos da decisão recorrida;

IV – negar provimento a recurso que for contrário a:

a) súmula do Supremo Tribunal Federal, do Superior Tribunal de Justiça ou do próprio tribunal;

b) acórdão proferido pelo Supremo Tribunal Federal ou pelo Superior Tribunal de Justiça em julgamento de recursos repetitivos;

c) entendimento firmado em incidente de resolução de demandas repetitivas ou de assunção de competência;

V – depois de facultada a apresentação de contrarrazões, dar provimento ao recurso se a decisão recorrida for contrária a:

a) súmula do Supremo Tribunal Federal, do Superior Tribunal de Justiça ou do próprio tribunal;

b) acórdão proferido pelo Supremo Tribunal Federal ou pelo Superior Tribunal de Justiça em julgamento de recursos repetitivos;

c) entendimento firmado em incidente de resolução de demandas repetitivas ou de assunção de competência;

VI – decidir o incidente de desconsideração da personalidade jurídica, quando este for instaurado originariamente perante o tribunal;

VII – determinar a intimação do Ministério Público, quando for o caso;

VIII – exercer outras atribuições estabelecidas no regimento interno do tribunal.

Parágrafo único. Antes de considerar inadmissível o recurso, o relator concederá o prazo de 5 (cinco) dias ao recorrente para que seja sanado vício ou complementada a documentação exigível."

[82] **Enunciado 66 da I Jornada de Direito Processual Civil do CJF:** Admite-se a correção da falta de comprovação do feriado local ou da suspensão do expediente forense, posteriormente à interposição do recurso, com fundamento no art. 932, parágrafo único, do CPC.

Enunciado 73 da I Jornada de Direito Processual Civil do CJF: Para efeito de não conhecimento do agravo de instrumento por força da regra prevista no § 3º do art. 1.018 do CPC, deve o juiz, previamente, atender ao art. 932, parágrafo único, e art. 1.017, § 3º, do CPC, intimando o agravante para sanar o vício ou complementar a documentação exigível.

Capítulo VI · A FASE DE RECURSOS E OUTRAS IMPUGNAÇÕES | 231

facultada a apresentação de contrarrazões, quando a decisão recorrida seja contrária a súmula do Supremo Tribunal Federal, do Superior Tribunal de Justiça ou do próprio tribunal local; a acórdão proferido pelo Supremo Tribunal Federal ou pelo Superior Tribunal de Justiça em julgamento de recursos repetitivos; ou a entendimento firmado em incidente de resolução de demandas repetitivas ou de assunção de competência.

6.2.6 Tempestividade

A *tempestividade do recurso* é o requisito que, mercê de considerar a necessidade de propiciar-se ao vencido um prazo razoável para preparar a sua impugnação, pondera, também, quão imperiosa é a consolidação do julgado em prol da segurança social. Ademais, há implicações diretas do instituto com a necessidade de que o processo veicule um *procedimento progressivo*, isto é, cujas etapas se sucedam logicamente no tempo como um caminhar *para a frente*, no afã de que se alcance sua *razoável duração*.[83]

Quanto aos prazos recursais, o Novo Código consigna, quanto aos recursos que disciplina, uma regra geral no § 5º de seu art. 1.003:[84] o prazo para interpor os recursos e para responder-lhes é de 15 (quinze) dias. Excetuam-se dessa regra os embargos de declaração, para os quais o art. 1.023[85] prevê o prazo de 5 (cinco) dias, mesma duração do período em que o embargado poderá ser ouvido.

---

[83] **Enunciado 68 da I Jornada de Direito Processual Civil do CJF:** A intempestividade da apelação desautoriza o órgão a quo a proferir juízo positivo de retratação.

[84] "**Art. 1.003.** O prazo para interposição de recurso conta-se da data em que os advogados, a sociedade de advogados, a Advocacia Pública, a Defensoria Pública ou o Ministério Público são intimados da decisão.

§ 1º Os sujeitos previstos no *caput* considerar-se-ão intimados em audiência quando nesta for proferida a decisão.

§ 2º Aplica-se o disposto no art. 231, incisos I a VI, ao prazo de interposição de recurso pelo réu contra decisão proferida anteriormente à citação.

§ 3º No prazo para interposição de recurso, a petição será protocolada em cartório ou conforme as normas de organização judiciária, ressalvado o disposto em regra especial.

§ 4º Para aferição da tempestividade do recurso remetido pelo correio, será considerada como data de interposição a data de postagem.

§ 5º Excetuados os embargos de declaração, o prazo para interpor os recursos e para responder-lhes é de 15 (quinze) dias.

§ 6º O recorrente comprovará a ocorrência de feriado local no ato de interposição do recurso."

[85] "**Art. 1.023.** Os embargos serão opostos, no prazo de 5 (cinco) dias, em petição dirigida ao juiz, com indicação do erro, obscuridade, contradição ou omissão, e não se sujeitam a preparo.

§ 1º Aplica-se aos embargos de declaração o art. 229.

§ 2º O juiz intimará o embargado para, querendo, manifestar-se, no prazo de 5 (cinco) dias, sobre os embargos opostos, caso seu eventual acolhimento implique a modificação da decisão embargada."

232 PROCESSO CIVIL CONTEMPORÂNEO – *Luiz Fux*

Em relação à sua contagem, deve-se dar em dias úteis, em aplicação da regra geral prevista no art. 219 do NCPC,[86-87] já que indubitavelmente se trata de prazo processual. O termo *a quo* do lapso de tempo de que dispõe o recorrente inicia-se a partir do momento em que ele toma conhecimento da decisão. Assim, se a decisão é proferida em audiência, à qual o recorrente está presente, é desse momento que se inicia o referido prazo para recorrer, ressalvadas as situações legais de previsão de intimação pessoal *com remessa dos autos*. Ao revés, se a sentença é proferida fora da audiência, a parte necessita conhecê-la, para impugná-la e esse desígnio é alcançado mediante a intimação do julgado, via publicação no Diário Oficial ou contato espontâneo da parte com o *decisum*, como por vista em cartório. Nesse particular, resta evidente que, se para a *citação* a comunicação pode ser dispensada, se a parte comparece espontaneamente aos autos, *a fortiori*, dispensa-se a intimação da decisão, se o interessado comparece à serventia judicial e cientifica-se do julgado. Sob esse ângulo, dispunha o Código de Processo Civil de 1973, em regra própria sobre a contagem do prazo recursal, que o prazo para a interposição do recurso contava-se da data da leitura da sentença em audiência; da intimação às partes, quando a sentença não havia sido proferida em audiência; ou da publicação do dispositivo do acórdão no órgão oficial (art. 506, inciso III, com a redação da Lei nº 11.276/2006).

Ordinariamente, comprova-se o ingresso tempestivo do recurso mediante a data do seu ingresso no protocolo, na secretaria, conforme disponha a organização judiciária, ou em central de recebimento de petições (protocolo integrado), em geral, na primeira ou na segunda instâncias. Conforme norma expressa agora constante do Novo Código, no caso de recurso remetido pelo correio, sua tempestividade será aferida a partir da consideração como data de interposição a *data de postagem* (art. 1.003, § 4º).

Os prazos recursais são, em regra, peremptórios. Não obstante, o próprio Código admite que se recomece o seu curso, restituindo-se integralmente o mesmo aos sucessores da parte, em caso de falecimento desta ou de seu procurador, ou se ocorrer motivo de força maior (art. 1.004 do NCPC).[88] Há também fatos que implicam a

---

[86] "**Art. 219**. Na contagem de prazo em dias, estabelecido por lei ou pelo juiz, computar-se-ão somente os dias úteis.

Parágrafo único. O disposto neste artigo aplica-se somente aos prazos processuais."

[87] **Enunciado 19 da I Jornada de Direito Processual Civil do CJF:** O prazo em dias úteis previsto no art. 219 do CPC aplica-se também aos procedimentos regidos pelas Leis n. 9.099/1995, 10.259/2001 e 12.153/2009.

Enunciado 20 da I Jornada de Direito Processual Civil do CJF: Aplica-se o art. 219 do CPC na contagem do prazo para oposição de embargos à execução fiscal previsto no art. 16 da Lei n. 6.830/1980.

Enunciado 116 da II Jornada de Direito Processual Civil do CJF: Aplica-se o art. 219 do CPC na contagem dos prazos processuais previstos na Lei n. 6.830/1980.

[88] "**Art. 1.004**. Se, durante o prazo para a interposição do recurso, sobrevier o falecimento da parte ou de seu advogado ou ocorrer motivo de força maior que suspenda o curso do

Capítulo VI · A FASE DE RECURSOS E OUTRAS IMPUGNAÇÕES | **233**

suspensão do prazo (art. 221 do NCPC),[89-90] hipótese em que se restitui, apenas, o prazo que faltava correr, quando da ocorrência do evento suspensivo. Ademais, o art. 139, VI, do NCPC[91-92] prevê, dentre os poderes gerais do juiz, a possibilidade de dilatação dos prazos processuais, disposição que não encontrava paralelo no CPC/1973.

A tempestividade reclama a interposição no prazo, obedecidas as peculiaridades de cada decisão. Insta observar quanto aos prazos em si, as prerrogativas processuais de contagem em dobro (*v.g.*: arts. 180,[93] 183,[94] 186[95-96] do NCPC, bem como as

---

processo, será tal prazo restituído em proveito da parte, do herdeiro ou do sucessor, contra quem começará a correr novamente depois da intimação."

[89] **"Art. 221.** Suspende-se o curso do prazo por obstáculo criado em detrimento da parte ou ocorrendo qualquer das hipóteses do art. 313, devendo o prazo ser restituído por tempo igual ao que faltava para sua complementação.

Parágrafo único. Suspendem-se os prazos durante a execução de programa instituído pelo Poder Judiciário para promover a autocomposição, incumbindo aos tribunais especificar, com antecedência, a duração dos trabalhos."

[90] **Enunciado 21 da I Jornada de Direito Processual Civil do CJF:** A suspensão dos prazos processuais prevista no *caput* do art. 220 do CPC estende-se ao Ministério Público, à Defensoria Pública e à Advocacia Pública.

[91] **"Art. 139.** O juiz dirigirá o processo conforme as disposições deste Código, incumbindo-lhe: [...]

VI – dilatar os prazos processuais e alterar a ordem de produção dos meios de prova, adequando-os às necessidades do conflito de modo a conferir maior efetividade à tutela do direito;"

[92] **Enunciado 13 da I Jornada de Direito Processual Civil do CJF:** O art. 139, VI, do CPC autoriza o deslocamento para o futuro do termo inicial do prazo.

[93] **"Art. 180.** O Ministério Público gozará de prazo em dobro para manifestar-se nos autos, que terá início a partir de sua intimação pessoal, nos termos do art. 183, § 1º.

§ 1º Findo o prazo para manifestação do Ministério Público sem o oferecimento de parecer, o juiz requisitará os autos e dará andamento ao processo.

§ 2º Não se aplica o benefício da contagem em dobro quando a lei estabelecer, de forma expressa, prazo próprio para o Ministério Público."

[94] **"Art. 183.** A União, os Estados, o Distrito Federal, os Municípios e suas respectivas autarquias e fundações de direito público gozarão de prazo em dobro para todas as suas manifestações processuais, cuja contagem terá início a partir da intimação pessoal.

§ 1º A intimação pessoal far-se-á por carga, remessa ou meio eletrônico.

§ 2º Não se aplica o benefício da contagem em dobro quando a lei estabelecer, de forma expressa, prazo próprio para o ente público."

[95] **"Art. 186.** A Defensoria Pública gozará de prazo em dobro para todas as suas manifestações processuais.

§ 1º O prazo tem início com a intimação pessoal do defensor público, nos termos do art. 183, § 1º.

§ 2º A requerimento da Defensoria Pública, o juiz determinará a intimação pessoal da parte patrocinada quando o ato processual depender de providência ou informação que somente por ela possa ser realizada ou prestada.

234 | PROCESSO CIVIL CONTEMPORÂNEO – *Luiz Fux*

contempladas aos litisconsortes em autos físicos com diferentes procuradores, de escritórios de advocacia distintos, que também dispõem de prazo em dobro para recorrer (art. 229 do NCPC),[97] caso subsista, após a decisão recorrida, a pluralidade de interesse recursal entre os litisconsortes.

Além da já destacada regra dos dias úteis (art. 219 do NCPC),[98-99] o critério de contagem do prazo se dá pela mesma forma do que dispõe a regra geral do art. 224 do NCPC:[100] salvo disposição em contrário, exclui-se o dia do começo e inclui-se o dia do vencimento, sendo os dias do começo e do vencimento do prazo protraídos para o primeiro dia útil seguinte, caso coincidam com dia em que o expediente forense for *encerrado* antes ou *iniciado* depois da hora normal ou houver indisponibilidade da

---

§ 3º O disposto no *caput* aplica-se aos escritórios de prática jurídica das faculdades de Direito reconhecidas na forma da lei e às entidades que prestam assistência jurídica gratuita em razão de convênios firmados com a Defensoria Pública.

§ 4º Não se aplica o benefício da contagem em dobro quando a lei estabelecer, de forma expressa, prazo próprio para a Defensoria Pública."

[96] **Enunciado 15 da I Jornada de Direito Processual Civil do CJF:** Aplicam-se às entidades referidas no § 3º do art. 186 do CPC as regras sobre intimação pessoal das partes e suas testemunhas (art. 186, § 2º; art. 455, § 4º, IV; art. 513, § 2º, II e art. 876, § 1º, II, todos do CPC).

[97] **"Art. 229.** Os litisconsortes que tiverem diferentes procuradores, de escritórios de advocacia distintos, terão prazos contados em dobro para todas as suas manifestações, em qualquer juízo ou tribunal, independentemente de requerimento.

§ 1º Cessa a contagem do prazo em dobro se, havendo apenas 2 (dois) réus, é oferecida defesa por apenas um deles.

§ 2º Não se aplica o disposto no *caput* aos processos em autos eletrônicos."

[98] **"Art. 219.** Na contagem de prazo em dias, estabelecido por lei ou pelo juiz, computar-se-ão somente os dias úteis.

Parágrafo único. O disposto neste artigo aplica-se somente aos prazos processuais."

[99] **Enunciado 19 da I Jornada de Direito Processual Civil do CJF:** O prazo em dias úteis previsto no art. 219 do CPC aplica-se também aos procedimentos regidos pelas Leis n. 9.099/1995, 10.259/2001 e 12.153/2009.

Enunciado 20 da I Jornada de Direito Processual Civil do CJF: Aplica-se o art. 219 do CPC na contagem do prazo para oposição de embargos à execução fiscal previsto no art. 16 da Lei n. 6.830/1980.

Enunciado 116 da II Jornada de Direito Processual Civil do CJF: Aplica-se o art. 219 do CPC na contagem dos prazos processuais previstos na Lei n. 6.830/1980.

[100] **"Art. 224.** Salvo disposição em contrário, os prazos serão contados excluindo o dia do começo e incluindo o dia do vencimento.

§ 1º Os dias do começo e do vencimento do prazo serão protraídos para o primeiro dia útil seguinte, se coincidirem com dia em que o expediente forense for encerrado antes ou iniciado depois da hora normal ou houver indisponibilidade da comunicação eletrônica.

§ 2º Considera-se como data de publicação o primeiro dia útil seguinte ao da disponibilização da informação no Diário da Justiça eletrônico.

§ 3º A contagem do prazo terá início no primeiro dia útil que seguir ao da publicação."

comunicação eletrônica. Destarte, de acordo com o entendimento predominante nos tribunais, o prazo para recorrer só começa a fluir com a publicação (das conclusões) do acórdão no órgão oficial, não servindo de termo inicial a mera notícia do julgamento. Considera-se, ainda, como data de publicação o primeiro dia útil seguinte ao da disponibilização da informação no Diário da Justiça eletrônico (art. 224, § 2º, do NCPC).

Não mais subsiste o anterior entendimento de que seriam intempestivos os recursos interpostos antes da publicação da decisão recorrida (os então chamados *recursos prematuros*). Antes mesmo da vigência do Novo Código, a tese já havia sido superada por acórdão de minha relatoria julgado pelo plenário do Supremo Tribunal Federal (AI 703.269). Sob a égide do CPC/2015, o art. 218, § 4º, dispõe que "Será considerado tempestivo o ato praticado antes do termo inicial do prazo."

O justo impedimento, casuisticamente analisado, autoriza a transposição do prazo recursal. Essa regra *in procedendo* constitui direito da parte diante da ocorrência dos fatos mencionados na lei. Assim, *v.g.*, se houver greve bancária ou dos serventuários, ou outros fatos impeditivos à apresentação do recurso no prazo legal, é direito da parte a reabertura de prazo pelo tempo que faltava, o qual começará a correr novamente da sua intimação. O reconhecimento do justo impedimento e sua decretação poderá ser impugnado pela parte contrária, sob pena de preclusão.

Ademais, as causas suspensivas suspendem o prazo *in re ipsa*, tal como na suspensão do processo, muito embora denunciada posteriormente em juízo. Assim, *v.g.*, a morte do advogado suspende automaticamente o decurso do prazo para recorrer, muito embora a prova do fato se realize posteriormente.

Nesse caso, é assente que, havendo mais de um advogado na procuração, o dispositivo não incide inexoravelmente. Isto porque, tratando-se de preceito excepcional, posto suplantar requisito de admissibilidade, as causas suspensivas devem ser interpretadas restritivamente. Por essa razão, tem-se que não se deve conhecer de recurso interposto fora de prazo em que o advogado alega que a empresa, encarregada do serviço de leituras do Diário da Justiça, não lhe remetera o recorte contendo a intimação. Ainda sob a ótica restritiva, não ocorre o direito à restituição de prazo se, no transcurso deste, o advogado substabelece a procuração a outro. É que, nessa hipótese, mantém-se o substabelecente responsável, pela mesma razão prevista no art. 112 do NCPC.[101]

---

[101] **"Art. 112.** O advogado poderá renunciar ao mandato a qualquer tempo, provando, na forma prevista neste Código, que comunicou a renúncia ao mandante, a fim de que este nomeie sucessor.

§ 1º Durante os 10 (dez) dias seguintes, o advogado continuará a representar o mandante, desde que necessário para lhe evitar prejuízo

§ 2º Dispensa-se a comunicação referida no *caput* quando a procuração tiver sido outorgada a vários advogados e a parte continuar representada por outro, apesar da renúncia."

PROCESSO CIVIL CONTEMPORÂNEO – *Luiz Fux*

Diversa é a hipótese em que a intempestividade não é detectada num primeiro momento. Nesse caso, muito embora o recorrido tenha interesse na inadmissão do recurso do recorrente vencido, e por isso deve suscitar a preliminar de intempestividade do recurso, nas suas contrarrazões, o tribunal deve, de ofício, declarar a falta do requisito de admissibilidade, porquanto *a intempestividade é matéria de ordem pública*. Por isso que incide em *error in procedendo* o tribunal que inadmite recurso tempestivo ou o admite fora do prazo, não se cuidando de situação de *error in judicando*.

6.2.7 Preparo

A razão de ser do *preparo* dos recursos é simples: assim como as causas em primeiro grau acarretam, em regra, o pagamento de custas processuais, por força da movimentação dos serviços judiciários, idêntica razão impõe o pagamento do processamento recursal.

Esse ônus financeiro é dispensado aos beneficiários da justiça gratuita, ao Ministério Público e às Fazendas Públicas Federais, estaduais e municipais, aí compreendidas as autarquias (art. 1.007, § 1º, do NCPC), às quais se atribui verdadeira isenção legal.

Assim como a tempestividade firma-se pelo ato de protocolizar o recurso no prazo, o preparo efetiva-se *no ato de interposição* do recurso, devendo a guia comprobatória acompanhar a peça de recurso (art. 1.007, *caput*, do NCPC). O preparo deve abranger, também, o porte de remessa e de retorno, sob pena de *deserção*. Por razões lógicas, nos processos desenvolvidos em autos eletrônicos, dispensa-se o recolhimento do porte de remessa e de retorno, que se darão eletronicamente pelos sistemas dos Tribunais (art. 1.007, § 3º, do NCPC).

Com efeito, a *deserção* é a sanção que decorre da falta de preparo adequado, com o consequente não conhecimento do recurso, a partir do inadimplemento total ou parcial das custas respectivas. Sua disciplina, antes constante do art. 511 do CPC/1973[102] é agora mais bem detalhada pelo art. 1.007 do NCPC e seus parágrafos, cujas disposições a seguir são destacadas.

Em caso de insuficiência no valor do preparo, inclusive porte de remessa e de retorno, faculta-se ao recorrente a possibilidade de sanação do vício, mediante inti-

---

[102] **"Art. 511.** No ato de interposição do recurso, o recorrente comprovará, quando exigido pela legislação pertinente, o respectivo preparo, inclusive porte de remessa e de retorno, sob pena de deserção. (Redação dada pela Lei nº 9.756, de 1998)

§ 1º São dispensados de preparo os recursos interpostos pelo Ministério Público, pela União, pelos Estados e Municípios e respectivas autarquias, e pelos que gozam de isenção legal. (Parágrafo único renumerado pela Lei nº 9.756, de 1998)

§ 2º A insuficiência no valor do preparo implicará deserção, se o recorrente, intimado, não vier a supri-lo no prazo de cinco dias. (Incluído pela Lei nº 9.756, de 1998)"

mação promovida pelo juízo na pessoa de seu advogado. Essa insuficiência poderá ser suprida no prazo de 5 (cinco) dias, sob pena de se caracterizar a deserção (§ 2º).

Caso o recorrente não comprove, já no ato de interposição do recurso, o recolhimento do preparo, inclusive porte de remessa e de retorno, deverá ser intimado na pessoa de seu advogado, para que realize seu recolhimento *em dobro*, sob pena de deserção. Apesar da oportunidade de correção do vício para que seu recurso seja conhecido, já se tem, aqui, uma *sanção processual* desde logo aplicada, consubstanciada na necessidade de que a verba devida seja recolhida em dobro (§ 4º).

Essa possibilidade de recolhimento em dobro não alcança a situação de insuficiência parcial do preparo, que se rege pela norma já acima indicada e constante do § 2º do art. 1.007 do NCPC.

O justo impedimento, provado pelo recorrente, permite a interposição com preparo *a posteriori* no prazo de 5 (cinco) dias, como ocorre, *v.g.*, se há greve no estabelecimento bancário encarregado do recebimento das custas. Sem prejuízo, o relator pode, ainda, *relevar a pena de deserção,* provado o justo impedimento, nos termos do que dispõe o § 6º do dispositivo em comento.

Alguns fatos de cotidiana ocorrência na prática judiciária têm justificado essa *relevação da deserção*. Assim, tem-se afirmado que o preparo pode ser efetuado enquanto durar o expediente forense, estabelecido pela lei de organização judiciária, sendo irrelevante o horário que regula o funcionamento dos estabelecimentos bancários. Em consequência, encerrando-se o expediente do banco antes do previsto em lei processual, tem-se como tempestivo o preparo realizado no dia útil imediato.

Por fim, o mero equívoco no preenchimento da guia de recolhimento das custas não implicará, automaticamente, a aplicação da pena de deserção, cabendo ao relator, na hipótese de dúvida quanto ao recolhimento, intimar o recorrente para sanar o vício no prazo de 5 (cinco) dias (§ 7º).

6.2.8 Regularidade formal

Os recursos, conforme a sua espécie, reclamam forma específica. Assim, *v.g.*, o agravo de instrumento exige em sua formação a inclusão de peças obrigatórias (art. 1.017 do NCPC).[103-104] Os embargos de declaração impõem ao recorrente a

---

[103] "**Art. 1.017**. A petição de agravo de instrumento será instruída:

I – obrigatoriamente, com cópias da petição inicial, da contestação, da petição que ensejou a decisão agravada, da própria decisão agravada, da certidão da respectiva intimação ou outro documento oficial que comprove a tempestividade e das procurações outorgadas aos advogados do agravante e do agravado;

II – com declaração de inexistência de qualquer dos documentos referidos no inciso I, feita pelo advogado do agravante, sob pena de sua responsabilidade pessoal;

III – facultativamente, com outras peças que o agravante reputar úteis.

238 | PROCESSO CIVIL CONTEMPORÂNEO – *Luiz Fux*

revelação dos pontos a aclarar (art. 1.022 do NCPC).[105] A apelação interpõe-se por petição escrita, onde a parte deve formular o pedido de nova decisão (art. 1.010 do NCPC),[106] uma vez que na instância superior também vigora o princípio dispositivo, sob o pálio da máxima *tantum devolutum quantum appellatum*.

---

§ 1º Acompanhará a petição o comprovante do pagamento das respectivas custas e do porte de retorno, quando devidos, conforme tabela publicada pelos tribunais.

§ 2º No prazo do recurso, o agravo será interposto por:

I – protocolo realizado diretamente no tribunal competente para julgá-lo;

II – protocolo realizado na própria comarca, seção ou subseção judiciárias;

III – postagem, sob registro, com aviso de recebimento;

IV – transmissão de dados tipo fac-símile, nos termos da lei;

V – outra forma prevista em lei.

§ 3º Na falta da cópia de qualquer peça ou no caso de algum outro vício que comprometa a admissibilidade do agravo de instrumento, deve o relator aplicar o disposto no art. 932, parágrafo único.

§ 4º Se o recurso for interposto por sistema de transmissão de dados tipo fac-símile ou similar, as peças devem ser juntadas no momento de protocolo da petição original.

§ 5º Sendo eletrônicos os autos do processo, dispensam-se as peças referidas nos incisos I e II do *caput*, facultando-se ao agravante anexar outros documentos que entender úteis para a compreensão da controvérsia."

[104] **Enunciado 73 da I Jornada de Direito Processual Civil do CJF:** Para efeito de não conhecimento do agravo de instrumento por força da regra prevista no § 3º do art. 1.018 do CPC, deve o juiz, previamente, atender ao art. 932, parágrafo único, e art. 1.017, § 3º, do CPC, intimando o agravante para sanar o vício ou complementar a documentação exigível.

[105] **"Art. 1.022.** Cabem embargos de declaração contra qualquer decisão judicial para:

I – esclarecer obscuridade ou eliminar contradição;

II – suprir omissão de ponto ou questão sobre o qual devia se pronunciar o juiz de ofício ou a requerimento;

III – corrigir erro material.

Parágrafo único. Considera-se omissa a decisão que:

I – deixe de se manifestar sobre tese firmada em julgamento de casos repetitivos ou em incidente de assunção de competência aplicável ao caso sob julgamento;

II – incorra em qualquer das condutas descritas no art. 489, § 1º."

[106] "Art. 1.010. A apelação, interposta por petição dirigida ao juízo de primeiro grau, conterá:

I – os nomes e a qualificação das partes;

II – a exposição do fato e do direito;

III – as razões do pedido de reforma ou de decretação de nulidade;

IV – o pedido de nova decisão.

§ 1º O apelado será intimado para apresentar contrarrazões no prazo de 15 (quinze) dias.

§ 2º Se o apelado interpuser apelação adesiva, o juiz intimará o apelante para apresentar contrarrazões.

§ 3º Após as formalidades previstas nos §§ 1º e 2º, os autos serão remetidos ao tribunal pelo juiz, independentemente de juízo de admissibilidade."

Capítulo VI • A FASE DE RECURSOS E OUTRAS IMPUGNAÇÕES | **239**

A princípio, recurso interposto em desobediência à forma legal é recurso inadmissível.[107] Entretanto, em face do *princípio da instrumentalidade das formas*, vem-se sufragando entendimentos flexíveis à superação de falhas formais, direção que restou fortalecida pelo Novo Código, na linha do que acima já oportunamente evidenciado, trechos aos quais se remete o leitor.

6.3 EFEITOS DOS RECURSOS

Diversos efeitos podem decorrer da interposição dos recursos. Para fins de uma abordagem geral do processo civil, exsurgem com maior destaque os efeitos *devolutivo* e *suspensivo*, abaixo comentados em maior especificidade. Entretanto, para além destes, há também outros:

Efeito obstativo ou impeditivo: decorre como efeito geral de todos os recursos, que, a princípio, impedem, até que sejam apreciados, a formação de coisa julgada na decisão recorrida. É este o principal efeito dos recursos, extraído da exegese a *contrario sensu* do disposto no art. 502 do Código de Processo Civil de 2015.[108] No nosso sistema, todos os recursos, inclusive o recurso extraordinário, visam a que o ato decisório não se torne imutável e indiscutível. Essa é a razão pela qual, nas impugnações, se pleiteia uma nova decisão.

Efeito extensivo ou expansivo: é, na verdade, um efeito do provimento do recurso. Diz respeito à possibilidade de que o julgamento do recurso afete outras decisões que não a recorrida (*efeito extensivo objetivo*) ou outros sujeitos que não o recorrente (*efeito extensivo subjetivo*).

Efeito expansivo subjetivo: decorre da previsão do art. 1.005 do NCPC,[109] já apreciado quando analisadas as consequências dos recursos quando haja pluralidade de partes em um mesmo polo processual, conforme a distinta natureza do litisconsórcio existente. O efeito extensivo subjetivo é o fenômeno pelo qual, em certos casos, o recurso interposto por um litisconsorte aproveita aos restantes. Não se trata propriamente de um efeito autônomo do recurso, mas sim da extensão dos efeitos do julgamento do recurso a outros sujeitos não recorrentes.

---

[107] **Leo Rosenberg**, *Tratado de Derecho Procesal Civil*, 1955, vol. II, p. 360. **Carnelutti** inseria nesse requisito a " necessária motivação do recorrente" indicando por que motivos a decisão deveria ser diferente, *in Sistema*, cit., vol. II, p. 570.

[108] "**Art. 502**. Denomina-se coisa julgada material a autoridade que torna imutável e indiscutível a decisão de mérito não mais sujeita a recurso."

[109] "**Art. 1.005**. O recurso interposto por um dos litisconsortes a todos aproveita, salvo se distintos ou opostos os seus interesses.

Parágrafo único. Havendo solidariedade passiva, o recurso interposto por um devedor aproveitará aos outros quando as defesas opostas ao credor lhes forem comuns."

Efeito expansivo objetivo: reputam-se sem efeito os atos, decisões ou capítulos de decisão dependentes da decisão recorrida, naquilo que forem incompatíveis com o julgamento do recurso. É uma decorrência da interdependência dos atos processuais, de modo que a reforma ou anulação de uma decisão afeta todo o segmento processual posterior, naquilo que dependerem da decisão reformada ou anulada. O efeito extensivo objetivo se divide em interno e externo. Diz-se externo quando o julgamento do recurso afeta outras decisões distintas da decisão recorrida. Por outro lado, será interno quando houver recurso apenas de um dos capítulos da decisão, que aborda questão prévia (preliminar ou prejudicial), e o acolhimento do recurso repercute nos capítulos dedicados ao exame das questões subordinadas.

Efeito translativo: é uma decorrência do *efeito expansivo objetivo*, mas diz respeito à profundidade do efeito devolutivo, em conjunto do qual será a seguir apreciado. Significa que o efeito devolutivo, embora limitado ao capítulo impugnado, se estende a todas as questões suscitadas e discutidas no processo (art. 1.013, § 1º, do NCPC), bem como às matérias cognoscíveis de ofício. Imagine-se que, em uma ação de cobrança, o réu alega prescrição e pagamento. O juízo *a quo* acolheu a prescrição, nela fundamentando a sua decisão de improcedência, sem enfrentar a alegação de pagamento. O autor, sucumbente, recorre para afastar a prescrição reconhecida na sentença, sem alegar pagamento. Pelo efeito translativo, o pagamento pode ser apreciado pelo Tribunal, mesmo sem alegação específica na apelação, porquanto a questão foi suscitada no processo.[110]

Efeito substitutivo: já analisado acima, indica que a decisão proferida em sede recursal substitui a decisão recorrida, conforme previsão do art. 1.008 do NCPC.[111] Sua caracterização decorre do *conhecimento* do recurso, excetuada a situação em que se reconheça a existência de *error in procedendo*, quando a solução consistirá da cassação da decisão recorrida para que, na origem, outra seja proferida em seu lugar.

Efeito modificativo ou infringente: Nos embargos de declaração, o efeito modificativo se opera quando o recurso tem por escopo suprir uma omissão. Ao supri-la, o *decisum* guerreado é alterado, passando a conter aquilo que veio decidido nos embargos, constando dali a integração procedida. Não se trata propriamente de um efeito do ato de recorrer, mas sim de um efeito decorrente do eventual acolhimento do recurso. Quando os embargos se destinam a sanar contradição ou obscuridade, não há efeito infringente, normalmente, porque não há alteração substancial da decisão, e sim apenas um esclarecimento de seus termos. Esse efeito é próprio de

---

[110] "Por força do chamado efeito translativo, cumpre ao tribunal de apelação, ao afastar o fundamento adotado pela sentença apelada, examinar os demais fundamentos invocados pela parte para sustentar a procedência ou a improcedência da demanda" (STJ, REsp 1.201.359/ AC, 1ª Turma, Rel. Min. Teori Albino Zavascki, j. 05.04.2011).

[111] "**Art. 1.008**. O julgamento proferido pelo tribunal substituirá a decisão impugnada no que tiver sido objeto de recurso."

Capítulo VI · A FASE DE RECURSOS E OUTRAS IMPUGNAÇÕES | **241**

embargos de declaração, sendo possível também em apelação, quando esta se destina a sanar omissão da sentença.

Alguns recursos ostentam também o chamado *efeito regressivo*, consistente na possibilidade de que o próprio órgão prolator da decisão recorrida deve analisar a admissibilidade e o mérito recursal, ou seja, é permitido o juízo de retratação (ex.: art. 331; art. 332, §§ 3º e 4º; art. 485, § 7º; e art. 1.021, § 2º, do NCPC). Também há efeito regressivo nos embargos de declaração, em que o mesmo órgão recorrido é acionado a decidir. Por sua fez, os recursos dirigidos a órgão distinto do recorrido possuem o chamado *efeito de transferência*.

6.3.1 Efeito devolutivo

O efeito devolutivo importa *devolver* ao órgão revisor da decisão a matéria impugnada nos seus limites e fundamentos. Toda questão decidida tem uma extensão e suas razões. O órgão revisor da decisão deve se colocar nas mesmas condições em que se encontrava o juiz, para aferir se julgaria da mesma forma e, em consequência, verificar se ele incidiu nos vícios da injustiça e da ilegalidade. Por essa razão, e para obedecer a essa identidade, é que se transfere ao tribunal (*devolve-se*) a matéria impugnada em extensão e profundidade.

A extensão compreende a própria impugnação (*tantum devolutum quantum appellatum*). Assim, como o recurso pode ser parcial ou total, de acordo com o conformismo ou não do recorrente, estabelecem-se os limites dentro dos quais o tribunal vai trabalhar. Como já analisado, aplica-se também ao órgão *ad quem* o princípio da adstrição, segundo o qual não lhe é lícito ultrapassar os limites da impugnação. Desta sorte, sendo parcial o recurso, não pode o tribunal invadir a parte não recorrida, visto que o efeito devolutivo se limita *horizontalmente* ao capítulo impugnado. Assim, *v.g.*, se a parte pleiteou duas prestações e somente obteve uma delas, o órgão superior fica adstrito à análise dessa parcela, sendo-lhe vedado sequer conhecer da outra, a cujo respeito a decisão transitou por força da sua inimpugnabilidade.

Deveras, a extensão dessa transferência, característica do efeito devolutivo, importa que a devolução tenha como limite o próprio objeto da impugnação (*v.g.*: art. 1.013 para o recurso de apelação: *a apelação devolverá ao tribunal o conhecimento da matéria impugnada*). Esse princípio vem explicitado ao longo da história processual, através da máxima *tantum devolutum quantum appellatum*, expressa no art. 1.013 do Código de Processo Civil de 2015.[112]

---

[112] "**Art. 1.013**. A apelação devolverá ao tribunal o conhecimento da matéria impugnada.

§ 1º Serão, porém, objeto de apreciação e julgamento pelo tribunal todas as questões suscitadas e discutidas no processo, ainda que não tenham sido solucionadas, desde que relativas ao capítulo impugnado.

Entretanto, o § 1º desse dispositivo consigna que serão objeto de apreciação e julgamento pelo Tribunal *todas as questões suscitadas e discutidas no processo, ainda que não tenham sido solucionadas, desde que relativas ao capítulo impugnado.* A regra diz respeito à profundidade do efeito devolutivo, também denominada *efeito translativo.* Nessa linha, seu § 2º estatui que *quando o pedido ou a defesa tiver mais de um fundamento e o juiz acolher apenas um deles, a apelação devolverá ao tribunal o conhecimento dos demais*, em exceção à aludida regra inicial do *tantum devolutum.*

Decorrência do efeito devolutivo é a proibição de se inovar no juízo do recurso, bem como a de se conferir ao único recorrente uma decisão mais desfavorável do que aquela obtida em primeiro grau e submetida a reexame: é a denominada proibição da *reformatio in pejus.* Quanto ao primeiro aspecto da vedação à inovação (*jus novorum*), sua justificativa obedece a um dos aspectos da devolutividade, que impõe ao Tribunal colocar-se nas mesmas condições em que se encontrava o juiz ao decidir, para aferir-lhe os *errores in procedendo* e *in judicando.* Nesse aspecto, tudo deve se passar como na primeira instância, pois, do contrário, não se pode conferir se o juiz, trabalhando com elemento novo, também decidiria de forma diversa. Essa regra comporta a exceção da *força maior*, comprovada e submetida a contraditório (art. 1.014 do NCPC).[113] Assim, pode-se afirmar que a instância superior é de *controle da decisão* e não de criação de uma nova causa. Prestigia-se o julgamento de primeiro grau, submetendo-o a uma revisão e não a um novo juízo. Consectariamente, o princípio aplicável sob esse ângulo é o da *revisio prioris instantiae*, em contrapartida ao *novorum iudicium.*[114]

A proibição da *reformatio in pejus*, não obstante não seja textual, infere-se da regra da adstrição à devolutividade do recurso. Assim, se o Tribunal somente

---

§ 2º Quando o pedido ou a defesa tiver mais de um fundamento e o juiz acolher apenas um deles, a apelação devolverá ao tribunal o conhecimento dos demais.

§ 3º Se o processo estiver em condições de imediato julgamento, o tribunal deve decidir desde logo o mérito quando:

I – reformar sentença fundada no art. 485;

II – decretar a nulidade da sentença por não ser ela congruente com os limites do pedido ou da causa de pedir;

III – constatar a omissão no exame de um dos pedidos, hipótese em que poderá julgá-lo;

IV – decretar a nulidade de sentença por falta de fundamentação.

§ 4º Quando reformar sentença que reconheça a decadência ou a prescrição, o tribunal, se possível, julgará o mérito, examinando as demais questões, sem determinar o retorno do processo ao juízo de primeiro grau.

§ 5º O capítulo da sentença que confirma, concede ou revoga a tutela provisória é impugnável na apelação."

[113] "**Art. 1.014.** As questões de fato não propostas no juízo inferior poderão ser suscitadas na apelação, se a parte provar que deixou de fazê-lo por motivo de força maior."

[114] **Barbosa Moreira**, *Comentários*, cit.

pode conhecer a matéria impugnada, decerto o único recorrente não pediria, até por falta de interesse de agir, que a decisão lhe fosse mais desfavorável, recorrendo apenas daquilo que lhe agravou. Logo, o máximo que o tribunal pode decidir é que o recorrente não tem razão, mantendo a decisão recorrida, sem impor ou retirar algo que a torne mais onerosa. Assim, *v.g.*, se *A* recorre da decisão que lhe concedeu apenas a prestação *X*, tendo formulado pedido cumulativo de *X* + *Y* + *Z*, não é lícito ao tribunal, ao se pronunciar sobre a pretensão quanto às prestações remanescentes (*Y* e *Z*), retirar *X*, acerca da qual não houve recurso da parte contrária. Idêntico raciocínio aplica-se se o locatário recorre de uma decisão concessiva de despejo e o Tribunal, ao negar provimento ao seu recurso, impõe-lhe uma multa do contrato negada em primeiro grau e não recorrida por inércia do autor-locador.

Conforme se verifica, o instituto da *reformatio in pejus* é consectário do princípio da *personalidade dos recursos*, diverso do que se constata ao longo da história processual, em que as impugnações representavam, primeiramente, um remédio comum de conjuração dos vícios da sentença, de tal sorte que não influía a iniciativa do recurso para implicar uma reforma em favor de qualquer das partes. Posteriormente, passou-se à concepção da *personalização da impugnação*, segundo a qual cada parte deveria interpor o seu recurso independentemente, ainda que recíproca a sucumbência (art. 997, *caput*, do NCPC).[115]

Neste fenômeno da recíproca sucumbência, também se deve observar a *proibição da reforma para pior em desfavor do único recorrente*, porquanto a outra parte nem sempre recorre, e, mesmo quando adere, nem por isso fica afastado o risco da *reformatio in pejus*, posto que a adesão pode deixar de fora uma parte da decisão recorrível. Assim, no exemplo acima citado, se o autor recorresse apenas de *Y* e o réu *B* impugnasse a parcela *X*, não se revelaria lícito ao Tribunal, a pretexto de prover o recurso de *A*, conceder a parcela *Z*. Ocorreria, *in casu*, violação à vedação à *reformatio in pejus*, infringindo a regra de que a devolução deve ter como limite a impugnação.

Aspecto singular refere-se aos fundamentos de que o Tribunal se utiliza para apreciar o recurso e as questões que o juiz enfrentou. Em princípio, poder-se-ia afirmar que o órgão *ad quem* trabalha com o mesmo material analisado pelo juiz *a quo*.

Deveras, devolve-se ao órgão *ad quem* a causa tal como tratada na primeira instância. Entretanto, a devolutividade do recurso, conquanto instituto processual, sofre a influência dos princípios norteadores do sistema. Assim é que a *economia processual*, que tantas repercussões exerce em diversas passagens de nossa ordenação, volta a ocupar lugar na sistemática recursal. É que, debatida a causa na primeira instância, pode ter havido lacunas. Em nome do princípio acima, não se recomenda que a causa retorne ao primeiro grau. Em algumas situações, portanto, permite-se

---

[115] **"Art. 997.** Cada parte interporá o recurso independentemente, no prazo e com observância das exigências legais."

PROCESSO CIVIL CONTEMPORÂNEO – *Luiz Fux*

que o Tribunal conheça da matéria omitida, desde que não se trate de pedido não julgado ou exceção material não apreciada. O princípio da economia processual recomenda que o Tribunal aprecie matérias discutidas, ainda que não resolvidas, até porque o duplo grau, de uma forma ou de outra, privilegia o julgamento da segunda instância. Chega-se, assim, à *teoria da causa madura*.

O tema é objeto de previsão expressa pelo Novo Código no art. 1.013, § 3º, que ao tratar da apelação dispõe que o Tribunal deve decidir desde logo o mérito, se o processo estiver em condições de imediato julgamento (isto é, se a causa estiver *madura*) quando *(i)* reformar sentença fundada no art. 485 (extinção sem resolução do mérito); *(ii)* decretar a nulidade da sentença por não ser ela congruente com os limites do pedido ou da causa de pedir; *(iii)* constatar a omissão no exame de um dos pedidos, hipótese em que poderá julgá-lo; e *(iv)* decretar a nulidade de sentença por falta de fundamentação. A previsão tem sua aplicação estendida também ao recurso ordinário, conforme disposição expressa do art. 1.027, § 2º,[116] que faz menção ao art. 1.013, § 3º.

Entretanto, em nome desses *princípios* e dessa *teoria*, não se autoriza que um pedido ou uma exceção material sejam julgados, de início, na instância *ad quem*, visto que a isso equivaleria violação do *direito ao duplo grau de jurisdição*. Entretanto, não se tratando de pedidos e sim de fundamentos do pedido ou da defesa, a devolutividade é ampla, transferindo ao Tribunal tudo quanto foi discutido ou que não o foi, mas poderia tê-lo sido, porquanto matérias conhecíveis de ofício.

Assim, é lícito ao Tribunal conhecer, para seu julgamento, ainda que o juiz *a quo* não o tenha feito, uma questão preliminar sequer suscitada na primeira instância ou a decadência, que é matéria alegável a qualquer tempo, por força de regra de direito material. Essa cognição ampla em *profundidade (dimensão vertical)*, consistente no *efeito translativo*, em nada infirma o princípio da devolução, porquanto, respeitados os limites da impugnação em *extensão (dimensão horizontal)*, é ampla a profundidade dessa devolução, de maneira que se permite ao órgão *ad quem* justificar seu julgado através de fundamentos suscitados ou suscitáveis na primeira instância.

Sob outro ângulo, se a decisão se omitiu em relação a qualquer desses fundamentos, nem por isso a causa deve retornar para que o juiz os aprecie. O próprio Tribunal pode conhecê-los e considerá-los ao apreciar o recurso. Nesse sentido, a lei é clara e didática, porquanto, após definir os limites da devolução pelos limites da impugnação (art. 1.013, *caput*, do CPC), autoriza o Tribunal a apreciar todas as questões suscitadas e discutidas no processo, mesmo quando não tenham sido solucionadas, desde que relativas ao capítulo impugnado. Contenta-se o legislador que essas questões tenham sido suscitadas e discutidas, não obstante omisso o julgado. E, ainda que não suscitadas, porém suscitáveis, como as matérias oficiosas de mérito ou formais.

---

[116] **"Art. 1.027**, § 2º Aplica-se ao recurso ordinário o disposto nos arts. 1.013, § 3º, e 1.029, § 5º."

Importante ressaltar a regra prevista no art. 933 do CPC/2015, segundo a qual, se o relator constatar a ocorrência de fato superveniente à decisão recorrida ou a existência de questão apreciável de ofício ainda não examinada que devam ser considerados no julgamento do recurso, intimará as partes para que se manifestem no prazo de 5 (cinco) dias. Cuida-se de dispositivo destinado à preservação do princípio do contraditório e é mais uma modalidade de dever de consulta, na esteira do art. 10 do NCPC.

Essa técnica legal explica por que o autor vencedor da causa, por um dos fundamentos alegados na sua pretensão, não precisa insistir no fundamento rejeitado, porquanto o recurso do vencido devolve aquela questão refutada, e que também sustentava o seu pedido, afinal acolhido por outro fundamento. A falta de seu interesse em recorrer resulta da devolutividade decorrente do recurso da outra parte.[117] Assim, *v.g.*, se *A* promove demanda em face de *B* e este, na contestação, articula uma preliminar e obtém a improcedência do pedido, não precisará insistir na questão formal, porque o recurso de *A* devolverá ao Tribunal todas as questões suscitadas e discutidas, inclusive a preliminar, autorizando o colegiado a manter a decisão ou mesmo redefini-la pela preliminar rejeitada.

A ressalva que se impõe é que, se um dos fundamentos devolvidos automaticamente e não resolvidos na primeira instância, se acolhido acarretar uma decisão prática em desfavor do único recorrente, essa solução esbarrará na proibição à *reformatio in pejus*. Por isso, nesta hipótese, preconiza-se a necessidade de recurso independente ou adesivo. Assim, *v.g.*, se *A* promove uma ação de despejo calcada em retomada para uso próprio e falta de pagamento, e o juiz acolhe a retomada e se omite na falta de pagamento, não pode o tribunal, em função da devolução (art. 1.013 e parágrafos, do NCPC), no recurso do réu, manter a sentença corrigindo-lhe a motivação para acolher a falta de pagamento, porquanto esse fundamento omitido implica autorizar a posterior condenação e execução dos aluguéis inexistente na primeira decisão. Nesse caso, o julgado de primeira instância manifestamente lesivo ao locador causou-lhe sucumbência e, nessa parte, se não houve recurso, transitou em julgado.

Diversamente, quando os fundamentos omitidos não apresentam eficácia prática diversa, a devolutividade não sofre o óbice da *reformatio in pejus*.

Uma última palavra merece ser reforçada quanto aos recursos aos Tribunais superiores em relação à devolutividade. Esta pressupõe prequestionamento e pedido de reforma. Ora, se a parte recorrida pretende algo que escapa ao que consta do acórdão recorrido, porque este rejeitou, *v.g.*, a preliminar que a parte sustentou, cumpre-lhe oferecer recurso adesivo, por que a cognição do Tribunal superior não é idêntica à realização pela Corte de apelação reiterada. O Recorrido há de aderir através de recurso especial adesivo ou através de recurso extraordinário adesivo.

---

[117] Sob esse ângulo, insuperáveis as lições de **Barbosa Moreira** nos seus *Comentários ao art. 515*, Forense, cit., e **Machado Guimarães**, *Estudos*, cit.

PROCESSO CIVIL CONTEMPORÂNEO – *Luiz Fux*

Destaca-se, nesse sentido, a previsão do art. 1.034 do NCPC,[118] segundo o qual uma vez admitido o recurso extraordinário ou o recurso especial, o Supremo Tribunal Federal ou o Superior Tribunal de Justiça julgará o processo, *aplicando o direito*. Seu parágrafo único dispõe, ainda, que, admitido o recurso extraordinário ou o recurso especial por um fundamento, devolve-se ao tribunal superior o conhecimento dos demais fundamentos para a solução do *capítulo impugnado*.

6.3.2 Efeito suspensivo

O *efeito suspensivo* decorre da própria *recorribilidade* da decisão e não do recurso propriamente dito. O fato genético-processual de uma decisão submeter--se em potencial a um recurso com efeito suspensivo significa que o referido ato decisório não produz os seus *efeitos*, enquanto não superado o prazo recursal sem impugnação ou transitada em julgado a decisão do recurso. Por isso alguns autores utilizam o termo *efeito obstativo*.

A *suspensividade*, assim, decorre da própria recorribilidade que susta os efeitos da decisão recorrida. É possível, ainda, afirmar-se que, como regra do sistema, *todo o recurso tem efeito suspensivo*, considerando que este decorra da *recorribilidade*. Destarte, aqui e alhures, vozes abalizadas erguem-se quanto a essa postura de valorização do julgamento de segundo grau, preconizando uma inversão da regra, para dotar todas as decisões de efetividade imediata. Como o próprio termo insinua, trata-se de notável influência do *princípio da efetividade*, que vem emprestando a diversos países de matizes iguais ao nosso, a experiência da proliferação da *não suspensividade dos recursos*, relegando-se ao julgador a avaliação da situação gerada pela decisão recorrida, para ele, então, conferir ou não efeito suspensivo.

Trata-se de técnica da suspensividade *ope judicis* em contraposição à suspensão *ope legis*. Sobre o tema, o Novo Código, ao contrário do diploma anterior, adotou como regra a *não suspensividade*,[119] ao prever que os recursos não impedem a eficácia

---

[118] "**Art. 1.034**. Admitido o recurso extraordinário ou o recurso especial, o Supremo Tribunal Federal ou o Superior Tribunal de Justiça julgará o processo, aplicando o direito.
Parágrafo único. Admitido o recurso extraordinário ou o recurso especial por um fundamento, devolve-se ao tribunal superior o conhecimento dos demais fundamentos para a solução do capítulo impugnado."

[119] Sob essa ótica, quanto à não suspensividade, há que se considerar que não só as novas leis processuais extravagantes também têm seguido a mesma linha de princípio, retirando a suspensividade recursal, como, *v.g.*, a Lei de Locações (art. 58, inciso V, da Lei nº 8.245/1991), emprestando notável prestígio às decisões de primeiro grau como também a reforma referente ao cumprimento da sentença que transfigurou a execução provisória em definitiva, extirpando a incongruência de a tutela antecipada representar mais do que a vetusta execução provisória da sentença, além de prestar maior efetividade a essa modalidade de satisfação do julgado.

Capítulo VI · A FASE DE RECURSOS E OUTRAS IMPUGNAÇÕES | 247

da decisão recorrida (art. 995, *caput*, do NCPC),[120] a menos que exista disposição legal ou decisão judicial em sentido diverso. Entretanto, minimizando o fenômeno, concedeu mais efetividade ao cumprimento de sentença provisório, objeto de tratamento específico nos arts. 520-522 do NCPC,[121-122] conforme análise mais específica que mais adiante se fará no presente livro.

---

[120] "**Art. 995**. Os recursos não impedem a eficácia da decisão, salvo disposição legal ou decisão judicial em sentido diverso.

Parágrafo único. A eficácia da decisão recorrida poderá ser suspensa por decisão do relator, se da imediata produção de seus efeitos houver risco de dano grave, de difícil ou impossível reparação, e ficar demonstrada a probabilidade de provimento do recurso."

[121] "**Art. 520**. O cumprimento provisório da sentença impugnada por recurso desprovido de efeito suspensivo será realizado da mesma forma que o cumprimento definitivo, sujeitando-se ao seguinte regime:

I – corre por iniciativa e responsabilidade do exequente, que se obriga, se a sentença for reformada, a reparar os danos que o executado haja sofrido;

II – fica sem efeito, sobrevindo decisão que modifique ou anule a sentença objeto da execução, restituindo-se as partes ao estado anterior e liquidando-se eventuais prejuízos nos mesmos autos;

III – se a sentença objeto de cumprimento provisório for modificada ou anulada apenas em parte, somente nesta ficará sem efeito a execução;

IV – o levantamento de depósito em dinheiro e a prática de atos que importem transferência de posse ou alienação de propriedade ou de outro direito real, ou dos quais possa resultar grave dano ao executado, dependem de caução suficiente e idônea, arbitrada de plano pelo juiz e prestada nos próprios autos.

§ 1º No cumprimento provisório da sentença, o executado poderá apresentar impugnação, se quiser, nos termos do art. 525.

§ 2º A multa e os honorários a que se refere o § 1º do art. 523 são devidos no cumprimento provisório de sentença condenatória ao pagamento de quantia certa.

§ 3º Se o executado comparecer tempestivamente e depositar o valor, com a finalidade de isentar-se da multa, o ato não será havido como incompatível com o recurso por ele interposto.

§ 4º A restituição ao estado anterior a que se refere o inciso II não implica o desfazimento da transferência de posse ou da alienação de propriedade ou de outro direito real eventualmente já realizada, ressalvado, sempre, o direito à reparação dos prejuízos causados ao executado.

§ 5º Ao cumprimento provisório de sentença que reconheça obrigação de fazer, de não fazer ou de dar coisa aplica-se, no que couber, o disposto neste Capítulo.

Art. 521. A caução prevista no inciso IV do art. 520 poderá ser dispensada nos casos em que:

I – o crédito for de natureza alimentar, independentemente de sua origem;

II – o credor demonstrar situação de necessidade;

III – pender o agravo do art. 1.042; (Redação dada pela Lei nº 13.256, de 2016)

IV – a sentença a ser provisoriamente cumprida estiver em consonância com súmula da jurisprudência do Supremo Tribunal Federal ou do Superior Tribunal de Justiça ou em conformidade com acórdão proferido no julgamento de casos repetitivos.

Parágrafo único. A exigência de caução será mantida quando da dispensa possa resultar manifesto risco de grave dano de difícil ou incerta reparação.

Art. 522. O cumprimento provisório da sentença será requerido por petição dirigida ao juízo competente.

248 | PROCESSO CIVIL CONTEMPORÂNEO – *Luiz Fux*

Subsistem, porém, situações em que a regra se inverte, como na apelação, em que o *caput* do art. 1.012 do NCPC[123-124] atribui-lhe efeito suspensivo, mas seu § 1º elenca casos nos quais tal efeito não subsistirá, de modo que a sentença começa a produzir efeitos logo após sua publicação: homologação de divisão ou demarcação de terras; condenação ao pagamento de alimentos; extinção sem resolução do mérito ou julgamento de improcedência dos embargos do executado; julgamento

---

Parágrafo único. Não sendo eletrônicos os autos, a petição será acompanhada de cópias das seguintes peças do processo, cuja autenticidade poderá ser certificada pelo próprio advogado, sob sua responsabilidade pessoal:

I – decisão exequenda;

II – certidão de interposição do recurso não dotado de efeito suspensivo;

III – procurações outorgadas pelas partes;

IV – decisão de habilitação, se for o caso;

V – facultativamente, outras peças processuais consideradas necessárias para demonstrar a existência do crédito."

[122] **Enunciado 88 da I Jornada de Direito Processual Civil do CJF:** A caução prevista no inciso IV do art. 520 do CPC não pode ser exigida em cumprimento definitivo de sentença. Considera-se como tal o cumprimento de sentença transitada em julgado no processo que deu origem ao crédito executado, ainda que sobre ela penda impugnação destituída de efeito suspensivo.

[123] **"Art. 1.012.** A apelação terá efeito suspensivo.

§ 1º Além de outras hipóteses previstas em lei, começa a produzir efeitos imediatamente após a sua publicação a sentença que:

I – homologa divisão ou demarcação de terras;

II – condena a pagar alimentos;

III – extingue sem resolução do mérito ou julga improcedentes os embargos do executado;

IV – julga procedente o pedido de instituição de arbitragem;

V – confirma, concede ou revoga tutela provisória;

VI – decreta a interdição.

§ 2º Nos casos do § 1º, o apelado poderá promover o pedido de cumprimento provisório depois de publicada a sentença.

§ 3º O pedido de concessão de efeito suspensivo nas hipóteses do § 1º poderá ser formulado por requerimento dirigido ao:

I – tribunal, no período compreendido entre a interposição da apelação e sua distribuição, ficando o relator designado para seu exame prevento para julgá-la;

II – relator, se já distribuída a apelação.

§ 4º Nas hipóteses do § 1º, a eficácia da sentença poderá ser suspensa pelo relator se o apelante demonstrar a probabilidade de provimento do recurso ou se, sendo relevante a fundamentação, houver risco de dano grave ou de difícil reparação."

[124] **Enunciado 134 da II Jornada de Direito Processual Civil do CJF:** A apelação contra a sentença que julga improcedentes os embargos ao mandado monitório não é dotada de efeito suspensivo automático (art. 702, § 4º, e 1.012, § 1º, V, CPC).

Enunciado 144 da II Jornada de Direito Processual Civil do CJF: No caso de apelação, o deferimento de tutela provisória em sentença retira-lhe o efeito suspensivo referente ao capítulo atingido pela tutela.

de procedência o pedido de instituição de arbitragem; confirmação, concessão ou revogação de tutela provisória; e decretação de interdição.

Em todo caso, há, assim, a possibilidade de que a suspensividade decorra de previsão legal abstrata (*ope legis*) ou seja concretamente concedida por decisão judicial (*ope judicis*). Para a primeira situação, tem-se o mencionado exemplo do *caput* do art. 1.012, segundo o qual a apelação terá efeito suspensivo. Em relação à segunda situação, a suspensividade consistirá em verdadeira *tutela provisória* concedida ao recurso, suspendendo os efeitos da decisão recorrida. Nesse ponto, o art. 995, parágrafo único, estabelece que a eficácia da decisão recorrida poderá ser suspensa por decisão do relator, se da imediata produção de seus efeitos houver *(i)* risco de dano grave, de difícil ou impossível reparação; e *(ii)* ficar demonstrada a probabilidade de provimento do recurso. Esta segunda hipótese é a chamada *tutela de evidência recursal.*

O art. 1.019, I, do CPC/2015 prevê a possibilidade do chamado *efeito suspensivo ativo* no agravo de instrumento, pois permite ao relator deferir, em antecipação de tutela, total ou parcialmente, a pretensão recursal, comunicando ao juiz sua decisão. Cuida-se de modalidade de efeito suspensivo *ope judicis* que acarreta a concessão de tutela provisória.

Critérios múltiplos informam o legislador na retirada de suspensividade recursal das decisões. Poder-se-ia, sinteticamente, afirmar que a supressão do efeito suspensivo decorre de decisões, que se não forem eficazes de imediato podem gerar perigo para o direito da parte, já que a não suspensividade permite a produção de uma eficácia mitigada da decisão, quando há recurso pendente. Não se trata, portanto, de decisão imutável, podendo vir a modificar-se em grau recursal.

Exatamente porque passíveis de modificação, mas já produtoras de efeitos, essas decisões comportam certos estágios de implementação que, evidentemente, não podem alcançar níveis irreversíveis, porque não cobertas pelo selo da verdade eterna da coisa julgada. Diz-se, então, que a parte favorecida por essas decisões cujos recursos não têm efeito suspensivo pode adiantar alguns atos de execução no âmbito do cumprimento de sentença provisório, agora regulamentado de forma específica pelo Novo Código de Processo Civil de 2015.

6.4 INCIDENTES NOS TRIBUNAIS

Ainda que não tenham a natureza jurídica de espécies de recursos, é durante a fase recursal que usualmente têm lugar dois importantes institutos inaugurados pelo Novo Código: o incidente de assunção de competência (IAC) e o incidente de resolução de demandas repetitivas (IRDR).[125]

---

[125] **Enunciado 141 da II Jornada de Direito Processual Civil do CJF:** É possível a conversão de Incidente de Assunção de Competência em Incidente de Resolução de Demandas Repetitivas, se demonstrada a efetiva repetição de processos em que se discute a mesma questão de direito. **Enunciado 126 da II Jornada de Direito Processual Civil do CJF:** O juiz pode resolver parcialmente o mérito, em relação à matéria não afetada para julgamento, nos processos

250 | PROCESSO CIVIL CONTEMPORÂNEO – *Luiz Fux*

6.4.1 Incidente de assunção de competência

Um dos novos incidentes criados pelo Novo Código foi o Incidente de Assunção de Competência (IAC), do qual cuida o art. 947.[126-127] O instituto substitui e complementa as regras dos artigos 476 a 479[128] (uniformização da jurisprudência) e § 1º do art. 555, todos do CPC/1973.[129]

---

suspensos em razão de recursos repetitivos, repercussão geral, incidente de resolução de demandas repetitivas ou incidente de assunção de competência.

[126] "**Art. 947.** É admissível a assunção de competência quando o julgamento de recurso, de remessa necessária ou de processo de competência originária envolver relevante questão de direito, com grande repercussão social, sem repetição em múltiplos processos.

§ 1º Ocorrendo a hipótese de assunção de competência, o relator proporá, de ofício ou a requerimento da parte, do Ministério Público ou da Defensoria Pública, que seja o recurso, a remessa necessária ou o processo de competência originária julgado pelo órgão colegiado que o regimento indicar.

§ 2º O órgão colegiado julgará o recurso, a remessa necessária ou o processo de competência originária se reconhecer interesse público na assunção de competência.

§ 3º O acórdão proferido em assunção de competência vinculará todos os juízes e órgãos fracionários, exceto se houver revisão de tese.

§ 4º Aplica-se o disposto neste artigo quando ocorrer relevante questão de direito a respeito da qual seja conveniente a prevenção ou a composição de divergência entre câmaras ou turmas do tribunal."

[127] **Enunciado 135 da II Jornada de Direito Processual Civil do CJF:** É admissível a concessão de tutela da evidência fundada em tese firmada em incidente de assunção de competência.

Enunciado 136 da II Jornada de Direito Processual Civil do CJF: A caução exigível em cumprimento provisório de sentença poderá ser dispensada se o julgado a ser cumprido estiver em consonância com tese firmada em incidente de assunção de competência.

[128] "**Art. 476.** Compete a qualquer juiz, ao dar o voto na turma, câmara, ou grupo de câmaras, solicitar o pronunciamento prévio do tribunal acerca da interpretação do direito quando:

I – verificar que, a seu respeito, ocorre divergência;

II – no julgamento recorrido a interpretação for diversa da que lhe haja dado outra turma, câmara, grupo de câmaras ou câmaras cíveis reunidas.

Parágrafo único. A parte poderá, ao arrazoar o recurso ou em petição avulsa, requerer, fundamentadamente, que o julgamento obedeça ao disposto neste artigo.

Art. 477. Reconhecida a divergência, será lavrado o acórdão, indo os autos ao presidente do tribunal para designar a sessão de julgamento. A secretaria distribuirá a todos os juízes cópia do acórdão.

Art. 478. O tribunal, reconhecendo a divergência, dará a interpretação a ser observada, cabendo a cada juiz emitir o seu voto em exposição fundamentada.

Parágrafo único. Em qualquer caso, será ouvido o chefe do Ministério Público que funciona perante o tribunal.

Art. 479. O julgamento, tomado pelo voto da maioria absoluta dos membros que integram o tribunal, será objeto de súmula e constituirá precedente na uniformização da jurisprudência.

Parágrafo único. Os regimentos internos disporão sobre a publicação no órgão oficial das súmulas de jurisprudência predominante."

[129] "**Art. 555.** No julgamento de apelação ou de agravo, a decisão será tomada, na câmara ou turma, pelo voto de 3 (três) juízes. (Redação dada pela Lei nº 10.352, de 2001)

Capítulo VI · A FASE DE RECURSOS E OUTRAS IMPUGNAÇÕES | 251

A essência de sua finalidade é oportunizar a avocação de julgamento de recursos,[130] processos ou remessa necessária, no afã de prevenir eventual divergência entre órgãos fracionários (*v.g.*: câmaras ou turmas) de um mesmo Tribunal ou para compor divergência já surgida. O resultado de seu julgamento forma um precedente vinculante (art. 927, III, do Novo CPC)[131-132] e seu principal elemento diferenciador dos demais é a desnecessidade de repetição da controvérsia em múltiplos processos.

Com efeito, os requisitos para sua instauração são: *(i)* presença de relevante questão de direito; *(ii)* com grande repercussão social; *(iii)* sem repetição em múltiplos processos. Sua ocorrência poderá se dar em recurso, remessa necessária ou processo de competência originária, por iniciativa *ex officio* do relator ou mediante provocação da parte, do Ministério Público ou da Defensoria Pública.

Se admitido, o incidente será direcionado para o órgão colegiado que o regimento interno do Tribunal indicar, a quem caberá julgar o recurso, a remessa necessária ou o processo, caso se reconheça a existência de interesse público em tal assunção de competência. Em norma explicativa de umas de suas finalidades, o § 4º do art. 947 do NCPC dispõe que o instituto é aplicável para a prevenção ou composição de divergência entre câmaras ou turmas do Tribunal, em linha semelhante ao que fazia, sob a vigência do CPC/1973, a uniformização de jurisprudência.

6.4.2 Incidente de resolução de demandas repetitivas

Outra inovação de relevo do Novo Código foi a criação do Incidente de Resolução de Demandas Repetitivas (IRDR), do qual cuidam os artigos 976-987. Sua instauração será cabível quando se demonstre a presença cumulativa dos seguintes requisitos (art. 976):[133] *(i)* efetiva repetição de processos que contenham controvérsia

---

§ 1º Ocorrendo relevante questão de direito, que faça conveniente prevenir ou compor divergência entre câmaras ou turmas do tribunal, poderá o relator propor seja o recurso julgado pelo órgão colegiado que o regimento indicar; reconhecendo o interesse público na assunção de competência, esse órgão colegiado julgará o recurso. (Incluído pela Lei nº 10.352, de 2001)"

[130] **Enunciado 65 da I Jornada de Direito Processual Civil do CJF:** A desistência do recurso pela parte não impede a análise da questão objeto do incidente de assunção de competência.

[131] "**Art. 927.** Os juízes e os tribunais observarão:
III – os acórdãos em incidente de assunção de competência ou de resolução de demandas repetitivas e em julgamento de recursos extraordinário e especial repetitivos"

[132] **Enunciado 59 da I Jornada de Direito Processual Civil do CJF:** Não é exigível identidade absoluta entre casos para a aplicação de um precedente, seja ele vinculante ou não, bastando que ambos possam compartilhar os mesmos fundamentos determinantes.

[133] **Art. 976.** É cabível a instauração do incidente de resolução de demandas repetitivas quando houver, simultaneamente:
I – efetiva repetição de processos que contenham controvérsia sobre a mesma questão unicamente de direito;

252 | PROCESSO CIVIL CONTEMPORÂNEO – *Luiz Fux*

sobre a mesma questão jurídica; *(ii)* risco de ofensa à isonomia e à segurança jurídica. O instituto, portanto, integra o conjunto de *julgamentos de casos repetitivos*, ao lado do recurso especial repetitivo e do recurso extraordinário repetitivo.

O pedido para sua instauração será dirigido ao Presidente de tribunal, por iniciativa do juiz ou relator; a requerimento das partes, do Ministério Público ou Defensoria Pública, sempre acompanhado dos documentos que comprovem a demonstração do preenchimento dos requisitos necessários.[134-135] Seu julgamento caberá também ao órgão colegiado indicado pelo Regimento Interno do Tribunal, ao qual competirá tanto o julgamento do incidente, fixando a tese jurídica adequada, como também o processo em que veiculada a discussão (recurso, remessa necessária ou processo de competência originária).[136]

Em tais situações, a importância da controvérsia discutida assume especial relevância, de tal modo que se possibilita seu descolamento da lide concretamente discutida. Por isso é que a desistência ou o abandono do processo não impede o exame de mérito do incidente.

Em razão do interesse público que a discussão certamente envolverá, quando já não seja o requerente, o Ministério Público deverá intervir necessariamente no

---

II – risco de ofensa à isonomia e à segurança jurídica.

§ 1º A desistência ou o abandono do processo não impede o exame de mérito do incidente.

§ 2º Se não for o requerente, o Ministério Público intervirá obrigatoriamente no incidente e deverá assumir sua titularidade em caso de desistência ou de abandono.

§ 3º A inadmissão do incidente de resolução de demandas repetitivas por ausência de qualquer de seus pressupostos de admissibilidade não impede que, uma vez satisfeito o requisito, seja o incidente novamente suscitado.

§ 4º É incabível o incidente de resolução de demandas repetitivas quando um dos tribunais superiores, no âmbito de sua respectiva competência, já tiver afetado recurso para definição de tese sobre questão de direito material ou processual repetitiva.

§ 5º Não serão exigidas custas processuais no incidente de resolução de demandas repetitivas."

[134] "**Art. 977.** O pedido de instauração do incidente será dirigido ao presidente de tribunal:

I – pelo juiz ou relator, por ofício;

II – pelas partes, por petição;

III – pelo Ministério Público ou pela Defensoria Pública, por petição.

Parágrafo único. O ofício ou a petição será instruído com os documentos necessários à demonstração do preenchimento dos pressupostos para a instauração do incidente."

[135] **Enunciado 143 da II Jornada de Direito Processual Civil do CJF:** O pedido de revisão da tese jurídica firmada no incidente de resolução de demandas repetitivas pode ser feito pelas partes, nos termos do art. 977, II, do CPC/2015.

[136] "**Art. 978.** O julgamento do incidente caberá ao órgão indicado pelo regimento interno dentre aqueles responsáveis pela uniformização de jurisprudência do tribunal.

Parágrafo único. O órgão colegiado incumbido de julgar o incidente e de fixar a tese jurídica julgará igualmente o recurso, a remessa necessária ou o processo de competência originária de onde se originou o incidente."

Capítulo VI · A FASE DE RECURSOS E OUTRAS IMPUGNAÇÕES | 253

incidente, assumindo sua titularidade em caso de desistência ou de abandono pela parte requerente, em semelhança ao que ocorre nos processos coletivos.

Caso se entenda, inicialmente, não estarem presentes seus requisitos de admissibilidade, a inadmissão do incidente de resolução de demandas repetitivas não impede que, posteriormente satisfeito o requisito então ausente, seja ele novamente suscitado.

Por outro lado, caso já exista, no âmbito do Supremo Tribunal Federal ou do Superior Tribunal de Justiça recurso extraordinário ou repetitivo afetado para definição de tese sobre questão de direito material ou processual repetitiva, não poderá o Tribunal de segundo grau instaurar o IRDR sobre essa mesma questão.

Preenchidos seus requisitos e admitido o incidente, deve-se promover ampla publicidade quanto à sua instauração, até para que seus objetivos de suspensão de processos e aplicação uniforme da tese sejam alcançados. Para tanto, o Código determina seu registro eletrônico em portal do Conselho Nacional de Justiça e nos bancos de dados dos Tribunais (art. 979),[137] determinações que se aplicam também ao julgamento de recursos extraordinário e especial repetitivos, bem como da repercussão geral em recurso extraordinário.

Em caso de admissão do incidente, o relator junto ao órgão colegiado competente para seu julgamento determinará a suspensão dos processos pendentes, individuais ou coletivos, que tramitam no Estado ou na região, conforme se trate de Tribunal de Justiça ou Tribunal Regional Federal (art. 982).[138-139] Na oportunidade, deverá, também, intimar o Ministério Público, para que atue no feito, bem como

---

[137] **"Art. 979.** A instauração e o julgamento do incidente serão sucedidos da mais ampla e específica divulgação e publicidade, por meio de registro eletrônico no Conselho Nacional de Justiça.

§ 1º Os tribunais manterão banco eletrônico de dados atualizados com informações específicas sobre questões de direito submetidas ao incidente, comunicando-o imediatamente ao Conselho Nacional de Justiça para inclusão no cadastro.

§ 2º Para possibilitar a identificação dos processos abrangidos pela decisão do incidente, o registro eletrônico das teses jurídicas constantes do cadastro conterá, no mínimo, os fundamentos determinantes da decisão e os dispositivos normativos a ela relacionados.

§ 3º Aplica-se o disposto neste artigo ao julgamento de recursos repetitivos e da repercussão geral em recurso extraordinário."

[138] **"Art. 982.** Admitido o incidente, o relator:

I – suspenderá os processos pendentes, individuais ou coletivos, que tramitam no Estado ou na região, conforme o caso;

II – poderá requisitar informações a órgãos em cujo juízo tramita processo no qual se discute o objeto do incidente, que as prestarão no prazo de 15 (quinze) dias;

III – intimará o Ministério Público para, querendo, manifestar-se no prazo de 15 (quinze) dias.

§ 1º A suspensão será comunicada aos órgãos jurisdicionais competentes.

§ 2º Durante a suspensão, o pedido de tutela de urgência deverá ser dirigido ao juízo onde tramita o processo suspenso.

requisitar informações a órgãos em cujo juízo tramita processo no qual se discute o objeto do incidente.

A suspensão não impede a análise de pedidos de tutela de urgência, o qual será apreciado pelo juízo natural onde tramita o processo suspenso. Ademais, essa suspensão inicialmente limitada ao âmbito do Estado ou região sobre a qual o Tribunal possui jurisdição poderá ser estendida nacionalmente, mediante requerimento ao Superior Tribunal de Justiça ou ao Supremo Tribunal Federal. Em tais situações, eventual deferimento da ampliação da suspensão cessará se, oportunamente, não for interposto o recurso especial ou recurso extraordinário contra a decisão proferida no incidente.

Considerando a importância da tese jurídica a ser formulada e da sua futura aplicação aos casos em que veiculada idêntica controvérsia, o Novo Código demonstra preocupações com a necessidade de colheita ampla de informações e alegações das diversas partes envolvidas e mesmo de outros que não integrem o feito na relação de parte, como os *amici curiae* (art. 983).[140] Também a forma de julgamento do in-

---

§ 3º Visando à garantia da segurança jurídica, qualquer legitimado mencionado no art. 977, incisos II e III, poderá requerer, ao tribunal competente para conhecer do recurso extraordinário ou especial, a suspensão de todos os processos individuais ou coletivos em curso no território nacional que versem sobre a questão objeto do incidente já instaurado.

§ 4º Independentemente dos limites da competência territorial, a parte no processo em curso no qual se discuta a mesma questão objeto do incidente é legitimada para requerer a providência prevista no § 3º deste artigo.

§ 5º Cessa a suspensão a que se refere o inciso I do *caput* deste artigo se não for interposto recurso especial ou recurso extraordinário contra a decisão proferida no incidente."

[139] **Enunciado 107 da I Jornada de Direito Processual Civil do CJF:** Não se aplica a suspensão do art. 982, I, do CPC ao cumprimento de sentença anteriormente transitada em julgado e que tenha decidido questão objeto de posterior incidente de resolução de demandas repetitivas.

Enunciado 140 da II Jornada de Direito Processual Civil do CJF: A suspensão de processos pendentes, individuais ou coletivos, que tramitam no Estado ou na região prevista no art. 982, I, do CPC não é decorrência automática e necessária da admissão do IRDR, competindo ao relator ou ao colegiado decidir acerca da sua conveniência.

Enunciado 142 da II Jornada de Direito Processual Civil do CJF: Determinada a suspensão decorrente da admissão do IRDR (art. 982, I), a alegação de distinção entre a questão jurídica versada em uma demanda em curso e aquela a ser julgada no incidente será veiculada por meio do requerimento previsto no art. 1.037, §10.

[140] "**Art. 983.** O relator ouvirá as partes e os demais interessados, inclusive pessoas, órgãos e entidades com interesse na controvérsia, que, no prazo comum de 15 (quinze) dias, poderão requerer a juntada de documentos, bem como as diligências necessárias para a elucidação da questão de direito controvertida, e, em seguida, manifestar-se-á o Ministério Público, no mesmo prazo.

§ 1º Para instruir o incidente, o relator poderá designar data para, em audiência pública, ouvir depoimentos de pessoas com experiência e conhecimento na matéria.

§ 2º Concluídas as diligências, o relator solicitará dia para o julgamento do incidente."

Capítulo VI · A FASE DE RECURSOS E OUTRAS IMPUGNAÇÕES | **255**

cidente é disciplinada pelo NCPC (art. 984),[141] com destaque para a necessidade de análise de todos os fundamentos suscitados concernentes à tese jurídica discutida.

Após o julgamento do incidente, o Tribunal fixará uma tese para solução da questão jurídica controvertida, a qual será aplicada aos processos anteriormente suspensos, bem como aos casos futuros que versem o mesmo tema (art. 985),[142] sob pena da possibilidade de ajuizamento de reclamação (§ 1º).

Contra este acórdão que resolve o incidente (e também o caso concreto no qual surgiu), é cabível a interposição de recurso extraordinário e de recurso especial, em relação ao qual se assegura efeito suspensivo *ex lege* e, para aquele primeiro recurso, presunção de repercussão geral (art. 987).[143] Até por seus efeitos vinculantes e por sua aplicabilidade a casos futuros, é possível, também, a revisão da tese jurídica fixada, conforme disciplina o art. 986.[144]

---

[141] **"Art. 984.** No julgamento do incidente, observar-se-á a seguinte ordem:

I – o relator fará a exposição do objeto do incidente;

II – poderão sustentar suas razões, sucessivamente:

a) o autor e o réu do processo originário e o Ministério Público, pelo prazo de 30 (trinta) minutos;

b) os demais interessados, no prazo de 30 (trinta) minutos, divididos entre todos, sendo exigida inscrição com 2 (dois) dias de antecedência.

§ 1º Considerando o número de inscritos, o prazo poderá ser ampliado.

§ 2º O conteúdo do acórdão abrangerá a análise de todos os fundamentos suscitados concernentes à tese jurídica discutida, sejam favoráveis ou contrários."

[142] **"Art. 985.** Julgado o incidente, a tese jurídica será aplicada:

I – a todos os processos individuais ou coletivos que versem sobre idêntica questão de direito e que tramitem na área de jurisdição do respectivo tribunal, inclusive àqueles que tramitem nos juizados especiais do respectivo Estado ou região;

II – aos casos futuros que versem idêntica questão de direito e que venham a tramitar no território de competência do tribunal, salvo revisão na forma do art. 986.

§ 1º Não observada a tese adotada no incidente, caberá reclamação.

§ 2º Se o incidente tiver por objeto questão relativa a prestação de serviço concedido, permitido ou autorizado, o resultado do julgamento será comunicado ao órgão, ao ente ou à agência reguladora competente para fiscalização da efetiva aplicação, por parte dos entes sujeitos a regulação, da tese adotada."

[143] **"Art. 987.** Do julgamento do mérito do incidente caberá recurso extraordinário ou especial, conforme o caso.

§ 1º O recurso tem efeito suspensivo, presumindo-se a repercussão geral de questão constitucional eventualmente discutida.

§ 2º Apreciado o mérito do recurso, a tese jurídica adotada pelo Supremo Tribunal Federal ou pelo Superior Tribunal de Justiça será aplicada no território nacional a todos os processos individuais ou coletivos que versem sobre idêntica questão de direito."

[144] **"Art. 986.** A revisão da tese jurídica firmada no incidente far-se-á pelo mesmo tribunal, de ofício ou mediante requerimento dos legitimados mencionados no art. 977, inciso III."

PROCESSO CIVIL CONTEMPORÂNEO – *Luiz Fux*

Como se trata de um incidente, não serão cobradas novas custas sobre sua instauração. Por fim, à luz da preocupação com a razoável duração dos processos, o Novo Código prevê o prazo de um ano para julgamento preferencial do incidente, após o qual poderá cessar a suspensão dos processos, salvo decisão do relator em sentido contrário (art. 980).[145]

6.5 RECURSOS EM ESPÉCIE

Por fim, para que se encerre o estudo das normas fundamentais relativamente à fase recursal, cumpre traçar alguns comentários quanto aos recursos em espécie. Em seu art. 994, o Novo Código afirma serem cabíveis os seguintes recursos: apelação; agravo de instrumento; agravo interno; embargos de declaração; recurso ordinário; recurso especial; recurso extraordinário; agravo em recurso especial ou extraordinário e embargos de divergência. Passa-se a comentar, de forma introdutória, os principais destes recursos.

6.5.1 Apelação

A apelação é, em regra, o recurso cabível das sentenças definitivas (resoluções de mérito) ou terminativas que extinguem os procedimentos em primeiro grau de jurisdição por defeitos formais, qualquer que seja a natureza do processo.[146] A definição leva em consideração o fato de que em algumas leis extravagantes a sentença pode ser impugnável por outro recurso, como, *v. g.*, nos juizados especiais (Lei nº 9.099/1995), cujo recurso único contemplado não ostenta *nomen juris* específico.

A apelação é o recurso por excelência, consagrado por todos os nossos matizes europeus e pelos sistemas latino-americanos do mesmo tronco científico que o nosso, singularizando-se pelo fato de dirigir-se ao pronunciamento último do juízo e pela sua ampla devolutividade (art. 1.013),[147] que investe o tribunal no conhecimento irrestrito da causa, concretizando o *duplo grau de jurisdição*.[148-149]

---

[145] **"Art. 980.** O incidente será julgado no prazo de 1 (um) ano e terá preferência sobre os demais feitos, ressalvados os que envolvam réu preso e os pedidos de habeas corpus.

Parágrafo único. Superado o prazo previsto no *caput*, cessa a suspensão dos processos prevista no art. 982, salvo decisão fundamentada do relator em sentido contrário."

[146] Ainda que não haja contenciosidade, como sói ocorrer na jurisdição voluntária, o recurso cabível é o de apelação. Essa era a respeitada opinião de um dos maiores tratadistas do tema, sob a égide do denominado Código de 1939, o Professor Frederico Marques, na sua tese docente "Ensaio sobre a jurisdição voluntária", 1952, p. 256.

[147] **"Art. 1.013.** A apelação devolverá ao tribunal o conhecimento da matéria impugnada."

[148] Como proficuamente leciona Seabra Fagundes: "Nenhum outro recurso tem cabimento com mais frequência, pois sempre que a relação processual se compõe e se desenvolve normalmente, é por ele que se promove o reexame da decisão de primeira instância. Nenhum o supera na amplitude com que devolve o conhecimento da causa do juízo inferior ao superior", *in: Dos recursos ordinários em matéria civil*, 1946, p. 247.

[149] **Enunciado 68 da I Jornada de Direito Processual Civil do CJF:** A intempestividade da apelação desautoriza o órgão a quo a proferir juízo positivo de retratação.

Capítulo VI · A FASE DE RECURSOS E OUTRAS IMPUGNAÇÕES | **257**

Deveras, a apelação é recurso servil ao afastamento dos "vícios da ilegalidade" e da "injustiça" encartados em resoluções de mérito ou sentenças terminativas. A diferença reside no fato de que, tratando-se de apelação dirigida contra sentença terminativa, o provimento do recurso, ressalvadas as hipóteses da *causa madura* (art. 1.013, § 3º, do NCPC),[150] não autoriza o Tribunal a prosseguir no julgamento do mérito da causa inapreciado na instância inferior, porquanto a isso equivaleria a supressão de instância, submetendo o *meritum causae* a uma única apreciação. Senão naquelas situações, o Tribunal deverá determinar o retorno dos autos ao juízo *a quo*, para que prossiga no cumprimento da causa final da jurisdição, que é a definição do litígio sem nulidades processuais.

Além das ocorrências alcançadas pelo art. 1.013, § 3º, também nas situações em que se constate a ocorrência de nulidade sanável, o Tribunal poderá determinar a realização ou renovação do ato processual, intimadas as partes. Cumprida a diligência, sempre que possível, prosseguirá o julgamento da apelação (art. 938, §§ 1º e 2º, do NCPC).[151]

Quanto aos seus efeitos, o provimento da apelação, tratando-se de resolução do mérito, opera a substituição da decisão recorrida, limitadamente ao objeto do recurso (art. 1.008 do NCPC).[152-153] Destarte, os efeitos do provimento do recurso da

---

[150] "**Art. 1.013**, § 3º Se o processo estiver em condições de imediato julgamento, o tribunal deve decidir desde logo o mérito quando:

I – reformar sentença fundada no art. 485;

II – decretar a nulidade da sentença por não ser ela congruente com os limites do pedido ou da causa de pedir;

III – constatar a omissão no exame de um dos pedidos, hipótese em que poderá julgá-lo;

IV – decretar a nulidade de sentença por falta de fundamentação."

[151] "**Art. 938.** A questão preliminar suscitada no julgamento será decidida antes do mérito, deste não se conhecendo caso seja incompatível com a decisão.

§ 1º Constatada a ocorrência de vício sanável, inclusive aquele que possa ser conhecido de ofício, o relator determinará a realização ou renovação do ato processual, no próprio tribunal ou em primeiro grau de jurisdição, intimadas as partes.

§ 2º Cumprida a diligência de que trata o § 1º, o relator, sempre que possível, prosseguirá no julgamento do recurso.

§ 3º Reconhecida a necessidade de produção de prova, o relator converterá o julgamento em diligência, que se realizará no tribunal ou em primeiro grau de jurisdição, decidindo-se o recurso após a conclusão da instrução.

§ 4º Quando não determinadas pelo relator, as providências indicadas nos §§ 1º e 3º poderão ser determinadas pelo órgão competente para julgamento do recurso."

[152] Nesse caso, a sentença não vale mais por si só ou por si mesma, senão apenas pela remissão do acórdão que a sacramentou, *in* Pedro Batista Martins, *Recursos e processos da competência originária dos tribunais*, 1957, p. 218.

[153] "**Art. 1.008.** O julgamento proferido pelo tribunal substituirá a decisão impugnada no que tiver sido objeto de recurso."

apelação dirigida contra a sentença terminativa e a apelação que veicula *error in procedendo* (vício de atividade do juiz) são análogos, porquanto em ambos, ressalvadas as hipóteses já destacadas, há a eliminação da decisão com a baixa dos autos, para que outra decisão seja proferida pelo juízo de primeiro grau. No primeiro caso, para prosseguir no julgamento do mérito, e, no segundo, para que uma decisão imune de ilegalidade seja prolatada.

Não obstante essa similitude de efeitos, não há correspondência entre os vícios e a natureza das decisões, no sentido de que a ilegalidade é vício correspondente às sentenças terminativas e a injustiça, inerente às definitivas. É perfeitamente possível que uma sentença meramente terminativa contemple *error in judicando* ou *error in procedendo*, o mesmo se sucedendo em relação às decisões que definem o litígio.

O art. 1.012[154-155] prevê o efeito suspensivo ao recurso, que não persistirá nas situações previstas em seu § 1º, quando se trata de sentença que: *I – homologa divisão ou demarcação de terras; II – condena a pagar alimentos; III – extingue sem resolução do mérito ou julga improcedentes os embargos do executado; IV – julga procedente o pedido de instituição de arbitragem; V – confirma, concede ou revoga tutela provisória; ou VI – decreta a interdição.* Mesmo nessas situações, o recurso não impedirá o pedido de cumprimento provisório, bem como a possibilidade de concessão de efeito suspensivo por decisão judicial (*ope judicis*), mediante requerimento dirigido ao Tribunal (entre a interposição do recurso e sua distribuição) ou ao relator (se já distribuída a apelação), no qual se demonstre a probabilidade de provimento do recurso ou o risco de dano grave ou de difícil reparação.

Diferentemente do Código anterior, em que se previa o cabimento de *agravo retido*, a sistemática inaugurada pelo Novo Código para a restrição das hipóteses de interposição do agravo de instrumento causa consequências também na apelação. É que as questões resolvidas na fase de conhecimento que não sejam impugnáveis de imediato por agravo de instrumento poderão ser suscitadas em preliminar de apelação, eventualmente interposta contra a decisão final, ou nas contrarrazões a esse recurso, visto que não se considerarão cobertas pela preclusão (art. 1.009, § 1º).[156]

---

[154] "**Art. 1.012.** A apelação terá efeito suspensivo."

[155] **Enunciado 134 da II Jornada de Direito Processual Civil do CJF:** A apelação contra a sentença que julga improcedentes os embargos ao mandado monitório não é dotada de efeito suspensivo automático (art. 702, § 4º, e 1.012, § 1º, V, CPC).

Enunciado 144 da II Jornada de Direito Processual Civil do CJF: No caso de apelação, o deferimento de tutela provisória em sentença retira-lhe o efeito suspensivo referente ao capítulo atingido pela tutela.

[156] "**Art. 1.009.** Da sentença cabe apelação.

§ 1º As questões resolvidas na fase de conhecimento, se a decisão a seu respeito não comportar agravo de instrumento, não são cobertas pela preclusão e devem ser suscitadas em preliminar de apelação, eventualmente interposta contra a decisão final, ou nas contrarrazões."

Interposto o recurso, ele não mais será objeto de juízo de admissibilidade pelo juízo de primeiro grau. Apresentada a petição (que deverá conter os nomes e a qualificação das partes; a exposição do fato e do direito; as razões do pedido de reforma ou de decretação de nulidade; e o pedido de nova decisão), o juiz deverá intimar o apelado para apresentar contrarrazões no prazo de 15 (quinze) dias, após o que os autos serão remetidos ao Tribunal pelo juiz, independentemente de juízo de admissibilidade. Em caso de interposição de apelação adesiva pelo apelado, o juiz intimará, antes, o apelante para apresentar contrarrazões (art. 1.010).[157]

Se recebido o recurso pelo Tribunal, o relator a quem distribuído poderá decidi-lo monocraticamente quando: *(i)* seja inadmissível, prejudicado ou que não tenha impugnado especificamente os fundamentos da decisão recorrida; *(ii)* contrarie súmula do Supremo Tribunal Federal, do Superior Tribunal de Justiça ou do próprio tribunal; acórdão proferido pelo Supremo Tribunal Federal ou pelo Superior Tribunal de Justiça em julgamento de recursos repetitivos; entendimento firmado em incidente de resolução de demandas repetitivas ou de assunção de competência; ou *(iii)* após facultada a apresentação de contrarrazões, para dar provimento ao recurso, a sentença recorrida for contrária a súmula do Supremo Tribunal Federal, do Superior Tribunal de Justiça ou do próprio Tribunal; acórdão proferido pelo Supremo Tribunal Federal ou pelo Superior Tribunal de Justiça em julgamento de recursos repetitivos; ou entendimento firmado em incidente de resolução de demandas repetitivas ou de assunção de competência. Não sendo o caso de decisão monocrática, deverá elaborar seu voto para julgamento do recurso pelo órgão colegiado (art. 1.011).[158]

Aproveita-se o ensejo da apelação para mencionar que não foram reproduzidos, no Novo Código, os antigos *embargos infringentes*, espécie recursal autônoma no tem-

---

[157] **"Art. 1.010.** A apelação, interposta por petição dirigida ao juízo de primeiro grau, conterá:

I – os nomes e a qualificação das partes;

II – a exposição do fato e do direito;

III – as razões do pedido de reforma ou de decretação de nulidade;

IV – o pedido de nova decisão.

§ 1º O apelado será intimado para apresentar contrarrazões no prazo de 15 (quinze) dias.

§ 2º Se o apelado interpuser apelação adesiva, o juiz intimará o apelante para apresentar contrarrazões.

§ 3º Após as formalidades previstas nos §§ 1º e 2º, os autos serão remetidos ao tribunal pelo juiz, independentemente de juízo de admissibilidade."

[158] **"Art. 1.011.** Recebido o recurso de apelação no tribunal e distribuído imediatamente, o relator:

I – decidi-lo-á monocraticamente apenas nas hipóteses do art. 932, incisos III a V;

II – se não for o caso de decisão monocrática, elaborará seu voto para julgamento do recurso pelo órgão colegiado."

po do CPC/1973 (art. 530).[159] Em seu lugar, criou-se uma nova técnica de julgamento no art. 942,[160-161] pela qual se permite a ampliação do órgão colegiado competente para julgamento do recurso de apelação, quando não unânime a votação inicial.

O art. 942 do CPC/2015 dispõe que, quando o resultado da apelação for não unânime, o julgamento terá prosseguimento em sessão a ser designada com a presença de outros julgadores, que serão convocados nos termos previamente definidos no regimento interno, em número suficiente para garantir a possibilidade de inversão do resultado inicial, assegurando às partes e a eventuais terceiros o direito de sustentar oralmente suas razões perante os novos julgadores. Essa técnica de complementação do julgamento colegiado não unânime é inaplicável ao incidente de assunção de competência e ao de resolução de demandas repetitivas; à remessa necessária; e ao

---

[159] **"Art. 530.** Cabem embargos infringentes quando o acórdão não unânime houver reformado, em grau de apelação, a sentença de mérito, ou houver julgado procedente ação rescisória. Se o desacordo for parcial, os embargos serão restritos à matéria objeto da divergência. (Redação dada pela Lei nº 10.352, de 26.12.2001)"

[160] **"Art. 942.** Quando o resultado da apelação for não unânime, o julgamento terá prosseguimento em sessão a ser designada com a presença de outros julgadores, que serão convocados nos termos previamente definidos no regimento interno, em número suficiente para garantir a possibilidade de inversão do resultado inicial, assegurado às partes e a eventuais terceiros o direito de sustentar oralmente suas razões perante os novos julgadores.

§ 1º Sendo possível, o prosseguimento do julgamento dar-se-á na mesma sessão, colhendo-se os votos de outros julgadores que porventura componham o órgão colegiado.

§ 2º Os julgadores que já tiverem votado poderão rever seus votos por ocasião do prosseguimento do julgamento.

§ 3º A técnica de julgamento prevista neste artigo aplica-se, igualmente, ao julgamento não unânime proferido em:

I – ação rescisória, quando o resultado for a rescisão da sentença, devendo, nesse caso, seu prosseguimento ocorrer em órgão de maior composição previsto no regimento interno;

II – agravo de instrumento, quando houver reforma da decisão que julgar parcialmente o mérito.

§ 4º Não se aplica o disposto neste artigo ao julgamento:

I – do incidente de assunção de competência e ao de resolução de demandas repetitivas;

II – da remessa necessária;

III – não unânime proferido, nos tribunais, pelo plenário ou pela corte especial."

[161] **Enunciado 62 da I Jornada de Direito Processual Civil do CJF:** Aplica-se a técnica prevista no art. 942 do CPC no julgamento de recurso de apelação interposto em mandado de segurança.

Enunciado 63 da I Jornada de Direito Processual Civil do CJF: A técnica de que trata o art. 942, § 3º, I, do CPC aplica-se à hipótese de rescisão parcial do julgado.

Enunciado 137 da II Jornada de Direito Processual Civil do CJF: Se o recurso do qual se originou a decisão embargada comportou a aplicação da técnica do art. 942 do CPC, os declaratórios eventualmente opostos serão julgados com a composição ampliada.

julgamento não unânime proferido, nos tribunais, pelo plenário ou pela corte especial (art. 942, § 4º). A sistemática de julgamento ampliado do art. 942, que independe de requerimento das partes, deve ser observada tanto nos casos em que há reforma da sentença quanto nos casos em que a sentença é mantida, desde que a decisão não seja unânime.[162] Além disso, os novos julgadores convocados não ficam restritos aos capítulos ou pontos sobre os quais houve inicialmente divergência, cabendo-lhes a apreciação da integralidade do recurso, ao passo que é lícito aos julgadores que já tenham votado a modificação de seu posicionamento.[163]

Não se trata, assim, de um novo recurso, mas de uma nova técnica de julgamento. Sua ocorrência, como destacado, terá lugar quando o resultado da apelação for não unânime, bem como nos casos de ação rescisória, quando o resultado for a rescisão da sentença, ou no agravo de instrumento, quando houver reforma da decisão que julgar parcialmente o mérito.[164]

Entendeu o Superior Tribunal de Justiça que a técnica de complementação do julgado prevista no art. 942 do CPC/2015 somente é aplicável aos julgamentos colegiados cuja proclamação do resultado não unânime ocorreu após 18.03.2016, independentemente da data da publicação do acórdão.[165]

---

[162] STJ, REsp 1.733.820, 4ª Turma, Rel. Min. Luis Felipe Salomão, j. 02.10.2018.

[163] STJ, REsp 1.771.815, 3ª Turma, Rel. Min. Ricardo Villas Bôas Cueva, j. 13.11.2018.

[164] **Enunciado 125 da II Jornada de Direito Processual Civil do CJF:** A decisão parcial de mérito não pode ser modificada senão em decorrência do recurso que a impugna.

Enunciado 126 da II Jornada de Direito Processual Civil do CJF: O juiz pode resolver parcialmente o mérito, em relação à matéria não afetada para julgamento, nos processos suspensos em razão de recursos repetitivos, repercussão geral, incidente de resolução de demandas repetitivas ou incidente de assunção de competência.

[165] "3. Nos termos do art. 942, *caput*, do CPC/2015, quando o resultado da apelação for não unânime, o julgamento terá prosseguimento em sessão a ser designada, com a presença de outros julgadores, em número suficiente para garantir a possibilidade de inversão do resultado inicial. 4. O art. 942 do CPC/2015 não estabelece uma nova espécie recursal, mas, sim, uma técnica de julgamento, a ser aplicada de ofício, independentemente de requerimento das partes, com o objetivo de aprofundar a discussão a respeito de controvérsia, de natureza fática ou jurídica, acerca da qual houve dissidência. 5. O art. 942 do CPC/2015 possui contornos excepcionais e enuncia uma técnica de observância obrigatória pelo órgão julgador, cuja aplicabilidade só se manifesta de forma concreta no momento imediatamente posterior à colheita dos votos e à constatação do resultado não unânime, porém anterior ao ato processual formal subsequente, qual seja a publicação do acórdão. 6. Diante da natureza jurídica *sui generis* da técnica de ampliação do colegiado, o marco temporal para aferir a incidência do art. 942, *caput*, do CPC/2015 deve ser a data da proclamação do resultado não unânime da apelação, em respeito à segurança jurídica, à coerência e à isonomia. 7. Na hipótese em que a conclusão do julgamento não unânime da apelação tenha ocorrido antes de 18.03.2016, mas o respectivo acórdão foi publicado após essa data, haverá excepcional ultratividade do CPC/1973, devendo ser concedida à parte a possibilidade de interposição de embargos

6.5.2 Agravo de Instrumento

Os sistemas processuais enfrentam as decisões interlocutórias exaradas no processo de diferentes formas. Há sistemas jurídicos em que as decisões proferidas no curso do procedimento são impugnáveis mediante um só recurso ao final do processo, evitando fases de filtragens de tudo quanto o juiz conhece e julga no iter processual. Nestes, a parte não sofre os efeitos da preclusão pelo fato de não investir de imediato contra uma decisão gravosa. Outros sistemas adotam técnica diversa, impondo a impugnação das decisões por etapas, sob pena de preclusão. O Código de Processo Civil de 1973 adotava essa segunda sistemática, possibilitando a interposição de agravo contra as decisões interlocutórias (art. 522),[166] fosse mediante a formação de um instrumento para remessa imediata ao Tribunal, fosse de forma retida, para análise posterior.

A decisão interlocutória é ato do juiz no curso do procedimento, o qual, malgrado decisório porquanto resolve questão incidente, não impõe o término do procedimento em primeiro grau de jurisdição. A característica da decisão interlocutória é a de versar sobre questão cuja análise não implica a extinção do procedimento em primeiro grau de jurisdição. Legalmente, sua definição se dá de forma residual, já que o art. 203, § 2º, do Novo Código diz ser a decisão interlocutória todo pronunciamento judicial de natureza decisória que não se enquadre no conceito de sentença.

A operada proliferação da figura de agravo de instrumento, em contrapartida ao cabimento restrito da apelação às sentenças terminativas ou de resolução do mérito, também consideradas definitivas, tem íntima vinculação com sua origem histórico-medieval. O agravo de instrumento tem seu berço no Direito medieval português, em que foi instituído diante da impossibilidade textual, então imposta, de oferecimento da apelação contra as interlocutórias.

Esse período fora antecedido de outro, quando havia franquia na interposição do recurso de apelação contra qualquer decisão, gerando uma "eternização dos feitos." Diante dessa prodigalidade recursal, D. Afonso IV, que reinou de 1325 a 1357, determinou a inapelabilidade das "decisões interlocutórias." Mitigando-se a proibição, permitiu-se que se interpusesse uma "queixa das partes" ao soberano ou ao magistrado superior, por meio de instrumentos que continham informações do feito, sem a necessidade

---

infringentes, atendidos todos os demais requisitos cabíveis. Precedente da Terceira Turma. 8. Na hipótese de proclamação do resultado do julgamento não unânime ocorrer a partir de 18.03.2016, deve ser observado o disposto no art. 942 do CPC/2015" (REsp 1.762.236/SP, 3ª Turma, Rel. Min. Marco Aurélio Bellizze, Rel. p/ acórdão Min. Ricardo Villas Bôas Cueva, j. 19.02.2019).

[166] **"Art. 522.** Das decisões interlocutórias caberá agravo, no prazo de 10 (dez) dias, na forma retida, salvo quando se tratar de decisão suscetível de causar à parte lesão grave e de difícil reparação, bem como nos casos de inadmissão da apelação e nos relativos aos efeitos em que a apelação é recebida, quando será admitida a sua interposição por instrumento. (Redação dada pela Lei nº 11.187, de 2005)"

Capítulo VI · A FASE DE RECURSOS E OUTRAS IMPUGNAÇÕES | 263

de sua remessa. Esses instrumentos denominavam-se "querimas" ou "querimônias" e, quando providos, geravam em favor das partes uma "Carta de Justiça." Os julgamentos encetados eram tidos como imperfeitos porquanto calcados em meras informações, e por isso foram aperfeiçoados com a exigência de que viesse "por instrumento" a justificativa do magistrado quanto à decisão atacada. Desenha-se, assim, a origem remota do "agravo de instrumento", por influência dessa segunda concepção das querimônias, atribuída a D. Duarte. Por outro lado, o agravo guardava certo caráter de nobreza da impugnação, em contrapartida à apelação, haja vista que autores da época referiram--se a esses meios de impugnação, afirmando que "contra determinados juízes não se apela senão se agrava em virtude de sua 'sublime graduação.'"[167]

Em tal ótica, notável influência exercia a distância entre a sede do juízo e a do recurso, quando a mais de cinco léguas da Corte, posto que impunha, necessariamente, a instrumentalização dos remédios destinados a reparar os gravames causados pelas interlocutórias. O regime dos agravos também revela um resquício histórico, haja vista que o Direito lusitano experimentou as modalidades de "agravo de instrumento", "agravo de petição", "agravo no auto do processo", "agravo ordinário" e "agravo de ordenação não guardada." Ao longo da história processual brasileira, empreendeu-se gradativa supressão dessas espécies, sendo certo que em época não muito remota o nosso sistema ainda adotava as formas do "agravo de petição", do "agravo de instrumento" e do "agravo no auto do processo", reduzidas na atualidade para agravo de instrumento, que faz as vezes dos matizes anciãos, com a técnica de impugnação das sentenças, ainda que terminativas, pelo recurso de apelação.[168]

Inaugurando um novo tempo, no afã de maximizar a eficiência da jurisdição e a razoável duração dos processos, o Novo Código de Processo Civil suprimiu a figura do agravo retido e modificou a sistemática do agravo de instrumento, objeto do art. 1.015.[169-170] Adota-se, agora, um sistema de recorribilidade limitada das de-

---

[167] Nesse sentido, o clássico Lobão, *Segundas linhas sobre o processo civil*, 1855, Parte II, p. 156. No mesmo sentido, Pereira e Souza, *Primeiras linhas sobre o processo civil*, 1863, tomo II, p. 58.

[168] As sentenças de extinção sem mérito eram agraváveis. Acerca de toda a história do agravo e de sua fisiologia recursal, consulte-se, por todos, Alfredo Buzaid, *Do agravo de petição no sistema do Código de Processo Civil*, 1956, p. 34 e 35, e Barbosa Moreira, *Comentários*, 1983.

[169] "**Art. 1.015.** Cabe agravo de instrumento contra as decisões interlocutórias que versarem sobre:

I – tutelas provisórias;

II – mérito do processo;

III – rejeição da alegação de convenção de arbitragem;

IV – incidente de desconsideração da personalidade jurídica;

V – rejeição do pedido de gratuidade da justiça ou acolhimento do pedido de sua revogação;

VI – exibição ou posse de documento ou coisa;

VII – exclusão de litisconsorte;

cisões interlocutórias, admitindo-se o agravo de instrumento apenas em relação às decisões que versem as matérias arroladas naquele dispositivo.

Consequentemente, nos casos excepcionais elencados no art. 1.015 do CPC/2015, a não interposição do agravo ensejará a preclusão da matéria, que não poderá ser questionada em sede de apelação. A Corte Especial do Superior Tribunal de Justiça, interpretando o dispositivo, entendeu que o "rol do art. 1.015 do CPC é de taxatividade mitigada, por isso admite a interposição de agravo de instrumento quando verificada a urgência decorrente da inutilidade do julgamento da questão no recurso de apelação."[171]

Desse modo, o Superior Tribunal de Justiça vem interpretando casuisticamente os incisos do art. 1.015 do CPC/2015, por vezes conferindo interpretação extensiva e por outras limitando a sua aplicação. Por exemplo, a Corte decidiu que cabe agravo de instrumento contra decisões interlocutórias que versem sobre competência, apesar da inexistência de previsão expressa no rol do art. 1.015.[172] Por outro lado, a Corte

---

VIII – rejeição do pedido de limitação do litisconsórcio;

IX – admissão ou inadmissão de intervenção de terceiros;

X – concessão, modificação ou revogação do efeito suspensivo aos embargos à execução;

XI – redistribuição do ônus da prova nos termos do art. 373, § 1º;

XII – (VETADO);

XIII – outros casos expressamente referidos em lei.

Parágrafo único. Também caberá agravo de instrumento contra decisões interlocutórias proferidas na fase de liquidação de sentença ou de cumprimento de sentença, no processo de execução e no processo de inventário."

[170] **Enunciado 69 da I Jornada de Direito Processual Civil do CJF:** A hipótese do art. 1.015, parágrafo único, do CPC abrange os processos concursais, de falência e recuperação.

Enunciado 70: É agravável o pronunciamento judicial que postergar a análise de pedido de tutela provisória ou condicioná-la a qualquer exigência.

Enunciado 71 da I Jornada de Direito Processual Civil do CJF: É cabível o recurso de agravo de instrumento contra a decisão que indefere o pedido de atribuição de efeito suspensivo a Embargos à Execução, nos termos do art. 1.015, X, do CPC.

Enunciado 72 da I Jornada de Direito Processual Civil do CJF: É admissível a interposição de agravo de instrumento tanto para a decisão interlocutória que rejeita a inversão do ônus da prova, como para a que a defere.

Enunciado 145 da II Jornada de Direito Processual Civil do CJF: O recurso cabível contra a decisão que julga a liquidação de sentença é o Agravo de Instrumento.

[171] STJ, REsp 1.704.520/MT, Corte Especial, Rel. Min. Nancy Andrighi, j. 05.12.2018.

[172] "Apesar de não previsto expressamente no rol do art. 1.015 do CPC/2015, a decisão interlocutória relacionada à definição de competência continua desafiando recurso de agravo de instrumento, por uma interpretação analógica ou extensiva da norma contida no inciso III do art. 1.015 do CPC/2015, já que ambas possuem a mesma *ratio* –, qual seja, afastar o juízo incompetente para a causa, permitindo que o juízo natural e adequado julgue a demanda" (STJ, REsp 1.679.909/RS, 4ª Turma, Rel. Min. Luis Felipe Salomão, j. 14.11.2017). "A decisão

Capítulo VI · A FASE DE RECURSOS E OUTRAS IMPUGNAÇÕES | **265**

já entendeu que não cabe agravo contra a decisão que indefere o pedido de exclusão do litisconsorte, nada obstante a redação do art. 1.015, VII e VIII, do NCPC seja suficientemente ampla para contemplar esse tipo de decisão.[173]

Quanto à forma do agravo de instrumento, a petição de interposição deverá ser dirigida diretamente ao Tribunal competente (contendo os nomes das partes; a exposição do fato e do direito; as razões do pedido de reforma ou de invalidação da decisão e o próprio pedido; o nome e o endereço completo dos advogados constantes do processo, conforme o art. 1.016),[174-175] acompanhada de algumas peças fundamentais que formarão o *instrumento* (art. 1.017).[176-177] A interposição deste recurso deverá

---

que define a competência relativa ou absoluta é semelhante à decisão interlocutória que versa sobre rejeição da alegação de convenção de arbitragem, prevista no art. 1.015, III, do CPC/2015 (porquanto visa afastar o juízo incompetente para a causa) e, como tal, merece tratamento isonômico a autorizar o cabimento do agravo de instrumento" (AgInt nos EDcl no REsp 1.731.330/CE, 4ª Turma, Rel. Min. Lázaro Guimarães (Desembargador convocado do TRF 5ª Região), j. 21.08.2018). "O Superior Tribunal de Justiça adotou o entendimento no sentido de que a decisão interlocutória sobre competência pode desafiar a interposição de agravo de instrumento, corroborando o entendimento de boa parte da doutrina" (STJ, AgInt no RMS 55.990/PR, 2ª Turma, Rel. Min. Francisco Falcão, j. 05.02.2019).

[173] "Considerando que, nos termos do art. 115, I e II, do CPC/15, a sentença de mérito proferida sem a presença de um litisconsorte necessário é, respectivamente, nula ou ineficaz, acarretando a sua invalidação e a necessidade de refazimento de atos processuais com a presença do litisconsorte excluído, admite-se a recorribilidade desde logo, por agravo de instrumento, da decisão interlocutória que excluir o litisconsorte, na forma do art. 1.015, VII, do CPC/15, permitindo-se o reexame imediato da questão pelo Tribunal. (...) A decisão interlocutória que rejeita excluir o litisconsorte, mantendo no processo a parte alegadamente ilegítima, todavia, não é capaz de tornar nula ou ineficaz a sentença de mérito, podendo a questão ser reexaminada, sem grande prejuízo, por ocasião do julgamento do recurso de apelação" (REsp 1.724.453/SP, 3ª Turma, Rel. Min. Nancy Andrighi, j. 19.03.2019).

[174] "**Art. 1.016**. O agravo de instrumento será dirigido diretamente ao tribunal competente, por meio de petição com os seguintes requisitos:

I – os nomes das partes;

II – a exposição do fato e do direito;

III – as razões do pedido de reforma ou de invalidação da decisão e o próprio pedido;

IV – o nome e o endereço completo dos advogados constantes do processo."

[175] **Enunciado 58 da I Jornada de Direito Processual Civil do CJF:** O prazo para interposição do agravo previsto na Lei n. 8.437/1992 é de quinze dias, conforme o disposto no art. 1.070 do CPC.

[176] "**Art. 1.017**. A petição de agravo de instrumento será instruída:

I – obrigatoriamente, com cópias da petição inicial, da contestação, da petição que ensejou a decisão agravada, da própria decisão agravada, da certidão da respectiva intimação ou outro documento oficial que comprove a tempestividade e das procurações outorgadas aos advogados do agravante e do agravado;

266 | PROCESSO CIVIL CONTEMPORÂNEO – *Luiz Fux*

ser informada nos autos do processo em curso (art. 1.018),[178] cabendo a retratação pelo juízo de origem, hipótese em que o agravo de instrumento restará prejudicado.

Após o recebimento do recurso no Tribunal, é possível a aplicação dos poderes atribuídos ao relator pelos incisos III e IV do art. 932 do NCPC, situações em que poderá negar conhecimento ou provimento ao recurso. Além disso, poderá conferir efeito suspensivo ao agravo, antecipando a tutela requerida; além de cumprir atos ordinatórios como a intimação do o agravado para que apresente contrarrazões e do Ministério Público (art. 1.019).[179] Após, não sendo o caso

---

II – com declaração de inexistência de qualquer dos documentos referidos no inciso I, feita pelo advogado do agravante, sob pena de sua responsabilidade pessoal;

III – facultativamente, com outras peças que o agravante reputar úteis.

§ 1º Acompanhará a petição o comprovante do pagamento das respectivas custas e do porte de retorno, quando devidos, conforme tabela publicada pelos tribunais.

§ 2º No prazo do recurso, o agravo será interposto por:

I – protocolo realizado diretamente no tribunal competente para julgá-lo;

II – protocolo realizado na própria comarca, seção ou subseção judiciárias;

III – postagem, sob registro, com aviso de recebimento;

IV – transmissão de dados tipo fac-símile, nos termos da lei;

V – outra forma prevista em lei.

§ 3º Na falta da cópia de qualquer peça ou no caso de algum outro vício que comprometa a admissibilidade do agravo de instrumento, deve o relator aplicar o disposto no art. 932, parágrafo único.

§ 4º Se o recurso for interposto por sistema de transmissão de dados tipo fac-símile ou similar, as peças devem ser juntadas no momento de protocolo da petição original.

§ 5º Sendo eletrônicos os autos do processo, dispensam-se as peças referidas nos incisos I e II do *caput*, facultando-se ao agravante anexar outros documentos que entender úteis para a compreensão da controvérsia."

[177] **Enunciado 73 da I Jornada de Direito Processual Civil do CJF:** Para efeito de não conhecimento do agravo de instrumento por força da regra prevista no § 3º do art. 1.018 do CPC, deve o juiz, previamente, atender ao art. 932, parágrafo único, e art. 1.017, § 3º, do CPC, intimando o agravante para sanar o vício ou complementar a documentação exigível.

[178] **"Art. 1.018.** O agravante poderá requerer a juntada, aos autos do processo, de cópia da petição do agravo de instrumento, do comprovante de sua interposição e da relação dos documentos que instruíram o recurso.

§ 1º Se o juiz comunicar que reformou inteiramente a decisão, o relator considerará prejudicado o agravo de instrumento.

§ 2º Não sendo eletrônicos os autos, o agravante tomará a providência prevista no *caput*, no prazo de 3 (três) dias a contar da interposição do agravo de instrumento.

§ 3º O descumprimento da exigência de que trata o § 2º, desde que arguido e provado pelo agravado, importa inadmissibilidade do agravo de instrumento."

[179] **"Art. 1.019.** Recebido o agravo de instrumento no tribunal e distribuído imediatamente, se não for o caso de aplicação do art. 932, incisos III e IV, o relator, no prazo de 5 (cinco) dias:

Capítulo VI • A FASE DE RECURSOS E OUTRAS IMPUGNAÇÕES | 267

de apreciação monocrática, levará o recurso a julgamento pelo órgão colegiado competente (art. 1.020).[180]

6.5.3 Agravo interno

No âmbito dos Tribunais, o recurso de agravo interno – anteriormente também denominado *agravo regimental* por sua previsão nos regimentos internos de cada Tribunal – exsurge como iniciativa relevante. Sua interposição é possível contra decisão proferida pelo relator, com o intuito de levar a temática à apreciação do respectivo órgão colegiado (art. 1.021).[181-182] Como qualquer recurso, sua petição de interposição deve conter os fundamentos específicos de impugnação da decisão agravada.

Dirigido ao relator prolator da decisão agravada, o recurso comporta o juízo de retratação. Caso este não ocorra, o recurso deve ser levado a julgamento por ór-

---

I – poderá atribuir efeito suspensivo ao recurso ou deferir, em antecipação de tutela, total ou parcialmente, a pretensão recursal, comunicando ao juiz sua decisão;

II – ordenará a intimação do agravado pessoalmente, por carta com aviso de recebimento, quando não tiver procurador constituído, ou pelo Diário da Justiça ou por carta com aviso de recebimento dirigida ao seu advogado, para que responda no prazo de 15 (quinze) dias, facultando-lhe juntar a documentação que entender necessária ao julgamento do recurso;

III – determinará a intimação do Ministério Público, preferencialmente por meio eletrônico, quando for o caso de sua intervenção, para que se manifeste no prazo de 15 (quinze) dias."

[180] **"Art. 1.020.** O relator solicitará dia para julgamento em prazo não superior a 1 (um) mês da intimação do agravado."

[181] **"Art. 1.021.** Contra decisão proferida pelo relator caberá agravo interno para o respectivo órgão colegiado, observadas, quanto ao processamento, as regras do regimento interno do tribunal.

§ 1º Na petição de agravo interno, o recorrente impugnará especificadamente os fundamentos da decisão agravada.

§ 2º O agravo será dirigido ao relator, que intimará o agravado para manifestar-se sobre o recurso no prazo de 15 (quinze) dias, ao final do qual, não havendo retratação, o relator levá-lo-á a julgamento pelo órgão colegiado, com inclusão em pauta.

§ 3º É vedado ao relator limitar-se à reprodução dos fundamentos da decisão agravada para julgar improcedente o agravo interno.

§ 4º Quando o agravo interno for declarado manifestamente inadmissível ou improcedente em votação unânime, o órgão colegiado, em decisão fundamentada, condenará o agravante a pagar ao agravado multa fixada entre um e cinco por cento do valor atualizado da causa.

§ 5º A interposição de qualquer outro recurso está condicionada ao depósito prévio do valor da multa prevista no § 4º, à exceção da Fazenda Pública e do beneficiário de gratuidade da justiça, que farão o pagamento ao final."

[182] **Enunciado 74 da I Jornada de Direito Processual Civil do CJF:** O termo "manifestamente" previsto no § 4º do art. 1.021 do CPC se refere tanto à improcedência quanto à inadmissibilidade do agravo.

268 | PROCESSO CIVIL CONTEMPORÂNEO – *Luiz Fux*

gão colegiado, vedando-se a mera repetição dos argumentos veiculados na decisão recorrida, considerando que também não haja uma mera repetição na peça recursal.

A reconsideração da decisão recorrida ou o provimento do recurso não poderá se dar sem que se oportunize o oferecimento de contrarrazões à parte agravada, caso possa sobrevir-lhe prejuízo. Ademais, nas hipóteses de recurso manifestamente inadmissível ou unanimemente improcedente, é possível a fixação de multa de um a cinco por cento sobre o valor da causa, cujo montante será devido ao agravado. Nessa hipótese, o prévio depósito desse valor é condição para a interposição de novos recursos, a menos que se trate da Fazenda Pública ou de beneficiário da justiça gratuita, que poderão realizar o pagamento ao final do processo.

6.5.4   Embargos de declaração

As decisões judiciais têm como finalidade última a definição de direitos e, para esse fim, devem ser claras e precisas, evitando ambiguidades e incompreensões que resultem de seu teor. A clareza e a precisão das decisões estão intimamente ligadas à ideia de pacificação ínsita à função jurisdicional, além de nortear as manifestações de irresignação ou conformidade das partes. Não se pode recorrer se não se sabe o alcance do ato judicial e, *a fortiori*, o prejuízo causado pela manifestação jurisdicional. Entretanto, assim como juízes perpetram erros de injustiça e ilegalidade nas decisões, corrigíveis pelos recursos, podem também incidir no vício *in procedendo* da pouca clareza de suas manifestações judiciais, ensejando dúvidas por força de omissões, contradições, obscuridades ou erros materiais.

Visando a conjurar esses defeitos, a lei permite que o magistrado esclareça seu ato, uma vez provocado pela parte. O instrumento de que se vale o sujeito do processo para provocar o juiz a esclarecer suas manifestações denominam-se *embargos de declaração*. Diante dessa sua razão de ser, inegável é o cabimento desse recurso contra qualquer manifestação judicial, o que resta expresso no art. 1.022 do Novo Código.[183-184] Trata-se de um expediente de hermenêutica judicial ou interpretação

---

[183] "**Art. 1.022.** Cabem embargos de declaração contra qualquer decisão judicial para:
I – esclarecer obscuridade ou eliminar contradição;
II – suprir omissão de ponto ou questão sobre o qual devia se pronunciar o juiz de ofício ou a requerimento;
III – corrigir erro material.
Parágrafo único. Considera-se omissa a decisão que:
I – deixe de se manifestar sobre tese firmada em julgamento de casos repetitivos ou em incidente de assunção de competência aplicável ao caso sob julgamento;
II – incorra em qualquer das condutas descritas no art. 489, § 1º."

[184] **Enunciado 75 da I Jornada de Direito Processual Civil do CJF:** Cabem embargos declaratórios contra decisão que não admite recurso especial ou extraordinário, no tribunal de

Capítulo VI · A FASE DE RECURSOS E OUTRAS IMPUGNAÇÕES | **269**

judicial autêntica, porquanto engendrada pelo próprio produtor da dúvida, equivalendo a um pedido de esclarecimento.[185]

Esses defeitos da pouca clareza das decisões podem verificar-se em decisões interlocutórias, sentenças definitivas ou terminativas, acórdãos, votos vencidos[186] ou decisões interlocutório-monocráticas dos tribunais.[187]

Os embargos de declaração, não obstante endereçados ao próprio juízo prolator da decisão a ser esclarecida, é considerado pela lei *recurso*, embora ainda persista certa controvérsia doutrinária sobre sua natureza jurídica. Seu cabimento, como acima aludido, destina-se, portanto, ao esclarecimento de obscuridade; eliminação de contradição; suprimento de omissão de ponto ou questão sobre a qual devia se pronunciar o juiz de ofício ou a requerimento; ou correção de erro material.

Diferentemente dos outros recursos sobre os quais o Novo Código trata, o prazo para oposição dos embargos de declaração é de cinco dias (art. 1.023),[188] aplicando-se a mesma contagem também para suas contrarrazões. Ainda que se admita, em algumas situações, que o embargado em princípio não seja ouvido, se o pedido for de integração do julgado com a modificação da decisão em razão de ponto omisso não resolvido e nas hipóteses de acolhimento com *efeito modificativo ou infringente*, deve-se proceder à sua prévia intimação para que ofereça contrarrazões (art. 1.023, § 2º).

Dentre as inovações do Novo Código relativamente aos embargos de declaração, destaca-se a expressa possibilidade legal de que o órgão julgador conheça dos embargos de declaração como agravo interno, caso entenda ser este o recurso cabível na espécie art. 1.024, § 3º).[189] Nessa situação, deverá determinar a prévia intimação

---

origem ou no tribunal superior, com a consequente interrupção do prazo recursal. **Enunciado 76 da I Jornada de Direito Processual Civil do CJF:** É considerada omissa, para efeitos do cabimento dos embargos de declaração, a decisão que, na superação de precedente, não se manifesta sobre a modulação de efeitos.

[185] Os antigos denominavam-no "embargos de aclaramento."

[186] Nesse mesmo sentido, Nery, *Recursos*, p. 369.

[187] No mesmo sentido, Barbosa Moreira, *Comentários*, nºs 140 e 303, 1981, p. 221 e 498; Moniz de Aragão, *RT* 633/14; e Bermudes, *Reforma*, p. 66.

[188] "**Art. 1.023**. Os embargos serão opostos, no prazo de 5 (cinco) dias, em petição dirigida ao juiz, com indicação do erro, obscuridade, contradição ou omissão, e não se sujeitam a preparo.

§ 1º Aplica-se aos embargos de declaração o art. 229.

§ 2º O juiz intimará o embargado para, querendo, manifestar-se, no prazo de 5 (cinco) dias, sobre os embargos opostos, caso seu eventual acolhimento implique a modificação da decisão embargada."

[189] "**Art. 1.024**. O juiz julgará os embargos em 5 (cinco) dias.

§ 1º Nos tribunais, o relator apresentará os embargos em mesa na sessão subsequente, proferindo voto, e, não havendo julgamento nessa sessão, será o recurso incluído em pauta automaticamente.

270 | PROCESSO CIVIL CONTEMPORÂNEO – *Luiz Fux*

do recorrente para que, no prazo de 5 (cinco) dias, complemente as razões recursais, adequando-as às exigências do agravo interno.

Ademais, caso a decisão proferida em resposta aos embargos de declaração altere o teor da decisão embargada, não se impedirá que a parte que já tenha apresentado recurso anterior complemente ou altere suas razões, conforme as modificações a que se tenha procedido (art. 1.024, § 4º). De modo diverso, caso o julgamento dos embargos resulte em sua inadmissão ou manutenção da decisão embargada, eventual recurso já anteriormente interposto deverá ser julgado independentemente de ratificação posterior da parte recorrente (art. 1.024, § 5º).

Ainda que não tenham efeito suspensivo automático, a própria lei esclarece que os embargos interrompem o prazo para o oferecimento de outro meio de impugnação (art. 1.026 do CPC).[190] Essa regra está agora uniformizada também para os feitos que tramitam perante os juizados especiais, conforme a nova redação atribuída ao art. 50 da Lei nº 9.099/1995.[191]

---

§ 2º Quando os embargos de declaração forem opostos contra decisão de relator ou outra decisão unipessoal proferida em tribunal, o órgão prolator da decisão embargada decidi-los-á monocraticamente.

§ 3º O órgão julgador conhecerá dos embargos de declaração como agravo interno se entender ser este o recurso cabível, desde que determine previamente a intimação do recorrente para, no prazo de 5 (cinco) dias, complementar as razões recursais, de modo a ajustá-las às exigências do art. 1.021, § 1º.

§ 4º Caso o acolhimento dos embargos de declaração implique modificação da decisão embargada, o embargado que já tiver interposto outro recurso contra a decisão originária tem o direito de complementar ou alterar suas razões, nos exatos limites da modificação, no prazo de 15 (quinze) dias, contado da intimação da decisão dos embargos de declaração.

§ 5º Se os embargos de declaração forem rejeitados ou não alterarem a conclusão do julgamento anterior, o recurso interposto pela outra parte antes da publicação do julgamento dos embargos de declaração será processado e julgado independentemente de ratificação."

[190] **"Art. 1.026.** Os embargos de declaração não possuem efeito suspensivo e interrompem o prazo para a interposição de recurso.

§ 1º A eficácia da decisão monocrática ou colegiada poderá ser suspensa pelo respectivo juiz ou relator se demonstrada a probabilidade de provimento do recurso ou, sendo relevante a fundamentação, se houver risco de dano grave ou de difícil reparação.

§ 2º Quando manifestamente protelatórios os embargos de declaração, o juiz ou o tribunal, em decisão fundamentada, condenará o embargante a pagar ao embargado multa não excedente a dois por cento sobre o valor atualizado da causa.

§ 3º Na reiteração de embargos de declaração manifestamente protelatórios, a multa será elevada a até dez por cento sobre o valor atualizado da causa, e a interposição de qualquer recurso ficará condicionada ao depósito prévio do valor da multa, à exceção da Fazenda Pública e do beneficiário de gratuidade da justiça, que a recolherão ao final.

§ 4º Não serão admitidos novos embargos de declaração se os 2 (dois) anteriores houverem sido considerados protelatórios."

[191] **"Art. 50**. Os embargos de declaração interrompem o prazo para a interposição de recurso. (Redação dada pela Lei nº 13.105, de 2015)"

Capítulo VI · A FASE DE RECURSOS E OUTRAS IMPUGNAÇÕES | **271**

Por fim, subsiste a sistemática de fixação de multa (de até dez por cento sobre o valor da causa) para os embargos de declaração considerados manifestamente protelatórios (art. 1.026, § 3º). Nesses casos, a menos que se trate da Fazenda Pública ou de parte beneficiada pela justiça gratuita, a interposição de novos recursos fica condicionada ao pagamento da sanção processual, não se admitindo novos recursos após outros dois sejam consequentemente considerados protelatórios (art. 1.026, § 4º).

6.5.5 Recuso ordinário constitucional

O recurso ordinário constitucional ostenta esse *nomen juris* não só porque seus pressupostos estão previstos na Carta Magna, mas também porque se vinculam a remédios constitucionais de elevada importância, como soem ser o mandado de segurança e o *habeas corpus*. A expressão *ordinário* contrapõe-se a *extraordinário*, principalmente porque faz as vezes da apelação e tem, como esta, ampla devolutividade.

Os artigos 102, II, *a* e *b*,[192] e 105, II, *a*, *b* e *c*,[193] da Constituição de 1988 estabelecem as causas que comportam o recurso ordinário, ora endereçado ao Supremo Tribunal Federal, ora ao Superior Tribunal de Justiça. Dentre os aspectos comuns entre os recursos ordinários, endereçados ora ao STF, ora ao STJ, destaca-se a necessidade de esgotamento das vias jurisdicionais iniciais, nas quais a pretensão veiculada pelo remédio constitucional respectivo tenha sido denegada pelo órgão inicialmente competente.

A razão de ser do recurso indica ser cabível mesmo quando não se aprecia o mérito da causa, com a extinção terminativa.[194] Sob esse entendimento no

---

[192] "**Art. 102**. Compete ao Supremo Tribunal Federal, precipuamente, a guarda da Constituição, cabendo-lhe:

II – julgar, em recurso ordinário:

a) o *habeas corpus*, o mandado de segurança, *o habeas data* e o mandado de injunção decididos em única instância pelos Tribunais Superiores, se denegatória a decisão;

b) o crime político;"

[193] "**Art. 105**. Compete ao Superior Tribunal de Justiça:

II – julgar, em recurso ordinário:

a) os habeas corpus decididos em única ou última instância pelos Tribunais Regionais Federais ou pelos tribunais dos Estados, do Distrito Federal e Territórios, quando a decisão for denegatória;

b) os mandados de segurança decididos em única instância pelos Tribunais Regionais Federais ou pelos tribunais dos Estados, do Distrito Federal e Territórios, quando denegatória a decisão;

c) as causas em que forem partes Estado estrangeiro ou organismo internacional, de um lado, e, do outro, Município ou pessoa residente ou domiciliada no País;

[194] Nesse mesmo sentido, Barbosa Moreira, *Novo processo civil brasileiro*, 18ª ed., p. 157.

272 | PROCESSO CIVIL CONTEMPORÂNEO – *Luiz Fux*

sentido de que a expressão *"denegatória a decisão"* tem sentido amplo, pois não só compreende as decisões dos Tribunais, que, apreciando o *meritum causae*, indeferem o pedido, como também aquelas que, sem julgamento do mérito, operam a extinção do processo. Assim, *v.g.*, cabe recurso ordinário ao STF da decisão de Tribunal Superior que não conhece de mandado de segurança, por motivo de decadência, porquanto decisão de mérito conforme a dicção da lei (art. 487 do CPC/2015).

Além do atendimento às exigências constitucionais, o recurso ordinário deve preencher também os requisitos de admissibilidade estabelecidos para a apelação no Tribunal de origem. No novo Código, as regras relativas ao recurso ordinário estão previstas nos arts. 1.027 e 1.028,[195] que além de reproduzir as atinentes hipóteses constitucionais de cabimento, disciplinam seu processamento.

Com destaque, assevera-se a regra de que nas causas em que forem partes, de um lado, Estado estrangeiro ou organismo internacional e, de outro, Município ou pessoa residente ou domiciliada no País, é cabível a interposição de agravo de instrumento ao Superior Tribunal de Justiça, nas hipóteses do rol constante do art. 1.015 do Novo Código. Ademais, há regra expressa de que são aplicáveis ao recurso ordinário as hipóteses do art. 1.013, § 3º (que veiculam as situações de aplicação da

---

[195] **"Art. 1.027.** Serão julgados em recurso ordinário:

I – pelo Supremo Tribunal Federal, os mandados de segurança, os habeas data e os mandados de injunção decididos em única instância pelos tribunais superiores, quando denegatória a decisão;

II – pelo Superior Tribunal de Justiça:

a) os mandados de segurança decididos em única instância pelos tribunais regionais federais ou pelos tribunais de justiça dos Estados e do Distrito Federal e Territórios, quando denegatória a decisão;

b) os processos em que forem partes, de um lado, Estado estrangeiro ou organismo internacional e, de outro, Município ou pessoa residente ou domiciliada no País.

§ 1º Nos processos referidos no inciso II, alínea "b", contra as decisões interlocutórias caberá agravo de instrumento dirigido ao Superior Tribunal de Justiça, nas hipóteses do art. 1.015.

§ 2º Aplica-se ao recurso ordinário o disposto nos arts. 1.013, § 3º, e 1.029, § 5º.

Art. 1.028. Ao recurso mencionado no art. 1.027, inciso II, alínea "b", aplicam-se, quanto aos requisitos de admissibilidade e ao procedimento, as disposições relativas à apelação e o Regimento Interno do Superior Tribunal de Justiça.

§ 1º Na hipótese do art. 1.027, § 1º, aplicam-se as disposições relativas ao agravo de instrumento e o Regimento Interno do Superior Tribunal de Justiça.

§ 2º O recurso previsto no art. 1.027, incisos I e II, alínea "a", deve ser interposto perante o tribunal de origem, cabendo ao seu presidente ou vice-presidente determinar a intimação do recorrido para, em 15 (quinze) dias, apresentar as contrarrazões.

§ 3º Findo o prazo referido no § 2º, os autos serão remetidos ao respectivo tribunal superior, independentemente de juízo de admissibilidade."

Capítulo VI · A FASE DE RECURSOS E OUTRAS IMPUGNAÇÕES | 273

teoria da causa madura na apelação),[196] bem como do art. 1.029, § 5º (que dispõe sobre o órgão competente para a concessão de efeito suspensivo *ope judicis* aos recursos extraordinário e especial).[197] Por fim, assim como na apelação, não há a realização de juízo de admissibilidade pelo órgão de origem, mas apenas pela instância judicial de destino, competente para apreciação do recurso em sua integralidade. Nas causas entre os Estados estrangeiros e outros, as decisões interlocutórias agraváveis seguem o regime comum do agravo. É o que dispõe o art. 1.027, § 1º, do Código de Processo Civil.

6.5.6 Recurso extraordinário e recurso especial

Os recursos extraordinário e especial, interpostos após o exaurimento das vias ordinárias, possuem aspectos comuns. A principal finalidade de ambos é, cada um sem seu âmbito, tutelar, de forma imediata, o direito objetivo, a ordem jurídica e, mediatamente, o direito subjetivo da parte vencida.

É que os meios de impugnação mencionados, sem perderem a característica de *recursos*,[198] porquanto possibilitam o reexame das decisões impugnadas em grau superior de jurisdição, têm como pressuposto básico não só a sucumbência, mas também a violação, pela decisão gravosa, da ordem jurídica constitucional ou infraconstitucional. Isso significa que não basta à parte noticiar no seu recurso ter

---

[196] "**Art. 1.013.** A apelação devolverá ao tribunal o conhecimento da matéria impugnada.

§ 3º Se o processo estiver em condições de imediato julgamento, o tribunal deve decidir desde logo o mérito quando:

I – reformar sentença fundada no art. 485;

II – decretar a nulidade da sentença por não ser ela congruente com os limites do pedido ou da causa de pedir;

III – constatar a omissão no exame de um dos pedidos, hipótese em que poderá julgá-lo;

IV – decretar a nulidade de sentença por falta de fundamentação."

[197] "**Art. 1.029,** § 5º O pedido de concessão de efeito suspensivo a recurso extraordinário ou a recurso especial poderá ser formulado por requerimento dirigido:

I – ao tribunal superior respectivo, no período compreendido entre a publicação da decisão de admissão do recurso e sua distribuição, ficando o relator designado para seu exame prevento para julgá-lo; (Redação dada pela Lei nº 13.256, de 2016)

II – ao relator, se já distribuído o recurso;

III – ao presidente ou ao vice-presidente do tribunal recorrido, no período compreendido entre a interposição do recurso e a publicação da decisão de admissão do recurso, assim como no caso de o recurso ter sido sobrestado, nos termos do art. 1.037. (Redação dada pela Lei nº 13.256, de 2016)"

[198] Como bem afirmava Frederico Marques quanto ao recurso extraordinário, "também extensivo ao recurso especial", ele – o recurso extraordinário – é um recurso (como o próprio *nomen juris* o revela) que existe, portanto, para possibilitar o reexame das decisões e sentenças. Seu pressuposto nuclear continua sendo a "sucumbência" (*Instituições*, vol. IV, p. 18).

obtido uma decisão mais desfavorável que a que almejava, mas antes cumpre-lhe demonstrar que o ato impugnado tornou-se-lhe gravoso pelo fato de ter infringido a ordem positivo-constitucional ou infraconstitucional.

A razão do tratamento inicial comum a ambos os recursos decorre do fato histórico-político de que, anteriormente à Constituição Federal de 1988, o recurso extraordinário abarcava, como causas de pedir, violações à ordem constitucional e à ordem infraconstitucional. Após o advento da nova ordem jurídica constitucional, repartiu-se entre o Supremo Tribunal Federal (STF) e o Superior Tribunal de Justiça (STJ) a função de guarda da Constituição e das Leis Federais, cabendo ao primeiro a tutela do Ordenamento máximo, e ao segundo, a defesa da legislação infraconstitucional, razão pela qual a Carta de 1988 institui o recurso especial, encartando em seus casos de cabimento aqueles que eram subsumidos ao recurso extraordinário, e que se destinavam a coibir *errores in procedendo* e *errores in judicando,* cometidos com infração à Constituição e às leis.

Hodiernamente, portanto, cabe recurso extraordinário quando a decisão recorrida viola a ordem constitucional, caso em que a competência para essa verificação é do Supremo Tribunal Federal como Corte Constitucional *tout court.* De outro lado, ocorrendo os erros apontados na decisão por violação da ordem infraconstitucional, o recurso cabível é o *especial,* dirigido ao Superior Tribunal de Justiça. Observa-se com clareza que o dispositivo constitucional que previa o recurso extraordinário, anteriormente à Constituição de 1988, foi cindido, distinguindo-se os casos de recurso extraordinário e os que se enquadram nas hipóteses de recurso especial. Deveras, ambos os recursos têm seus pressupostos primários na Constituição Federal, bem como seus fundamentos juspolíticos também são os mesmos, uma vez que tutelam *imediatamente* a ordem jurídica.

Quanto às suas origens, é importante destacar que o sistema federativo brasileiro, que se inaugurou com a República, prevê a autonomia tripartite das unidades federadas. Sob o ângulo que nos interessa, essa autonomia implica a existência de várias fontes legislativas e jurisdicionais, potencializando a possibilidade de confronto entre as leis e decisões locais com os comandos superiores, quer da Constituição Federal quer da Legislação Federal. Noutras palavras: a unidade federada, por meio de sua legislação, ou de sua jurisdição, pode produzir leis e decisões que confrontem com a Constituição e com a ordem jurídica nacional.

Impõe-se, pois, em prol da Federação, uma certa unidade da ordem jurídica, porquanto causaria sério abalo à sua estabilidade a possibilidade de aplicação díspar do mesmo Direito federal. Do mesmo modo, a supremacia da Constituição não passaria de mera divagação acadêmica, se pudessem as unidades federadas legislar ou julgar contra a Carta Maior. Entretanto, a simples existência dessas fontes locais torna possíveis essas violações, daí a necessidade de controle via órgãos de superposição, como soem ser o Supremo Tribunal Federal e o Superior Tribunal de Justiça. Os recursos em foco e o controle da constitucionalidade das leis, direto ou difuso,

Capítulo VI · A FASE DE RECURSOS E OUTRAS IMPUGNAÇÕES

protagonizam, assim, remédios eficazes da integridade das ordens constitucional e infraconstitucional.[199]

O modelo no qual se inspirou o nosso legislador não é o europeu, como em geral verifica-se nos institutos processuais. Nesse particular, a nossa fonte é norte-americana, precisamente o *Judiciary Act* de 1789,[200] que instituiu a competência da Corte Suprema para apreciar recursos de decisões locais que violassem a ordem central. Anteriormente, a Corte Suprema apreciava apenas decisões proferidas nas causas de interesse da União americana. Exatamente a necessidade de controle das decisões locais violadoras de interesses centrais é que fez exsurgir no Direito americano as origens da influência apropriada pelo direito brasileiro como nosso *recurso extraordinário*.

Os recursos sub examine pertencem ao sub-ramo *do Direito processual constitucional*, em razão da fonte legal donde promanam. Essa eminência constitucional que alcançaram também responde pela autorização concedida a esses tribunais superiores para regularem, em minúcias, o trâmite desses meios excepcionais de impugnação, tanto mais que cabe a cada um deles a interpretação autêntica das normas que tutelam. Aliás, os termos *extraordinário* e *especial* indicam a singularidade do cabimento dessas impugnações.

Esses *recursos extraordinários*, não obstante a natureza do vício que visam a conjurar, têm dupla função, a saber: a de afastar a violação perpetrada; e, ato contínuo, a de rejulgar a causa, restaurando o direito objetivo violado. Os nossos recursos extremos, nesse particular, diferem dos meios de *cassação* do Direito europeu, os quais ostentam, apenas, o *judicium rescindens*, ao passo que o nosso completa-se pelo rejulgamento (*judicium rescisorium*) nos limites da questão federal violada.[201]

---

[199] Pontes de Miranda sintetizava com maestria as funções do recurso extraordinário à luz de seus pressupostos constitucionais de cabimento, afirmando: "É função do recurso extraordinário manter a autoridade e a unidade de incidência e inteligência das leis federais", in *Comentários ao Código de Processo Civil*, 1949, vol. V, p. 357. Outro tratadista do tema assim se pronunciou acerca dos pressupostos juspolíticos do recurso extraordinário, citando Epitácio Pessoa: "Reconhecida a soberania da União e proclamada a obrigatoriedade das leis federais em todo o território da República, forçoso é colocar essas leis sob a proteção de um tribunal federal que lhes possa restabelecer a supremacia quando desconhecida ou atacada pela magistratura dos estados", Castro Nunes, *Teoria e prática do Poder Judiciário*, 1943, p. 310. Exata, por oportuno, a caracterização do recurso extraordinário lançada por Pedro Batista Martins: "O recurso extraordinário é destinado a manter o primado da Constituição e leis federais" dentro de nosso sistema federativo, "mediante limitações na esfera judiciária", ao princípio da autonomia estadual, in *Recursos e processo da competência originária dos tribunais*, 1957, p. 371.

[200] No mesmo sentido Pedro Lessa, *Do Poder Judiciário*, 1915, p. 103; e Barbosa Moreira, *Comentários*, 1983. Uma densa abordagem histórica se encontra em José Afonso da Silva, *Do recurso extraordinário no Direito brasileiro*, 1963.

[201] Uma resenha comparativa notável é encetada por Liebman nas notas de rodapé das *Instituições* de Chiovenda, 1945, vol. III, p. 401. Modernamente, Ovídio Baptista justifica o recurso

Em relação ao *recurso extraordinário*, suas hipóteses de cabimento encontram-se previstas no art. 102, III, da CRFB/1988.[202] No Código de 2015, suas regras de processamento e julgamento são objeto dos arts. 1.029 e seguintes,[203] nos quais se

---

extraordinário pela manutenção do "princípio da unidade do ordenamento jurídico", in *Curso*, vol. I, p. 386.

[202] **"Art. 102.** Compete ao Supremo Tribunal Federal, precipuamente, a guarda da Constituição, cabendo-lhe:

III – julgar, mediante recurso extraordinário, as causas decididas em única ou última instância, quando a decisão recorrida:

a) contrariar dispositivo desta Constituição;

b) declarar a inconstitucionalidade de tratado ou lei federal;

c) julgar válida lei ou ato de governo local contestado em face desta Constituição.

d) julgar válida lei local contestada em face de lei federal. (Incluída pela Emenda Constitucional nº 45, de 2004)"

[203] **Enunciado 77 da I Jornada de Direito Processual Civil do CJF:** Para impugnar decisão que obsta trânsito a recurso excepcional e que contenha simultaneamente fundamento relacionado à sistemática dos recursos repetitivos ou da repercussão geral (art. 1.030, I, do CPC) e fundamento relacionado à análise dos pressupostos de admissibilidade recursais (art. 1.030, V, do CPC), a parte sucumbente deve interpor, simultaneamente, agravo interno (art. 1.021 do CPC) caso queira impugnar a parte relativa aos recursos repetitivos ou repercussão geral e agravo em recurso especial/extraordinário (art. 1.042 do CPC) caso queira impugnar a parte relativa aos fundamentos de inadmissão por ausência dos pressupostos recursais.

Enunciado 78 da I Jornada de Direito Processual Civil do CJF: A suspensão do recurso prevista no art. 1.030, III, do CPC deve se dar apenas em relação ao capítulo da decisão afetada pelo repetitivo, devendo o recurso ter seguimento em relação ao remanescente da controvérsia, salvo se a questão repetitiva for prejudicial à solução das demais matérias.

Enunciado 79 da I Jornada de Direito Processual Civil do CJF: Na hipótese do art. 1.032 do CPC, cabe ao relator, após possibilitar que o recorrente adite o seu recurso para inclusão de preliminar sustentando a existência de repercussão geral, oportunizar ao recorrido que, igualmente, adite suas contrarrazões para sustentar a inexistência da repercussão.

Enunciado 80 da I Jornada de Direito Processual Civil do CJF: Quando o Supremo Tribunal Federal considerar como reflexa a ofensa à Constituição afirmada no recurso extraordinário, deverá, antes de remetê-lo ao Superior Tribunal de Justiça para julgamento como recurso especial, conceder prazo de quinze dias para que as partes complementem suas razões e contrarrazões de recurso.

Enunciado 81 da I Jornada de Direito Processual Civil do CJF: A devolução dos autos pelo Superior Tribunal de Justiça ou Supremo Tribunal Federal ao tribunal de origem depende de decisão fundamentada, contra a qual cabe agravo na forma do art. 1.037, § 13, II, do CPC.

Enunciado 139 da II Jornada de Direito Processual Civil do CJF: A ausência de retratação do órgão julgador, na hipótese prevista no art. 1030, II, do CPC, dispensa a ratificação expressa para que haja o juízo de admissibilidade e a eventual remessa do recurso extraordinário ou especial ao tribunal superior competente, na forma dos arts. 1.030, V, "c", e 1.041 do CPC.

Capítulo VI · A FASE DE RECURSOS E OUTRAS IMPUGNAÇÕES | **277**

encontra, por exemplo, o regramento da sistemática da repercussão geral e também dos recursos extraordinários repetitivos.

Já o *recurso especial* tem seu tratamento normativo constitucional no art. 105, III, da CRFB/1988.[204] No Código de 2015, suas regras de processamento e julgamento também estão presentes nos arts. 1.029 e seguintes, com o destaque para a sistemática dos casos repetitivos, que já encontrava previsão e aplicação no sistema processual anterior. No ponto, se assemelha a *ratio essendi* do recurso especial com a do recurso extraordinário, cada qual em seu âmbito de competência.

A ideia é permitir o julgamento mais célere e uniforme de questões jurídicas relevantes – sob os aspectos *qualitativos* ou *quantitativos* – a partir de um caso paradigma, que permite não apenas o julgamento do caso concreto e subjetivo veiculado em um recurso, mas também a questão jurídica objetiva ali constante. A partir dessa sistemática e da fixação de uma *tese* de julgamento, formando-se um precedente de observância obrigatória pelas instâncias judiciais inferiores,[205] permite-se a uniformização da aplicação do direito, bem como a garantia de isonomia e maior celeridade no julgamento de processos similares, sejam eles já existentes (cujo trâmite possivelmente se terá suspendido pelo reconhecimento da repercussão geral) ou os que futuramente veiculem a controvérsia.

Dentro desse contexto, veja-se, por exemplo, o art. 1.037[206] do Novo Código, que não encontrava dispositivo correspondente no Código anterior. Ali, se cuida da seleção dos recursos paradigmas, que guiará a análise e o julgamento da questão de

---

Enunciado 142 da II Jornada de Direito Processual Civil do CJF: Determinada a suspensão decorrente da admissão do IRDR (art. 982, I), a alegação de distinção entre a questão jurídica versada em uma demanda em curso e aquela a ser julgada no incidente será veiculada por meio do requerimento previsto no art. 1.037, §10.

[204] **"Art. 105.** Compete ao Superior Tribunal de Justiça:

III – julgar, em recurso especial, as causas decididas, em única ou última instância, pelos Tribunais Regionais Federais ou pelos tribunais dos Estados, do Distrito Federal e Territórios, quando a decisão recorrida:

a) contrariar tratado ou lei federal, ou negar-lhes vigência;

b) julgar válido ato de governo local contestado em face de lei federal; (Redação dada pela Emenda Constitucional nº 45, de 2004)

c) der a lei federal interpretação divergente da que lhe haja atribuído outro tribunal."

[205] **Enunciado 59 da I Jornada de Direito Processual Civil do CJF:** Não é exigível identidade absoluta entre casos para a aplicação de um precedente, seja ele vinculante ou não, bastando que ambos possam compartilhar os mesmos fundamentos determinantes.

[206] **"Art. 1.037.** Selecionados os recursos, o relator, no tribunal superior, constatando a presença do pressuposto do *caput* do art. 1.036, proferirá decisão de afetação, na qual:

I – identificará com precisão a questão a ser submetida a julgamento;

II – determinará a suspensão do processamento de todos os processos pendentes, individuais ou coletivos, que versem sobre a questão e tramitem no território nacional;

278 | PROCESSO CIVIL CONTEMPORÂNEO – *Luiz Fux*

fundo veiculada. Constatando os requisitos – para a repercussão geral a relevância da questão constitucional do ponto de vista econômico, político, social ou jurídico

---

III – poderá requisitar aos presidentes ou aos vice-presidentes dos tribunais de justiça ou dos tribunais regionais federais a remessa de um recurso representativo da controvérsia.

§ 1º Se, após receber os recursos selecionados pelo presidente ou pelo vice-presidente de tribunal de justiça ou de tribunal regional federal, não se proceder à afetação, o relator, no tribunal superior, comunicará o fato ao presidente ou ao vice-presidente que os houver enviado, para que seja revogada a decisão de suspensão referida no art. 1.036, § 1º.

§ 2º (Revogado pela Lei nº 13.256, de 2016)

§ 3º Havendo mais de uma afetação, será prevento o relator que primeiro tiver proferido a decisão a que se refere o inciso I do *caput*.

§ 4º Os recursos afetados deverão ser julgados no prazo de 1 (um) ano e terão preferência sobre os demais feitos, ressalvados os que envolvam réu preso e os pedidos de habeas corpus.

§ 5º (Revogado pela Lei nº 13.256, de 2016)

§ 6º Ocorrendo a hipótese do § 5º, é permitido a outro relator do respectivo tribunal superior afetar 2 (dois) ou mais recursos representativos da controvérsia na forma do art. 1.036.

§ 7º Quando os recursos requisitados na forma do inciso III do *caput* contiverem outras questões além daquela que é objeto da afetação, caberá ao tribunal decidir esta em primeiro lugar e depois as demais, em acórdão específico para cada processo.

§ 8º As partes deverão ser intimadas da decisão de suspensão de seu processo, a ser proferida pelo respectivo juiz ou relator quando informado da decisão a que se refere o inciso II do *caput*.

§ 9º Demonstrando distinção entre a questão a ser decidida no processo e aquela a ser julgada no recurso especial ou extraordinário afetado, a parte poderá requerer o prosseguimento do seu processo.

§ 10. O requerimento a que se refere o § 9º será dirigido:

I – ao juiz, se o processo sobrestado estiver em primeiro grau;

II – ao relator, se o processo sobrestado estiver no tribunal de origem;

III – ao relator do acórdão recorrido, se for sobrestado recurso especial ou recurso extraordinário no tribunal de origem;

IV – ao relator, no tribunal superior, de recurso especial ou de recurso extraordinário cujo processamento houver sido sobrestado.

§ 11. A outra parte deverá ser ouvida sobre o requerimento a que se refere o § 9º, no prazo de 5 (cinco) dias.

§ 12. Reconhecida a distinção no caso:

I – dos incisos I, II e IV do § 10, o próprio juiz ou relator dará prosseguimento ao processo;

II – do inciso III do § 10, o relator comunicará a decisão ao presidente ou ao vice-presidente que houver determinado o sobrestamento, para que o recurso especial ou o recurso extraordinário seja encaminhado ao respectivo tribunal superior, na forma do art. 1.030, parágrafo único.

§ 13. Da decisão que resolver o requerimento a que se refere o § 9º caberá:

I – agravo de instrumento, se o processo estiver em primeiro grau;

II – agravo interno, se a decisão for de relator."

Capítulo VI · A FASE DE RECURSOS E OUTRAS IMPUGNAÇÕES | **279**

que ultrapassem os interesses subjetivos do processo (art. 1.035)[207] e, para o sistema dos recursos repetitivos, multiplicidade de recursos extraordinários ou especiais com fundamento em idêntica questão de direito (art. 1.036)[208] –, são apontadas

---

[207] "**Art. 1.035.** O Supremo Tribunal Federal, em decisão irrecorrível, não conhecerá do recurso extraordinário quando a questão constitucional nele versada não tiver repercussão geral, nos termos deste artigo.

§ 1º Para efeito de repercussão geral, será considerada a existência ou não de questões relevantes do ponto de vista econômico, político, social ou jurídico que ultrapassem os interesses subjetivos do processo.

§ 2º O recorrente deverá demonstrar a existência de repercussão geral para apreciação exclusiva pelo Supremo Tribunal Federal.

§ 3º Haverá repercussão geral sempre que o recurso impugnar acórdão que:

I – contrarie súmula ou jurisprudência dominante do Supremo Tribunal Federal;

II – (Revogado); (Redação dada pela Lei nº 13.256, de 2016)

III – tenha reconhecido a inconstitucionalidade de tratado ou de lei federal, nos termos do art. 97 da Constituição Federal.

§ 4º O relator poderá admitir, na análise da repercussão geral, a manifestação de terceiros, subscrita por procurador habilitado, nos termos do Regimento Interno do Supremo Tribunal Federal.

§ 5º Reconhecida a repercussão geral, o relator no Supremo Tribunal Federal determinará a suspensão do processamento de todos os processos pendentes, individuais ou coletivos, que versem sobre a questão e tramitem no território nacional.

§ 6º O interessado pode requerer, ao presidente ou ao vice-presidente do tribunal de origem, que exclua da decisão de sobrestamento e inadmita o recurso extraordinário que tenha sido interposto intempestivamente, tendo o recorrente o prazo de 5 (cinco) dias para manifestar-se sobre esse requerimento.

§ 7º Da decisão que indeferir o requerimento referido no § 6º ou que aplicar entendimento firmado em regime de repercussão geral ou em julgamento de recursos repetitivos caberá agravo interno. (Redação dada pela Lei nº 13.256, de 2016)

§ 8º Negada a repercussão geral, o presidente ou o vice-presidente do tribunal de origem negará seguimento aos recursos extraordinários sobrestados na origem que versem sobre matéria idêntica.

§ 9º O recurso que tiver a repercussão geral reconhecida deverá ser julgado no prazo de 1 (um) ano e terá preferência sobre os demais feitos, ressalvados os que envolvam réu preso e os pedidos de habeas corpus.

§ 10. (Revogado). (Redação dada pela Lei nº 13.256, de 2016)

§ 11. A súmula da decisão sobre a repercussão geral constará de ata, que será publicada no diário oficial e valerá como acórdão."

[208] "**Art. 1.036.** Sempre que houver multiplicidade de recursos extraordinários ou especiais com fundamento em idêntica questão de direito, haverá afetação para julgamento de acordo com as disposições desta Subseção, observado o disposto no Regimento Interno do Supremo Tribunal Federal e no do Superior Tribunal de Justiça.

§ 1º O presidente ou o vice-presidente de tribunal de justiça ou de tribunal regional federal selecionará 2 (dois) ou mais recursos representativos da controvérsia, que serão encaminhados

280 | PROCESSO CIVIL CONTEMPORÂNEO – *Luiz Fux*

diversas providências a serem adotadas pelo Tribunal e pelo Ministro relator, no afã de aprimorar a sistemática e dar-lhe maior publicidade e celeridade.

Após o seu devido trâmite, ter-se-á apreciado o recurso piloto, no âmbito do qual se fixará a tese para a questão jurídica discutida, publicando-se um acórdão paradigma. A partir de então, a mesma tese jurídica será aplicada aos demais processos que veiculem o mesmo tema (art. 1.040 do Novo CPC),[209] maximizando a

---

ao Supremo Tribunal Federal ou ao Superior Tribunal de Justiça para fins de afetação, determinando a suspensão do trâmite de todos os processos pendentes, individuais ou coletivos, que tramitem no Estado ou na região, conforme o caso.

§ 2º O interessado pode requerer, ao presidente ou ao vice-presidente, que exclua da decisão de sobrestamento e inadmita o recurso especial ou o recurso extraordinário que tenha sido interposto intempestivamente, tendo o recorrente o prazo de 5 (cinco) dias para manifestar-se sobre esse requerimento.

§ 3º Da decisão que indeferir o requerimento referido no § 2º caberá apenas agravo interno. (Redação dada pela Lei nº 13.256, de 2016)

§ 4º A escolha feita pelo presidente ou vice-presidente do tribunal de justiça ou do tribunal regional federal não vinculará o relator no tribunal superior, que poderá selecionar outros recursos representativos da controvérsia.

§ 5º O relator em tribunal superior também poderá selecionar 2 (dois) ou mais recursos representativos da controvérsia para julgamento da questão de direito independentemente da iniciativa do presidente ou do vice-presidente do tribunal de origem.

§ 6º Somente podem ser selecionados recursos admissíveis que contenham abrangente argumentação e discussão a respeito da questão a ser decidida."

[209] "**Art. 1.040.** Publicado o acórdão paradigma:

I – o presidente ou o vice-presidente do tribunal de origem negará seguimento aos recursos especiais ou extraordinários sobrestados na origem, se o acórdão recorrido coincidir com a orientação do tribunal superior;

II – o órgão que proferiu o acórdão recorrido, na origem, reexaminará o processo de competência originária, a remessa necessária ou o recurso anteriormente julgado, se o acórdão recorrido contrariar a orientação do tribunal superior;

III – os processos suspensos em primeiro e segundo graus de jurisdição retomarão o curso para julgamento e aplicação da tese firmada pelo tribunal superior;

IV – se os recursos versarem sobre questão relativa a prestação de serviço público objeto de concessão, permissão ou autorização, o resultado do julgamento será comunicado ao órgão, ao ente ou à agência reguladora competente para fiscalização da efetiva aplicação, por parte dos entes sujeitos a regulação, da tese adotada.

§ 1º A parte poderá desistir da ação em curso no primeiro grau de jurisdição, antes de proferida a sentença, se a questão nela discutida for idêntica à resolvida pelo recurso representativo da controvérsia.

§ 2º Se a desistência ocorrer antes de oferecida contestação, a parte ficará isenta do pagamento de custas e de honorários de sucumbência.

§ 3º A desistência apresentada nos termos do § 1º independe de consentimento do réu, ainda que apresentada contestação."

Capítulo VI · A FASE DE RECURSOS E OUTRAS IMPUGNAÇÕES | 281

segurança jurídica, a isonomia, a estabilidade e a integridade da jurisdição e da jurisprudência.

No âmbito da repercussão geral, mas com ideia bastante semelhante, destaca-se o art. 1.030[210] do Novo Código, que especifica as providencias a serem tomadas pelo Tribunal de origem conforme as diversas situações jurídico-processuais que podem ocorrer a partir do julgamento do caso paradigma ou que o recurso a ser julgado pode apresentar.

---

[210] **"Art. 1.030.** Recebida a petição do recurso pela secretaria do tribunal, o recorrido será intimado para apresentar contrarrazões no prazo de 15 (quinze) dias, findo o qual os autos serão conclusos ao presidente ou ao vice-presidente do tribunal recorrido, que deverá: (Redação dada pela Lei nº 13.256, de 2016)

I – negar seguimento: (Incluído pela Lei nº 13.256, de 2016)

a) a recurso extraordinário que discuta questão constitucional à qual o Supremo Tribunal Federal não tenha reconhecido a existência de repercussão geral ou a recurso extraordinário interposto contra acórdão que esteja em conformidade com entendimento do Supremo Tribunal Federal exarado no regime de repercussão geral; (Incluída pela Lei nº 13.256, de 2016)

b) a recurso extraordinário ou a recurso especial interposto contra acórdão que esteja em conformidade com entendimento do Supremo Tribunal Federal ou do Superior Tribunal de Justiça, respectivamente, exarado no regime de julgamento de recursos repetitivos; (Incluída pela Lei nº 13.256, de 2016)

II – encaminhar o processo ao órgão julgador para realização do juízo de retratação, se o acórdão recorrido divergir do entendimento do Supremo Tribunal Federal ou do Superior Tribunal de Justiça exarado, conforme o caso, nos regimes de repercussão geral ou de recursos repetitivos; (Incluído pela Lei nº 13.256, de 2016)

III – sobrestar o recurso que versar sobre controvérsia de caráter repetitivo ainda não decidida pelo Supremo Tribunal Federal ou pelo Superior Tribunal de Justiça, conforme se trate de matéria constitucional ou infraconstitucional; (Incluído pela Lei nº 13.256, de 2016)

IV – selecionar o recurso como representativo de controvérsia constitucional ou infraconstitucional, nos termos do § 6º do art. 1.036; (Incluído pela Lei nº 13.256, de 2016)

V – realizar o juízo de admissibilidade e, se positivo, remeter o feito ao Supremo Tribunal Federal ou ao Superior Tribunal de Justiça, desde que: (Incluído pela Lei nº 13.256, de 2016)

a) o recurso ainda não tenha sido submetido ao regime de repercussão geral ou de julgamento de recursos repetitivos; (Incluída pela Lei nº 13.256, de 2016)

b) o recurso tenha sido selecionado como representativo da controvérsia; ou (Incluída pela Lei nº 13.256, de 2016

c) o tribunal recorrido tenha refutado o juízo de retratação. (Incluída pela Lei nº 13.256, de 2016)

§ 1º Da decisão de inadmissibilidade proferida com fundamento no inciso V caberá agravo ao tribunal superior, nos termos do art. 1.042. (Incluído pela Lei nº 13.256, de 2016)

§ 2º Da decisão proferida com fundamento nos incisos I e III caberá agravo interno, nos termos do art. 1.021. (Incluído pela Lei nº 13.256, de 2016)"

282 | PROCESSO CIVIL CONTEMPORÂNEO – *Luiz Fux*

A concessão de efeito suspensivo ao Recurso Extraordinário pode envolver a antecipação da eficácia de todos os consectários processuais de seu processamento. Nessa linha, um dos efeitos do reconhecimento da Repercussão Geral em Recurso Extraordinário é a faculdade, conferida ao Relator, de determinar a suspensão do processamento de todos os processos pendentes, individuais ou coletivos, que versem sobre a questão e tramitem no território nacional (art. 1.035, § 5º, do CPC/2015). Por conseguinte, o Supremo Tribunal Federal, ao analisar o pedido de concessão de efeito suspensivo formulado nos termos do art. 1.029, § 5º, I, do CPC/2015, exercendo o poder geral de cautela (arts. 301, *in fine*, e 932, II, do CPC/2015), pode antecipar os efeitos do reconhecimento da Repercussão Geral no Recurso Extraordinário, mormente quando a medida revelar-se indispensável para afastar o risco de grave dano irreparável ao recorrente.

Não há dúvidas de que o Código de Processo Civil de 2015, ao consagrar diversos mecanismos para o sobrestamento de causas similares com vistas à aplicação de orientação uniforme em todos eles (art. 1.035, § 5º; art. 1.036, § 1º; art. 1.037, II; art. 982, § 3º), conferiu primazia à segurança jurídica, à estabilização da jurisprudência, à isonomia e à economia processual.[211]

6.5.7 Agravo em recurso especial e em recurso extraordinário

O agravo em recurso especial e em recurso extraordinário, que ainda na vigência do CPC/1973 já havia deixado de ser um agravo *de instrumento*, encontra previsão

---

[211] "Para que se garanta que as disposições do novo Código serão refletidas em frutos concretos para os cidadãos, é imperioso estar atento à racionalidade que inspirou a sua elaboração. Como ensina Richard Posner, a jurisprudência é um estoque de capital que gera incremento produtivo às futuras decisões do Judiciário. Trata-se de um acúmulo de conhecimento que produz utilidade por vários anos a potenciais litigantes, em formato de informações sobre suas obrigações jurídicas. O estoque de capital, assim, traduz-se em menos demandas judiciais, já que, sendo possível realizar um prognóstico de suas chances em juízo, as partes tendem a solucionar suas desavenças consensualmente ou as desavenças podem sequer ocorrer. Mais ainda, a heurística derivada da aplicação de precedentes simplifica a tarefa do julgador, poupando recursos na solução dos casos. (...)
Noutro prisma, a boa-fé do Estado-Juiz, insculpida no art. 5º do CPC/2015, também compreende o dever de coerência na atividade jurisdicional. Com efeito, trata-se de uma preocupação central do Código, cujo art. 926 impõe aos Tribunais a uniformização de sua jurisprudência para mantê-la estável, íntegra e coerente. Repise-se que a segurança jurídica quanto ao entendimento dos Tribunais pauta não apenas a atuação dos órgãos hierarquicamente inferiores, mas também o comportamento extraprocessual de pessoas envolvidas em controvérsias cuja solução já foi pacificada pela jurisprudência" (FUX, Luiz; BODART, Bruno. Notas sobre o princípio da motivação e a uniformização da jurisprudência no novo Código de Processo Civil à luz da análise econômica do Direito. In: *Revista de Processo,* v. 269, jun. 2017, p. 421-432).

Capítulo VI · A FASE DE RECURSOS E OUTRAS IMPUGNAÇÕES | **283**

no art. 1.042[212] do Novo Código. Seu regramento sofreu grande mudança, em relação à redação original do NCPC, antes mesmo de sua entrada em vigor. É que a Lei nº 13.256/2016 reintroduziu a etapa processual de juízo de admissibilidade pelo Tribunal *a quo* no âmbito dos recursos especial e extraordinário. Consectariamente, também o cabimento do posterior agravo restou alterada.

Em síntese, o recurso será cabível quando o recurso especial ou o recurso extraordinário sejam inadmitidos pelo Tribunal de origem, a menos que essa inadmissão se funde na aplicação de entendimento firmado em regime de repercussão geral ou em julgamento de recursos repetitivos. Nessas outras situações, caberá agravo interno, destinado a órgão colegiado do próprio Tribunal *a quo*.

Há, portanto, distinção dos caminhos processuais disponíveis conforme o fundamento da decisão recorrida. A previsão é paralela à distinção feita pelos §§ 1º e 2º do art. 1.030 do Novo Código,[213] supracitados.

---

[212] **"Art. 1.042.** Cabe agravo contra decisão do presidente ou do vice-presidente do tribunal recorrido que inadmitir recurso extraordinário ou recurso especial, salvo quando fundada na aplicação de entendimento firmado em regime de repercussão geral ou em julgamento de recursos repetitivos. (Redação dada pela Lei nº 13.256, de 2016)

§ 1º (Revogado): (Redação dada pela Lei nº 13.256, de 2016)

§ 2º A petição de agravo será dirigida ao presidente ou ao vice-presidente do tribunal de origem e independe do pagamento de custas e despesas postais, aplicando-se a ela o regime de repercussão geral e de recursos repetitivos, inclusive quanto à possibilidade de sobrestamento e do juízo de retratação. (Redação dada pela Lei nº 13.256, de 2016)

§ 3º O agravado será intimado, de imediato, para oferecer resposta no prazo de 15 (quinze) dias.

§ 4º Após o prazo de resposta, não havendo retratação, o agravo será remetido ao tribunal superior competente.

§ 5º O agravo poderá ser julgado, conforme o caso, conjuntamente com o recurso especial ou extraordinário, assegurada, neste caso, sustentação oral, observando-se, ainda, o disposto no regimento interno do tribunal respectivo.

§ 6º Na hipótese de interposição conjunta de recursos extraordinário e especial, o agravante deverá interpor um agravo para cada recurso não admitido.

§ 7º Havendo apenas um agravo, o recurso será remetido ao tribunal competente, e, havendo interposição conjunta, os autos serão remetidos ao Superior Tribunal de Justiça.

§ 8º Concluído o julgamento do agravo pelo Superior Tribunal de Justiça e, se for o caso, do recurso especial, independentemente de pedido, os autos serão remetidos ao Supremo Tribunal Federal para apreciação do agravo a ele dirigido, salvo se estiver prejudicado."

[213] **Enunciado 77 da I Jornada de Direito Processual Civil do CJF:** Para impugnar decisão que obsta trânsito a recurso excepcional e que contenha simultaneamente fundamento relacionado à sistemática dos recursos repetitivos ou da repercussão geral (art. 1.030, I, do CPC) e fundamento relacionado à análise dos pressupostos de admissibilidade recursais (art. 1.030, V, do CPC), a parte sucumbente deve interpor, simultaneamente, agravo interno (art. 1.021 do CPC) caso queira impugnar a parte relativa aos recursos repetitivos ou repercussão geral

6.5.8 Embargos de divergência

O último dos recursos disciplinados pelo Novo Código corresponde aos embargos de divergência, dos quais cuidam os arts. 1.043 e 1.044.[214] O recurso se insurge contra acórdão de órgão fracionário de Tribunal que, no âmbito de recurso extraordinário ou

---

e agravo em recurso especial/extraordinário (art. 1.042 do CPC) caso queira impugnar a parte relativa aos fundamentos de inadmissão por ausência dos pressupostos recursais.

Enunciado 78 da I Jornada de Direito Processual Civil do CJF: A suspensão do recurso prevista no art. 1.030, III, do CPC deve se dar apenas em relação ao capítulo da decisão afetada pelo repetitivo, devendo o recurso ter seguimento em relação ao remanescente da controvérsia, salvo se a questão repetitiva for prejudicial à solução das demais matérias.

Enunciado 139 da II Jornada de Direito Processual Civil do CJF: A ausência de retratação do órgão julgador, na hipótese prevista no art. 1030, II, do CPC, dispensa a ratificação expressa para que haja o juízo de admissibilidade e a eventual remessa do recurso extraordinário ou especial ao tribunal superior competente, na forma dos arts. 1.030, V, "c", e 1.041 do CPC.

[214] "**Art. 1.043**. É embargável o acórdão de órgão fracionário que:

I – em recurso extraordinário ou em recurso especial, divergir do julgamento de qualquer outro órgão do mesmo tribunal, sendo os acórdãos, embargado e paradigma, de mérito;

II – (Revogado pela Lei nº 13.256, de 2016)

III – em recurso extraordinário ou em recurso especial, divergir do julgamento de qualquer outro órgão do mesmo tribunal, sendo um acórdão de mérito e outro que não tenha conhecido do recurso, embora tenha apreciado a controvérsia;

IV – (Revogado pela Lei nº 13.256, de 2016)

§ 1º Poderão ser confrontadas teses jurídicas contidas em julgamentos de recursos e de ações de competência originária.

§ 2º A divergência que autoriza a interposição de embargos de divergência pode verificar-se na aplicação do direito material ou do direito processual.

§ 3º Cabem embargos de divergência quando o acórdão paradigma for da mesma turma que proferiu a decisão embargada, desde que sua composição tenha sofrido alteração em mais da metade de seus membros.

§ 4º O recorrente provará a divergência com certidão, cópia ou citação de repositório oficial ou credenciado de jurisprudência, inclusive em mídia eletrônica, onde foi publicado o acórdão divergente, ou com a reprodução de julgado disponível na rede mundial de computadores, indicando a respectiva fonte, e mencionará as circunstâncias que identificam ou assemelham os casos confrontados.

§ 5º (Revogado pela Lei nº 13.256, de 2016)

Art. 1.044. No recurso de embargos de divergência, será observado o procedimento estabelecido no regimento interno do respectivo tribunal superior.

§ 1º A interposição de embargos de divergência no Superior Tribunal de Justiça interrompe o prazo para interposição de recurso extraordinário por qualquer das partes.

§ 2º Se os embargos de divergência forem desprovidos ou não alterarem a conclusão do julgamento anterior, o recurso extraordinário interposto pela outra parte antes da publicação do julgamento dos embargos de divergência será processado e julgado independentemente de ratificação."

Capítulo VI · A FASE DE RECURSOS E OUTRAS IMPUGNAÇÕES | **285**

recurso especial divirja do julgamento de outro órgão do mesmo Tribunal, exigindo--se que ambos os acórdãos (o paradigma e o embargado) tenham apreciado o mérito da questão, ainda que, quanto ao dispositivo, o recurso não tenha sido conhecido.[215]

No novo Código, resta expresso que é possível o confronto de teses jurídicas contidas em julgamentos de recursos e de ações de competência originária, bem como que a divergência se verifique na aplicação do direito material ou do direito processual, desde que seja esse o mérito recursal. Há, ainda, uma inovadora previsão de que o recurso considere acórdão comparativo do mesmo órgão julgador parcial, na situação em que sua composição tenha sofrido alteração em mais da metade de seus membros.

Em todo caso, o recorrente deve proceder a uma minuciosa e analítica análise comparativa entre os acórdãos embargado e paradigma, para que se demonstre a divergência alegada. Quanto ao procedimento, observar-se-á aquele estabelecido no regimento interno do Supremo Tribunal Federal ou do Superior Tribunal de Justiça.

6.6 A RECLAMAÇÃO

Não obstante não se trate de recurso, a Reclamação é outro destacado meio de impugnação de decisões judiciais, que não encontrava previsão específica no Código de 1973, mas que é objeto de tratamento normativo particular pelo Novo Código. Trata-se de um meio autônomo de impugnação, que revela o novo exercício desdobrado do direito de ação, pelo qual se questiona decisão judicial ou ato administrativo, no afã de preservar a competência de autoridade judicial superior, garantir a observância de enunciado de súmula vinculante e de decisão do Supremo Tribunal Federal em controle concentrado de constitucionalidade; ou garantir a observância de acórdão proferido em julgamento de incidente de resolução de demandas repetitivas ou de incidente de assunção de competência (art. 988 do CPC/2015).[216-217]

---

[215] **Enunciado 83 da I Jornada de Direito Processual Civil do CJF:** Caso os embargos de divergência impliquem alteração das conclusões do julgamento anterior, o recorrido que já tiver interposto o recurso extraordinário terá o direito de complementar ou alterar suas razões, nos exatos limites da modificação, no prazo de quinze dias, contados da intimação da decisão dos embargos de divergência.

[216] "**Art. 988**. Caberá reclamação da parte interessada ou do Ministério Público para:

I – preservar a competência do tribunal;

II – garantir a autoridade das decisões do tribunal;

III – garantir a observância de enunciado de súmula vinculante e de decisão do Supremo Tribunal Federal em controle concentrado de constitucionalidade; (Redação dada pela Lei nº 13.256, de 2016)

IV – garantir a observância de acórdão proferido em julgamento de incidente de resolução de demandas repetitivas ou de incidente de assunção de competência; (Redação dada pela Lei nº 13.256, de 2016)

PROCESSO CIVIL CONTEMPORÂNEO – *Luiz Fux*

Antes da superveniência do Novo Código, o cabimento da Reclamação recebia tratamento legal pela Lei nº 8.038/1990, que institui normas procedimentais para os processos que especifica, perante o Superior Tribunal de Justiça e o Supremo Tribunal Federal, e pela 11.417/2006, que regulamenta o processo de edição, revisão e cancelamento de enunciados de Súmula Vinculante pelo Supremo Tribunal Federal. Com a superveniência do Novo CPC, foram revogados os artigos 13 a 18 daquela primeira Lei, permanecendo vigentes os dispositivos da segunda que tratam do tema (art. 7º).[218] Agora, a temática é trazida para dentro do Novo Código de Processo Civil, dentro dos processos de competência originária dos Tribunais, como mais um dos elementos de relevo para a manutenção de uma jurisprudência coerente, íntegra e estável.

Nas hipóteses acima já destacadas, a Reclamação poderá ser proposta pela parte interessada ou pelo Ministério Público. Trata-se de processo de competência exclusiva de Tribunais, podendo ser ajuizada perante qualquer deles, cabendo o

---

§ 1º A reclamação pode ser proposta perante qualquer tribunal, e seu julgamento compete ao órgão jurisdicional cuja competência se busca preservar ou cuja autoridade se pretenda garantir.

§ 2º A reclamação deverá ser instruída com prova documental e dirigida ao presidente do tribunal.

§ 3º Assim que recebida, a reclamação será autuada e distribuída ao relator do processo principal, sempre que possível.

§ 4º As hipóteses dos incisos III e IV compreendem a aplicação indevida da tese jurídica e sua não aplicação aos casos que a ela correspondam.

§ 5º É inadmissível a reclamação: (Redação dada pela Lei nº 13.256, de 2016)

I – proposta após o trânsito em julgado da decisão reclamada; (Incluído pela Lei nº 13.256, de 2016)

II – proposta para garantir a observância de acórdão de recurso extraordinário com repercussão geral reconhecida ou de acórdão proferido em julgamento de recursos extraordinário ou especial repetitivos, quando não esgotadas as instâncias ordinárias.   (Incluído pela Lei nº 13.256, de 2016)

§ 6º A inadmissibilidade ou o julgamento do recurso interposto contra a decisão proferida pelo órgão reclamado não prejudica a reclamação."

[217] **Enunciado 138 da II Jornada de Direito Processual Civil do CJF:** É cabível reclamação contra acórdão que aplicou indevidamente tese jurídica firmada em acórdão proferido em julgamento de recursos extraordinário ou especial repetitivos, após o esgotamento das instâncias ordinárias, por analogia ao quanto previsto no art. 988, § 4º, do CPC.

[218] "**Art. 7º** Da decisão judicial ou do ato administrativo que contrariar enunciado de súmula vinculante, negar-lhe vigência ou aplicá-lo indevidamente caberá reclamação ao Supremo Tribunal Federal, sem prejuízo dos recursos ou outros meios admissíveis de impugnação.

§ 1º Contra omissão ou ato da administração pública, o uso da reclamação só será admitido após esgotamento das vias administrativas.

§ 2º Ao julgar procedente a reclamação, o Supremo Tribunal Federal anulará o ato administrativo ou cassará a decisão judicial impugnada, determinando que outra seja proferida com ou sem aplicação da súmula, conforme o caso."

Capítulo VI · A FASE DE RECURSOS E OUTRAS IMPUGNAÇÕES | 287

seu julgamento ao órgão cuja competência se alegue tenha sido usurpada ou cuja autoridade se pretenda preservar (art. 988, § 1º).

A petição inicial, instruída com as provas documentais pertinentes, deverá demonstrar a presença de situação que corresponda a uma das hipóteses de cabimento deste meio de impugnação. Dirigida ao presidente do Tribunal, a reclamação será autuada como um novo processo, após o que deverá ser distribuída a um relator.

Confirmando entendimento jurisprudencial que já havia se cristalizado no enunciado da Súmula nº 734 do STF ("*Não cabe reclamação quando já houver transitado em julgado o ato judicial que se alega tenha desrespeitado decisão do Supremo Tribunal Federal*"), o inciso I do § 5º do art. 988 assenta não ser cabível a reclamação que tenha sido proposta após o trânsito em julgado da decisão reclamada. É que, nessas situações, há mecanismos processuais próprios e específicos para que se ataque a coisa julgada, como a ação rescisória, cujas vezes não podem ser feitas pela Reclamação. Não obstante, se proposta em seu tempo devido, eventual inadmissibilidade ou julgamento do recurso interposto contra a decisão proferida pelo órgão reclamado não prejudicará a reclamação (§ 6º).

Além disso, não será cabível a Reclamação que tenha sido proposta para garantir a observância de acórdão de recurso extraordinário com repercussão geral reconhecida ou de acórdão proferido em julgamento de recursos extraordinário ou especial repetitivos, quando não esgotadas as instâncias ordinárias. Esta previsão integra o inciso II do § 5º do art. 988, cuja inclusão foi fruto da Lei nº 13.256/2016.

Distribuída a Reclamação, caberá ao relator requerer informações da autoridade judicial ou administrativa reclamada, que deverá ser prestada em 10 (dez) dias. Trata-se de aspecto similar ao que previsto também para o Mandado de Segurança.

Ademais, poderá o relator, desde logo, ordenar a suspensão do processo ou do ato impugnado para evitar dano irreparável, como exemplo específico de uma tutela provisória que pode ser deferida monocraticamente e, a depender do caso, até mesmo *inaudita altera parte* (art. 989).[219-220] Em todo caso, além da requisição de informações da autoridade reclamada, deve-se atender ao contraditório, a partir

---

[219] **"Art. 989.** Ao despachar a reclamação, o relator:

I – requisitará informações da autoridade a quem for imputada a prática do ato impugnado, que as prestará no prazo de 10 (dez) dias;

II – se necessário, ordenará a suspensão do processo ou do ato impugnado para evitar dano irreparável;

III – determinará a citação do beneficiário da decisão impugnada, que terá prazo de 15 (quinze) dias para apresentar a sua contestação"

[220] **Enunciado 64 da I Jornada de Direito Processual Civil do CJF:** Ao despachar a reclamação, deferida a suspensão do ato impugnado, o relator pode conceder tutela provisória satisfativa correspondente à decisão originária cuja autoridade foi violada.

PROCESSO CIVIL CONTEMPORÂNEO – *Luiz Fux*

da citação do beneficiário da decisão impugnada, para que no prazo de 15 (quinze) dias apresente sua contestação, ou mediante impugnação de qualquer interessado (art. 990).[221]

Como ocorre com os outros processos de competência originária de Tribunais, o Ministério Público terá vista do processo na reclamação que não houver formulado, pelo prazo de 5 (cinco) dias (art. 991).[222] Sua manifestação deve se dar após o decurso dos prazos para informações e contestação, de modo que já estejam reunidos maiores elementos para que se exerça sua função de *custos juris*. Essa previsão, entretanto, não impede a rejeição liminar da Reclamação, quando seja manifestamente incabível ou prontamente se identifique que se trata de pretensão contrária à jurisprudência do Tribunal.

Estando reunidos seus requisitos e atendidas essas etapas procedimentais, a Reclamação seguirá para o seu exame de mérito. No caso de procedência do pedido, o Tribunal cassará a decisão exorbitante de seu julgado, podendo determinar a medida adequada à solução da controvérsia (art. 992).[223] Em todo caso, o presidente do Tribunal determinará o imediato cumprimento da decisão, independentemente da lavratura do acórdão, que poderá se dar posteriormente (art. 993).[224]

---

[221] "**Art. 990**. Qualquer interessado poderá impugnar o pedido do reclamante."

[222] "**Art. 991**. Na reclamação que não houver formulado, o Ministério Público terá vista do processo por 5 (cinco) dias, após o decurso do prazo para informações e para o oferecimento da contestação pelo beneficiário do ato impugnado."

[223] "**Art. 992**. Julgando procedente a reclamação, o tribunal cassará a decisão exorbitante de seu julgado ou determinará medida adequada à solução da controvérsia."

[224] "**Art. 993**. O presidente do tribunal determinará o imediato cumprimento da decisão, lavrando-se o acórdão posteriormente."

Capítulo VII
A FASE DE SATISFAÇÃO

7.1 ASPECTOS GERAIS

Após suas diversas fases, atingido o trânsito em julgado, deve-se cumprir o que determinado pela decisão. Forma-se a relação jurídica processual, passa-se pelas fases de instrução, julgamento e recursal para que, finalmente, atinja-se a *fase de satisfação* do direito buscado e reconhecido em juízo.

Como já acima exposto, sendo o processo um instrumento para a afirmação de direitos, a fase de satisfação representa, em última análise, a própria *ratio essendi* da relação jurídica processual, em que se materializa, no mundo da vida, a tutela judicial buscada. Sendo essa a própria finalidade do processo, também aqui devem valer preocupações como a *celeridade da satisfação*, muitas vezes comprometida pelo longo trâmite percorrido durante a fase cognitiva.

Com efeito, após a tutela cognitiva, quando o direito já se encontra definido e à espera de sua realização pelo obrigado, o processo passa a destinar à *realização prática do direito*. Assim, da mesma forma como o Estado-juiz define a situação litigiosa com ou sem a colaboração das partes, também realiza o direito, independentemente da cooperação do obrigado. Essa é a essência *satisfativa* do processo, seja pela via do processo autônomo de execução ou pela via da fase de cumprimento da sentença, porquanto *executar e cumprir é satisfazer*.

O Estado-juiz, na satisfação, não se limita a pronunciar que *A* deve a *B*, senão a fazer que o devedor pague ao credor, voluntariamente ou pelos meios executivos utilizados nessa espécie de tutela jurisdicional e que visam a conferir à parte o mesmo resultado que ela obteria se houvesse o cumprimento espontâneo da obrigação. As diferentes formas de prestação de justiça confirmam a regra de há muito enunciada de que "pretensão discutida e pretensão insatisfeita" são "fenômenos do gênero conflito jurídico", havendo para cada um deles uma forma distinta de solução.

Dessa forma, a mesma *substitutividade* que marca o processo de cognição, em que o Estado-juiz define o direito com autoridade, também se verifica na execução, em que o magistrado realiza o direito do credor com ou sem a colaboração do devedor. Assim, a *coatividade jurisdicional* existente também nessa forma de processo ou nessa fase processual justifica sua denominação de *execução forçada*, uma vez que ela se realiza independentemente da vontade do devedor.

Destarte, não se pode afirmar que cognição e execução vivam isoladas, tanto mais que servem uma a outra. Aliás, não foi por outra razão que a Lei nº 11.232/2005 encartou a satisfação como fase do mesmo processo de sentença, denominando-a cumprimento, ao promover o *processo sincrético*.

Com efeito, a tradição brasileira sempre foi a de consagrar a sentença condenatória cível como *título executivo judicial* por excelência. O legislador que cunhou o Código de 1973, em sua redação original, considerando a sua formação em juízo, em prévio processo de cognição, já diferenciava o *título executivo judicial* do *título executivo extrajudicial,* muito embora os equiparasse para fins de aparelhar a execução forçada definitiva. O título formado fora do juízo era equiparado à sentença com força de coisa julgada para os fins de considerar a execução definitiva. A diferença consistia no âmbito de cognição dos embargos do executado, mais amplo nas execuções extrajudiciais, porquanto nelas era a primeira vez que o documento (título extrajudicial) exsurgia em juízo.

Essa diferença não restava suficiente a demonstrar ao jurisdicionado favorecido pela condenação que, após um longo processo de maturação do direito e com sua definição imune de impugnações, ainda assim, ao iniciar a implementação do julgado, impunha-se submetê-lo a um novo processo, ensejando maior demora na efetiva satisfação de seu direito. É que mesmo os títulos executivos judiciais, para que gozassem da satisfação forçada, necessitavam da instauração de nova relação processual, com renovada citação do sujeito passivo indicado no título, o que gerava ainda mais delongas na efetividade do direito material.

Entretanto, a partir da Lei nº 11.232/2005, ideia que foi mantida e fortalecida pelo Novo Código, tem-se, quanto aos títulos executivos judiciais, a fase de cumprimento de sentença, que transcorre dentro da mesma relação jurídica processual, enquanto que o processo autônomo de execução é reservado para os casos de títulos executivos extrajudiciais, ou mesmo os judiciais advindos de outros órgãos distintos (*v.g.*: sentença penal condenatória, sentença arbitral, sentença estrangeira homologada pelo Superior Tribunal de Justiça). Chega-se, assim, às duas formas essenciais de *satisfação*: o *cumprimento de sentença* e o *processo de execução*.

Em ambos os casos, a atividade é executiva e ter-se-á um *título executivo,* seja ele *judicial* ou *extrajudicial,* que fundamenta o pedido de satisfação, como um documento que representa uma obrigação *certa, líquida* e *exigível* (art. 783 do NCPC).[1] Justamente por se assentar em um título executivo, muitas vezes advindo de decisão judicial, a *fase de satisfação* possui alguns princípios próprios.

---

[1] "**Art. 783.** A execução para cobrança de crédito fundar-se-á sempre em título de obrigação certa, líquida e exigível."

Destarte, aqui também se aplicam os princípios gerais do processo civil, com o acréscimo de outros postulados que conferem maior peculiaridade a esse momento processual. Fala-se, por exemplo, no *interesse do credor*, em nome do qual se realiza a fase de satisfação (art. 797 do NCPC);[2] mas também na *menor onerosidade* ao devedor, dentre uma pluralidade existente de meios executivos (art. 805 do NCPC).[3]

A rigor, na fase de satisfação, tem-se um certo desequilíbrio entre as partes, diferentemente do que ocorre na fase cognitiva, já que o cumprimento de sentença ou o processo de execução partem de um título executivo anteriormente constituído, reconhecido pelo ordenamento jurídico como *certo, líquido e exigível*. Por essa razão, em algumas situações, até mesmo o princípio do contraditório é atenuado, como nos casos de *impugnação ao cumprimento de sentença*, sendo esta limitada às matérias defensivas que podem ser arguidas pelo *executado*. Não se descuida, porém, do princípio da isonomia, que resta atendido pelo tratamento desigual entre as partes, conforme as posições desiguais que ocupem após a constituição do título executivo.

Certa é a obrigação induvidosa, resultante do título executivo. Incerta é a obrigação estimada pelo credor, como, *v.g.*, a fixação unilateral pelo exequente de uma dívida não fundada em título algum, ou a pretensão de cobrança por via executiva de "perdas e danos" quantificadas por ele. A certeza que se exige deve estar revelada pelo título executivo, muito embora a natureza abstrata da execução permita a discussão da *causa debendi*. Em suma, a obrigação deve ser certa quanto à sua existência, e assim o é aquela assumida pelo devedor e consubstanciada em título executivo, embora ao crédito possa se opor o executado, sustentando fatos supervenientes à criação da obrigação.

Líquida é a obrigação individuada no que concerne ao seu objeto. O devedor deve saber "o que deve." Assim, o objeto da execução que a torna líquida determina a espécie de procedimento a seguir. Desta sorte, se o devedor obrigou-se por quantia certa, seguir-se-á esta modalidade de execução; se se comprometeu a fazer, este será o procedimento satisfativo; ou, se o vínculo consagra obrigação de entrega de coisa, diversos serão os meios executivos tendentes à satisfação do credor.

É imperioso observar que, no processo de conhecimento, a lei permite o pedido genérico (art. 324 do NCPC) para não postergar o acesso à justiça, autorizando que

---

[2] "**Art. 797.** Ressalvado o caso de insolvência do devedor, em que tem lugar o concurso universal, realiza-se a execução no interesse do exequente que adquire, pela penhora, o direito de preferência sobre os bens penhorados.

Parágrafo único. Recaindo mais de uma penhora sobre o mesmo bem, cada exequente conservará o seu título de preferência."

[3] "**Art. 805.** Quando por vários meios o exequente puder promover a execução, o juiz mandará que se faça pelo modo menos gravoso para o executado.

Parágrafo único. Ao executado que alegar ser a medida executiva mais gravosa incumbe indicar outros meios mais eficazes e menos onerosos, sob pena de manutenção dos atos executivos já determinados."

a parte o formule, liquidando a condenação, posteriormente, mas sempre antes de executar a decisão. Assim, *v.g.*, a vítima de um acidente pode pleitear a condenação do autor do ilícito nas perdas e danos especificados, tais como despesas de conserto de veículo, verbas com gastos médicos e hospitalares, dano moral etc. Entretanto, ao iniciar a fase de cumprimento por execução, esses valores devem estar determinados para que se afira a extensão da execução e dos atos executivos necessários, como, por exemplo, a penhora e os bens que devem ser alcançados até a satisfação integral do crédito.

Isso significa que na condenação ou no reconhecimento da obrigação impõe-se explicitar o *an debeatur* (o que é devido), postergando-se para a liquidação o *quantum debeatur*, preparando-se, assim, a execução. Por essa razão é que se afirma que a liquidação é preparatória da "execução" (fase de cumprimento da sentença) e complementar à condenação.

Diversamente, os títulos judiciais, quando ilíquidos, admitem a individuação do *quantum* através do "incidente de liquidação de sentença", fase anterior ao cumprimento e posterior ao processo de reconhecimento da obrigação exigível. Consequentemente, é forçoso assentar que só há a instauração do incidente de liquidação de títulos "judiciais", uma vez que os títulos extrajudiciais, se não forem líquidos, certos e exigíveis, não ensejam a via da execução, senão a da cognição.

A doutrina sempre criticou a categorização do título como líquido e certo, porquanto esses atributos referem-se à prestação, ou melhor, ao crédito. Por isso, o art. 783 do NCPC dispõe que a execução para cobrança de crédito fundar-se-á sempre em título "de obrigação certa, líquida e exigível."

Exigível é a obrigação vencida. Em regra, o título consagra o vencimento da obrigação. Entretanto, as regras materiais devem ser obedecidas, como, *v.g.*, a que estabelece o vencimento da obrigação quesível após a exigência de adimplemento feita pelo credor; ou a obrigação "a termo" que deve aguardar o decurso do prazo; ou, ainda, a obrigação "sob condição" que somente se torna exigível com o implemento desta etc. A exigibilidade confunde-se com o requisito do "inadimplemento do devedor"; por isso, inexigível a obrigação, é impossível a execução, que se impõe extinguir.

7.2 TÉCNICAS EXECUTIVAS

Em todo caso, não havendo o cumprimento voluntário da obrigação pelo executado, o Estado pode se valer de algumas *técnicas executivas ou satisfativas*, pelas quais se conclama ao Poder Judiciário que, exercendo parcela de sua jurisdição, promova a *satisfação forçada* do direito reconhecido. Essas técnicas podem ser classificadas em duas categorias principais, a saber: *técnicas de sub-rogação* e *técnicas de coerção*, podendo ser utilizadas tanto no cumprimento de sentença, quanto no processo autônomo de execução.

Com efeito, neste ponto, o tratamento normativo é comum às duas formas de satisfação. Nesse sentido, o art. 771,[4] ao inaugurar o Livro II da Parte Especial do Novo Código (*Do Processo de Execução*), explicita que ali se regula "o procedimento da execução fundada em título extrajudicial, e suas disposições aplicam-se, também, no que couber, aos procedimentos especiais de execução, *aos atos executivos realizados no procedimento de cumprimento de sentença*, bem como aos efeitos de atos ou fatos processuais a que a lei atribuir força executiva" (grifos nossos). Paralelamente, também o art. 513,[5-6] que abre as disposições do Novo Código sobre o cumprimento de sentença, faz referências às normas do processo de execução ("O cumprimento da sentença será feito segundo as regras deste Título, observando-se, no que couber e conforme a natureza da obrigação, o disposto no Livro II da Parte Especial deste Código").

Desta forma, no afã de satisfazer o credor, o Estado *substitui* o devedor e realiza a prestação devida às expensas do patrimônio do devedor ou *pressiona* o devedor

---

[4] "**Art. 771.** Este Livro regula o procedimento da execução fundada em título extrajudicial, e suas disposições aplicam-se, também, no que couber, aos procedimentos especiais de execução, aos atos executivos realizados no procedimento de cumprimento de sentença, bem como aos efeitos de atos ou fatos processuais a que a lei atribuir força executiva.

Parágrafo único. Aplicam-se subsidiariamente à execução as disposições do Livro I da Parte Especial."

[5] "**Art. 513.** O cumprimento da sentença será feito segundo as regras deste Título, observando-se, no que couber e conforme a natureza da obrigação, o disposto no Livro II da Parte Especial deste Código.

§ 1º O cumprimento da sentença que reconhece o dever de pagar quantia, provisório ou definitivo, far-se-á a requerimento do exequente.

§ 2º O devedor será intimado para cumprir a sentença:

I – pelo Diário da Justiça, na pessoa de seu advogado constituído nos autos;

II – por carta com aviso de recebimento, quando representado pela Defensoria Pública ou quando não tiver procurador constituído nos autos, ressalvada a hipótese do inciso IV;

III – por meio eletrônico, quando, no caso do § 1º do art. 246, não tiver procurador constituído nos autos

IV – por edital, quando, citado na forma do art. 256, tiver sido revel na fase de conhecimento.

§ 3º Na hipótese do § 2º, incisos II e III, considera-se realizada a intimação quando o devedor houver mudado de endereço sem prévia comunicação ao juízo, observado o disposto no parágrafo único do art. 274.

§ 4º Se o requerimento a que alude o § 1º for formulado após 1 (um) ano do trânsito em julgado da sentença, a intimação será feita na pessoa do devedor, por meio de carta com aviso de recebimento encaminhada ao endereço constante dos autos, observado o disposto no parágrafo único do art. 274 e no § 3º deste artigo.

§ 5º O cumprimento da sentença não poderá ser promovido em face do fiador, do coobrigado ou do corresponsável que não tiver participado da fase de conhecimento."

[6] **Enunciado 15 da I Jornada de Direito Processual Civil do CJF:** Aplicam-se às entidades referidas no § 3º do art. 186 do CPC as regras sobre intimação pessoal das partes e suas testemunhas (art. 186, § 2º; art. 455, § 4º, IV; art. 513, § 2º, II e art. 876, § 1º, II, todos do CPC).

ao cumprimento, ameaçando impor-lhe um sacrifício pessoal ou patrimonial. No primeiro caso, quando há atividade substitutiva, trata-se de um *meio de sub-rogação*; na segunda hipótese, há um *meio de coerção*, exercido sobre a pessoa ou o patrimônio do devedor, como mecanismo influenciador do cumprimento da decisão judicial.

Como formas de *sub-rogação*, podem ser citados como exemplos:

(i) *Desapossamento* – de maior utilização para a satisfação de obrigações de *entregar coisa*, em que o Estado desapossa o devedor da *res* devida, entregando-a ao exequente. Nesse sentido, é o art. 538 do NCPC, o qual, ao tratar do cumprimento de sentença que reconheça a exigibilidade de obrigação de entregar coisa, dispõe: "*Não cumprida a obrigação de entregar coisa no prazo estabelecido na sentença, será expedido mandado de busca e apreensão ou de imissão na posse em favor do credor, conforme se tratar de coisa móvel ou imóvel.*" No âmbito do processo de execução, a técnica também encontra regramento nos arts. 806 a 813 do NCPC.

(ii) *Expropriação* – de maior utilidade na satisfação de obrigação de *entregar quantia*, quando se promove a expropriação de bens do devedor para a satisfação do crédito do exequente. Aqui são envolvidas as fases de *adjudicação* (art. 876 do NCPC),[7-8] *alienação particular* (art. 879, I, do

---

[7] "**Art. 876.** É lícito ao exequente, oferecendo preço não inferior ao da avaliação, requerer que lhe sejam adjudicados os bens penhorados.

§ 1º Requerida a adjudicação, o executado será intimado do pedido:

I – pelo Diário da Justiça, na pessoa de seu advogado constituído nos autos;

II – por carta com aviso de recebimento, quando representado pela Defensoria Pública ou quando não tiver procurador constituído nos autos;

III – por meio eletrônico, quando, sendo o caso do § 1º do art. 246, não tiver procurador constituído nos autos.

§ 2º Considera-se realizada a intimação quando o executado houver mudado de endereço sem prévia comunicação ao juízo, observado o disposto no art. 274, parágrafo único.

§ 3º Se o executado, citado por edital, não tiver procurador constituído nos autos, é dispensável a intimação prevista no § 1º.

§ 4º Se o valor do crédito for:

I – inferior ao dos bens, o requerente da adjudicação depositará de imediato a diferença, que ficará à disposição do executado;

II – superior ao dos bens, a execução prosseguirá pelo saldo remanescente.

§ 5º Idêntico direito pode ser exercido por aqueles indicados no art. 889, incisos II a VIII, pelos credores concorrentes que hajam penhorado o mesmo bem, pelo cônjuge, pelo companheiro, pelos descendentes ou pelos ascendentes do executado.

§ 6º Se houver mais de um pretendente, proceder-se-á à licitação entre eles, tendo preferência, em caso de igualdade de oferta, o cônjuge, o companheiro, o descendente ou o ascendente, nessa ordem.

NCPC),[9] *alienação em leilão judicial* (art. 879, II, do NCPC), além de algumas outras técnicas específicas à satisfação de obrigações alimentares, tais como o *desconto de vencimentos* (arts. 529[10] e 912[11] do NCPC).

(iii) Substituição – tem lugar na satisfação de obrigação de *fazer ou não fazer*, quando é possível que o juiz autorize, a requerimento do credor, que terceiro satisfaça a obrigação à custa do executado, por exemplo. Nesse sentido, *v.g.*, é o art. 817 do NCPC.[12]

---

§ 7º No caso de penhora de quota social ou de ação de sociedade anônima fechada realizada em favor de exequente alheio à sociedade, esta será intimada, ficando responsável por informar aos sócios a ocorrência da penhora, assegurando-se a estes a preferência."

[8] **Enunciado 15 da I Jornada de Direito Processual Civil do CJF:** Aplicam-se às entidades referidas no § 3º do art. 186 do CPC as regras sobre intimação pessoal das partes e suas testemunhas (art. 186, § 2º; art. 455, § 4º, IV; art. 513, § 2º, II e art. 876, § 1º, II, todos do CPC). **Enunciado 106 da I Jornada de Direito Processual Civil do CJF:** Na expropriação, a apropriação de frutos e rendimentos poderá ser priorizada em relação à adjudicação, se não prejudicar o exequente e for mais favorável ao executado.

[9] "**Art. 879**. A alienação far-se-á:

I – por iniciativa particular;

II – em leilão judicial eletrônico ou presencial."

[10] "**Art. 529**. Quando o executado for funcionário público, militar, diretor ou gerente de empresa ou empregado sujeito à legislação do trabalho, o exequente poderá requerer o desconto em folha de pagamento da importância da prestação alimentícia.

§ 1º Ao proferir a decisão, o juiz oficiará à autoridade, à empresa ou ao empregador, determinando, sob pena de crime de desobediência, o desconto a partir da primeira remuneração posterior do executado, a contar do protocolo do ofício.

§ 2º O ofício conterá o nome e o número de inscrição no Cadastro de Pessoas Físicas do exequente e do executado, a importância a ser descontada mensalmente, o tempo de sua duração e a conta na qual deve ser feito o depósito.

§ 3º Sem prejuízo do pagamento dos alimentos vincendos, o débito objeto de execução pode ser descontado dos rendimentos ou rendas do executado, de forma parcelada, nos termos do *caput* deste artigo, contanto que, somado à parcela devida, não ultrapasse cinquenta por cento de seus ganhos líquidos."

[11] "**Art. 912**. Quando o executado for funcionário público, militar, diretor ou gerente de empresa, bem como empregado sujeito à legislação do trabalho, o exequente poderá requerer o desconto em folha de pagamento de pessoal da importância da prestação alimentícia.

§ 1º Ao despachar a inicial, o juiz oficiará à autoridade, à empresa ou ao empregador, determinando, sob pena de crime de desobediência, o desconto a partir da primeira remuneração posterior do executado, a contar do protocolo do ofício.

§ 2º O ofício conterá os nomes e o número de inscrição no Cadastro de Pessoas Físicas do exequente e do executado, a importância a ser descontada mensalmente, a conta na qual deve ser feito o depósito e, se for o caso, o tempo de sua duração."

[12] "**Art. 817**. Se a obrigação puder ser satisfeita por terceiro, é lícito ao juiz autorizar, a requerimento do exequente, que aquele a satisfaça à custa do executado.

PROCESSO CIVIL CONTEMPORÂNEO – *Luiz Fux*

Já as formas de *coerção* podem ser:

(i) *Pessoal* – consiste na possibilidade de prisão como forma *indireta* de induzir o executado à satisfação de sua obrigação. No ordenamento jurídico brasileiro, a possibilidade de *prisão civil* persiste apenas no caso de créditos alimentares, conforme disposições dos arts. 528[13-14] (que trata do cumprimento de sentença que reconheça a exigibilidade de obrigação de prestar alimentos) e 911[15] (que dispõe sobre a execução de alimentos) do NCPC.

Parágrafo único. O exequente adiantará as quantias previstas na proposta que, ouvidas as partes, o juiz houver aprovado."

[13] "**Art. 528**. No cumprimento de sentença que condene ao pagamento de prestação alimentícia ou de decisão interlocutória que fixe alimentos, o juiz, a requerimento do exequente, mandará intimar o executado pessoalmente para, em 3 (três) dias, pagar o débito, provar que o fez ou justificar a impossibilidade de efetuá-lo.

§ 1º Caso o executado, no prazo referido no *caput*, não efetue o pagamento, não prove que o efetuou ou não apresente justificativa da impossibilidade de efetuá-lo, o juiz mandará protestar o pronunciamento judicial, aplicando-se, no que couber, o disposto no art. 517.

§ 2º Somente a comprovação de fato que gere a impossibilidade absoluta de pagar justificará o inadimplemento.

§ 3º Se o executado não pagar ou se a justificativa apresentada não for aceita, o juiz, além de mandar protestar o pronunciamento judicial na forma do § 1º, decretar-lhe-á a prisão pelo prazo de 1 (um) a 3 (três) meses.

§ 4º A prisão será cumprida em regime fechado, devendo o preso ficar separado dos presos comuns.

§ 5º O cumprimento da pena não exime o executado do pagamento das prestações vencidas e vincendas.

§ 6º Paga a prestação alimentícia, o juiz suspenderá o cumprimento da ordem de prisão.

§ 7º O débito alimentar que autoriza a prisão civil do alimentante é o que compreende até as 3 (três) prestações anteriores ao ajuizamento da execução e as que se vencerem no curso do processo.

§ 8º O exequente pode optar por promover o cumprimento da sentença ou decisão desde logo, nos termos do disposto neste Livro, Título II, Capítulo III, caso em que não será admissível a prisão do executado, e, recaindo a penhora em dinheiro, a concessão de efeito suspensivo à impugnação não obsta a que o exequente levante mensalmente a importância da prestação.

§ 9º Além das opções previstas no art. 516, parágrafo único, o exequente pode promover o cumprimento da sentença ou decisão que condena ao pagamento de prestação alimentícia no juízo de seu domicílio."

[14] **Enunciado 146 da II Jornada de Direito Processual Civil do CJF:** O prazo de 3 (três) dias previsto pelo art. 528 do CPC conta-se em dias úteis e na forma dos incisos do art. 231 do CPC, não se aplicando seu § 3º.

Enunciado 147 da II Jornada de Direito Processual Civil do CJF: Basta o inadimplemento de uma parcela, no todo ou em parte, para decretação da prisão civil prevista no art. 528, § 7º, do CPC.

[15] "**Art. 911.** Na execução fundada em título executivo extrajudicial que contenha obrigação alimentar, o juiz mandará citar o executado para, em 3 (três) dias, efetuar o pagamento das

Capítulo VII · A FASE DE SATISFAÇÃO | 297

(ii) Patrimonial – utiliza-se de sanções patrimoniais como forma *indireta* de induzir o executado à satisfação de sua obrigação. O maior exemplo são as *astreintes*, disciplinadas, *v.g.*, pelos arts. 536, § 1º,[16] e 814[17] do NCPC.

Apesar dessas classificações, é possível conceber uma maior flexibilidade ao juízo em relação aos meios executivos utilizados para a satisfação da obrigação. Fala-se, assim, na denominada *tutela específica da obrigação*, em contraposição à *execução genérica*, que é aquela que se transmuda em equivalente pecuniário (perdas e danos), quando frustrado o alcance da prestação perseguida em juízo. O que se busca, por essa via, é propiciar meios que confiram maiores probabilidade e celeridade à satisfação da obrigação.

Uma novidade do Novo Código é a previsão da atipicidade dos meios executivos, inclusive no que diz respeito às obrigações de pagar quantia. O CPC/1973, com as alterações da Lei nº 11.232/2005, já contemplava meios executivos atípicos relativamente ao cumprimento de obrigação de fazer ou não fazer (art. 461). Atualmente, o art. 139, IV, do NCPC dispõe, *verbis*: "O juiz dirigirá o processo conforme as disposições deste Código, incumbindo-lhe: determinar todas as medidas indutivas,

---

parcelas anteriores ao início da execução e das que se vencerem no seu curso, provar que o fez ou justificar a impossibilidade de fazê-lo.

Parágrafo único. Aplicam-se, no que couber, os §§ 2º a 7º do art. 528."

[16] "**Art. 536.** No cumprimento de sentença que reconheça a exigibilidade de obrigação de fazer ou de não fazer, o juiz poderá, de ofício ou a requerimento, para a efetivação da tutela específica ou a obtenção de tutela pelo resultado prático equivalente, determinar as medidas necessárias à satisfação do exequente.

§ 1º Para atender ao disposto no *caput*, o juiz poderá determinar, entre outras medidas, a imposição de multa, a busca e apreensão, a remoção de pessoas e coisas, o desfazimento de obras e o impedimento de atividade nociva, podendo, caso necessário, requisitar o auxílio de força policial.

§ 2º O mandado de busca e apreensão de pessoas e coisas será cumprido por 2 (dois) oficiais de justiça, observando-se o disposto no art. 846, §§ 1º a 4º, se houver necessidade de arrombamento.

§ 3º O executado incidirá nas penas de litigância de má-fé quando injustificadamente descumprir a ordem judicial, sem prejuízo de sua responsabilização por crime de desobediência.

§ 4º No cumprimento de sentença que reconheça a exigibilidade de obrigação de fazer ou de não fazer, aplica-se o art. 525, no que couber.

§ 5º O disposto neste artigo aplica-se, no que couber, ao cumprimento de sentença que reconheça deveres de fazer e de não fazer de natureza não obrigacional."

[17] "**Art. 814.** Na execução de obrigação de fazer ou de não fazer fundada em título extrajudicial, ao despachar a inicial, o juiz fixará multa por período de atraso no cumprimento da obrigação e a data a partir da qual será devida.

Parágrafo único. Se o valor da multa estiver previsto no título e for excessivo, o juiz poderá reduzi-lo."

coercitivas, mandamentais ou sub-rogatórias necessárias para assegurar o cumprimento de ordem judicial, inclusive nas ações que tenham por objeto prestação pecuniária." Os meios executivos atípicos são aplicáveis tanto ao cumprimento de sentença quanto à execução por título extrajudicial.

A jurisprudência do Superior Tribunal de Justiça tem admitido a apreensão da Carteira Nacional de Habilitação e do Passaporte do devedor recalcitrante, mas subordina a medida a diversos requisitos, a saber: *(i)* esgotamento dos meios típicos de execução; *(ii)* observância da proporcionalidade; *(iii)* adequada fundamentação; *(iv)* contraditório prévio;[18] e *(v)* existência de indícios de patrimônio expropriável.[19] Quanto ao exaurimento dos meios típicos de execução, compete ao executado, em razão do seu dever de cooperação, indicar "meio executivo menos gravoso e mais eficaz à satisfação do direito do exequente", à luz do art. 805, parágrafo único, do Novo CPC, consoante já reconheceu o Superior Tribunal de Justiça.[20]

O Novo CPC também contemplou novos meios típicos de coerção do devedor, consistentes no protesto de decisão judicial (art. 517) e na inclusão do nome do executado em cadastros de inadimplentes (art. 782, §§ 3º e 4º).

O detalhamento de cada um dos meios de execução extrapola ao escopo deste livro, pelo que se passa a analisar os aspectos gerais de cada uma das duas formas de satisfação.

7.3   O CUMPRIMENTO DE SENTENÇA

7.3.1   Generalidades

As disposições gerais relativas ao cumprimento de sentença estão entre os arts. 513 e 519 do NCPC.

Inicialmente, abre-se a oportunidade de satisfação voluntária da obrigação, mediante intimação específica do devedor para cumprir a sentença, que pode se

---

[18]   "Após esgotados todos os meios típicos de satisfação da dívida, para assegurar o cumprimento de ordem judicial, deve o magistrado eleger medida que seja necessária, lógica e proporcional. (...) para que o julgador se utilize de meios executivos atípicos, a decisão deve ser fundamentada e sujeita ao contraditório, demonstrando-se a excepcionalidade da medida adotada em razão da ineficácia dos meios executivos típicos, sob pena de configurar-se como sanção processual" (STJ, RHC 97.876, 4ª Turma, Rel. Luís Felipe Salomão, j. 05.06.2018).

[19]   "A adoção de meios executivos atípicos é cabível desde que, verificando-se a existência de indícios de que o devedor possua patrimônio expropriável, tais medidas sejam adotadas de modo subsidiário, por meio de decisão que contenha fundamentação adequada às especificidades da hipótese concreta, com observância do contraditório substancial e do postulado da proporcionalidade" (STJ, REsp 1.782.418/RJ, 3ª Turma, Rel. Min. Nancy Andrighi, j. 23.04.2019).

[20]   STJ, RHC 99.606/SP, 3ª Turma, Rel. Min. Nancy Andrighi, j. 13.11.2018.

Capítulo VII · A FASE DE SATISFAÇÃO | **299**

dar por Diário da Justiça, por carta, por meio eletrônico ou por edital, na forma do § 2º do art. 513.[21] Não sendo cumprida de forma voluntária a obrigação, passa-se propriamente à fase satisfativa do processo, que, em regra, se inicia por requerimento do exequente.

Os títulos executivos judiciais, que ensejam a fase de cumprimento de sentença no âmbito da mesma relação jurídica processual, são descritos no art. 515 do NCPC,[22] quais sejam:

> *I – as decisões proferidas no processo civil que reconheçam a exigibilidade de obrigação de pagar quantia, de fazer, de não fazer ou de entregar coisa;*
>
> *II – a decisão homologatória de autocomposição judicial;*
>
> *III – a decisão homologatória de autocomposição extrajudicial de qualquer natureza;*
>
> *IV – o formal e a certidão de partilha, exclusivamente em relação ao inventariante, aos herdeiros e aos sucessores a título singular ou universal;*
>
> *V – o crédito de auxiliar da justiça, quando as custas, emolumentos ou honorários tiverem sido aprovados por decisão judicial;*
>
> *VI – a sentença penal condenatória transitada em julgado;*
>
> *VII – a sentença arbitral;*
>
> *VIII – a sentença estrangeira homologada pelo Superior Tribunal de Justiça;*
>
> *IX – a decisão interlocutória estrangeira, após a concessão do* exequatur *à carta rogatória pelo Superior Tribunal de Justiça;*

O primeiro título executivo judicial previsto diz respeito às decisões proferidas no processo civil que reconheçam a exigibilidade de obrigação de pagar quantia, de fazer, de não fazer ou de entregar coisa (art. 515, I, do NCPC). A redação do CPC/1973, com suas diversas reformas, fazia referência a "sentença", enquanto o novel diploma utiliza o termo "decisão." Portanto, também é título executivo judicial, por exemplo, a decisão que julga pedidos incontroversos (art. 356 do NCPC). Além disso, a nova redação utiliza o termo "exigibilidade", ao passo que o texto revogado falava em "existência." Nesse sentido, o novo Código de Processo Civil pacifica que as decisões meramente declaratórias não constituem títulos executivos judiciais.

A decisão condenatória pura era aquela que impunha uma prestação ao vencido, reconhecendo o inadimplemento de uma obrigação assumida. A sentença, não obstante a denominação "condenatória", limitava-se a definir o direito e exortar o

---

[21] **Enunciado 15 da I Jornada de Direito Processual Civil do CJF:** Aplicam-se às entidades referidas no § 3º do art. 186 do CPC as regras sobre intimação pessoal das partes e suas testemunhas (art. 186, § 2º; art. 455, § 4º, IV; art. 513, § 2º, II e art. 876, § 1º, II, todos do CPC).

[22] **Enunciado 85 da I Jornada de Direito Processual Civil do CJF:** Na execução de título extrajudicial ou judicial (art. 515, § 1º, do CPC) é cabível a citação postal.

vencido a que cumprisse a prestação. Em face da impossibilidade de o vencedor tornar realidade aquela decisão por meios próprios, descumprida a condenação, exsurgia como ainda exsurge a necessidade de, mais uma vez, movimentar-se o Judiciário para tornar real a condenação, praticando atos necessários a satisfazer o direito do vencedor reconhecido no título judicial. De toda sorte, é a *natureza da condenação que indica a espécie de execução* a seguir. Assim, se *a condenação impõe a entrega de determinado bem*, sua efetivação obedecerá ao procedimento do cumprimento de sentença *que reconheça a exigibilidade de obrigação de entregar coisa;* caso a condenação imponha *a obrigação de pagamento* de soma, a atividade executiva obedecerá ao rito do cumprimento definitivo da sentença que reconhece a exigibilidade de obrigação de pagar quantia certa, e assim por diante.

O Código confere executividade à decisão que reconhece a exigibilidade de uma obrigação porquanto as demais formas de provimento jurisdicional (isto é, constitutivo e declaratório puro) não comportam execução, haja vista que a definição jurídica com a eficácia constitutiva ou declaratória satisfaz o interesse da parte, tornando desnecessário qualquer processo complementar. Assim, *v.g.*, a decisão que concede o divórcio, ou a que declara nulo determinado negócio jurídico, cumpre os seus objetivos com a simples prolação da sentença, tornando prescindível qualquer ato posterior.

No que pertine à sentença declaratória, impõe-se considerar, também, o seu objeto mediato. Assim é que, se a sentença declaratória limita-se a afirmar a nulidade do ato jurídico, nenhuma outra utilidade, em princípio, extrai-se daquela decisão, tornando-a infensa à execução.

Entretanto, algumas declarações podem ensejar execução, se complementadas. Assim, *v.g.*, a sentença declaratória do dever de indenizar prescinde de processo condenatório posterior, bastando à parte liquidar o *an debeatur*, tal como ocorre com a sentença penal condenatória que, de rigor, não impede condenação cível, senão declara o dever de reparar o dano *ex delicto*.

A sentença de condenação, diversamente, não produz resultados imediatos no mundo tangível, a menos que o vencido cumpra, voluntariamente, a decisão. Por isso afirma-se que a "condenação é a forma mais imperfeita de prestação jurisdicional em confronto com as demais."

Por oportuno, as providências complementares que algumas decisões declaratórias e constitutivas reclamam não passam de atividade de publicidade do seu conteúdo em razão da natureza jurídica das relações às quais se referem. Assim, *v.g.*, a sentença de divórcio é registrada no registro civil das pessoas naturais, uma vez que o novo *status familiae* dos cônjuges é oponível a toda a coletividade (*erga omnes*). No mesmo sentido, a sentença que renova o contrato de locação comercial é levada ao registro imobiliário para que o novo adquirente do imóvel não alegue desconhecimento quanto ao vínculo que incide sobre o bem.

Essas medidas, como se pode observar, são de cunho administrativo, e em nada se assemelham aos atos coativos do processo de execução.

Destarte, a "executividade é inerente não só à sentença condenatória pura, senão a todo e qualquer capítulo condenatório" encartado em sentença de outra natureza. Assim, por exemplo, a sentença que "declara" nulo o ato jurídico condena o vencido ao pagamento de custas e honorários e, eventualmente, em perdas e danos, é executável nesta parte. A *sentença de improcedência* é, portanto, declaratória negativa e, condenando o vencido nas despesas e honorários, também é executável nessa parte.

Conclui-se, assim, que a ideologia do cumprimento da sentença permite à parte extrair toda e qualquer eficácia prática do provimento obtido, quer seja ele declaratório ou constitutivo, por isso que a lei, em vez de aduzir à "sentença condenatória", refere-se como título judicial à decisão que reconhece a exigibilidade de uma obrigação, numa expressão inequívoca de que o provimento judicial há de conferir a maior utilidade possível que dele se possa auferir.

O segundo título judicial previsto no art. 515 do NCPC é a decisão homologatória de autocomposição judicial. Não se deve olvidar que o art. 3º, § 3º, do NCPC determina que a conciliação, a mediação e outros métodos de solução consensual de conflitos deverão ser estimulados por juízes, advogados, defensores públicos e membros do Ministério Público, inclusive no curso do processo judicial. Em determinadas situações, o resultado da autocomposição será homologado pelo juízo em sentença com resolução de mérito, como nos casos de reconhecimento da procedência do pedido, transação e renúncia (art. 487, III, *a*, *b*, e *c*, do NCPC). Noutras hipóteses, a exemplo da desistência, o provimento judicial homologatório não resolverá o mérito (art. 485, VIII, do NCPC), de modo que será despido de força executiva. Observe--se, ainda, que, segundo o art. 515, § 2º, do NCPC, a autocomposição judicial pode envolver sujeito estranho ao processo e versar sobre relação jurídica que não tenha sido deduzida em juízo. Assim, *v.g.*, em ação de despejo, as partes podem pactuar a recondução do contrato, a fixação de valores de novo aluguel e até pagamento de quantia referente a perdas e eventuais danos causados ao imóvel, sendo certo que todas essas parcelas, caso descumpridas, ensejam a execução.

O art. 515, III, do NCPC consagra como título executivo judicial a decisão homologatória de autocomposição extrajudicial de qualquer natureza. Nessa hipótese, devem restar atendidas a capacidade das partes e a disponibilidade do objeto do negócio jurídico processual. O rito a ser observado para a homologação do acordo extrajudicial é o dos procedimentos de jurisdição voluntária (art. 725, VIII, do NCPC). O provimento judicial, nesta hipótese, tem o condão de conferir ao negócio jurídico voluntariamente estabelecido entre as partes a natureza de título executivo judicial. Na ausência da homologação, ou no caso de invalidação desta, o referido negócio ainda possuirá força executiva, consubstanciando título executivo extrajudicial (v. art. 784, III e IV, do NCPC).

302 | PROCESSO CIVIL CONTEMPORÂNEO – *Luiz Fux*

A homologação judicial da manifestação de vontade das partes, na qual pactuam obrigações, adquire força executória após o juiz verificar o cumprimento dos requisitos formais necessários a conferir executividade ao crédito surgido do negócio jurídico. Aliás, não teria sentido que o título formado pelas partes extrajudicialmente contivesse força executiva e a sentença homologatória não adquirisse a mesma eficácia.

A *transação* encetada pelas partes em juízo admite convencionar-se acerca de qualquer obrigação lícita de dar, fazer, não fazer etc. A executividade concedida à homologação permite ao lesado pelo inadimplemento da *obrigação assumida judicialmente proceder, de imediato, à execução.* Por outro lado, a *sentença homologatória* habilita a imediata "execução", porquanto, "de regra, extingue a fase de conhecimento com resolução do mérito", salvo se o seu objeto for a desistência da ação que implica extinção meramente terminativa.

Revela-se, também, possível transacionar-se em processo de execução; hipótese em que surge um novo título executivo que é a sentença homologatória superveniente ao título originário. A execução, então, passa a pautar-se pelos efeitos introduzidos pelo novel título segundo as cláusulas acordadas, dispensando nova convocação, posto integradas as partes na relação processual, exigindo-se tão somente a intimação para o adimplemento do acordado.

Em regra, o descumprimento da transação não repristina o título originário porquanto inegável o *animus novandi*. Nada obsta, entretanto, que as partes convencionem a restauração da dívida original mediante previsão textual na transação.

A transação é sujeita ao cumprimento nos próprios autos, qualquer que seja a sua natureza, desde que o juízo revele competência *ratione materiae*. Assim, *v.g.*, se em ação de divórcio, as partes ajustassem obrigações cíveis, como o pagamento de determinada quantia a título de reembolso de despesas anteriores à dissolução matrimonial, escapava, como ainda falece ao juízo de família, competência para executá-las; não assim se a prestação ajustada for de cunho alimentício.

Um dos escopos do princípio da efetividade é conferir à parte o máximo de benefício em confronto com o seu esforço processual. Trata-se de consectário, também, do princípio da economia processual. Em consequência, se a tutela jurisdicional puder abarcar o maior número de relações litigiosas possíveis, tanto mais eficiente será a prestação da jurisdição no seu desígnio de pacificação social. Aliás, essa é a *ratio* que informa o litisconsórcio, as ações de regresso no mesmo processo, a reconvenção etc. Ora, se a sentença que julga a causa pode dispor sobre várias relações jurídicas, com muito mais razão a decisão que homologa manifestações compositivas do litígio oriundas das próprias partes.

Destarte, quando se trata de chancelar negócios jurídicos processuais que encerrem transação, não se aplica a regra da adstrição do juízo ao pedido inicial. É que, exatamente guardando fidelidade com o primeiro escopo processual noticiado

Capítulo VII · A FASE DE SATISFAÇÃO | **303**

da economia processual e da efetividade, é lícito aos interessados submeter ao juízo a homologação de negócios processuais que transbordem os limites do pedido. Trata--se de técnica adrede utilizada pela lei locatícia ao permitir, *v.g.*, que no bojo de uma ação revisional o juiz possa homologar transação para a desocupação do imóvel.

Nos termos do art. 515, IV, do NCPC, constituem título executivo judicial o formal e a certidão de partilha, exclusivamente em relação ao inventariante, aos herdeiros e aos sucessores a título singular ou universal. Transitada em julgado a sentença de inventário e partilha, receberá o herdeiro os bens que lhe tocarem e um formal de partilha, do qual constarão as seguintes peças, destacadas pelo art. 655 do NCPC: I – termo de inventariante e título de herdeiros; II – avaliação dos bens que constituíram o quinhão do herdeiro; III – pagamento do quinhão hereditário; IV – quitação dos impostos; V – sentença. O parágrafo único do art. 655 do NCPC destaca que o formal de partilha poderá ser substituído por certidão de pagamento do quinhão hereditário quando este não exceder a 5 (cinco) vezes o salário mínimo, caso em que se transcreverá nela a sentença de partilha transitada em julgado. Também merecem a natureza de títulos executivos judiciais os formais de partilha resultantes de processos de divórcio, *ex vi* do art. 731, parágrafo único, do NCPC.

O *formal, na sua gênese atributiva de bens e direitos*, serve ao favorecido para exercer tudo quanto se contém no título. Assim, *v.g.*, se o formal atribui um imóvel ao herdeiro X e o bem se encontra ocupado pelo sucessor Y, o favorecido pode iniciar a execução para a entrega de coisa em face daquele outro herdeiro, sem necessidade de recorrer previamente ao processo de conhecimento. Isso porque o formal faz as vezes de uma "carta de sentença", conferindo ao exequente o poder de exigir judicialmente a satisfação de seu direito sem prévia cognição já encetada no juízo do inventário.

Consoante se observa, essa função de atribuição de bens e direitos oriundos da partilha engendra-se entre os herdeiros e legatários e apenas entre eles; por isso, vigora, quanto aos limites subjetivos da decisão de partilha, a regra do art. 506 do CPC,[23] segundo a qual *res judicata aliis non nocet*.

---

[23] "**Art. 506.** A sentença faz coisa julgada às partes entre as quais é dada, não prejudicando terceiros." A sentença, como ato de autoridade, tem eficácia natural em relação a todos que não podem desconhecê-la, desconsiderá-la. Esta é a eficácia natural do julgado. Diversamente é a eficácia de coisa julgada que impede a modificação daquilo que foi decidido e, nesse aspecto, essa imutabilidade só se refere às partes. Esta é a essência da teoria de **Liebman**, ainda adotada pelo nosso Código. Consoante afirma **Rosenberg**, essa eficácia *erga omnes* deriva "de la particular naturaleza del objeto litigioso y del interés de la comunidad en la resolución que se le dé" (*Tratado de Derecho Procesal Civil*, 1995, vol. II, p. 482).

A explicação de **Liebman** à razão de ser do dispositivo dissipa as potenciais controvérsias. Conforme afirma o insigne jurista, citados os reais contendores, ninguém mais terá legitimidade ou interesse em infirmar o julgado (Ob. cit., p. 180). "É que eles passam a ser sujeitos do processo e como tal não podem ser considerados terceiros em face do julgado." (Liebman, ob. cit., p. 85).

Uma novidade do novo CPC é o art. 515, V, segundo o qual o crédito de auxiliar da justiça, quando as custas, emolumentos ou honorários tiverem sido aprovados por decisão judicial, é título executivo judicial. No regime anterior, créditos dessa natureza eram submetidos à execução por título extrajudicial.

Também constitui título executivo judicial a sentença penal condenatória transitada em julgado (art. 515, VI, do NCPC). A responsabilidade criminal sempre arrasta a responsabilidade civil, muito embora a recíproca não seja verdadeira.[24] Outrossim, a irresponsabilidade penal pelo reconhecimento da inexistência do fato ou da autoria impede a discussão cível, em face da eficácia vinculativa prejudicial da coisa julgada criminal.[25]

O Código Penal enuncia, como consequência do reconhecimento judicial do crime "*em relação ao seu autor*", o "dever de reparar o dano *ex delicto*" (art. 91, I, do Código Penal). Desta sorte, a sentença penal condenatória não só inflige a sanção penal ao autor do delito como também reconhece, com força de coisa julgada (art. 63 do Código de Processo Penal), o dever civil de reparar o dano. A sentença penal deve ser "liquidada" no cível segundo os critérios estabelecidos para a liquidação das obrigações por atos ilícitos e, posteriormente, executada, sem necessidade de se promover ação condenatória de responsabilidade civil. Nessa hipótese, há petição inicial de liquidação distribuída em face de quem foi parte condenada no juízo criminal e pedido de citação.

O título executivo em exame pressupõe que se trate de "sentença penal de condenação" com reconhecimento de prática de ilícito e com "trânsito em julgado." Escapa, assim, a essa categoria, a *sentença de pronúncia* proferida nos delitos da competência do tribunal do júri.

Destarte, a *execução civil* deve ser engendrada, consoante afirmado, *contra o condenado no juízo penal*, haja vista que não se pode executar uma sentença contra quem não foi parte no seu processo de fabricação. Assim, *v.g.*, o patrão é responsável civil pelos atos do preposto. Entretanto, se a condenação criminal operou-se contra o empregado, a liquidação e a execução da sentença devem ser movidas contra aquele e não em face do patrão que não foi parte no processo definidor da responsabilidade. Este, para incidir no patrimônio do patrão, pressupõe acioná-lo civilmente em regular e devido processo de conhecimento, em obediência ao princípio de que a coisa julgada não pode atingir quem não foi parte no processo (*res judicta aliis non nocet*).[26]

---

[24] "**Art. 935.** A responsabilidade civil é independente da criminal, não se podendo questionar mais sobre a existência do fato, ou sobre quem seja o seu autor, quando estas questões se acharem decididas no juízo criminal." – **Código Civil de 2002.**

[25] "**Art. 66.** Não obstante a sentença absolutória no juízo criminal, a ação civil poderá ser proposta quando não tiver sido, categoricamente, reconhecida a inexistência material do fato." – **Código de Processo Penal.**

[26] Nesse mesmo sentido o insuperável trabalho de **Ada Pellegrini Grinover**, *Eficácia e autoridade da sentença penal*, 1978, p. 46 e ss.

A sentença penal condenatória, portanto, possui efeito extrapenal autorizativo de impor a reparação do dano *ex delicto, ex vi* do art. 91 do CPP.[27] Nos termos do art. 387, IV, do CPP, a sentença penal fixará valor mínimo para reparação dos danos causados pela infração, considerando os prejuízos sofridos pelo ofendido. Caso a sentença penal seja omissa nesse ponto, deve ser distribuída no juízo cível para apurar o *quantum debeatur*, segundo as regras do Código Civil inerentes à liquidação da obrigação por atos ilícitos, iniciando-se, *a posteriori*, a fase de cumprimento de sentença.

O art. 515, VII, trata da sentença arbitral como título executivo judicial. Nessa hipótese, preceitua o § 1º do mesmo artigo que o devedor será citado no juízo cível para o cumprimento da sentença ou para a liquidação no prazo de 15 (quinze) dias. Caso o devedor não efetue o adimplemento da obrigação no prazo assinalado, ficará sujeito ao pagamento da multa e dos honorários advocatícios, ambos no patamar de dez por cento sobre o valor do débito, *ex vi* do art. 523, § 1º, do NCPC. Esse entendimento, sobre a incidência de multa sobre o devedor recalcitrante no cumprimento de sentença arbitral, já havia sido fixado pelo Superior Tribunal de Justiça sob a égide do regime anterior.[28]

O juízo arbitral, como um equivalente jurisdicional, produzia, no regime anterior à Lei da Arbitragem (Lei nº 9.307, de 23 de setembro de 1996), um laudo passível de homologação pelo Poder Judiciário. O derrogado art. 1.097 do CPC/1973 dispunha que o laudo, depois de homologado, produzia entre as partes e seus sucessores os mesmos efeitos da sentença judiciária; e quando contivesse capítulo condenatório, a homologação lhe conferiria a eficácia de título executivo. Seguindo essa sistemática, o Código previa a sentença homologatória do laudo como título executivo, exigível no mesmo juízo que homologara aquele.

Entretanto, a lei de arbitragem *jurisdicionalizou o laudo*, de sorte que não mais se prescinde de sua homologação, porquanto ele adquire, por si só, caráter de título executivo por equiparação de eficácia *ex vi legis*. Assim como a lei conferiu eficácia executiva aos títulos de crédito, o fez, também, quanto ao laudo arbitral. Destarte, não havendo mais homologação, a execução da sentença arbitral perfaz-se no juízo competente, "por distribuição", *ex vi* do art. 516, III, do NCPC.[29]

O próximo título executivo judicial, previsto no art. 515, VIII, do NCPC, é a sentença estrangeira homologada pelo Superior Tribunal de Justiça no exercício da

---

[27] "**Art. 91.** Quando incerta e não se determinar de acordo com as normas estabelecidas nos arts. 89 e 90, a competência se firmará pela prevenção" – **Código de Processo Penal.**

[28] STJ, REsp 1.102.460/RJ, Corte Especial, Rel. Min. Marco Buzzi, j. 17.06.2015, *DJe* 23.09.2015.

[29] "**Art. 516.** O cumprimento da sentença efetuar-se-á perante:

(...)

III – o juízo cível competente, quando se tratar de sentença penal condenatória, de sentença arbitral, de sentença estrangeira ou de acórdão proferido pelo Tribunal Marítimo."

competência prevista no art. 105, I, *i*, da Constituição, com a redação incluída pela Emenda Constitucional nº 45/2004. A sentença estrangeira homologada é executada perante o juízo federal para o qual deverá ser distribuída; seguindo-se, daí em diante, o rito do cumprimento da sentença.

A sentença estrangeira, arrolada como título executivo judicial, é a de *natureza condenatória* ou que tenha que produzir qualquer eficácia no Brasil, onde o Judiciário alienígena ou juízo arbitral contempla obrigação passível de exigibilidade através do processo de execução. Antes, porém, de executá-la, o exequente deve submetê--la a um processo de nacionalização via procedimento da "homologação de decisão estrangeira", previsto nos artigos 960 e seguintes do NCPC, porquanto, antes desta providência, o julgado não produz efeitos no Brasil.[30] A homologação ulterior, pelo Superior Tribunal de Justiça, autoriza seja a sentença executada segundo a lei brasileira, perante a justiça federal (art. 109, X, da Constituição Federal).[31]

A homologação visa a resguardar a *competência internacional exclusiva da justiça brasileira*, bem como averiguar se a decisão alienígena, trânsita em julgado, não atenta a ordem pública nacional (art. 963, VI, do NCPC).

Relembre-se que a *homologabilidade é pré-requisito para realizar a execução de sentença estrangeira*, não de "*título extrajudicial*" oriundo de outro país. Este, para ter eficácia executiva, há de satisfazer os requisitos formais do país de origem e indicar o Brasil como lugar do cumprimento da obrigação (art. 784, §§ 2º e 3º, do NCPC).[32]

---

[30] "**Art. 960.** A homologação de decisão estrangeira será requerida por ação de homologação de decisão estrangeira, salvo disposição especial em sentido contrário prevista em tratado.

§ 1º A decisão interlocutória estrangeira poderá ser executada no Brasil por meio de carta rogatória.

§ 2º A homologação obedecerá ao que dispuserem os tratados em vigor no Brasil e o Regimento Interno do Superior Tribunal de Justiça.

§ 3º A homologação de decisão arbitral estrangeira obedecerá ao disposto em tratado e em lei, aplicando-se, subsidiariamente, as disposições deste Capítulo."

[31] "**Art. 105.** Compete ao Superior Tribunal de Justiça:

I – processar e julgar, originariamente:

(...)

i) a homologação de sentenças estrangeiras e a concessão de *exequatur* às cartas rogatórias."

"**Art. 109.** Aos juízes federais compete processar e julgar:

(...)

X – os crimes de ingresso ou permanência irregular de estrangeiro, a execução de carta rogatória, após o *exequatur*, e de sentença estrangeira, após a homologação, as causas referentes à nacionalidade, inclusive a respectiva opção, e à naturalização."

[32] "**Art. 784.** São títulos executivos extrajudiciais:

(...)

§ 2º Os títulos executivos extrajudiciais oriundos de país estrangeiro não dependem de homologação para serem executados.

Quanto ao órgão competente, o cumprimento de sentença correrá, em regra, perante a autoridade judicial inicialmente competente para a fase de conhecimento. Nesse sentido, o art. 516 dispõe que a fase de cumprimento efetuar-se-á perante: *(i)* os Tribunais, nas causas de sua competência originária; *(ii)* o juízo que decidiu a causa no primeiro grau de jurisdição; *(iii)* o juízo cível competente, quando se tratar de sentença penal condenatória, de sentença arbitral, de sentença estrangeira ou de acórdão proferido pelo Tribunal Marítimo.

Apesar dessa regra geral, o parágrafo único deste dispositivo assenta a possibilidade de o exequente optar (nas situações descritas pelos itens *ii* e *iii* acima) pelo juízo do atual *domicílio do executado,* pelo juízo do *local dos bens* sujeitos à execução ou pelo juízo do *local de cumprimento da obrigação* de fazer ou de não fazer. Ainda, há situações específicas que possibilitam novas alternativas ao credor, como no caso do cumprimento de obrigação alimentar, quando se acrescenta a opção do *domicílio do alimentado* (art. 528, § 9º, do NCPC).[33]

Ainda dentre as disposições gerais, o Novo Código prevê a possibilidade de *protesto da decisão judicial transitada em julgado* (art. 517).[34] Trata-se de mais um mecanismo coercitivo indireto de cumprimento da decisão, considerando os efeitos que podem decorrer do ato de protesto do título judicial.

7.3.2 Espécies de cumprimento de sentença

No que se refere às espécies de cumprimento de sentença, o Novo Código trouxe tratamento normativo mais detalhado, dispondo separadamente sobre:

---

§ 3º O título estrangeiro só terá eficácia executiva quando satisfeitos os requisitos de formação exigidos pela lei do lugar de sua celebração e quando o Brasil for indicado como o lugar de cumprimento da obrigação."

[33] "**Art. 528, § 9º** Além das opções previstas no art. 516, parágrafo único, o exequente pode promover o cumprimento da sentença ou decisão que condena ao pagamento de prestação alimentícia no juízo de seu domicílio."

[34] "**Art. 517.** A decisão judicial transitada em julgado poderá ser levada a protesto, nos termos da lei, depois de transcorrido o prazo para pagamento voluntário previsto no art. 523.

§ 1º Para efetivar o protesto, incumbe ao exequente apresentar certidão de teor da decisão.

§ 2º A certidão de teor da decisão deverá ser fornecida no prazo de 3 (três) dias e indicará o nome e a qualificação do exequente e do executado, o número do processo, o valor da dívida e a data de decurso do prazo para pagamento voluntário.

§ 3º O executado que tiver proposto ação rescisória para impugnar a decisão exequenda pode requerer, a suas expensas e sob sua responsabilidade, a anotação da propositura da ação à margem do título protestado.

§ 4º A requerimento do executado, o protesto será cancelado por determinação do juiz, mediante ofício a ser expedido ao cartório, no prazo de 3 (três) dias, contado da data de protocolo do requerimento, desde que comprovada a satisfação integral da obrigação."

308 | PROCESSO CIVIL CONTEMPORÂNEO – *Luiz Fux*

(i) Cumprimento provisório da sentença que reconhece a exigibilidade de obrigação de pagar quantia certa

Possível nas situações em que o recurso pendente não possua efeito suspensivo. Em regra, segue as mesmas regras do cumprimento definitivo, correndo por responsabilidade objetiva do exequente (*teoria do risco-proveito*). Os atos promovidos em seu transcurso serão ineficazes se sobrevier decisão que altere o título executado, situação em que se deverá restituir as partes ao estado anterior, promovendo-se a liquidação de eventuais prejuízos nos mesmos autos. Essa restituição, porém, não poderá desfazer a transferência de posse ou a alienação de propriedade ou de outro direito real eventualmente já realizada, situação que se resolverá em perdas e danos causados ao executado (art. 520, § 4º).[35]

O cumprimento provisório em si não depende de caução pelo exequente. Entretanto, a prática de atos de levantamento de depósito em dinheiro ou que importem transferência de posse ou alienação de direito real, bem como aqueles dos quais possa resultar grave dano ao executado, dependem de caução suficiente e idônea, arbitrada de plano pelo juiz e prestada nos próprios autos.

Mesmo nesses casos, o art. 521[36-37] prevê a possibilidade de dispensa de caução quando: *(i)* o crédito for de natureza alimentar; *(ii)* o credor demonstrar situação de necessidade; *(iii)* pender agravo em Recurso Especial ou em Recurso Extraordinário; *(iv)* a sentença estiver de acordo com súmula da jurisprudência do Supremo Tribunal Federal ou do Superior Tribunal de Justiça ou em conformidade com acórdão proferido no julgamento de casos repetitivos. Persistirá a necessidade de caução,

---

[35] "**Art. 520**, § 4º A restituição ao estado anterior a que se refere o inciso II não implica o desfazimento da transferência de posse ou da alienação de propriedade ou de outro direito real eventualmente já realizada, ressalvado, sempre, o direito à reparação dos prejuízos causados ao executado."

[36] "**Art. 521**. A caução prevista no inciso IV do art. 520 poderá ser dispensada nos casos em que:

I – o crédito for de natureza alimentar, independentemente de sua origem;

II – o credor demonstrar situação de necessidade;

III – pender o agravo do art. 1.042; (Redação dada pela Lei nº 13.256, de 2016)

IV – a sentença a ser provisoriamente cumprida estiver em consonância com súmula da jurisprudência do Supremo Tribunal Federal ou do Superior Tribunal de Justiça ou em conformidade com acórdão proferido no julgamento de casos repetitivos.

Parágrafo único. A exigência de caução será mantida quando da dispensa possa resultar manifesto risco de grave dano de difícil ou incerta reparação."

[37] **Enunciado 88 da I Jornada de Direito Processual Civil do CJF:** A caução prevista no inciso IV do art. 520 do CPC não pode ser exigida em cumprimento definitivo de sentença. Considera-se como tal o cumprimento de sentença transitada em julgado no processo que deu origem ao crédito executado, ainda que sobre ela penda impugnação destituída de efeito suspensivo.

Capítulo VII · A FASE DE SATISFAÇÃO | 309

entretanto quando dispensa possa resultar manifesto risco de grave dano de difícil ou incerta reparação.[38]

O cumprimento provisório se iniciará a pedido do exequente (art. 522).[39] Em seu curso, é possível que o executado apresente desde já *impugnação*, em que serão devidos honorários advocatícios (art. 85, § 1º, do NCPC).[40-41]

Também serão desde logo aplicados a multa e os honorários a que se refere o § 1º do art. 523,[42] incidentes quando não há a satisfação voluntária da obrigação. Para evitar esse gravame, o *executado provisório* poderá depositar o valor requerido, ato

---

[38] **Enunciado 136 da II Jornada de Direito Processual Civil do CJF:** A caução exigível em cumprimento provisório de sentença poderá ser dispensada se o julgado a ser cumprido estiver em consonância com tese firmada em incidente de assunção de competência.

[39] **"Art. 522.** O cumprimento provisório da sentença será requerido por petição dirigida ao juízo competente.

Parágrafo único. Não sendo eletrônicos os autos, a petição será acompanhada de cópias das seguintes peças do processo, cuja autenticidade poderá ser certificada pelo próprio advogado, sob sua responsabilidade pessoal:

I – decisão exequenda;

II – certidão de interposição do recurso não dotado de efeito suspensivo;

III – procurações outorgadas pelas partes;

IV – decisão de habilitação, se for o caso;

V – facultativamente, outras peças processuais consideradas necessárias para demonstrar a existência do crédito."

[40] **"Art. 85.** A sentença condenará o vencido a pagar honorários ao advogado do vencedor.

§ 1º São devidos honorários advocatícios na reconvenção, no cumprimento de sentença, provisório ou definitivo, na execução, resistida ou não, e nos recursos interpostos, cumulativamente."

[41] **Enunciado 5 da I Jornada de Direito Processual Civil do CJF:** Ao proferir decisão parcial de mérito ou decisão parcial fundada no art. 485 do CPC, condenar-se-á proporcionalmente o vencido a pagar honorários ao advogado do vencedor, nos termos do art. 85 do CPC.

Enunciado 6 da I Jornada de Direito Processual Civil do CJF: A fixação dos honorários de sucumbência por apreciação equitativa só é cabível nas hipóteses previstas no § 8º do art. 85 do CPC.

Enunciado 7 da I Jornada de Direito Processual Civil do CJF: A ausência de resposta ao recurso pela parte contrária, por si só, não tem o condão de afastar a aplicação do disposto no art. 85, § 11, do CPC.

Enunciado 8 da I Jornada de Direito Processual Civil do CJF: Não cabe majoração de honorários advocatícios em agravo de instrumento, salvo se interposto contra decisão interlocutória que tenha fixado honorários na origem, respeitados os limites estabelecidos no art. 85, §§ 2º, 3º e 8º, do CPC.

[42] **"Art. 523.** No caso de condenação em quantia certa, ou já fixada em liquidação, e no caso de decisão sobre parcela incontroversa, o cumprimento definitivo da sentença far-se-á a requerimento do exequente, sendo o executado intimado para pagar o débito, no prazo de 15 (quinze) dias, acrescido de custas, se houver.

que não representará incompatibilidade com recurso por ele interposto (art. 520, § 3o).[43-44]

É cabível o cumprimento provisório de sentença em face da Fazenda Pública, desde que não se trate de matéria em relação à qual haja vedação expressa de liminar ou cumprimento provisório contra a Fazenda. Nessa linha, o art. 2o-B da Lei no 9.494/1995 reza: "A sentença que tenha por objeto a liberação de recurso, inclusão em folha de pagamento, reclassificação, equiparação, concessão de aumento ou extensão de vantagens a servidores da União, dos Estados, do Distrito Federal e dos Municípios, inclusive de suas autarquias e fundações, somente poderá ser executada após seu trânsito em julgado." Também é preciso observar o art. 1o da Lei no 8.437/1992: "Não será cabível medida liminar contra atos do Poder Público, no procedimento cautelar ou em quaisquer outras ações de natureza cautelar ou preventiva, toda vez que providência semelhante não puder ser concedida em ações de mandado de segurança, em virtude de vedação legal." Já o art. 7o, § 2o, da Lei no 12.016/2009 veda "medida liminar que tenha por objeto a compensação de créditos tributários, a entrega de mercadorias e bens provenientes do exterior, a reclassificação ou equiparação de servidores públicos e a concessão de aumento ou a extensão de vantagens ou pagamento de qualquer natureza." Nada obstante essas restrições, a jurisprudência se pacificou no sentido de admitir, como exceção a essas regras, o cumprimento provisório de sentença condenatória ao pagamento de quantia certa contra a Fazenda nas ações previdenciárias. Eis o teor da Súmula no 729 do STF: "A decisão na Ação Direta de Constitucionalidade 4 não se aplica à antecipação de tutela em causa de natureza previdenciária."[45]

---

§ 1o Não ocorrendo pagamento voluntário no prazo do *caput*, o débito será acrescido de multa de dez por cento e, também, de honorários de advogado de dez por cento.

§ 2o Efetuado o pagamento parcial no prazo previsto no *caput*, a multa e os honorários previstos no § 1o incidirão sobre o restante.

§ 3o Não efetuado tempestivamente o pagamento voluntário, será expedido, desde logo, mandado de penhora e avaliação, seguindo-se os atos de expropriação."

[43] "**Art. 520**, § 3o Se o executado comparecer tempestivamente e depositar o valor, com a finalidade de isentar-se da multa, o ato não será havido como incompatível com o recurso por ele interposto."

[44] **Enunciado 88 da I Jornada de Direito Processual Civil do CJF:** A caução prevista no inciso IV do art. 520 do CPC não pode ser exigida em cumprimento definitivo de sentença. Considera-se como tal o cumprimento de sentença transitada em julgado no processo que deu origem ao crédito executado, ainda que sobre ela penda impugnação destituída de efeito suspensivo.

[45] "O julgado não se afasta da orientação jurisprudencial deste Superior Tribunal, firme no sentido de ser possível a execução provisória contra a Fazenda Pública quando a sentença não tiver por objeto a liberação de recurso, inclusão em folha de pagamento, reclassificação, equiparação, concessão de aumento ou extensão de vantagens a servidores da União, dos Estados, do Distrito Federal e dos Municípios (AgRg no REsp 742.474/DF, relatora Min.

(ii) Cumprimento definitivo da sentença que reconhece a exigibilidade de obrigação de pagar quantia certa:

O cumprimento de quantia certa apenas se inicia a requerimento do credor, caso não satisfeita voluntariamente a obrigação, situação em que desde logo incidirá multa de dez por cento sobre o valor executado, além de honorários de advogado em igual valor. Já decidiu o Superior Tribunal de Justiça que o magistrado não pode alterar o percentual dos honorários com base na proporcionalidade ou razoabilidade, pois a lei os fixa em dez por cento.[46] Em seu requerimento, deve constar o demonstrativo do valor a ser executado, com as informações requeridas pelo art. 524,[47-48] dentre as quais: a qualificação do exequente e do executado, o índice de correção monetária adotado

---

Maria Thereza de Assis Moura, *DJe* 17.08.2009). (...) Todavia, as limitações à concessão de antecipação dos efeitos da tutela, ou mesmo da execução de sentença antes do trânsito em julgado, contra o Poder Público, previstas na Lei nº 9.494, de 1997, não alcançam os pagamentos devidos aos servidores inativos e pensionistas, na linha da jurisprudência (AgRg na SLS 1.545/RN, Rel. Min. Ari Pargendler, Corte Especial, j. 02.05.2012, *DJe* 15.05.2012)" (STJ, AgInt nos EDcl no REsp 1.718.412/SP, 1ª Turma, Rel. Min. Sérgio Kukina, j. 23.10.2018).

[46] STJ, REsp 1.745.773, 4ª Turma, Rel. Min. Luís Felipe Salomão, j. 04.12.2018.

[47] "**Art. 524**. O requerimento previsto no art. 523 será instruído com demonstrativo discriminado e atualizado do crédito, devendo a petição conter:

I – o nome completo, o número de inscrição no Cadastro de Pessoas Físicas ou no Cadastro Nacional da Pessoa Jurídica do exequente e do executado, observado o disposto no art. 319, §§ 1º a 3º;

II – o índice de correção monetária adotado;

III – os juros aplicados e as respectivas taxas;

IV – o termo inicial e o termo final dos juros e da correção monetária utilizados;

V – a periodicidade da capitalização dos juros, se for o caso;

VI – especificação dos eventuais descontos obrigatórios realizados;

VII – indicação dos bens passíveis de penhora, sempre que possível.

§ 1º Quando o valor apontado no demonstrativo aparentemente exceder os limites da condenação, a execução será iniciada pelo valor pretendido, mas a penhora terá por base a importância que o juiz entender adequada.

§ 2º Para a verificação dos cálculos, o juiz poderá valer-se de contabilista do juízo, que terá o prazo máximo de 30 (trinta) dias para efetuá-la, exceto se outro lhe for determinado.

§ 3º Quando a elaboração do demonstrativo depender de dados em poder de terceiros ou do executado, o juiz poderá requisitá-los, sob cominação do crime de desobediência.

§ 4º Quando a complementação do demonstrativo depender de dados adicionais em poder do executado, o juiz poderá, a requerimento do exequente, requisitá-los, fixando prazo de até 30 (trinta) dias para o cumprimento da diligência.

§ 5º Se os dados adicionais a que se refere o § 4º não forem apresentados pelo executado, sem justificativa, no prazo designado, reputar-se-ão corretos os cálculos apresentados pelo exequente apenas com base nos dados de que dispõe."

[48] **Enunciado 91 da I Jornada de Direito Processual Civil do CJF:** Interpreta-se o art. 524 do CPC e seus parágrafos no sentido de permitir que a parte patrocinada pela Defensoria

nos cálculos, os juros aplicados e as respectivas taxas, bem como seus termos inicial e final. Aplica-se ao cumprimento de sentença a norma do art. 827, § 2º, do NCPC, admitindo-se a elevação do valor dos honorários para até vinte por cento quando rejeitada a impugnação, podendo a majoração, caso não apresentada a impugnação, ocorrer ao final do procedimento do cumprimento de sentença, levando-se em conta o trabalho realizado pelo advogado do exequente. Fica superada, assim, a Súmula nº 519 do STJ,[49] nada obstante a existência de corrente em sentido contrário.[50]

(iii) Cumprimento de sentença que reconheça a exigibilidade de obrigação de prestar alimentos:

Sua previsão é novidade do CPC/2015. Em razão da maior relevância do crédito para a própria subsistência do alimentado, este procedimento de cumprimento de sentença apresenta prazos menores (como de três dias para provar o adimplemento do débito ou a impossibilidade de efetuá-lo) e meios executivos específicos (como a possibilidade de prisão e o desconto de vencimentos, acima já referidos).

(iv) Cumprimento de sentença que reconheça a exigibilidade de obrigação de pagar quantia certa pela fazenda pública:

Trata-se de outra novidade do CPC/2015, já que o anterior CPC/1973 apenas cuidava da *execução* contra a fazenda pública (art. 730).[51] A grande peculiaridade desta espécie é a *impenhorabilidade dos bens públicos*, já que estes se associam a um interesse público. Desta forma, em cumprimento ao art. 100 da CRFB/1988, aqui se aplica a sistemática dos precatórios e das requisições de pequeno valor, conforme o valor do montante devido, das características do crédito (se alimentar ou não, por exemplo), das condições do credor (se idoso ou portador de doença grave, por exemplo), bem como da Fazenda Pública devedora.

Pública continue a valer-se da contadoria judicial para elaborar cálculos para execução ou cumprimento de sentença.

[49] Súmula nº 519 do STJ: "Na hipótese de rejeição da impugnação ao cumprimento de sentença, não são cabíveis honorários advocatícios."

[50] Enunciado nº 51 da Enfam: "A majoração de honorários advocatícios prevista no art. 827, § 2º, do CPC/2015 não é aplicável à impugnação ao cumprimento de sentença."

[51] "**Art. 730**. Na execução por quantia certa contra a Fazenda Pública, citar-se-á a devedora para opor embargos em 10 (dez) dias; se esta não os opuser, no prazo legal, observar-se-ão as seguintes regras:

I – o juiz requisitará o pagamento por intermédio do presidente do tribunal competente;

II – far-se-á o pagamento na ordem de apresentação do precatório e à conta do respectivo crédito."

(v) Cumprimento de sentença que reconheça a exigibilidade de obrigação de fazer, de não fazer ou de entregar coisa:

Este capítulo é dividido em duas seções, cujo tratamento se bifurca entre as *obrigações de fazer e de não fazer* ou *de entregar coisa*. Esta espécie apresenta como principal peculiaridade a possibilidade de concessão de *tutela específica* ao cumprimento da obrigação.[52]

7.3.3 Defesa do executado

A fase de cumprimento de sentença também transcorre sob contraditório, que é concretizado pela possibilidade de o executado apresentar *impugnação*, cujas disposições gerais estão previstas no art. 525 do NCPC.[53] Trata-se de manifestação de conteúdo defensivo, mas que possui conteúdo limitado, já que se pressupõe ter havido uma prévia fase cognitiva em que o contraditório e a ampla defesa tenham sido amplamente exercidos em juízo.

Assim, em sua impugnação, o executado poderá alegar apenas aquelas matérias integrantes do rol do art. 525, § 1º, do NCPC, quais sejam:

> *I – falta ou nulidade da citação se, na fase de conhecimento, o processo correu à revelia;*
>
> *II – ilegitimidade de parte;*
>
> *III – inexequibilidade do título ou inexigibilidade da obrigação;*
>
> *IV – penhora incorreta ou avaliação errônea;*

---

[52] **Enunciado 96 da I Jornada de Direito Processual Civil do CJF:** Os critérios referidos no *caput* do art. 537 do CPC devem ser observados no momento da fixação da multa, que não está limitada ao valor da obrigação principal e não pode ter sua exigibilidade postergada para depois do trânsito em julgado.

[53] **Enunciado 84 da I Jornada de Direito Processual Civil do CJF:** O comparecimento espontâneo da parte constitui termo inicial dos prazos para pagamento e, sucessivamente, impugnação ao cumprimento de sentença.

Enunciado 90 da I Jornada de Direito Processual Civil do CJF: Conta-se em dobro o prazo do art. 525 do CPC nos casos em que o devedor é assistido pela Defensoria Pública.

Enunciado 93 da I Jornada de Direito Processual Civil do CJF: Da decisão que julga a impugnação ao cumprimento de sentença cabe apelação, se extinguir o processo, ou agravo de instrumento, se não o fizer.

Enunciado 94 da I Jornada de Direito Processual Civil do CJF: Aplica-se o procedimento do art. 920 do CPC à impugnação ao cumprimento de sentença, com possibilidade de rejeição liminar nas hipóteses dos arts. 525, § 5º, e 918 do CPC.

Enunciado 95 da I Jornada de Direito Processual Civil do CJF: O juiz, antes de rejeitar liminarmente a impugnação ao cumprimento de sentença (art. 525, § 5º, do CPC), deve intimar o impugnante para sanar eventual vício, em observância ao dever processual de cooperação (art. 6º do CPC).

V – excesso de execução ou cumulação indevida de execuções;

VI – incompetência absoluta ou relativa do juízo da execução;

VII – qualquer causa modificativa ou extintiva da obrigação, como pagamento, novação, compensação, transação ou prescrição, desde que supervenientes à sentença.

Caso alegue *excesso de execução* (inciso V), o executado deverá indicar o valor que entende devido, sob pena de não conhecimento da impugnação quanto a esta fundamentação (ou de sua inteireza, caso se trate de alegação exclusiva).

A impugnação, *per si*, não implica em efeito suspensivo, pelo que, em regra, poderão seguir os atos executivos, incluídos os de expropriação. Entretanto, se houver requerimento do executado acompanhado de garantia mediante caução ou depósito suficientes, o juiz poderá conceder efeito suspensivo à impugnação, caso haja fundamentos relevantes e o prosseguimento da execução for manifestamente suscetível de causar ao executado grave dano de difícil ou incerta reparação (art. 525, § 6º).[54]

Mesmo nesses casos, porém, o cumprimento de sentença poderá seguir quanto aos atos de substituição, reforço ou redução da penhora, de avaliação dos bens ou quanto à parte não abrangida pela impugnação parcial (§§ 7º e 8º).[55] Em caso de pluralidade de executados, o efeito suspensivo não alcançará aqueles que não tiverem ofertado impugnação, caso não se trate de fundamento comum (§ 9º).[56] Em todo caso, porém, o efeito suspensivo não impedirá o prosseguimento do cumprimento de sentença quando o exequente oferecer caução suficiente e idônea em valor fixado pelo juiz (§ 10).[57]

Ainda sobre o tema, o art. 535[58] traz especificidades para a impugnação apresentada pela Fazenda Pública, quando se trate de cumprimento de sentença que

---

[54] "**Art. 525,** § 6º A apresentação de impugnação não impede a prática dos atos executivos, inclusive os de expropriação, podendo o juiz, a requerimento do executado e desde que garantido o juízo com penhora, caução ou depósito suficientes, atribuir-lhe efeito suspensivo, se seus fundamentos forem relevantes e se o prosseguimento da execução for manifestamente suscetível de causar ao executado grave dano de difícil ou incerta reparação."

[55] "**Art. 525,** § 7º A concessão de efeito suspensivo a que se refere o § 6º não impedirá a efetivação dos atos de substituição, de reforço ou de redução da penhora e de avaliação dos bens § 8º Quando o efeito suspensivo atribuído à impugnação disser respeito apenas a parte do objeto da execução, esta prosseguirá quanto à parte restante."

[56] "**Art. 525,** § 9º A concessão de efeito suspensivo à impugnação deduzida por um dos executados não suspenderá a execução contra os que não impugnaram, quando o respectivo fundamento disser respeito exclusivamente ao impugnante."

[57] "**Art. 525,** § 10. Ainda que atribuído efeito suspensivo à impugnação, é lícito ao exequente requerer o prosseguimento da execução, oferecendo e prestando, nos próprios autos, caução suficiente e idônea a ser arbitrada pelo juiz."

[58] "**Art. 535.** A Fazenda Pública será intimada na pessoa de seu representante judicial, por carga, remessa ou meio eletrônico, para, querendo, no prazo de 30 (trinta) dias e nos próprios autos, impugnar a execução, podendo arguir:

Capítulo VII · A FASE DE SATISFAÇÃO | 315

contra ela reconheça a exigibilidade de obrigação de pagar quantia certa. O prazo é dilargado para trinta dias e, dentre as também limitadas matérias de defesa, são suprimidas aquelas relativas à penhora, já que aqui este ato não ocorrerá, em razão dos já aventados *interesse público* e *impenhorabilidade dos bens públicos*.

Vale dizer que o recurso cabível em face da decisão que julga a impugnação ao cumprimento de sentença depende dos seus efeitos. Quando a decisão encerra o processo, cabe apelação; do contrário, cabe agravo de instrumento, na forma do art. 1.015, parágrafo único, do NCPC.[59]

I – falta ou nulidade da citação se, na fase de conhecimento, o processo correu à revelia;

II – ilegitimidade de parte;

III – inexequibilidade do título ou inexigibilidade da obrigação;

IV – excesso de execução ou cumulação indevida de execuções;

V – incompetência absoluta ou relativa do juízo da execução;

VI – qualquer causa modificativa ou extintiva da obrigação, como pagamento, novação, compensação, transação ou prescrição, desde que supervenientes ao trânsito em julgado da sentença.

§ 1º A alegação de impedimento ou suspeição observará o disposto nos arts. 146 e 148.

§ 2º Quando se alegar que o exequente, em excesso de execução, pleiteia quantia superior à resultante do título, cumprirá à executada declarar de imediato o valor que entende correto, sob pena de não conhecimento da arguição.

§ 3º Não impugnada a execução ou rejeitadas as arguições da executada:

I – expedir-se-á, por intermédio do presidente do tribunal competente, precatório em favor do exequente, observando-se o disposto na Constituição Federal;

II – por ordem do juiz, dirigida à autoridade na pessoa de quem o ente público foi citado para o processo, o pagamento de obrigação de pequeno valor será realizado no prazo de 2 (dois) meses contado da entrega da requisição, mediante depósito na agência de banco oficial mais próxima da residência do exequente.

§ 4º Tratando-se de impugnação parcial, a parte não questionada pela executada será, desde logo, objeto de cumprimento.

§ 5º Para efeito do disposto no inciso III do *caput* deste artigo, considera-se também inexigível a obrigação reconhecida em título executivo judicial fundado em lei ou ato normativo considerado inconstitucional pelo Supremo Tribunal Federal, ou fundado em aplicação ou interpretação da lei ou do ato normativo tido pelo Supremo Tribunal Federal como incompatível com a Constituição Federal, em controle de constitucionalidade concentrado ou difuso.

§ 6º No caso do § 5º, os efeitos da decisão do Supremo Tribunal Federal poderão ser modulados no tempo, de modo a favorecer a segurança jurídica.

§ 7º A decisão do Supremo Tribunal Federal referida no § 5º deve ter sido proferida antes do trânsito em julgado da decisão exequenda.

§ 8º Se a decisão referida no § 5º for proferida após o trânsito em julgado da decisão exequenda, caberá ação rescisória, cujo prazo será contado do trânsito em julgado da decisão proferida pelo Supremo Tribunal Federal."

59 "A jurisprudência consolidada nesta Corte Superior de Justiça assentou compreensão segundo a qual o recurso cabível contra decisão em impugnação ao cumprimento de sentença é o

7.4 O PROCESSO DE EXECUÇÃO

7.4.1 Generalidades

Outra via de satisfação se dá pelo processo autônomo de execução, objeto de Livro próprio dentro da Parte Especial do Novo Código (arts. 771 a 925).[60] Em seu teor, são abrangidas também as regras relativas às técnicas executivas acima referidas, cuja aplicação se estende ao cumprimento de sentença.

No que se refere a suas generalidades, o processo de execução tem como partes o *exequente* e o *executado*, além de ser embasado em um *título executivo extrajudicial*. Estes devem indicar uma obrigação *certa, líquida e exigível*, estando previstos no art. 784 do NCPC,[61] quais sejam:

> *I – a letra de câmbio, a nota promissória, a duplicata, a debênture e o cheque;*
>
> *II – a escritura pública ou outro documento público assinado pelo devedor;*
>
> *III – o documento particular assinado pelo devedor e por 2 (duas) testemunhas;*
>
> *IV – o instrumento de transação referendado pelo Ministério Público, pela Defensoria Pública, pela Advocacia Pública, pelos advogados dos transatores ou por conciliador ou mediador credenciado por tribunal;*
>
> *V – o contrato garantido por hipoteca, penhor, anticrese ou outro direito real de garantia e aquele garantido por caução;*
>
> *VI – o contrato de seguro de vida em caso de morte;*
>
> *VII – o crédito decorrente de foro e laudêmio;*
>
> *VIII – o crédito, documentalmente comprovado, decorrente de aluguel de imóvel, bem como de encargos acessórios, tais como taxas e despesas de condomínio;*
>
> *IX – a certidão de dívida ativa da Fazenda Pública da União, dos Estados, do Distrito Federal e dos Municípios, correspondente aos créditos inscritos na forma da lei;*

---

de agravo de instrumento, sendo cabível o recurso de apelação apenas no caso em que haja extinção da execução, o que não é a hipótese dos autos, pois houve apenas o acolhimento parcial do incidente para reconhecer o excesso na execução. Precedente: REsp 1.508.929/RN, Terceira Turma, Rel. Min. Moura Ribeiro, *DJe* 21.03.2017; AgRg no AREsp 825.802/RS, Primeira Turma, Rel. Min. Sérgio Kukina, *DJe* 9.03.2016; AgRg no AREsp 154.794/SP, Rel. Min. Maria Isabel Gallotti, Quarta Turma, j. 25.11.2014, *DJe* 11.12.2014" (AgInt no AREsp 711.036/RJ, 1ª Turma, Rel. Min. Benedito Gonçalves, j. 21.08.2018). Em igual sentido: AgInt no AREsp 1.312.508/ES, 3ª Turma, Rel. Min. Moura Ribeiro, j. 08.10.2018, *DJe* 10.10.2018; AgInt nos EDcl no AREsp 1.137.181/SC, 4ª Turma, Rel. Min. Lázaro Guimarães (Desembargador convocado do TRF 5ª Região), j. 02.08.2018.

[60] **Enunciado 150 da II Jornada de Direito Processual Civil do CJF:** Aplicam-se ao direito de laje os arts. 791, 804 e 889, III, do CPC.

[61] **Enunciado 100 da I Jornada de Direito Processual Civil do CJF:** Interpreta-se a expressão condomínio edilício do art. 784, X, do CPC de forma a compreender tanto os condomínios verticais, quanto os horizontais de lotes, nos termos do art. 1.358-A do Código Civil.

X – o crédito referente às contribuições ordinárias ou extraordinárias de condomínio edilício, previstas na respectiva convenção ou aprovadas em assembleia geral, desde que documentalmente comprovadas;

XI – a certidão expedida por serventia notarial ou de registro relativa a valores de emolumentos e demais despesas devidas pelos atos por ela praticados, fixados nas tabelas estabelecidas em lei;

XII – todos os demais títulos aos quais, por disposição expressa, a lei atribuir força executiva.

A primeira categoria de documentos executivos é representada pelos títulos cambiais, tais como: letra de câmbio, nota promissória, duplicata e cheque.

Impende esclarecer que os referidos títulos têm sua caracterização e formalização subordinadas às normas de direito material que os regem, cabendo ao Código de Processo Civil regular o processo e o procedimento correspondentes à exigibilidade em juízo do crédito inserido na cártula.

É forçoso relembrar que, com o advento da ação monitória, os títulos carentes de seus requisitos formais executivos passaram a ser passíveis de embasar esse novel procedimento (art. 700 do NCPC),[62] como, *v.g.*, a duplicata sem aceite, a nota promissória em branco sem data da emissão etc.

Ressalte-se que o documento monitório há de ter sido firmado pelo devedor, não autorizando o manejo desse rito paraexecutivo documentos unilaterais de dívida ou simples cartas remetidas pelo credor ao suposto obrigado porquanto a assunção da obrigação deve ser inequívoca.

Destarte, há casos em que o título cambial está vinculado a determinado contrato. Nesses casos, o negócio jurídico é apenas integrativo, haja vista que o documento é suficiente por si só à execução.

Os títulos executivos previstos nos incisos II, III e IV do art. 784 do NCPC apresentam a mesma essência dos documentos anteriores e têm como fundamento o prestígio conferido às manifestações de vontade na criação do vínculo obrigacional. Nesse particular, insta afirmar que cresce aqui e alhures a tendência de multiplicação de documentos a que se confere eficácia executiva, não só como técnica de prestação jurisdicional, mas também como forma de se valorizarem as manifestações volitivas. Constando desses documentos obrigações assumidas e posteriormente impagas, cabe à parte iniciar o processo de execução.

---

[62] **"Art. 700.** A ação monitória pode ser proposta por aquele que afirmar, com base em prova escrita sem eficácia de título executivo, ter direito de exigir do devedor capaz:

I – o pagamento de quantia em dinheiro;

II – a entrega de coisa fungível ou infungível ou de bem móvel ou imóvel;

III – o adimplemento de obrigação de fazer ou de não fazer."

A obrigação constante do documento deve revelar, *prima facie*, certeza, liquidez e exigibilidade, já que a necessidade de aferir esses requisitos no negócio subjacente desnatura-o, retirando-lhe a executividade.

Os instrumentos de transação a que se refere o art. 784, IV, do NCPC são aqueles lavrados extrajudicialmente – uma vez que, do contrário, seriam títulos judiciais. Deveras, acompanhando o movimento da criação de títulos que permitem tutela rápida, a legislação especial vem consagrando novos documentos desta categoria, como, por exemplo, o compromisso de ajustamento regulado pela lei da ação civil pública, o qual pode ensejar execução específica de obrigação de fazer, bem como qualquer outro negócio jurídico encetado entre interessados.

A exigência da lei é que o documento particular previsto no art. 784, III, do NCPC contenha assinaturas de duas testemunhas que, se faltantes, emprestam ao título natureza meramente monitória. No entanto, já pacificou o STJ que é possível o suprimento da assinatura das testemunhas por outros meios, de acordo com o contexto dos autos, caso em que a via executiva é válida.[63] Também é "firme o entendimento do STJ no sentido de que o contrato de confissão de dívida sem assinatura de duas testemunhas, em geral, não retira a força executiva da nota promissória a ele vinculada."[64] Da mesma forma, "como os advogados não possuem o desinteresse próprio da autêntica testemunha, sua assinatura não pode ser tida como apta a conferir a executividade do título extrajudicial. No entanto, a referida assinatura só irá macular a executividade do título, caso o executado aponte a falsidade do documento ou da declaração nele contida."[65] Por fim, a ausência das testemunhas no momento da formação do documento particular "não retira a sua executoriedade, uma vez que as assinaturas podem ser feitas em momento posterior ao ato de criação do título executivo extrajudicial, sendo as testemunhas meramente instrumentárias."[66] Registre-se que, em exceção à regra de que o rol de títulos executivos extrajudiciais é *numerus clausus*, o Superior Tribunal de Justiça reconheceu a força executiva de contrato eletrônico de mútuo certificado digitalmente, mesmo sem o requisito legal de assinatura por duas testemunhas. Em uma interpretação finalística, entendeu-se que a exigência de testemunhas se destina a atestar a autenticidade do documento, o que é suprido pela certificação digital.[67]

---

[63] AgRg no AREsp 800.028/RS, 4ª Turma, Rel. Min. Maria Isabel Gallotti, j. 02.02.2016, *DJe* 05.02.2016; REsp 1.453.949/SP, 4ª Turma, Rel. Min. Luis Felipe Salomão, j. 13.06.2017, *DJe* 15.08.2017.

[64] AgInt no REsp 1.341.604/SP, 4ª Turma, Rel. Min. Luis Felipe Salomão, j. 12.06.2018, *DJe* 15.06.2018

[65] REsp 1.453.949/SP, 4ª Turma, Rel. Min. Luis Felipe Salomão, j. 13.06.2017, *DJe* 15.08.2017

[66] REsp 541.267/RJ, 4ª Turma, Rel. Min. Jorge Scartezzini, j. 20.09.2005, *DJ* 17.10.2005, p. 298.

[67] REsp 1.495.920/DF, 3ª Turma, Rel. Min. Paulo de Tarso Sanseverino, j. 15.05.2018, *DJe* 07.06.2018.

Capítulo VII · A FASE DE SATISFAÇÃO | **319**

A lei confere natureza executiva ao documento particular de transação, o qual exige a presença de advogado para ambos os transatores. A falta das firmas dos advogados também retira do título a natureza executiva. No entanto, a lei autoriza que o título goze de força executiva quando subscrito por conciliador ou mediador credenciado por tribunal (art. 784, IV). A razão está em que a transação exige conhecimentos técnicos e sua força executiva depende de ter sido conscientemente engendrada, certeza que se obtém quando fruto da pena do advogado ou do profissional credenciado para promover conciliação ou mediação. Destaque-se que o documento particular pode conter qualquer obrigação de fazer, não fazer, entrega de soma etc.

A lei enumera, ainda, os documentos comprobatórios de dívidas garantidas, bem como créditos que merecem proteção especial.

Nesse sentido, são considerados títulos extrajudiciais pelo inciso V do art. 784 do NCPC, o contrato garantido por hipoteca, penhor, anticrese ou outro direito real de garantia e aquele garantido por caução. O dispositivo traz como base comum entre os títulos o fato de que todos os bens vinculados respondem prioritariamente pelo inadimplemento da obrigação que neles se contém. Aliás, nem poderia ser diferente, na medida em que, nessas obrigações, o bem a suportar a denominada responsabilidade patrimonial já se encontra individualizado e a sua excussão preferencial é imperativo legal, consoante se colhe do disposto no § 3º do art. 835 do novo Código de Processo Civil.[68]

---

[68] "**Art. 835.** A penhora observará, preferencialmente, a seguinte ordem:

I – dinheiro, em espécie ou em depósito ou aplicação em instituição financeira;

II – títulos da dívida pública da União, dos Estados e do Distrito Federal com cotação em mercado;

III – títulos e valores mobiliários com cotação em mercado;

IV – veículos de via terrestre;

V – bens imóveis;

VI – bens **móveis em geral;**

VII – semoventes;

VIII – navios e aeronaves;

IX – ações e quotas de sociedades simples e empresárias;

X – percentual do faturamento de empresa devedora;

XI – pedras e metais preciosos;

XII – direitos aquisitivos derivados de promessa de compra e venda e de alienação fiduciária em garantia;

XIII – outros direitos.

§ 1º É prioritária a penhora em dinheiro, podendo o juiz, nas demais hipóteses, alterar a ordem prevista no *caput* de acordo com as circunstâncias do caso concreto.

§ 2º Para fins de substituição da penhora, equiparam-se a dinheiro a fiança bancária e o seguro garantia judicial, desde que em valor não inferior ao do débito constante da inicial, acrescido de trinta por cento.

Os direitos reais de garantia ora em exame obedecem, na sua conceituação, estrutura e natureza jurídica, ao disposto na lei material, cabendo à lei processual regular o modo pelo qual são exigidos em juízo. O crédito exequendo consubstanciado no título e garantido pode representar o valor líquido total da dívida originária ou o saldo devedor no momento da propositura da execução. Nesse caso, expropriando-se o bem dado em garantia, restitui-se ao devedor eventual resíduo. Destarte, nesses casos de execução residual, em face do princípio da economicidade e à luz do valor diminuto do saldo devedor, é lícita a autorização de substituição do bem dado em garantia por outro também penhorável.

Como o art. 784, V, do NCPC se refere genericamente à caução, o que inclui a caução fidejussória, admite-se como título executivo extrajudicial o instrumento particular que preveja dívida garantida por fiança, independentemente da assinatura por duas testemunhas.

O título representativo do seguro de vida, em caso de morte, se subsume à execução com o escopo de agilizar a satisfação do beneficiário através da execução por quantia certa. O presente seguro é denominado facultativo, porquanto os valores decorrentes do seguro obrigatório para os veículos automotores em geral são exigíveis, em juízo, através do procedimento comum de cognição, por força de lei especial (art. 10 da Lei nº 6.194/1974), em conjunto com o art. 1.049, parágrafo único, do NCPC.[69]

Submetem-se, ainda, à execução, visto que consubstanciados em título executivo extrajudicial, o crédito decorrente de foro e laudêmio (art. 784, VII).

Igualmente, são títulos executivos extrajudiciais o crédito, documentalmente comprovado, decorrente de aluguel de imóvel, bem como de encargos acessórios, tais como taxas e despesas de condomínio (art. 784, VIII). Uma novidade do novo CPC é a previsão, como título executivo extrajudicial, do crédito referente às contribuições ordinárias ou extraordinárias de condomínio edilício, previstas na respectiva convenção ou aprovadas em assembleia geral, desde que documentalmente comprovadas (art. 784, X). Sendo assim, em caso de imóvel alugado, tanto o condomínio edilício quanto o locador podem executar a obrigação referente às contribuições condominiais.

---

§ 3º Na execução de crédito com garantia real, a penhora recairá sobre a coisa dada em garantia, e, se a coisa pertencer a terceiro garantidor, este também será intimado da penhora."

[69] "**Art. 1.049.** Sempre que a lei remeter a procedimento previsto na lei processual sem especificá-lo, será observado o procedimento comum previsto neste Código.

Parágrafo único. Na hipótese de a lei remeter ao procedimento sumário, será observado o procedimento comum previsto neste Código, com as modificações previstas na própria lei especial, se houver."

Capítulo VII · A FASE DE SATISFAÇÃO | 321

A comprovação por escrito dos créditos ora mencionados confere a certeza necessária para instaurar-se a execução, por isso que as obrigações creditícias decorrentes de "vínculos verbais" não habilitam a execução, relegando os interessados para o processo de conhecimento.

Os encargos de condomínio, representados por cotas condominiais, encerram despesas que ora competem ao proprietário, ora ao locatário. O crédito condominial exequível é aquele derivado do repasse lavrado no contrato de locação pelo qual o inquilino obriga-se ao pagamento das despesas condominiais. Assente-se, inclusive, que a referida despesa, de regra, vem embutida no próprio recibo de aluguel, devidamente discriminada.

A moderna tendência de agilização da tutela jurisdicional através da criação de títulos executivos, que encerra técnica de cognição limitada, que vinha influenciando a jurisprudência a admitir a execução de cotas condominiais contra o condômino, sob o argumento de que, constando do orçamento e da convenção a previsão das despesas, a dívida é líquida, certa e exigível. O novo CPC exige que as contribuições condominiais executadas tenham sido previstas na respectiva convenção ou aprovadas em assembleia geral.

O novo CPC previu como título executivo judicial o crédito de auxiliar da justiça, quando as custas, emolumentos ou honorários tiverem sido aprovados por decisão judicial (art. 515, V). Cuida-se de crédito consagrado como título executivo extrajudicial sob a égide do CPC de 1973. Houve, portanto, modificação da natureza jurídica deste título executivo, que passa a autorizar a utilização, pelo credor, do rito de cumprimento de sentença. Os auxiliares do juízo são remunerados pela prática dos atos que executam por determinação ou nomeação judicial. Há despesas que são custas do processo, como a taxa judiciária, recolhidas ao Estado federado. Diversamente, a remuneração pessoal dos serviços prestados pelos denominados "auxiliares do juízo" a eles pertencem. Assim, *v.g.*, os honorários periciais pertencem ao técnico nomeado pelo juiz a que faz jus pela elaboração do laudo; o avaliador estipula o seu preço para estimar o valor de bens de interesse da causa; o administrador também recebe custas pessoais pela atividade de administrar bens sujeitos à constrição judicial. Essas remunerações pessoais compõem crédito dos serventuários que são considerados veiculáveis através do cumprimento de sentença, uma vez "aprovadas por decisão judicial."

Integra o rol de títulos executivos extrajudiciais "a certidão de dívida ativa da Fazenda Pública da União, dos Estados, do Distrito Federal e dos Municípios, correspondente aos créditos inscritos na forma da lei" (art. 784, IX, do NCPC). Consectário do poder de império do Estado e da presunção de legitimidade de seus atos é a constituição unilateral do crédito da Fazenda Pública tal como ocorre com os tributos em geral. A lei, no afã de viabilizar a rápida satisfação judicial desses créditos, considera-os obrigações líquidas e certas e, uma vez consubstanciadas em certidões lavradas pela própria entidade pública, objeto da execução a favor da Fazenda, que

PROCESSO CIVIL CONTEMPORÂNEO – *Luiz Fux*

a promove sob o procedimento da "execução fiscal", na forma da Lei nº 6.830/1980. Insta esclarecer que, quando a execução é movida "contra o Estado", segue as regras da execução "contra a Fazenda Pública", obedecendo ao rito privilegiado do art. 910 do NCPC,[70] ou de cumprimento de sentença que impuser à Fazenda Pública o dever de pagar quantia certa (art. 534 do NCPC).[71]

Consideram-se "fazenda pública", para os presentes fins, as entidades componentes da administração direta, inclusive as autarquias, e as fundações de direito público na forma do novel art. 496, I, do NCPC, que trata da remessa necessária. Em contrapartida, o Supremo Tribunal Federal já decidiu que a execução contra pessoas jurídicas de direito privado da Administração Pública indireta não segue o rito dos precatórios (art. 100, *caput* e § 1º, da Constituição), sendo penhoráveis os bens desses entes.[72] Entretanto, aplica-se o regime de precatórios à "entidade que presta serviços públicos essenciais (...), sem que tenha ficado demonstrado nos autos se tratar de sociedade de economia mista ou empresa pública que competiria com pessoas jurídicas privadas ou que teria por objetivo primordial acumular patrimônio e distribuir lucros."[73]

---

[70] "Art. 910. Na execução fundada em título extrajudicial, a Fazenda Pública será citada para opor embargos em 30 (trinta) dias.

§ 1º Não opostos embargos ou transitada em julgado a decisão que os rejeitar, expedir-se-á precatório ou requisição de pequeno valor em favor do exequente, observando-se o disposto no art. 100 da Constituição Federal.

§ 2º Nos embargos, a Fazenda Pública poderá alegar qualquer matéria que lhe seria lícito deduzir como defesa no processo de conhecimento.

§ 3º Aplica-se a este Capítulo, no que couber, o disposto nos artigos 534 e 535."

[71] "Art. 534. No cumprimento de sentença que impuser à Fazenda Pública o dever de pagar quantia certa, o exequente apresentará demonstrativo discriminado e atualizado do crédito contendo:

I – o nome completo e o número de inscrição no Cadastro de Pessoas Físicas ou no Cadastro Nacional da Pessoa Jurídica do exequente;

II – o índice de correção monetária adotado;

III – os juros aplicados e as respectivas taxas;

IV – o termo inicial e o termo final dos juros e da correção monetária utilizados;

V – a periodicidade da capitalização dos juros, se for o caso;

VI – a especificação dos eventuais descontos obrigatórios realizados.

§ 1º Havendo pluralidade de exequentes, cada um deverá apresentar o seu próprio demonstrativo, aplicando-se à hipótese, se for o caso, o disposto nos §§ 1º e 2º do art. 113.

§ 2º A multa prevista no § 1º do art. 523 não se aplica à Fazenda Pública."

[72] STF, RE 693.112, Tribunal Pleno, Rel. Min. Gilmar Mendes, Tribunal Pleno, j. 09.02.2017.

[73] STF, RE 592.004 AgR, 2ª Turma, Rel. Min. Joaquim Barbosa, j. 05.06.2012. V. tb. RE 599.628, Tribunal Pleno, Rel. Min. Ayres Britto, Rel. p/ acórdão Min. Joaquim Barbosa, j. 25.05.2011.

O novo Código de Processo Civil também introduziu, como título executivo extrajudicial, a certidão expedida por serventia notarial ou de registro relativa a valores de emolumentos e demais despesas devidas pelos atos por ela praticados, fixados nas tabelas estabelecidas em lei (art. 784, XI). Importante ressaltar a necessidade de previsão legal da exação, a fim de que a certidão goze de força executiva.

Atento à moderna tendência da criação de novos títulos, o novo Código de Processo Civil inseriu norma de encerramento no último inciso do art. 784, dispondo serem dotados de eficácia executiva "todos os demais títulos aos quais, por disposição expressa, a lei atribuir força executiva." A regra reafirma o princípio de que "somente a lei é fonte do título executivo", pois o processo que o tem como causa hábil se caracteriza pela prática de atos de soberania.

De outro lado, o dispositivo em foco remete o intérprete para a legislação especial, onde se encontram outros inúmeros documentos considerados títulos executivos extrajudiciais, como soem ser: a cédula de crédito rural; a cédula rural hipotecária; a cédula rural pignoratícia; a nota de crédito rural (todos previstos no DL nº 167/1967); as cédulas de crédito industrial e a nota de crédito industrial (previstos no DL nº 413/1969) e inúmeros outros previstos na legislação financeira.

Acrescente-se, por fim, que a eficácia do título executivo extrajudicial na sua primeira aparição em juízo não fica infirmada nem mesmo se o devedor propuser anteriormente ação declaratória negativa do débito consubstanciado na cártula. É o que determina o art. 784, § 1º, do NCPC: "A propositura de qualquer ação relativa a débito constante de título executivo não inibe o credor de promover-lhe a execução." Nessa hipótese, é lícito ao credor exequente promover a execução no juízo prevento pela ação de cognição conexa. Neste, o magistrado apreciará a execução e a ação de conhecimento, bem como o grau de prejudicialidade desta, podendo determinar a suspensão da via executiva caso entreveja verossimilhança do alegado no processo de conhecimento. Raciocínio inverso incentivaria a propositura de demandas frívolas e enfraqueceria o título executivo que contempla crédito líquido, certo e exigível.

Reforçando a tendência de prestígio aos títulos extrajudiciais como técnica de agilização, a lei autoriza a execução no Brasil de títulos oriundos de país estrangeiro, independentemente de homologação, desde que preencha os requisitos de eficácia da *lex fori*, indique o Brasil como lugar do pagamento, seja traduzido, para permitir ao juízo avaliar a extensão de crédito, bem como convertido para o padrão monetário brasileiro correspondente, em função do curso forçado de nossa moeda (art. 784, §§ 2º e 3º, do NCPC).

Quanto à sua iniciativa, a execução de título extrajudicial pode ser promovida pelo credor apontado pelo título ou pelo Ministério Público, nos casos previstos em lei (*v.g.*: execuções coletivas); pelo espólio, herdeiros ou sucessores do credor, sempre que por sua morte se transmitir o direito resultante do título executivo; pelo cessionário a quem se tenha transferido o direito resultante do título; pelo sub-rogado, nos casos de sub-rogação legal ou convencional (*v.g.*: credor que paga a dívida do devedor comum, terceiro interessado que paga a dívida do executado etc.), conforme disposições do art. 778 do NCPC.[74]

Já em relação ao polo passivo, o processo de execução volta-se, em regra, contra o executado, que é o devedor apontado no título executivo. Entretanto, nos termos do art. 779 do NCPC,[75-76] é possível que também seja proposta contra o espólio, os herdeiros ou os sucessores do devedor; novo devedor que tenha assumido a obrigação; o fiador constante do título extrajudicial (e que, portanto, já será também *executado*); o responsável titular do bem vinculado por garantia real ao pagamento do débito; ou o responsável tributário.

A bem da celeridade e da economia processuais, o art. 780[77] permite a cumulação de várias execuções em um mesmo feito, mesmo quando fundadas em títulos diferentes, desde que se trate do mesmo executado, que o juízo tenha competência para todas elas e haja identidade de procedimentos.

O art. 781[78] trata das regras de competência, podendo a execução ser ajuizada perante o juízo do domicílio do executado, de eleição constante do título ou da

---

[74] "**Art. 778.** Pode promover a execução forçada o credor a quem a lei confere título executivo.

§ 1º Podem promover a execução forçada ou nela prosseguir, em sucessão ao exequente originário:

I – o Ministério Público, nos casos previstos em lei;

II – o espólio, os herdeiros ou os sucessores do credor, sempre que, por morte deste, lhes for transmitido o direito resultante do título executivo;

III – o cessionário, quando o direito resultante do título executivo lhe for transferido por ato entre vivos;

IV – o sub-rogado, nos casos de sub-rogação legal ou convencional.

§ 2º A sucessão prevista no § 1º independe de consentimento do executado."

[75] "**Art. 779.** A execução pode ser promovida contra:

I – o devedor, reconhecido como tal no título executivo;

II – o espólio, os herdeiros ou os sucessores do devedor;

III – o novo devedor que assumiu, com o consentimento do credor, a obrigação resultante do título executivo;

IV – o fiador do débito constante em título extrajudicial;

V – o responsável titular do bem vinculado por garantia real ao pagamento do débito;

VI – o responsável tributário, assim definido em lei."

[76] **Enunciado 97 da I Jornada de Direito Processual Civil do CJF:** A execução pode ser promovida apenas contra o titular do bem oferecido em garantia real, cabendo, nesse caso, somente a intimação de eventual coproprietário que não tenha outorgado a garantia.

[77] "**Art. 780.** O exequente pode cumular várias execuções, ainda que fundadas em títulos diferentes, quando o executado for o mesmo e desde que para todas elas seja competente o mesmo juízo e idêntico o procedimento."

[78] "**Art. 781.** A execução fundada em título extrajudicial será processada perante o juízo competente, observando-se o seguinte:

Capítulo VII · A FASE DE SATISFAÇÃO | 325

situação dos bens que a ela serão submetidos. Havendo pluralidade de domicílios, pode-se optar por qualquer deles e, sendo incerto ou desconhecido, a execução poderá ser proposta onde seja o executado encontrado ou, ainda, no foro de domicílio do exequente.

Em caso de pluralidade de executados com domicílios diversos, o exequente poderá optar por qualquer deles. Ainda, poderá ser ajuizada no juízo do local em tenha sido praticado o ato que originou o título executivo, ainda que não seja mais este o domicílio do executado.

Os atos executivos, por representarem, por vezes, intromissões na esfera individual do executado, deverão ser determinados pela autoridade judicial, no exercício da jurisdição. Sua efetivação, porém, se dará mediante cumprimento por oficial de justiça (art. 782 do NCPC),[79-80] que poderá atuar também em comarcas contíguas, de fácil comunicação, ou naquelas situadas em uma mesma região metropolitana. É possível, quando necessário, valer-se de força policial, bem como a inscrição do

---

I – a execução poderá ser proposta no foro de domicílio do executado, de eleição constante do título ou, ainda, de situação dos bens a ela sujeitos;

II – tendo mais de um domicílio, o executado poderá ser demandado no foro de qualquer deles;

III – sendo incerto ou desconhecido o domicílio do executado, a execução poderá ser proposta no lugar onde for encontrado ou no foro de domicílio do exequente;

IV – havendo mais de um devedor, com diferentes domicílios, a execução será proposta no foro de qualquer deles, à escolha do exequente;

V – a execução poderá ser proposta no foro do lugar em que se praticou o ato ou em que ocorreu o fato que deu origem ao título, mesmo que nele não mais resida o executado."

[79] "**Art. 782.** Não dispondo a lei de modo diverso, o juiz determinará os atos executivos, e o oficial de justiça os cumprirá.

§ 1º O oficial de justiça poderá cumprir os atos executivos determinados pelo juiz também nas comarcas contíguas, de fácil comunicação, e nas que se situem na mesma região metropolitana.

§ 2º Sempre que, para efetivar a execução, for necessário o emprego de força policial, o juiz a requisitará.

§ 3º A requerimento da parte, o juiz pode determinar a inclusão do nome do executado em cadastros de inadimplentes.

§ 4º A inscrição será cancelada imediatamente se for efetuado o pagamento, se for garantida a execução ou se a execução for extinta por qualquer outro motivo.

§ 5º O disposto nos §§ 3º e 4º aplica-se à execução definitiva de título judicial."

[80] **Enunciado 98 da I Jornada de Direito Processual Civil do CJF:** O art. 782, § 3º, do CPC não veda a possibilidade de o credor, ou mesmo o órgão de proteção ao crédito, fazer a inclusão extrajudicial do nome do executado em cadastros de inadimplentes.

Enunciado 99 da I Jornada de Direito Processual Civil do CJF: A inclusão do nome do executado em cadastros de inadimplentes poder-se-á dar na execução definitiva de título judicial ou extrajudicial.

326 | PROCESSO CIVIL CONTEMPORÂNEO – *Luiz Fux*

executado em cadastros de inadimplentes, nos termos dos §§ 2º a 5º do art. 782 do NCPC, ressaltando que, nos termos da Súmula 548 do STJ, "Incumbe ao credor a exclusão do registro da dívida em nome do devedor no cadastro de inadimplentes no prazo de cinco dias úteis, a partir do integral e efetivo pagamento do débito."

Ainda que o processo de execução se guie no interesse do credor, este não poderá desistir unilateralmente do processo em qualquer situação, a depender da apresentação ou não de *embargos à execução* pelo executado, bem como de seu conteúdo. Conforme o parágrafo único do art. 775 do NCPC,[81] a formulação de desistência pelo executado implicará a extinção da impugnação e dos embargos que versarem tão somente sobre questões de ordem processual, caso em que o exequente deverá arcar com as custas processuais e os honorários advocatícios. Nos demais casos, porém, a desistência dependerá da concordância do executado que já tenha apresentado impugnação ou embargos, em semelhança com o que ocorre na fase de conhecimento (art. 485, § 4º, do NCPC).[82]

Quanto aos poderes do juiz, o art. 772[83] trata da possibilidade de que este sujeito processual ordene a qualquer momento o comparecimento das partes, requerer informações relevantes que possuam, bem como de advertir sobre a prática de eventual *ato atentatório à dignidade da justiça*.[84] Estes são definidos pelo art. 774, que considera atentatória à dignidade da justiça a conduta comissiva ou omissiva do executado que:

> *I – fraude a execução;*
>
> *II – se opõe maliciosamente à execução, empregando ardis e meios artificiosos;*

---

[81] **"Art. 775.** O exequente tem o direito de desistir de toda a execução ou de apenas alguma medida executiva.

Parágrafo único. Na desistência da execução, observar-se-á o seguinte:

I – serão extintos a impugnação e os embargos que versarem apenas sobre questões processuais, pagando o exequente as custas processuais e os honorários advocatícios;

II – nos demais casos, a extinção dependerá da concordância do impugnante ou do embargante."

[82] **"Art. 485,** § 4º Oferecida a contestação, o autor não poderá, sem o consentimento do réu, desistir da ação."

[83] **"Art. 772.** O juiz pode, em qualquer momento do processo:

I – ordenar o comparecimento das partes;

II – advertir o executado de que seu procedimento constitui ato atentatório à dignidade da justiça;

III – determinar que sujeitos indicados pelo exequente forneçam informações em geral relacionadas ao objeto da execução, tais como documentos e dados que tenham em seu poder, assinando-lhes prazo razoável."

[84] **Enunciado 148 da II Jornada de Direito Processual Civil do CJF:** A reiteração pelo exequente ou executado de matérias já preclusas pode ensejar a aplicação de multa por conduta contrária à boa-fé.

Capítulo VII · A FASE DE SATISFAÇÃO | **327**

III – dificulta ou embaraça a realização da penhora;

IV – resiste injustificadamente às ordens judiciais;

V – intimado, não indica ao juiz quais são e onde estão os bens sujeitos à penhora e os respectivos valores, nem exibe prova de sua propriedade e, se for o caso, certidão negativa de ônus.

A sanção atribuída a tais práticas está no parágrafo único do dispositivo, que comina multa de até vinte por cento do valor executado, que reverterá em favor do exequente no âmbito dos mesmos autos.

A *fraude à execução*, em específico, é objeto de regramento próprio pelo art. 792 do NCPC, que assim considera a alienação ou oneração de bem quando:

I – sobre o bem pender ação fundada em direito real ou com pretensão reipersecu-tória, desde que a pendência do processo tenha sido averbada no respectivo registro público, se houver;

II – tiver sido averbada, no registro do bem, a pendência do processo de execução, mediante certidão que o exequente pode obter a partir da admissão da execução pelo juiz (conforme o art. 828);

III – tiver sido averbado, no registro do bem, hipoteca judiciária ou outro ato de constrição judicial originário do processo onde foi arguida a fraude;

IV – ao tempo da alienação ou da oneração, tramitava contra o devedor ação capaz de reduzi-lo à insolvência;

V – nos demais casos expressos em lei.

Configurada a fraude à execução, além de se caracterizar um ato atentatório à dignidade da justiça, a alienação ou oneração será considerada *ineficaz* em relação ao exequente (diferentemente da *fraude contra credores*, que é causa de anulabilidade, na forma dos arts. 158 e seguintes do Código Civil de 2002). Inclusive, nos casos de fraude à execução, mesmo se o terceiro adquirente do imóvel o utilizar para moradia de sua família, a impenhorabilidade da Lei nº 8.009/1990 não será oponível ao exequente.[85]

Ademais, quando se trate de bem não sujeito a registro público, atribui-se ao terceiro adquirente o ônus de comprovar ter se resguardado com as cautelas devidas para a operação, como mediante a obtenção de certidões pertinentes no domicílio do vendedor e no local onde se encontra o bem (§ 2º). Em todo caso, antes de declarar a ocorrência da fraude, o juiz deve intimar o terceiro adquirente, para que exerça o contraditório e, possivelmente, oponha seus *embargos de terceiro* no prazo de 15

---

[85] "Reconhecida a fraude à execução, deve ser afastada a impenhorabilidade do bem de família" (EDcl no AgInt no REsp 1.599.512/SP, 4ª Turma, Rel. Min. Marco Buzzi, j. 24.04.2018).

dias (§ 4º). Nesse caso, é inaplicável o art. 675 do CPC/2015, que admite a oposição de embargos de terceiro em até 5 dias após adjudicação, alienação por iniciativa particular ou arrematação.

Nos termos do art. 792, III, do NCPC, havendo registro da certidão de que a execução foi admitida pelo juiz, do arresto ou da penhora, na forma do art. 844, a alienação ou oneração é ineficaz, independente de boa-fé ou solvabilidade do devedor.

7.4.2 Espécies de execução por título extrajudicial

A partir do art. 797, o NCPC passa a tratar das diversas espécies de execução. São abordadas de forma expressa a execução de: entrega de coisa certa e incerta (arts. 806 a 813); obrigações de fazer ou de não fazer (arts. 814 a 823); pagar quantia certa (arts. 824 a 909); contra a Fazenda Pública (art. 910) e de alimentos (arts. 911 a 913).

Quanto a suas disposições gerais, o início do processo de execução se dá mediante petição inicial (art. 798),[86] em que o exequente apresente o título executivo extrajudicial; o demonstrativo atualizado do débito (nos casos de execução por quantia certa); a prova de que implementação de condição ou termo a que estivesse condicionado o título; e a prova de adimplemento da contraprestação que lhe cabia, se for o caso. Em relação ao demonstrativo atualizado do débito, as regras são similares às do cumprimento de sentença (o parágrafo único do art. 798 exige que dele conste

---

[86] "**Art. 798**. Ao propor a execução, incumbe ao exequente:

I – instruir a petição inicial com:

a) o título executivo extrajudicial;

b) o demonstrativo do débito atualizado até a data de propositura da ação, quando se tratar de execução por quantia certa;

c) a prova de que se verificou a condição ou ocorreu o termo, se for o caso;

d) a prova, se for o caso, de que adimpliu a contraprestação que lhe corresponde ou que lhe assegura o cumprimento, se o executado não for obrigado a satisfazer a sua prestação senão mediante a contraprestação do exequente;

II – indicar:

a) a espécie de execução de sua preferência, quando por mais de um modo puder ser realizada;

b) os nomes completos do exequente e do executado e seus números de inscrição no Cadastro de Pessoas Físicas ou no Cadastro Nacional da Pessoa Jurídica;

c) os bens suscetíveis de penhora, sempre que possível.

Parágrafo único. O demonstrativo do débito deverá conter:

I – o índice de correção monetária adotado;

II – a taxa de juros aplicada;

III – os termos inicial e final de incidência do índice de correção monetária e da taxa de juros utilizados;

IV – a periodicidade da capitalização dos juros, se for o caso;

V – a especificação de desconto obrigatório realizado."

o índice de correção monetária adotado; a taxa de juros aplicada; os termos inicial e final de incidência do índice de correção monetária e da taxa de juros utilizados; a periodicidade da capitalização dos juros, se for o caso; e a especificação de desconto obrigatório realizado).

Além disso, deverá indicar, já na petição inicial, a espécie de execução que prefere (quando mais de uma for possível), a qualificação das partes e os bens penhoráveis do executado. Ademais, o art. 799[87-88] atribui outras incumbências ao exequente, relativas à intimação de terceiros interessados na execução (*v.g.*: credor pignoratício, hipotecário, anticrético ou fiduciário sobre bem penhorado; titular de usufruto, uso ou habitação; superficiário ou nu-proprietário etc.).[89]

---

[87] "**Art. 799**. Incumbe ainda ao exequente:

I – requerer a intimação do credor pignoratício, hipotecário, anticrético ou fiduciário, quando a penhora recair sobre bens gravados por penhor, hipoteca, anticrese ou alienação fiduciária;

II – requerer a intimação do titular de usufruto, uso ou habitação, quando a penhora recair sobre bem gravado por usufruto, uso ou habitação;

III – requerer a intimação do promitente comprador, quando a penhora recair sobre bem em relação ao qual haja promessa de compra e venda registrada;

IV – requerer a intimação do promitente vendedor, quando a penhora recair sobre direito aquisitivo derivado de promessa de compra e venda registrada;

V – requerer a intimação do superficiário, enfiteuta ou concessionário, em caso de direito de superfície, enfiteuse, concessão de uso especial para fins de moradia ou concessão de direito real de uso, quando a penhora recair sobre imóvel submetido ao regime do direito de superfície, enfiteuse ou concessão;

VI – requerer a intimação do proprietário de terreno com regime de direito de superfície, enfiteuse, concessão de uso especial para fins de moradia ou concessão de direito real de uso, quando a penhora recair sobre direitos do superficiário, do enfiteuta ou do concessionário;

VII – requerer a intimação da sociedade, no caso de penhora de quota social ou de ação de sociedade anônima fechada, para o fim previsto no art. 876, § 7º;

VIII – pleitear, se for o caso, medidas urgentes;

IX – proceder à averbação em registro público do ato de propositura da execução e dos atos de constrição realizados, para conhecimento de terceiros.

X – requerer a intimação do titular da construção-base, bem como, se for o caso, do titular de lajes anteriores, quando a penhora recair sobre o direito real de laje; (Incluído pela Lei nº 13.465, de 2017)

XI – requerer a intimação do titular das lajes, quando a penhora recair sobre a construção--base. (Incluído pela Lei nº 13.465, de 2017)."

[88] **Enunciado 104 da I Jornada de Direito Processual Civil do CJF:** O fornecimento de certidão para fins de averbação premonitória (art. 799, IX, do CPC) independe de prévio despacho ou autorização do juiz.

[89] **Enunciado 154 da II Jornada de Direito Processual Civil do CJF:** O exequente deve providenciar a intimação do coproprietário no caso da penhora de bem indivisível ou de direito real sobre bem indivisível.

Se a petição inicial estiver incompleta, é possível a sua emenda, da mesma forma como ocorre no processo de conhecimento, mediante intimação promovida pelo juiz (art. 801 do NCPC).[90] Estando em ordem, admite-se a execução (a partir de quando é possível extrair a certidão de que trata o art. 828),[91-92] promovendo--se a citação do executado. O despacho que a ordena tem o efeito de interromper a prescrição mesmo quando proferido por juízo incompetente, retroagindo esses efeitos à data da propositura da execução (art. 802 do NCPC).[93]

Ainda nessas disposições gerais, são abordadas as causas de nulidade da execução (art. 803), se:

> I – o título executivo extrajudicial não corresponder a obrigação certa, líquida e exigível;
>
> II – o executado não for regularmente citado;
>
> III – for instaurada antes de se verificar a condição ou de ocorrer o termo.

Essa nulidade poderá ser pronunciada *ex officio* pelo juiz ou após requerimento das partes, ainda que não se tenha oferecido embargos à execução (parágrafo único do art. 803).

---

[90] **"Art. 801.** Verificando que a petição inicial está incompleta ou que não está acompanhada dos documentos indispensáveis à propositura da execução, o juiz determinará que o exequente a corrija, no prazo de 15 (quinze) dias, sob pena de indeferimento."

[91] **"Art. 828.** O exequente poderá obter certidão de que a execução foi admitida pelo juiz, com identificação das partes e do valor da causa, para fins de averbação no registro de imóveis, de veículos ou de outros bens sujeitos a penhora, arresto ou indisponibilidade.

§ 1º No prazo de 10 (dez) dias de sua concretização, o exequente deverá comunicar ao juízo as averbações efetivadas.

§ 2º Formalizada penhora sobre bens suficientes para cobrir o valor da dívida, o exequente providenciará, no prazo de 10 (dez) dias, o cancelamento das averbações relativas àqueles não penhorados.

§ 3º O juiz determinará o cancelamento das averbações, de ofício ou a requerimento, caso o exequente não o faça no prazo.

§ 4º Presume-se em fraude à execução a alienação ou a oneração de bens efetuada após a averbação.

§ 5º O exequente que promover averbação manifestamente indevida ou não cancelar as averbações nos termos do § 2º indenizará a parte contrária, processando-se o incidente em autos apartados."

[92] **Enunciado 149 da II Jornada de Direito Processual Civil do CJF:** A falta de averbação da pendência de processo ou da existência de hipoteca judiciária ou de constrição judicial sobre bem no registro de imóveis não impede que o exequente comprove a má-fé do terceiro que tenha adquirido a propriedade ou qualquer outro direito real sobre o bem.

[93] **"Art. 802.** Na execução, o despacho que ordena a citação, desde que realizada em observância ao disposto no § 2º do art. 240, interrompe a prescrição, ainda que proferido por juízo incompetente.

Parágrafo único. A interrupção da prescrição retroagirá à data de propositura da ação."

Capítulo VII · A FASE DE SATISFAÇÃO | **331**

Na sequência, como acima já destacado, o Código trata das espécies de execução, em que são disciplinadas as especificidades de seu procedimento, de forma bastante similar às acima destacadas normas relativas às espécies de cumprimento de sentença, além de definir o regramento das já alentadas técnicas de execução. As espécies são:

– Execução de obrigação de entregar coisa certa e incerta (arts. 806 a 813);

– Execução de obrigações de fazer ou de não fazer (arts. 814 a 823);[94]

– Execução por quantia certa (arts. 824 a 909);[95]

– Execução contra a Fazenda Pública (art. 910); e

– Execução de alimentos (arts. 911 a 913).

7.4.3 Defesa do executado

Como processo judicial, a execução também deve transcorrer sob contraditório, que é concretizado pela possibilidade de o executado apresentar *embargos à execução*, cujo regramento encontra previsão nos arts. 914 a 920 do NCPC. Diferentemente do que ocorre com a *impugnação* no âmbito do cumprimento de sentença, essa manifestação de conteúdo defensivo não possui as mesmas limitações de conteúdo, já que o *título executivo extrajudicial* que fundamenta o processo de execução não

---

[94] **Enunciado 103 da I Jornada de Direito Processual Civil do CJF:** Pode o exequente – em execução de obrigação de fazer fungível, decorrente do inadimplemento relativo, voluntário e inescusável do executado – requerer a satisfação da obrigação por terceiro, cumuladamente ou não com perdas e danos, considerando que o *caput* do art. 816 do CPC não derrogou o *caput* do art. 249 do Código Civil.

[95] **Enunciado 15 da I Jornada de Direito Processual Civil do CJF:** Aplicam-se às entidades referidas no § 3º do art. 186 do CPC as regras sobre intimação pessoal das partes e suas testemunhas (art. 186, § 2º; art. 455, § 4º, IV; art. 513, § 2º, II e art. 876, § 1º, II, todos do CPC).

Enunciado 105 da I Jornada de Direito Processual Civil do CJF: As hipóteses de penhora do art. 833, § 2º, do CPC aplicam- se ao cumprimento da sentença ou à execução de título extrajudicial relativo a honorários advocatícios, em razão de sua natureza alimentar.

Enunciado 150 da II Jornada de Direito Processual Civil do CJF: Aplicam-se ao direito de laje os arts. 791, 804 e 889, III, do CPC.

Enunciado 151 da II Jornada de Direito Processual Civil do CJF: O legitimado pode remir a execução até a lavratura do auto de adjudicação ou de alienação (CPC, art. 826).

Enunciado 152 da II Jornada de Direito Processual Civil do CJF: O pacto de impenhorabilidade (arts. 190, 200 e 833, I) produz efeitos entre as partes, não alcançando terceiros.

Enunciado 155 da II Jornada de Direito Processual Civil do CJF: A penhora a que alude o art. 860 do CPC poderá recair sobre direito litigioso ainda não reconhecido por decisão transitada em julgado.

Enunciado 157 da II Jornada de Direito Processual Civil do CJF: No leilão eletrônico, a proposta de pagamento parcelado (art. 895 do CPC), observado o valor mínimo fixado pelo juiz, deverá ser apresentada até o início do leilão, nos termos do art. 886, IV, do CPC.

332 | PROCESSO CIVIL CONTEMPORÂNEO – *Luiz Fux*

decorre de um prévio processo de conhecimento, em que o contraditório e a ampla defesa tivessem sido amplamente exercidos em juízo.

Apesar de seu conteúdo defensivo, os embargos à execução possuem natureza jurídica de uma *ação incidental de conhecimento*, em que o executado manifesta nova pretensão *incidenter tantum* ao processo de execução. Os embargos à execução são possíveis em qualquer espécie de execução, mas não se tratam da única forma de defesa do executado, como adiante se especificará.

7.4.3.1 Embargos à execução

Os embargos à execução podem ser manejados pelo executado *independentemente de penhora, depósito ou caução* e é a principal forma de se opor à pretensão do exequente. Apesar de revelarem uma nova ação, sua distribuição se dará por dependência ao mesmo juízo da execução, mediante autuação em apartado (art. 914, § 1º).[96] Nos casos em que a execução tramite por carta, os embargos poderão ser oferecidos tanto no juízo deprecante, como no deprecado, assegurada a competência do primeiro para o seu julgamento, a menos que as alegações de seu teor versem exclusivamente sobre vícios ou defeitos de atos processuais praticados pelo juízo deprecado (*v.g.*: penhora, avaliação e alienação dos bens),[97] conforme previsão do § 2º.

O prazo para sua apresentação é de 15 (quinze) dias, contados a partir da citação, na forma do art. 231 do NCPC. Nas execuções promovidas contra a Fazenda Pública, esta terá o prazo de 30 (trinta) dias para oferecer seus embargos (art. 910 do NCPC),[98]

---

[96] **"Art. 914.** O executado, independentemente de penhora, depósito ou caução, poderá se opor à execução por meio de embargos.

§ 1º Os embargos à execução serão distribuídos por dependência, autuados em apartado e instruídos com cópias das peças processuais relevantes, que poderão ser declaradas autênticas pelo próprio advogado, sob sua responsabilidade pessoal.

§ 2º Na execução por carta, os embargos serão oferecidos no juízo deprecante ou no juízo deprecado, mas a competência para julgá-los é do juízo deprecante, salvo se versarem unicamente sobre vícios ou defeitos da penhora, da avaliação ou da alienação dos bens efetuadas no juízo deprecado."

[97] **Enunciado 156 da II Jornada de Direito Processual Civil do CJF:** O decurso de tempo entre a avaliação do bem penhorado e a sua alienação não importa, por si só, nova avaliação, a qual deve ser realizada se houver, nos autos, indícios de que houve majoração ou diminuição no valor.

[98] **"Art. 910.** Na execução fundada em título extrajudicial, a Fazenda Pública será citada para opor embargos em 30 (trinta) dias.

§ 1º Não opostos embargos ou transitada em julgado a decisão que os rejeitar, expedir-se-á precatório ou requisição de pequeno valor em favor do exequente, observando-se o disposto no art. 100 da Constituição Federal.

§ 2º Nos embargos, a Fazenda Pública poderá alegar qualquer matéria que lhe seria lícito deduzir como defesa no processo de conhecimento.

§ 3º Aplica-se a este Capítulo, no que couber, o disposto nos artigos 534 e 535."

Capítulo VII · A FASE DE SATISFAÇÃO | **333**

em que poderá alegar qualquer matéria de defesa que poderia deduzir em contestação em processo de conhecimento (§ 2º).[99]

Diferentemente do que ocorre no processo de conhecimento, havendo pluralidade de executados, conta-se o prazo de forma separada e individual para cada um deles, a menos que se trate de cônjuges ou companheiro, quando o prazo se contará a partir da citação do último deles (art. 915, § 1º).[100] Ademais, aqui não se aplicam as disposições do art. 229 do NCPC, que assegura prazo em dobro para litisconsortes em autos físicos com advogados de escritórios de advocacia distintos (§ 3º).

O art. 916[101] prevê a possibilidade de parcelamento do débito executado, mediante o reconhecimento do crédito executado e o depósito inicial de trinta por cento do valor,

---

[99] **Enunciado 158 da II Jornada de Direito Processual Civil do CJF:** A sentença de rejeição dos embargos à execução opostos pela Fazenda Pública não está sujeita à remessa necessária.

[100] "**Art. 915**. Os embargos serão oferecidos no prazo de 15 (quinze) dias, contado, conforme o caso, na forma do art. 231.

§ 1º Quando houver mais de um executado, o prazo para cada um deles embargar conta-se a partir da juntada do respectivo comprovante da citação, salvo no caso de cônjuges ou de companheiros, quando será contado a partir da juntada do último.

§ 2º Nas execuções por carta, o prazo para embargos será contado:

I – da juntada, na carta, da certificação da citação, quando versarem unicamente sobre vícios ou defeitos da penhora, da avaliação ou da alienação dos bens;

II – da juntada, nos autos de origem, do comunicado de que trata o § 4º deste artigo ou, não havendo este, da juntada da carta devidamente cumprida, quando versarem sobre questões diversas da prevista no inciso I deste parágrafo.

§ 3º Em relação ao prazo para oferecimento dos embargos à execução, não se aplica o disposto no art. 229.

§ 4º Nos atos de comunicação por carta precatória, rogatória ou de ordem, a realização da citação será imediatamente informada, por meio eletrônico, pelo juiz deprecado ao juiz deprecante."

[101] "**Art. 916.** No prazo para embargos, reconhecendo o crédito do exequente e comprovando o depósito de trinta por cento do valor em execução, acrescido de custas e de honorários de advogado, o executado poderá requerer que lhe seja permitido pagar o restante em até 6 (seis) parcelas mensais, acrescidas de correção monetária e de juros de um por cento ao mês.

§ 1º O exequente será intimado para manifestar-se sobre o preenchimento dos pressupostos do *caput*, e o juiz decidirá o requerimento em 5 (cinco) dias.

§ 2º Enquanto não apreciado o requerimento, o executado terá de depositar as parcelas vincendas, facultado ao exequente seu levantamento.

§ 3º Deferida a proposta, o exequente levantará a quantia depositada, e serão suspensos os atos executivos.

§ 4º Indeferida a proposta, seguir-se-ão os atos executivos, mantido o depósito, que será convertido em penhora.

§ 5º O não pagamento de qualquer das prestações acarretará cumulativamente:

I – o vencimento das prestações subsequentes e o prosseguimento do processo, com o imediato reinício dos atos executivos;

II – a imposição ao executado de multa de dez por cento sobre o valor das prestações não pagas.

334 | PROCESSO CIVIL CONTEMPORÂNEO – *Luiz Fux*

além das custas e honorários advocatícios. Nesses casos, o restante da dívida poderá ser dividido em seis outras prestações mensais, acrescidas de juros e correção monetária (*caput*). Antes de decidir sobre esse requerimento, o juiz deve ouvir o exequente, podendo o executado prosseguir depositando mensalmente as parcelas vincendas, enquanto não apreciado seu requerimento, as quais poderão ser levantadas pelo exequente (§ 2º).

O indeferimento da proposta implicará a continuidade da execução, convertendo-se o depósito realizado em penhora (§ 4º). Em caso de descumprimento da proposta e inadimplemento de qualquer das prestações, dar-se-á o vencimento antecipado das parcelas vincendas, retomando-se o prosseguimento dos atos executivos. Além disso, o executado responderá por uma multa adicional de dez por cento sobre o valor das prestações ainda não pagas (§ 5º).

A formalização dessa proposta de parcelamento representa renuncia ao direito de opor embargos (§ 6º) e, por expressa disposição legal, sua aplicação não se estende ao cumprimento de sentença (§ 7º).

Quanto ao seu conteúdo, como já adiantado, os *embargos* à *execução* não se submetem à mesma limitação cognitiva que atinge a impugnação ao *cumprimento de sentença*, já que aqui inexiste, em regra, anterior processo de conhecimento. Dessa forma, em seus *embargos*, o executado poderá alegar (art. 917 do NCPC):

> *I – inexequibilidade do título ou inexigibilidade da obrigação;*
>
> *II – penhora incorreta ou avaliação errônea;*
>
> *III – excesso de execução ou cumulação indevida de execuções;*
>
> *IV – retenção por benfeitorias necessárias ou úteis, nos casos de execução para entrega de coisa certa;*
>
> *V – incompetência absoluta ou relativa do juízo da execução;*
>
> *VI – qualquer matéria que lhe seria lícito deduzir como defesa em processo de conhecimento.*

Em síntese: em seus embargos, o executado pode alegar qualquer matéria de defesa (inciso VI *supra*), de modo que o rol do art. 917 é meramente exemplificativo.

Segundo o art. 917, § 1º, a incorreção da penhora ou da avaliação pode ser impugnada por simples petição, em 15 dias a partir da ciência do ato. Caso o executado não alegue a impenhorabilidade no referido prazo, haverá preclusão, exceto se for caso de impenhorabilidade de bem de família previsto na Lei nº 8.009/1990, que é matéria de ordem pública e pode ser conhecida a qualquer tempo antes da arrematação.[102] Como o Novo Código prevê um prazo específico, independente dos

---

§ 6º A opção pelo parcelamento de que trata este artigo importa renúncia ao direito de opor embargos

§ 7º O disposto neste artigo não se aplica ao cumprimento da sentença."

[102] "É firme a orientação do Superior Tribunal de Justiça no sentido de que a impenhorabilidade prevista no art. 649 do CPC/1973 [atual art. 833], com exceção do bem de família, deve ser arguida pelo devedor na primeira oportunidade, sob pena de preclusão" (STJ, AgInt no REsp

Capítulo VII · A FASE DE SATISFAÇÃO | **335**

embargos, para questionar a penhora, possibilidade inexistente sob a égide do regime anterior, resta superada a jurisprudência do Superior Tribunal de Justiça segundo a qual a anulação da penhora geraria novo prazo para embargar, enquanto que nos casos de reforço, redução ou substituição da penhora só caberiam novos embargos se tratassem de matérias suscitáveis a qualquer tempo.[103]

Quanto ao excesso de execução (inciso III *supra*), este se caracteriza quando (art. 917, § 2º):

> *I – o exequente pleiteia quantia superior à do título;*
>
> *II – ela recai sobre coisa diversa daquela declarada no título;*
>
> *III – ela se processa de modo diferente do que foi determinado no título;*
>
> *IV – o exequente, sem cumprir a prestação que lhe corresponde, exige o adimplemento da prestação do executado;*
>
> *V – o exequente não prova que a condição se realizou.*

Aqui, aplicam-se as mesmas regras outrora analisadas relativamente à impugnação ao cumprimento de sentença: caso alegue *excesso de execução*, o executado deverá indicar o valor que entende devido, sob pena de não conhecimento dos embargos quanto a esta fundamentação (ou de sua inteireza, caso se trate de alegação exclusiva).

Enquanto ações de cunho cognitivo, ainda que revelem conteúdo defensivo, os embargos à execução também poderão ser *liminarmente rejeitados*, quando: sejam intempestivos ou manifestamente protelatórios, bem como nos casos em que se autoriza o indeferimento da petição inicial e de improcedência liminar do pedido (arts. 330 e 332, respectivamente), nos termos do art. 918.[104-105] Ademais, o manejo de embargos à

1.707.803/MG, 3ª Turma, Rel. Min. Ricardo Villas Bôas Cueva, j. 24.04.2018). A "impenhorabilidade do bem de família é matéria de ordem pública, dela podendo conhecer o juízo a qualquer momento, antes da arrematação do imóvel" (STJ, AgInt no AREsp 377.850/SP, 4ª Turma, Rel. Min. Antonio Carlos Ferreira, j. 30.08.2018).

[103] "A anulação da penhora implica reabertura de prazo para embargar, não assim o reforço ou a redução, posto permanecer de pé a primeira constrição, salvo para alegação de matérias suscitáveis a qualquer tempo ou inerente ao incorreto reforço ou diminuição da extensão da constrição. (...) É admissível o ajuizamento de novos embargos de devedor, ainda que nas hipóteses de reforço ou substituição da penhora, quando a discussão adstringir-se aos aspectos formais do novo ato constritivo" (REsp 1.116.287/SP, Corte Especial, Rel. Min. Luiz Fux, j. 02.12.2009). Assim também: EDcl no AREsp 659.927/PE, 1ª Turma, Rel. Min. Napoleão Nunes Maia Filho, j. 05.04.2016.

[104] "**Art. 918.** O juiz rejeitará liminarmente os embargos:

I – quando intempestivos;

II – nos casos de indeferimento da petição inicial e de improcedência liminar do pedido;

III – manifestamente protelatórios.

Parágrafo único. Considera-se conduta atentatória à dignidade da justiça o oferecimento de embargos manifestamente protelatórios."

[105] **Enunciado 94 da I Jornada de Direito Processual Civil do CJF:** Aplica-se o procedimento do art. 920 do CPC à impugnação ao cumprimento de sentença, com possibilidade de rejeição liminar nas hipóteses dos arts. 525, § 5º, e 918 do CPC.

336 | PROCESSO CIVIL CONTEMPORÂNEO – *Luiz Fux*

execução manifestamente protelatórios constitui *ato atentatório à dignidade da justiça*, atraindo as consequências do art. 774, parágrafo único, do NCPC (multa de até vinte por cento do valor atualizado do débito, cujo valor será destinado ao exequente).

Apesar de o oferecimento dos embargos não depender de prévia garantia (como outrora era e hoje persiste no caso da *execução fiscal* – art. 16 da Lei nº 6.830/1980),[106] em regra, estes não terão efeito suspensivo, podendo prosseguir a execução. A corroborar essa afirmação, aliás, tem-se a previsão do § 1º do art. 784 do NCPC, segundo o qual "a propositura de qualquer ação relativa a débito constante de título executivo não inibe o credor de promover-lhe a execução."

Não obstante, é possível a atribuição *ope judici* (isto é, por decisão do magistrado) de efeitos suspensivo aos embargos à execução, quando (art. 919, § 1º):[107] *(i)* haja requerimento do embargante; *(ii)* a execução esteja garantida por penhora, depósito ou caução suficientes; e *(iii)* estejam presentes os requisitos necessários à concessão da tutela provisória (na forma dos arts. 294 e seguintes do NCPC).[108]

---

[106] **"Art. 16** – O executado oferecerá embargos, no prazo de 30 (trinta) dias, contados:

I – do depósito;

II – da juntada da prova da fiança bancária ou do seguro garantia; (Redação dada pela Lei nº 13.043, de 2014)

III – da intimação da penhora.

§ 1º Não são admissíveis embargos do executado antes de garantida a execução.

§ 2º No prazo dos embargos, o executado deverá alegar toda matéria útil à defesa, requerer provas e juntar aos autos os documentos e rol de testemunhas, até três, ou, a critério do juiz, até o dobro desse limite.

§ 3º Não será admitida reconvenção, nem compensação, e as exceções, salvo as de suspeição, incompetência e impedimentos, serão arguidas como matéria preliminar e serão processadas e julgadas com os embargos."

[107] **"Art. 919.** Os embargos à execução não terão efeito suspensivo.

§ 1º O juiz poderá, a requerimento do embargante, atribuir efeito suspensivo aos embargos quando verificados os requisitos para a concessão da tutela provisória e desde que a execução já esteja garantida por penhora, depósito ou caução suficientes.

§ 2º Cessando as circunstâncias que a motivaram, a decisão relativa aos efeitos dos embargos poderá, a requerimento da parte, ser modificada ou revogada a qualquer tempo, em decisão fundamentada.

§ 3º Quando o efeito suspensivo atribuído aos embargos disser respeito apenas a parte do objeto da execução, esta prosseguirá quanto à parte restante.

§ 4º A concessão de efeito suspensivo aos embargos oferecidos por um dos executados não suspenderá a execução contra os que não embargaram quando o respectivo fundamento disser respeito exclusivamente ao embargante.

§ 5º A concessão de efeito suspensivo não impedirá a efetivação dos atos de substituição, de reforço ou de redução da penhora e de avaliação dos bens."

[108] "O art. 919, § 1º, do CPC/2015 prevê que o magistrado poderá atribuir efeito suspensivo aos Embargos à Execução quando presentes, cumulativamente, os seguintes requisitos: a) reque-

A concessão de efeito suspensivo poderá ser *integral* ou *parcial*, caso em que a execução poderá seguir quanto à parte não abrangida pelos embargos (§ 3º). Ainda, quando seja oferecido apenas por um dos executados, o efeito suspensivo não alcançará os não embargantes, a menos que se trate de fundamento comum (§ 4º). Em todo caso, o efeito suspensivo não impedirá a prática dos atos de substituição, de reforço ou de redução da penhora e de avaliação dos bens, quando sejam necessários (§ 5º).

O art. 1.015, X, do CPC/2015 prevê o cabimento de agravo de instrumento em face da decisão que verse sobre "concessão, modificação ou revogação do efeito suspensivo aos embargos à execução." O Superior Tribunal de Justiça interpretou o dispositivo extensivamente para admitir o agravo de instrumento em face da decisão que *indefere* o efeito suspensivo nos embargos à execução, pois é hipótese equiparável à decisão sobre tutela provisória (art. 1.015, I, do NCPC).[109]

Após seu recebimento, deve-se promover a oitiva do embargado/exequente, que terá quinze dias para se manifestar. Após, o juiz julgará o pedido ou, sendo necessário designará dia para realização de audiência, após o que será proferida a sentença (art. 920 do NCPC).[110-111]

7.4.3.2 Outros meios de defesa do executado

Apesar de se tratar da modalidade principal, os embargos à execução não são o único meio de defesa do executado. Com efeito, é possível que este se valha de outros meios de impugnação, tais como a exceção de pré-executividade ou outras ações autônomas (*v.g.*: *querela nullitatis*, ação de nulidade do título executivo, de inexistência ou inexigibilidade da obrigação etc.). Além disso, há matérias que podem ser alegadas ou impugnadas por simples petição juntada aos autos do processo de execução, como ocorre no caso de incorreção da penhora ou da avaliação (art. 917, § 1º).[112]

Destaca-se a *exceção de pré-executividade*, como criação da *práxis* judicial, decorrente da época em que a oposição dos embargos à execução dependia de

---

rimento do embargante; b) relevância da argumentação; c) risco de dano grave de difícil ou incerta reparação; e d) garantia do juízo" (REsp 1.731.508/PE, 2ª Turma, Rel. Min. Herman Benjamin, j. 17.04.2018).

[109] STJ, REsp 1.745.358/SP, 3ª Turma, Rel. Min. Nancy Andrighi, j. 26.02.2019.

[110] **"Art. 920.** Recebidos os embargos:

I – o exequente será ouvido no prazo de 15 (quinze) dias;

II – a seguir, o juiz julgará imediatamente o pedido ou designará audiência;

III – encerrada a instrução, o juiz proferirá sentença."

[111] **Enunciado 94 da I Jornada de Direito Processual Civil do CJF:** Aplica-se o procedimento do art. 920 do CPC à impugnação ao cumprimento de sentença, com possibilidade de rejeição liminar nas hipóteses dos arts. 525, § 5º, e 918 do CPC.

[112] **"Art. 917**, § 1º A incorreção da penhora ou da avaliação poderá ser impugnada por simples petição, no prazo de 15 (quinze) dias, contado da ciência do ato."

338 | PROCESSO CIVIL CONTEMPORÂNEO – *Luiz Fux*

prévia garantia do juízo. Dessa forma, a despeito do nome pelo qual é conhecida, permitia-se por esse instrumento processual a alegação de matérias de ordem pública e cognoscíveis de ofício pelo magistrado (o que levaria a afirmar sua natureza de *objeção*, não de *exceção*).[113]

O instrumento, contudo, perdeu relevância a partir do momento em que passou a ser possível a apresentação de embargos à execução independentemente de prévia garantia do juízo (por meio de penhora, depósito ou caução), sistemática que persiste no âmbito das execuções fiscais (art. 16 da Lei nº 6.830/1980). Entretanto, persiste a possibilidade de manejo dessa figura processual que apresenta, em comparação aos embargos, a vantagem de não haver um prazo específico à sua apresentação, por veicularem matéria de ordem pública. Como exemplo, ainda que não se utilize expressamente esse nome, tem-se o parágrafo único do art. 803 do NCPC,[114] que ao tratar das *execuções nulas* prevê a possibilidade de que as partes arguam a nulidade *independentemente de embargos à execução*, a qual poderá também ser conhecida *ex officio* pelo juiz da causa. Em igual sentido, dispõe o art. 518 do NCPC que todas as questões relativas à validade do procedimento de cumprimento da sentença e dos atos executivos subsequentes poderão ser arguidas pelo executado nos próprios autos e nestes serão decididas pelo juiz. Por exemplo, o executado poderá alegar em exceção de pré-executividade a impenhorabilidade de bem de família, mesmo após o prazo dos embargos do devedor.[115]

---

[113] "A exceção de pré-executividade é cabível quando atendidos simultaneamente dois requisitos, um de ordem material e outro de ordem formal, ou seja: (a) é indispensável que a matéria invocada seja suscetível de conhecimento de ofício pelo juiz; e (b) é indispensável que a decisão possa ser tomada sem necessidade de dilação probatória" (STJ, REsp 1.110.925/SP, 1ª Seção, Rel. Min. Teori Albino Zavascki, j. 22.04.2009).

[114] "**Art. 803.** É nula a execução se:

I – o título executivo extrajudicial não corresponder a obrigação certa, líquida e exigível;

II – o executado não for regularmente citado;

III – for instaurada antes de se verificar a condição ou de ocorrer o termo.

Parágrafo único. A nulidade de que cuida este artigo será pronunciada pelo juiz, de ofício ou a requerimento da parte, independentemente de embargos à execução."

[115] "A alegação de impenhorabilidade com base na Lei 8.009/1990 pode ser alegada a qualquer tempo, não sofrendo os efeitos da preclusão por não ter sido invocada nos embargos do devedor, podendo ser analisada em exceção de pré-executividade" (STJ, EDcl no AgInt no AREsp 1.159.127/PR, 4ª Turma, Rel. Min. Maria Isabel Gallotti, j. 18.09.2018).

REFERÊNCIAS

ALSINA, Hugo. *Tratado teórico y práctico de derecho procesal civil y comercial*. Buenos Aires: Cia. Argentina de Editores, 1941. v. I.

_____. _____. Buenos Aires: Cia. Argentina de Editores, 1942. v. II.

AMARAL SANTOS, Moacyr. *Primeiras linhas de direito processual civil*. São Paulo: Saraiva, 2011. v. 2.

_____. *Prova judiciária no cível e comercial*. São Paulo: Max Limonad, 1952. v. I.

ARABI, Abhner Youssif Mota. *Intervenção de terceiros*. São Paulo: Saraiva, 1992.

ARAGÃO, Paulo César. *Recurso adesivo*. São Paulo: Saraiva, 1974.

BARBOSA MOREIRA, José Carlos. *Comentários ao Código de Processo Civil*. Rio de Janeiro: Forense, 1983.

_____. *Da conexão como pressuposto da reconvenção*. 1979. Tese (Professor titular) – UERJ, Rio de Janeiro, 1979.

_____. *O novo processo civil brasileiro*. 16. ed. rev. e atual. Rio de Janeiro: Forense, 1994.

_____. _____. 17. ed. rev. e atual. Rio de Janeiro: Forense, 1995.

_____. _____. 18. ed. rev. e atual. Rio de Janeiro: Forense, 1996.

_____. *Temas de direito processual*: quarta série. São Paulo: Saraiva, 1989.

BENTHAM, Jeremy. *Tratado de las pruebas judiciales*. Buenos Aires: Ejea, 1971. v. I.

BERMUDES, Sérgio. *A reforma do Código de Processo Civil*. São Paulo: Saraiva, 1996.

_____. *Comentários ao Código de Processo Civil*. São Paulo: RT, 1977.

BETTI, Emilio. *Diritto processuale civile italiano*. Roma: Il Foro Italiano, 1936.

BUZAID, Alfredo. *Do agravo de petição no sistema do Código de Processo Civil*. São Paulo: Saraiva, 1956.

CALAMANDREI, Piero. *Instituciones de derecho procesal civil*. Buenos Aires: Depalma, 1943.

_____. *Introduzione allo studio sistematico dei provvedimenti cautelari*. Padova: Cedam, 1936.

_____. *La sentencia subjetivamente compleja*. *Estudios sobre el proceso civil*. Buenos Aires: Ed. Bibliográfica Argentina, 1945.

_____. Processo e giustizia. *Rivista di Diritto Processuale Civile*, Milano, 1950.

CALMON DE PASSOS, José Joaquim. *Comentários ao Código de Processo Civil*. Rio de Janeiro: Forense, 1975. v. III.

CAPPELLETTI, Mauro. *La oralidad y las pruebas en el proceso civil*. Buenos Aires: Ed. Jurídicas Europa-América, 1972.

_____. *Principi fondamentali e tendenze evolutive del processo civile nel diritto comparato*. Buenos Aires: Ed. Jurídicas Europa-América, 1973.

CARNELUTTI, Francesco. *Istituzioni del nuovo processo civile italiano*. Milano: Il Foro Italiano, 1951. v. I.

_____. *Istituzioni del processo civile italiano*. Milano: Il Foro Italiano, 1956. v. 2.

_____. *Lecciones sobre el proceso penal*. Traducción de Santiago Sentís Melendo. Buenos Aires: Ejea, 1950. v. II.

_____. *Sistema di diritto processuale civile*. Padova: Cedam, 1936. v. I.

CARPI, Federico. Note in tema di techniche di attuazione dei diritti. *Rivista Trimestrale di Diritto e Procedura Civile*, Milano, ano 42, v. 1, p. 110, 1988.

CASTILLO, Niceto Alcalá-Zamora y. *Derecho procesal penal*. Buenos Aires: G. Kraft, 1945. v. III.

_____. *Proceso, autocomposición y autodefensa*. México: Imprenta Universitaria, 1947.

CASTRO NUNES, José de. *Teoria e prática do Poder Judiciário*. Rio de Janeiro: Forense, 1943.

CAVALLO, Vincenzo. *La sentenza penale*. Napoli: Jovene, 1936.

CHIOVENDA, Giuseppe. *Instituições de direito processual civil*. São Paulo: Saraiva, 1942. v. 1.

_____. _____. São Paulo: Saraiva, 1943. v. 2.

_____. _____. São Paulo: Saraiva, 1945. v. 3.

_____. *Principii di diritto processuale civile*: le azioni, il processo *di* cognizione. Napoli: Jovene, 1928. v. XLV.

_____. Sul litisconsórcio necessário. *Saggi di diritto processuale civile*. Milano: Giuffrè, 1993.

COSTA, Sergio. *Manuale di diritto processuale civile*. Torino: Torinese, 1955.

COUTURE, Eduardo J. *Fundamentos de derecho procesal civil*. Buenos Aires: Depalma, 1951.

CUNHA, Paulo. *Processo comum de declaração*. Lisboa: Livraria Castro e Silva, 1944. v. I.

DEVIS ECHANDIA, Hernando. *Teoria general de la prueba judicial*. Buenos Aires: Zavalia, 1976. v. II.

DINI, Mario. *La domanda riconvenzionale nel diritto processuale civile*. Milano: Giuffrè, 1978.

ESTELITA, Guilherme. *Da coisa julgada*. Rio de Janeiro, 1936.

FLORIAN, Eugenio. *Elementos de derecho procesal penal*. Barcelona: Bosh, 1934.

FRAGA, Affonso. *Instituições do processo civil do Brasil*. São Paulo: Acadêmica, 1940. v. II.

FURNO, Carlo. *Teoria de la prueba legal*. Madrid: Editorial Revista de Derecho Privado, 1954.

FUX, Luiz; BODART, Bruno. Notas sobre o princípio da motivação e a uniformização da jurisprudência no novo Código de Processo Civil à luz da análise econômica do Direito. *Revista de Processo*, v. 269, jun. 2017.

GOLDSCHMIDT, James. *Derecho procesal civil*. Barcelona: Labor, 1936.

_____. *Teoria general del proceso*. Barcelona: Labor, 1936.

GIULIANI, Alessandro. *Il concetto di prove, contributo alla logica giuridica*. Milano: Giuffrè, 1971.

GRASSO, Eduardo. *Le impugnazione incidentale*. Milano: Giuffrè, 1973.

GRECO FILHO, Vicente. *Intervenção de terceiros no processo civil*. São Paulo: Saraiva, 1973.

GRINOVER, Ada Pellegrini. *Eficácia e autoridade da sentença penal*. São Paulo: RT, 1978.

_____. *Liberdades públicas e processo penal*. São Paulo: RT, 1982.

GUASP, Jaime. *Derecho procesal civil*. Madrid: Instituto de Estudios Públicos, 1956.

GUIDI, Paolo. *Teoria giuridica del documento*. Milano: Giuffrè, 1950.

GUILLÉN, Victor Fairén. *Estudios de derecho procesal*. Madrid: Editorial Revista de Derecho Privado, 1955.

GUIMARÃES, Luiz Machado. As três figuras do litisconsórcio. *Estudos de direito processual civil*. Rio de Janeiro: Forense, 1969.

_____. Preclusão, coisa julgada e efeito preclusivo. *Estudos de direito processual civil*. Rio de Janeiro: Forense, 1969.

GUSMÃO, Manuel Aureliano de. *Processo civil e comercial*. São Paulo: Livraria Acadêmica Saraiva, 1934.

HEINITZ, Ernesto. *I limiti oggetivi della cosa giudicata*. Padova: Cedam, 1937.

JAEGER, Nicola. *Diritto processuale civile*. Torino: Torinese, 1944.

KAHNEMAN, Daniel. Judgment under uncertainty: heuristics and biases. *Science*, v. 185, Jan. 1982.

REFERÊNCIAS | **341**

KISCH, Wilhelm. *Derecho procesal civil*. Madrid: Editorial de Revista de Derecho Privado, 1950.

_____. *Elementos de derecho procesal civil*. Madrid: Editorial de Revista de Derecho Privado, 1940.

LA CHINA, Sergio. *Ľonere della prova nel processo civile*. Napoli: Jovene, 1974.

LESSA, Pedro. *Do Poder Judiciário*: direito constitucional brasileiro. Rio de Janeiro: Livraria Francisco Alves, 1915.

LESSONA, Carlos. *Teoria general de la prueba en derecho civil*. Trad. espanhola. Madrid: Reus, 1957. v. I.

LIEBMAN, Enrico Tullio. *Corso di diritto processuale civile*. Milano: Giuffrè, 1952.

_____. *Eficácia e autoridade da sentença*: e outros estudos sobre a coisa julgada. Rio de Janeiro: Forense, 1945.

_____. _____. Rio de Janeiro: Forense, 1981.

_____. *Estudos sobre o processo civil brasileiro*. São Paulo: Saraiva, 1947.

_____. *Ľazione nella teoria del processo civile*. *Rivista Trimestrale di Diritto e Procedura Civile*, Milano, ano IV, 1950.

_____. *Manuale di diritto processuale civile italiano*. Milano: Giuffrè, 1955. v. I.

_____. *Norme processuali nel Codice Civile*. *Rivista di Diritto Processuale*, Padova, 1948.

_____. *Notas às Instituições de Chiovenda*. Trad. portuguesa. São Paulo: Saraiva, 1945. v. II.

LIMA, Herotides da Silva. *Código de Processo Civil*. São Paulo: Saraiva, 1940. v. I.

LOBÃO, Manuel de Almeida e Sousa de. *Segundas linhas sobre o processo civil*. Lisboa: Imprensa Nacional, 1855.

LOPES DA COSTA, Alfredo de Araújo. *Direito processual civil brasileiro*. São Paulo: RT, 1943. v. II.

LUISO, Francesco Paolo. *Principio del contraddittorio ed efficacia della sentenza verso terzi*. Milano: Giuffrè, 1983.

MANDRIOLI, Crisanto. *Ľazione esecutiva*. Milano: Giuffrè, 1955.

MARQUES, Frederico. *Ensaio sobre a jurisdição voluntária*. 1952. Tese (Livre-docente) – Faculdade de Direito da Universidade de São Paulo, São Paulo, 1952.

_____. *Ensaio sobre a jurisdição voluntária*. São Paulo: Saraiva, 1959.

_____. O princípio dispositivo. *Instituições de direito processual civil*. Rio de Janeiro: Forense, 1966. v. 1.

_____. *Instituições de direito processual civil*. Rio de Janeiro: Forense, 1971. v. 2.

_____. _____. Rio de Janeiro: Forense, 1972. v. 3.

_____. _____. Rio de Janeiro: Forense, 1969. v. 4.

MARTINS, Pedro Batista. *Comentários ao Código de Processo Civil*. Rio de Janeiro: Forense, 1942. v. III.

_____. *Recursos e processos da competência originária dos tribunais*. Rio de Janeiro: Forense, 1957.

MILLAR, Robert Wyness. *Los principios informativos del procedimiento civil*. Buenos Aires: Ediar, 1945.

MONACCIANI, Luigi. *Azione e legittimazione*. Milano: Giuffrè, 1951.

MONIZ DE ARAGÃO, Egas. *Comentários ao Código de Processo Civil*. Rio de Janeiro: Forense, 1975.

_____. *Revista dos Tribunais*, São Paulo, v. 77, n. 633, jul. 1988.

NEGRÃO, Theotonio. *Código de Processo Civil e legislação processual em vigor*. 25. ed. São Paulo: Malheiros, 1994.

PALMEIRA, Pedro. *Da intervenção de terceiros nos principais sistemas legislativos*. Recife: [s.n.], 1954.

PEREIRA E SOUZA, José Joaquim Caetano. *Primeiras linhas sobre o processo civil*. Lisboa: Typographia Rollandiana, 1863. t. II.

PODETTI, Ramiro. *Tratado de la tercería*. Buenos Aires: Ediar, 1949.

_____. Trilogia estructural de la ciencia del proceso civil. *Revista de Derecho Procesal*, Buenos Aires, n. 1, 1944.

PONTES DE MIRANDA, Francisco Cavalcanti. *Comentários ao Código de Processo Civil*. Rio de Janeiro: Borsoi, 1948. v. III, t. I.

_____. _____. Rio de Janeiro: Borsoi, 1949. v. V.

_____. *Tratado da ação rescisória das sentenças e outras decisões*. 3. ed. Rio de Janeiro: Forense, 1957.

PRIETO CASTRO, Leonardo. *Derecho procesal civil*. Zaragoza: Librería General, 1946. v. I.

PROTO PISANI, Andrea. *Opposizione di terzo ordinaria*. Napoli: Jovene, 1965.

REDENTI, Enrico. *Diritto processuale civile*. Milano: Giuffrè, 1947. v. I.

_____. _____. Milano: Giuffrè, 1957. v. II.

_____. *Il giudizio civile con pluralità di parte*. Milano: Giuffrè, 1960.

REGO, Hermenegildo de Souza. *A natureza das normas sobre prova*. São Paulo: RT, 1985.

REIS, José Alberto dos. *Código de Processo Civil anotado*. Coimbra: Coimbra Editora,1952. v. V.

_____. *Comentários ao Código de Processo Civil*. Coimbra: Coimbra Editora,1946. v. 3.

ROCCO, Alfredo. *La sentenza civile*. Torino: Bocca, 1906.

ROCCO, Ugo. *L'autorità della cosa giudicata e i suoi limiti soggettivi*. Roma: Athenaeum, 1917. v. I.

_____. *Trattato di diritto processuale civile*. Torino: Troinese, 1957. v. III.

ROSENBERG, Leo. *Derecho procesal civil*. Buenos Aires: Ed. Jurídicas Europa-América, 1955. v. III.

_____. *Tratado de derecho procesal civil*. Buenos Aires: Ejea, 1955.

SCHÖNKE, Adolf. *Derecho procesal civil*. Barcelona: Bosh, 1950.

_____. *Elementos de derecho procesal civil*. Barcelona: Bosh, 1940.

SEABRA FAGUNDES, Miguel. *Dos recursos ordinários em matéria civil*. Rio de Janeiro: Forense, 1946.

SEGNI, Antonio. *Commentario del Codice Civile a Cura di Scialoja e Giuseppe Branca*. SEGNI, Antonio Liv. 6: La Tutela dei Diritti. Roma: Zanichelli, 1953.

SENTÍS MELENDO, Santiago. *El juez y el derecho*. Buenos Aires: Ed. Jurídicas Europa-América, 1957.

_____. *La prueba*: los grandes temas del derecho probatorio. Buenos Aires: Ejea, 1979.

SHAVELL, Steven. *Foundations of Economic Analysis of Law*. Cambridge: Harvard University Press, 2004.

SICHES, Recaséns. *Nueva filosofia de la interpretación*. México: Porrua, 1980.

SILVA, José Afonso da. *Do recurso extraordinário no direito brasileiro*. São Paulo: RT, 1963.

SILVA, Ovídio A. Baptista da. *Curso de processo civil*. Porto Alegre: Fabris, 1991. v. I.

SIMON, Herbert. A behavioral model of rational choice. *The Quarterly Journal of Economics*, v. 69, n. 1, Feb. 1955.

SUNSTEIN, Cass; KAHNEMAN, Daniel; SCHKADE, David; RITOV, Ilana. Predictably incoherent judgments. *Stanford Law Review*, v. 54, Issue 6, Jun. 2002.

TARUFFO, Michele. Prove atipiche e convincimento del giudice. *Rivista di Diritto Processuale*, v. 28, 1973.

THEODORO JÚNIOR, Humberto. *Curso de direito processual civil*. 35. ed. Rio de Janeiro: Forense, 2000. v. I.

_____. *Processo de conhecimento*. Rio de Janeiro: Forense, 1984.

TROCKER, Nicolò. *Processo civile e costituzione*. Milano: Giuffrè, 1974.

VIGORITI, Vicenzo. Prove illecite e costituzione. *Rivista di Diritto Processuale*, Milano, 1969.

ZANZUCCHI, Marco Tullio. Delle impugnazioni in generale. *Rivista di Diritto Processuale*, Milano, 1941.

_____. *Diritto processuale civile*. Milano: Giuffrè, 1946. v. I.

Impressão e acabamento: